Diogenes Taschenbuch 20301

Ludwig Marcuse

Meine Geschichte der Philosophie

Aus den Papieren eines bejahrten Philosophiestudenten

Diogenes

Diese Ausgabe folgt der 1964 im Paul List Verlag München
unter dem Titel ›Aus den Papieren eines bejahrten
Philosophiestudenten‹ erschienenen Erstausgabe
Eigenheiten der Schreibung und Interpunktion
wurden beibehalten
Personenregister: Ueli Duttweiler
Umschlagfoto: Ludwig Marcuse

Veröffentlicht als Diogenes Taschenbuch, 1981
Alle Rechte vorbehalten
Copyright © 1981
Diogenes Verlag AG Zürich
60/90/29/3
ISBN 3 257 20301 2

*Dem großen Gott Äsculap –
und den Asklepiaden
Dr. Erich Wolff, Beverly Hills
Dr. Reiner Pilmes, Bad Wiessee
in Dankbarkeit*

Inhalt

Höfliche Anweisung zum Lesen 9

I.
Der Student stellt sich vor 11

II.
Schon die Urahnen entmythologisierten 24

III.
Die ersten Aufklärer und die ersten Deichwächter 35

IV.
Antiker Existentialismus 56

V.
Aus vierzehn christlichen Jahrhunderten 68

VI.
Nach-mittelalterliches Zwielicht 108

VII.
Aufklärung und Verklärung 137

VIII.
Nach dem Untergang des Vernunft-Kosmos 171

IX.
Kierkegaards Jahrhundert 210

X.
Das Idol: Wissenschaftliche Philosophie 231

XI.
Die vierte Antwort auf die Frage:
Wer oder was ist der Mensch? 261

XII.
Kultur-Pessimismus und Kultur-Masse 294

Register 321

Höfliche Anweisung
zum Lesen

> Tant de clefs différentes tournent
> dans la serrure humaine
> François Mauriac
> *Auf deutsch:*
> *Der Mensch ist nicht aufzuschließen*

Der mehr oder weniger geneigte Leser möge es halten, wie's ihm gefällt. Er kann hineintun und wieder herausnehmen, was er möchte. Ich bin kein Spielverderber.

Sollte er wünschen, den Intentionen des bejahrten Philosophie-Studenten zu folgen – wenigstens in den Stunden, in denen er diese Seiten umblättert, so denke er daran, was hier nicht beabsichtigt ist: nicht eine Geschichte der Philosophie (dazu ist dies hier zu sehr auf mein Maß zugeschnitten) und nicht eine Sammlung philosophischer Essays, ein Sprung von Thema zu Thema.

Dies Gebilde gehört nicht zu einer Literatur-Gattung, die sich einen Namen gemacht hat. Während der Student ein Leben lang teils fasziniert, teils interessiert, teils gelangweilt, teils aus Vergnügen, teils aus Gewohnheit Philosophisches las und exzerpierte und niederschrieb und vortrug und debattierte, während er viele kleine Einsichten und keine ganz große Wahrheit gewann ... meditierte er, jubilierte er, sezierte er, kritisierte er, informierte er, kommentierte er, variierte, rehabilitierte, propagierte, komponierte er ... vielleicht habe ich einiges vergessen.

Der Leser, der nicht auf einem Buch besteht, das gar nicht angeboten wird, muß sich immer wieder umstellen. Vielleicht ist es ihm unbequem, vielleicht kommt er frischer heraus, als er hineinging. Es hängt nicht allein von ihm ab. Jeder Schreibende muß in Betracht ziehn, daß ihm nicht geglückt ist, was er sich vornahm ... und kann nur wünschen, daß es besser wurde, als er hoffte.

Unsicher ist alles. Aber: ohne Sicherheiten kein Leben. Dieser (gern geleugnete) Widerstreit, dem die verehrtesten Denker zu entfliehen suchten (und wie viele Leser nahmen sie mit!), ist abgebildet im tausendjährigen Philosophieren.

I.
Der Student stellt sich vor

> *Was ich mir jetzt wünsche,
> ist nicht, glücklich, sondern nur,
> bewußt zu sein.*
>
> Albert Camus

Auf der Suche nach einem Ausspruch, der mir am eindeutigsten und kürzesten nahegekommen ist, fand ich Aldous Huxleys *Glaubensbekenntnis des Lebensanbeters*: »Als ein vielfältiges und unstetes Wesen ist er in der Lage, alle die teilweisen und offenbar widersprechenden Synthesen hinzunehmen, welche von andern Philosophen konstruiert wurden. Er ist einen Augenblick Positivist und im nächsten Mystiker; bald vom Gedanken an den Tod verfolgt (denn die Offenbarung des Todes ist eine Begleiterscheinung des Lebens), bald ein dionysisches Naturkind; ein Pessimist und, bei einer Veränderung in der Liebe oder in der Leber oder auch nur des Wetters, ein überschwenglicher Anhänger des Glaubens, daß Gott in seinem Himmel und auf Erden alles wohlbestellt hat.« Er ist so mannigfach, weil er viele Personen in einer ist; jeder Glaube ist die Rationalisierung einer vorherrschenden Stimmung. Die Frage, ob eine dieser Philosophien wahr oder falsch sei, ist keine. »Ich lasse Carlyles Verzweiflung und Pascals Todesahnung genau so gelten«, schrieb Huxley, »wie die Form ihrer Nasen und ihren Kunstgeschmack.« Intolerant ist er nur gegen den Anspruch des Denkers, welcher der Welt seine Nase oktroyiert. Diese Gewalttätigkeit maskiert sich heute als Strenge des Begriffs.

Die Geschichte der Philosophie hat einen feinen Namen hervorgebracht, um philosophische Weitherzigkeit zu entwerten: »Synkretismus«. Das Wort meinte ursprünglich die Kreter und ihren Burgfrieden gegen den Feind. Diese Aufhebung der Parteiungen muß so berühmt gewesen sein, daß dann die Aussöhnung zwischen den Religionen, die Vermischung miteinander streitender Weltanschauungen »Synkretismus« genannt wurde. Dabei ist nie auf den Unterschied zwischen Wahllosigkeit und Weitherzigkeit geachtet worden. »Synkretismus« ist ein Terminus der Verachtung.

Ebenso wie ein zweiter Name für dasselbe Ereignis: »Eklektizismus«. Eklektiker, »Auswähler«, nannte Diogenes Laertius jene Schein-Philosophen, die aus Kleider-Fetzen der Andern sich ein zusammengeflicktes Gewand zurechtschneiderten. Goethe verglich sie mit »Dohlen«, die alles zu Neste tragen, was ihnen von irgendeiner Seite zufällig dargeboten wird. Aber: was ist schlecht daran, da doch das Nest eine Schöpfung ist, welche aus gegebenen Materialien Neues macht – wie Goethe aus herumliegenden Worten den *Faust* baute?

Nicht-eingegrenzte Fülle und philosophische Hamsterei sind zweierlei: das Einerlei verdeckte Denker (wie Novalis, wie Nietzsche), die in einer weiten Welt von Gedanken herumabenteuerten; am Ende war weder ein System noch ein philosophischer Trödel-Laden, sondern ein Neugieriger, der nicht genügsam gewesen war, der nichts ausgeschlossen, dessen Land keine Grenzen hatte.

Philosophen waren meist gewalttätig, vor allem gegen sich selbst. Sie setzten eine ihrer Einsichten zum Tyrannen über viele andere. Huxleys große Toleranz begann nicht beim Nächsten, sondern bei sich selbst; und das ist das zuverlässigste Fundament aller Duldsamkeit. Er wußte, was noch recht unbekannt ist: daß er nicht ein Ich ist, sondern eine ganze Kolonie und mitten im Bürgerkrieg zwischen den vielen Huxleys; und zeigte sich human, indem er nicht alle außer einem ermordete. Auch wer human ist, weiß, daß es nicht möglich ist, jedem seiner Iche und in jeder Minute zu Willen zu sein; verweigert aber keinem den Respekt, auch wenn er nicht alle befriedigen kann, und nicht genau zu der Zeit, in der sie ihn drängen.

An dieser Stelle hat der Philosophie-Student ein Bedenken. Es ist hochherzig, zu seinen Stimmungen und Begierden zu stehen. Aber kann Toleranz so weit getrieben werden, daß man allen gleich freundlich gegenübersteht? Sie hat ihre Grenze: wo man diese Neigung verurteilt und jene fördern möchte. Stammt alles Vorziehen und Abwehren von außen? Selbst dann würde man sich Gewalt antun, wenn das Gewissen (woher immer es kommen mag) ignoriert würde. Die Toleranz gegen sich selbst ist nicht ganz ohne Intoleranz durchzuführen. Und noch ist gar nicht die Rede davon gewesen, daß jeder sich auch vergewaltigen muß, um am Leben zu bleiben. Der Wille zum Überleben ist der Tyrann aller Tyrannen.

Weniger problematisch als die Nachgiebigkeit gegen meine zahlreichen Iche ist die Nachgiebigkeit gegen die Philosophien, die ich studiert habe. Huxley weiß, daß sie nicht, wie Wissenschaften, kontrolliert werden können; daß sie auch Organ-Gefühlen, Stimmungen und vielen rätselhaften Impulsen ihr Dasein verdanken. Deshalb macht er nicht den Versuch, sie in einem System gleichzuschalten, um widerspruchslos dazustehn. Er ist in dieser Resignation, in diesem Leben am offenen Meer nicht allein.

Auch der Philosophie-Student ordnet sich nicht den epochalen und nicht den aktuellen Hauptvokabeln unter: dem Monismus oder dem Pessimismus, der Formal-Logik oder der Material-Dialektik; auch nicht den weniger stadtbekannten wie: das beschädigte Leben, das Nichts-als und das Noch-nicht. Er benutzt sie gelegentlich, wenn sie Zusammenhänge erhellen, zur Verständigung dienen; aber nicht als Geländer, das eine stürmische See in Vergessenheit bringen soll. Die Geschichte der Philosophie ist das reiche Arsenal, das einem Lebenden helfen kann, sich seine eigenen Gedanken, Empfindungen und dunklen Dränge etwas heller zu machen. Das Schatzhaus Kultur leistet nur dem etwas, der es unbefangen benutzt; wer sich hier einsperren läßt, verdummt. Wer nichts weiß, ist vielleicht nicht so beschränkt, wie der, welcher, eingeschlossen in ein Gedanken-Gerüst, keine Erfahrungen mehr macht.

Man macht Erfahrungen mit Nachbarn, Maschinen und Denkern aus drei Jahrtausenden. Ich habe sie auch »gelernt«; wichtiger ist, daß man ihnen begegnet. Von diesen Begegnungen, nicht von einem bescheidenen Wissen erzählt dies Buch. Indem ich mich vorstelle, versuche ich, darauf hinzuweisen, welcher Art die Begegnungen waren; auch was ich vermitteln will und vermitteln kann – und was nicht. Die Geschichte der kräftigsten Denker kann viel bieten, nur nicht eine Annäherung an das absolut Wahre. In den großen Philosophien sind zentrale Bewußtseins-Konstellationen der Vergangenheit konserviert. Als Vor-Geschichte heutiger Probleme ist die Überlieferung meist von geringem Belang. Wie es für einen Physiker unwichtig ist, daß schon vor dreitausend Jahren ein erster Ansatz zu seiner Theorie da war, so ist es eine Spielerei, wenn Erkenntnistheoretiker des zwanzigsten Jahrhunderts an einem Vorsokratiker so lange herumbasteln, bis er für ihre Theorie zitierbar wird. Dies zum Kapitel: wozu die philosophischen Ahnen nichts nützen.

Von Nutzen ist die Historie von Thales bis Schopenhauer als ein Museum vergeblicher Enträtselungen; so daß der Nachfahr lernen kann, wohin eine Möglichkeit nicht führt. Denker haben in zweitausend Jahren und an vielen Orten die großen Wege zur absoluten Wahrheit abgeschritten... Holzwege zwar, und so begann man immer wieder von vorn. Aber sie offenbarten die möglichen Deutungen; und da sie sich als Irrwege erwiesen haben, können sie neues Irren ersparen. Die konsequentesten Denker haben die großen vergeblichen Abenteuer unternommen; wir, die Erben, können das Vergeblich dankbar vorwegnehmen.

Und kennenswert ist diese Vergangenheit als Entfaltung vieler Spielarten der Spezies Philosoph: des theoretischen Dogmatikers, des Gesetzgebers, des Problematikers, des Weisen. Jede dieser Varianten hat sich wiederum differenziert nach dem zentralen Motiv, das sie schuf. Einer kann Dogmatiker sein: im Bann einer herrschenden Tradition oder aus Unsicherheit, die zu intellektueller Gewalttätigkeit führte; Problematiker: aus Vorsicht vor Illusionen oder aus abenteuerlicher Denk-Lust; Gesetzgeber: aus Angst vor der Anarchie oder als Propagandist einer sich durchsetzenden Ordnung; Weiser: aus Glaube oder Unglaube.

Der Leser dieser Papiere – Ergebnisse aus Begegnungen mit Toten und Lebenden – wird viele berühmte, darstellenswerte Figuren, Ideen und goldene Worte vergeblich suchen. Die Alternative ist: ein Adreßbuch. Es gibt genug davon; das Ideal dieses Typs ist ein Lexikon, in dem jeder findet, was er sucht. Es ist sehr nützlich. Aber der Student wollte nicht einmal jenes lückenhafte Lexikon herstellen, das sich Philosophie-Geschichte nennt und einen roten Faden entlangläuft. Es ist weniger nützlich.

Von den folgenden Seiten ist nicht mehr zu erwarten, als der Titel verspricht. Wer Philosophen studiert, um in seinem Philosophieren weiterzukommen, wird verweilen oder schneller weitergehen – gemäß seinem Bedürfnis; ich hielt mich länger bei dem »byzantinischen Aristoteles«, Psellus, auf als bei dem griechischen. Das persönliche Motiv wird nicht verschleiert, eher breit ins Licht gestellt: bei Ortega y Gasset machte ich länger halt als bei manchem Größeren und Folgenreicheren, weil die »Elite« mich mehr beschäftigt als die ewige Willensfreiheit; nicht einmal die Lösung dieser Jahrtausend-Crux würde irgendwen oder irgendwas ändern... oder den glücklichen Finder zum Auge Gottes machen. Den Philosophie-Studenten interessierten die Philosophien der Jahrtausende nur, soweit sie einen Beitrag zu seiner Orientierung geliefert haben. Das ist die geziemende Bescheidenheit, die jeden warnen sollte, sich nicht zur Menschheit oder gar zu Gott zu verbreitern. Der Philosophie-Student hat nur zwei Augen, zwei Ohren, Erfahrungen aus wenigen Jahrzehnten in einer kleinen Welt. Auch hat er nicht einmal soviel Bücher studiert, wie in der kleinsten Stadt-Bibliothek angehäuft sind. Der Leser wird deshalb dem Studenten nicht so fern sein, wie der enzyklopädische Hegel dem Weltgeist fern gewesen ist.

Das Eingeständnis der Subjektivität mag den Leser argwöhnisch stimmen: er könne von der Laune eines Eigenbrötlers auf Seiten-Pfade gelockt werden. Das ist der Nachteil. Der Vorteil: wer liest, wird eher angesprochen von einem Subjekt als von anonymer Gelehrsamkeit oder einem Deserteur in eine Sprache, die nicht ausspricht. Die begriffliche Atonalität ist die große Feigheit der philosophierenden Pfauen. »Aus den Papieren eines bejahrten Philosophie-Studenten« teilt mit, was ihn fesselte, befremdete – und was half, das bißchen Boden unter die Füße zu bekommen, das ihm erreichbar war. Dies Auf-sich-Verweisen ist nicht die einzige Art, zu lehren... aber, wie mir scheint, die lebendigste. Sie ist nicht am Platz, wenn Ingenieure ausgebildet werden sollen. Ich selbst aber habe am meisten von jenen Philosophen gehabt, in deren Lehre der Lehrende anwesend war.

Wie weit ist auch der Lesende dabeigewesen in diesen Betrachtungen? Wer schreibt, bezieht immer den, der es entgegennehmen soll, ein: nur selten als pädagogisches Unternehmen, indem der Autor das Seine erzieherisch zurechtmacht; aber wahrscheinlich würde mancher abgekürzter formulieren, handelte es sich nur darum, sich selbst zu verstehn. Vor aller Rücksichtnahme auf das, was gesellschaftlich möglich ist, was einer innerhalb dieser Möglichkeit sich traut, ist das Wissen um die Notwendigkeit der Kommunikation. Die Privat-Ideen, die Privat-Symbole, die Privat-Sprachen sind nur gut zum Blenden der Untertanen, die nicht sehen sollen, wie wenig erkannt worden ist.

Der Philosophie-Student machte sich klar, auf wen er verzichtet, und zu wem er redet: nicht zu Experten und nicht zu weltanschaulich Fixierten. Auch solch ein Leser-Kreis ist nicht so homogen, wie das Wort Kreis vorspiegelt. Es gibt keine Tradition mehr, nur Traditionen; auch keine Traditionslosigkeit, selbst sie nur im Plural.

Man sucht dieser Schwierigkeit zu entgehen durch die gar nicht goldene Mitte: von jedem ein bißchen, für jeden ein bißchen; viel Idealismus, auch etwas Materialismus – nebst vielen Namen, Titeln, Inhaltsangaben und traditionell-kritischen Kommentaren. Dies Vorgehen gibt dem Leser das beruhigende Gefühl, daß er alles bekommt und sein Historiker nicht voreingenommen ist. Der Inventur-Typ ist als Quelle von Informationen recht brauchbar – aber erst vollendet als Enzyklopädie; man soll nicht versuchen, lesbar zu machen, was zum Nachschlagen da ist. Die Philosophie-, Kunst- und Literaturgeschichten sind fast immer unhandliche, gewalttätig in ihrer Funktion behinderte Nachschlagewerke – von denen es nicht genug geben kann, wenn sie nicht ein Kompendium mit einem Lese-Buch verwechseln.

Dies hier konkurriert nicht mit einer umfassenden Auskunftei. Man wird viel vermissen; und viel finden, was man nicht erwartete. Dies hier genügt nicht zur Vorbereitung fürs Examen und für gesellschaftliche Frag-mich-was. Hier mischt sich der Autor ein in Vergangenes und Gegenwärtiges, macht das Einst heutig und bereichert das Heute durch die vielen Gestern – um der paar Jahre willen, in denen er in dies Frage-und-Antwort-Gestrüpp geraten ist. Der Leser folge dem Beispiel.

Über diese Synchronisierung von Vorbei und Jetzt hinaus konnte die Chronologie leider nicht verwirrt werden – obwohl es immer dringender wird. Es wäre an der Zeit, die Darstellung nicht am Leitfaden der Jahreszahlen laufen zu lassen (Abfahrt: Thales von

Milet), sondern mit unseren Tagen zu beginnen; gemäß der Erfahrung, daß es viel schwerer ist, Heraklit zu verstehen als Wittgenstein; denn das Komplizierte ist durch viele Kanäle in uns gedrungen, das Archaische schwerer erreichbar. Vielleicht wird einmal jede geschichtliche Darstellung eine nach rückwärts erweiterte Gegenwart sein; denn sie, nicht der ferne Beginn, ist der Bezugspunkt für das Verständnis.

Ich hätte gern den Versuch gemacht, Aristoteles von Driesch her darzustellen, Thomas von Aquino von Brentano aus. Bevor ein solches Unternehmen ins Werk gesetzt werden kann, muß ein technisches Problem gelöst werden: die Eröffnung, die mit dem Heute beginnt, hat das weniger Ausgereifte nach dem Reiferen darzustellen, so daß das Frühere sich als überholt ausnimmt. Es waltet hier also die übliche Chronologie mit dem Anfangs-Datum 600 vor Christi.

Doch wird sie durchlässig: die Gegenwart mischt sich offen ein. Der Philosophierende ist betont immer anwesend. Ich dachte bei Heraklit daran, wie Nietzsche ihn entfaltete; bei Platon, daß ihn Bertrand Russell als Faschist bezeichnete; bei Epikur, wie niemand bisher die platonisch-christlich-kantische Mauer, die uns angeblich vor der Anarchie schützt, durchbrechen konnte; bei Meister Eckhart an unsere westlichen Asiaten.

So findet man hier immer noch die alte Chronologie, doch werden die versunkenen Zeiten vom lebenden Tag beunruhigt; und es wird den letzten zweihundert Jahren mehr Beachtung geschenkt als den zweitausend zuvor. Nicht, weil sie nicht wert sind, studiert zu werden: Griechenland hat unsere philosophischen Worte, Begriffe und Theorien in die Welt gesetzt; die Scholastik hat sie verfeinert und vermehrt. Aber der Streit zwischen Nominalisten und Realisten, die Semantik des Leibniz, der Existentialismus Pascals, verehrte Vorläufer, sind nicht nur gegenwärtig, auch sehr vergangen; während die *Kritik der reinen Vernunft*, soweit sie die metaphysiklose Ära einläutete, Schopenhauer, Kierkegaard, Marx, Nietzsche und Freud mit ihren Sätzen und den Folgen im Nachdenken dieser Tage anwesend sind.

In diesem Rückblick, der ein Heranrücken ist, wird häufig der Philosophen nicht nur als Bücherschreiber, auch als Privat-Personen gedacht. Der gerade am Ruder befindliche »Zeitgeist« ist den Privaten nicht gewogen, hält es mehr mit dem Öffentlichen. So ist man der Ansicht: es sei wichtiger, die Geschichte der Ideen (oder der Gesellschaften, die sich in ihnen spiegelten und verhüllten) zu zeichnen, als des Psellus Hin und Her zwischen Hofleben und Eremitentum, Kierkegaards Kopenhagener Spießrutenlaufen und Nietzsches Wagner-Besessenheit. Vielleicht aber hat dies Vorurteil gegen das Private die Geschichten der Philosophie und der Künste des Besten beraubt; man repetierte die gefeiertsten metaphysischen Formeln, die zitiertesten Wendungen des Werks bis zum Überdruß und legte sie aus in einer geschwollenen Literatur, die den Text in Vergessenheit brachte. Die Taten des Mannes, seine Briefe und Tagebücher zog man nur so weit in Betracht, wie sie die Bücher erläuterten.

Daß aber, umgekehrt, die Schöpfungen zum guten Teil nur noch Zeit-Dokumente sind, geeignet, den viel lebendigeren Toten zu erläutern – diese Einsicht liegt den Zeitgenossen fern. Spinoza ist ein Privat-Mann, seine *Ethik* eine Stufe, über die Gott vorwärtsschritt. Tatsächlich ist die *Ethik* das (historisch wichtige) Dokument einer vielfältig überholten Psychologie, einer überschätzten Methode – und die Illustration einer Haltung, die weder modern noch unmodern ist und deshalb aktueller als ihre wissenschaftliche Rüstung. Man macht sich über das Private lustig, indem man es dort zeigt, wo es belanglos ist – in der Frage, welches Fräulein dies oder jenes Gedicht veranlaßt hat.

Nietzsche aber hatte den Plan, die Geschichte der griechischen Philosophie nicht von den Lehrsätzen, sondern den großen Persönlichkeiten her, die sich in ihnen spiegelten, aufzuzeichnen. Er sah, daß ihre Ideen nicht in der Kette der Konklusionen abgebildet werden können; und vielleicht war sein Unternehmen nur deshalb nicht durchzuführen, weil der Historiker Diogenes Laertius kaum mehr als einen gewaltigen Haufen von Anekdoten überliefert hat. Aber von Platon, Spinoza und Kant wissen wir genug, um in ihrem Werk das Abbild eines Zurandekommens mit dem Leben zu sehen. Den Philosophie-Studenten haben diese vitae fasziniert. Die großen Philosophien waren sehr persönliche Weisen, dem Leben gewachsen zu sein.

Die folgenden Betrachtungen folgen nicht dem entsubjektivierenden Hang; alles auslöschend vor dem anonymen Gott des Denkens. Wie mächtig war der Einzelne, in seiner Ohnmacht einzudringen ins Labyrinth? *Das* ist oft die Frage.

Wer philosophiert? Etwas mehr oder etwas weniger: jeder. An der Bar, im Wald, vor dem Einschlafen im Bett, am häufigsten wenn er es am bittersten nötig hat: vor Enttäuschungen und Gräbern und gesellschaftlichen Katastrophen. Aber nicht jeder wird vor den Büchern des Aristoteles, Spinoza und Hegel auf die Idee kommen, daß er sich Ähnlichem hingibt. Und tatsächlich verhält sich sein Ansatz zu ihrer Vollendung wie der Trampel, der sich in Sehnsucht tolpatschig dreht, zur Pawlowa; doch ist, was jeden und den Philosophen treibt, derselbe Trieb. Philosophieren und Dichten und Malen und Musizieren gehören (obwohl es durch die Herrschaft der raffiniertesten Talente verdeckt ist) zum Dasein des Menschen wie Gehen und Sprechen; verdanken ihren Ursprung einem dringenden Bedürfnis, das in primitiven Kulturen, im Machen ohne Subtilität, besonders augenfällig ist. Wo sie ursprünglich ist, ist Philosophie lebensnotwendig. Leben und Philosophieren ist nicht zweierlei... nicht einmal immer bei Philosophie-Professoren.

Jeder hat eine Philosophie... das heißt: jeder und der Philosoph halten vieles, was aus keiner Erfahrung stammt, für selbstverständlich; und unterscheiden sich nur darin, daß der Philosoph sein Fundament grell belichten und einen Begriffs-Bau errichten kann, während sich die weniger Professionellen nicht darum kümmern, woher sie denken und wohin. Aber auch die größten Denker halten viel mehr für wahr, als sie wissen; wissen nur besser als die untrainierten, was sie für wahr halten. Sie stellen in ihren Philosophien die Vor-Urteile klar heraus: in den zentralen Vorstellungen. Ihr Glaube (wenn man will: ihr Aberglaube – wo ist die Grenze?) rumort nicht so sehr im Dunkel wie beim Ungeübten, der nicht geübt ist, das, was für ihn sicher ist, bis zum Quell dieser Sicherheit zu durch-denken. Die Philosophen helfen mit ihrem Rüstzeug denen, die nur tappend sich finden.

Eine Philosophie haben und des Besitzes innewerden, ist etwas anderes als Philosophieren. Beides mag zusammengehen, obwohl es vor allem ein Gegensatz ist. Aristoteles war nicht nur seiner Philosophie gewiß, er kannte auch die Geburt des Philosophierens: im Sich-Wundern. Die Entdeckung des Staunens im Bewußtwerden der Geheimnisse ist einer der gewaltigsten Funde. Wer staunt, ist der Antipode des Inhabers einer Welt-Anschauung; wer sie hat, staunt nicht. Man könnte die Philosophen scheiden: ob sie, ihrer Sache sicher, Lösungen übernahmen und selbst Rätsel lösten; oder Selbstverständliches – nicht verstanden. Die Dogmatiker des So-ist-es und die Grübler sind zwei Rassen, die kaum am selben Tag geschaffen worden sind. Sokrates ist der Ahnherr aller philosophischen Sinnierer: für sie ist die Frage ewig und die Antwort sterblich. Die Rätsel-Löser hingegen stürzten die Sphinx in den Abgrund, besänftigten das vom Warum gequälte Gemüt und gaben Sicherheit... die bald wieder zerging. Die Geschichte der Philosophie ist eine Serie von mehr oder weniger haltbaren Böden unter den Füßen; jedes Fundament endet in einem Erdrutsch.

Gelegentlich wundert sich jeder. Die großen Gelegenheiten sind eine Geburt oder ein Tod, ein großes Glück (wie manche Tristan-Liebe) und ein großer Verlust (wie ihn Hiob erlitten hat); verlorene Illusionen – sowohl über Gott und den Gang der Weltgeschichte als auch über die Mitmenschen. Da wird einer aus seiner alltäglich-ausreichenden Philosophie hinausgestoßen ins Fragen. Die Rätsel, von Enträtselungen mehr oder minder fest zugedeckt, beginnen aufdringlicher zu werden. Dem philosophisch versierten Grübler geht's ähnlich. Nur braucht er nicht immer von neuem auf die alten Geheimnisse gestoßen zu werden. Er macht das Nachdenken über kein Geschäft zu seinem Geschäft; wenn auch oft, seit den Sophisten, nicht ohne Geschäfts-Sinn. Schopenhauer hat davon erzählt.

Nicht alle registrierten Philosophen verkörperten den Drang zum Philosophieren; vor allem die, welche man in unserer Sprache Existenz-Philosophen nennt: Sokrates und Epikur und Augustin und Pascal und Kierkegaard und Nietzsche. Ihr Bohren ist eine philosophie engagée – in dem Sinn, daß sie Teil ihres Lebens ist, nicht nur eine lebenslange Beschäftigung. Die Definition dieser Art lautet: die Philosophie leistet den Philosophierenden etwas; ist eine Vivisektion seiner selbst und eine Therapie für den, der sie aus Not erfand – eine Heil-Methode, deren er und seine Anhänger sich bedienten. Manche Philosophie kam als Diät in die Welt. Während die Wissenschaft den Wissenschaftler kaum in Betracht zieht.

Die Fach-Philosophen begannen nicht selten mit einer Kritik am Vorgänger. Die Abweichung des Aristoteles von Platon, des Kant von Hume, des Fichte von Kant, des Marx von Hegel, des Nietzsche von Schopenhauer braucht nicht unpersönlich gewesen zu sein: die Entfaltung einer Idee mit Hilfe einer Kritik der Unklarheiten, Widersprüche, nicht-gezogenen Konsequenzen der Lehrer, unabhängig vom denkenden Individuum. Aber nicht selten ertranken die Philosophen in Fachsimpeleien; während die philosophierenden Dilettanten in die Irre gingen, weil sie nicht wenigstens ein Semester Philosophie studiert hatten. Es hätte ihnen vieles erspart. Wer alles Bekannte noch einmal entdeckt, kommt nicht sehr weit.

Hier wird philosophiert: im Rückblick auf vergangene Zweifel und Gewißheiten – und in stetiger Einmischung dessen, der zurückblickt. Wozu ist solcher Blick zurück gut, nachdem Psychologie und Soziologie der Weltanschauungen sie relativiert haben? Sie sind ein Kontinuum von unüberholten Fragen, die sich dauerhafter zeigten als die vergänglichen Antworten. Die sind verstorben; am Leben geblieben ist, was immer in den Abgrund gestürzt werden sollte: die Sphinx, die Drohung des Geheimnisses und der Anarchie. Nicht wenige Philosophen kamen, wie ihre Vorgänger, die Religionsstifter, als Anarchie-Töter auf die Welt. Sie bändigten für eine Weile das Chaos der Rätsel mit einem »So ist es«, das Chaos der Willen mit einem »So soll es sein«. Heute sind die Bändiger dem Zustand vor Erschaffung der Welten nicht mehr gewachsen. Ist das ein Manko?

Wir Nachgeborene vergessen die Drachentöter nicht: von Thales bis zu Schopenhauer, dem letzten großen Bezwinger. Weshalb nicht? Weshalb werden von Generation zu Generation die berühmten Lehren weitergegeben, obwohl ihre obersten Wahrheiten: die platonische Idee, die von Thomas bewiesene Dreifaltigkeit, der kategorische Imperativ und der dialektische Weltgeist... nur noch als historisch gewordene Aberglauben ihr Leben fristen – die allerdings von Philosophen und Theologen so lange gewendet werden, bis sie scheinaktuell sind? Weil es jeder Gegenwart schwer fällt, vom Vergangenen Abschied zu nehmen. Weil die Bildungs-Flitter nie außer Mode kommen.

Das ist nicht das Einzige, was der langen Überlieferung zu danken ist. Auf der vergeblichen Suche nach der Transzendenz wurden wesentliche irdische Wahrheiten entdeckt. Die Schätze, die in den Werken der Philosophen aufgespeichert sind, liegen nicht in ihren zitiertesten Vokabeln, den tragenden Begriffen, die am grellsten von den Historikern illuminiert werden: der Entelechie des Aristoteles, dem deus sive natura Spinozas, Kants Apriori und Marx' materialistischer Dialektik. Vielmehr im subtilen Zuspitzen der Instrumente, mit denen sie in Unlösbares und Zu-enträtselndes eingedrungen sind; vor allem in den Methoden, vor allem auch in tausend Neben-Sätzen, intuitiven Einsichten, die nicht untergingen. Wer nur die pompösen termini technici kennt, weiß wenig von der großen Ernte des Denkens. Wer, auf sie verzichtend, nachdenkt, wird nur ärmlich weiterkommen. Wer aber glaubt, daß ihm der angebotene Reichtum die eigene Anstrengung abnimmt, ist ein Mann, der schon vom Anblick eines fürstlichen Mahls satt zu werden denkt. Das Essen bleibt keinem erspart.

Wer philosophiert heute? Das Philosophieren liegt, außer bei beruflichen Exhibitionisten, in der viel beredeten Intimsphäre. Hier philosophiert wahrscheinlich auch mancher beamtete Philosoph; der Lehrstuhl allein macht noch nicht steril. Doch: Kunst kommt nicht nur von Können und Philosophie nicht nur von der Liebe zur Weisheit. Vielleicht ist sie sogar hinderlich, wie Asien zu zeigen scheint. Wer wirklich philosophiert, hat es dringend nötig. Der Weise ist bereits angelangt. Die großen asiatischen Philosophen sind (vereinfacht gesagt) nur (uneingeengtere) Inhaber der Wahrheit; unterscheiden sich von den europäischen nur darin, daß sie es nie ganz so genau wußten. Wer aber nicht weiß, sondern philosophiert: entbehrt, ist zum Nachdenken gedrängt. An der Wurzel ist das Leid des Nichtwissens: des Warum und des Wohin.

Nachdenken, das kein Mittel zum Zweck ist, sich nicht auf Begrenztes beschränkt, sondern den sich aufdrängenden Geheimnissen nach-denkt, ist einer jener Ursprünge, die selbst geheimnisvoll sind. Es gibt zwei sehr verschiedene Geheimnisse: das eine lebt von einer aufhebbaren Verborgenheit. Das andere lebt gar nicht von..., sondern ist eine invariable Beziehung zwischen dem Bewußtsein und jenem Ungreifbaren, das von keinem Begriff gegriffen worden ist.

Philosophieren ist für den, der es begriffen hat, für den unruhigen Skeptiker, zwecklos neben den tausend Nützlichkeiten. Ist aber etwas anderes als Spiel, das nicht friedlos macht wie das Vordringen ohne Ankunft. Vielleicht ist das die Definition: Philosophieren ist die Annäherung an eine Offenbarung, die nie stattfindet. Der Weg dahin ist voll von den scharfsinnigsten menschlichen Weisheiten.

II.
Schon die Urahnen entmythologisierten

> *Nach welchem Geheimnis suchst du?*
> *Weder ich noch die vier Schwimmflossen*
> *des Eisbären im Nordmeer*
> *haben das Rätsel des Lebens*
> *lösen können.*
>
> Lautréamont

Sie werden pauschquantum Vorsokratiker genannt. Tatsächlich sind sie viel mehr als Vorgänger: die Ersten, soweit wir zurücksehen können, die etwas taten, was wir noch Philosophieren nennen.

Die ersten bekannten Denker der westlichen Welt waren schon ein Ende. Sie beendeten jene Reflexion, die vom Schauen und Phantasieren noch nicht geschieden war. Sie machten zwar mit dem dichtenden Philosophieren nicht ein für allemal Schluß; aber doch für die Zeit, die etwa um 600 vor Christi begann, für sechs Jahrhunderte. Sie waren nur teilweise frei von jenen Elementen, die man Dichtung nennt: Märchen, Mythen und Legenden. Ob es keimfreies Denken überhaupt gibt, ist bis zu diesem Tag umstritten.

Sie machten die ersten Schritte im Gebiet abstrakten Spekulierens; probierten zum erstenmal alle die Denkbarkeiten aus, die dann, im Laufe von zweiundeinhalbtausend Jahren, in immer mächtigerer Orchestrierung durchgespielt wurden. Diogenes Laertius, der Philosophie-Historiker aus dem dritten nachchristlichen Jahrhundert, schrieb: »Thales war der erste, dem man den Namen eines Weisen gab.« Dieser Name war ein Synonym für Philosoph. Nach einer so alten Tradition beginnt jede Geschichte der Philosophie noch immer mit ihm.

Die 120 Jahre zwischen seiner Geburt (um 620) und dem Tod des Anaximenes (um 500) sind der Beginn. Der Ort war Griechenland, vielmehr eine seiner Kolonien: Milet an der Küste Kleinasiens. Wir haben von den Systemen, die damals gebaut wurden, nur Bruchstükke und dürfen bei der Rekonstruktion nie vergessen, auf wie wenige

Dokumente unsere Vorstellung von ihrer Deutung des Alls beschränkt ist. Als Aristoteles und sein Schüler Theophrast, drei Jahrhunderte später, ein Resümee jener Theorien überlieferten, hatten sie nur noch Fragmente vor Augen. Und als, noch einmal sechs Jahrhunderte später, Diogenes Laertius sein zehnbändiges Kompendium *Leben und Meinungen berühmter Philosophen Griechenlands* herausgab, stützte er sich auf eine Tradition, in der die Reste der ursprünglichen Texte bunt gemischt waren: mit Irrtümern, Deutungen und Fabeln.

Im Jahre 1903 erschien, von dem deutschen Gräzisten Hermann Diels herausgegeben, eine dreibändige Sammlung von Biographien und Text-Stücken: *Die Fragmente der Vorsokratiker, griechisch und deutsch*. Die Zahl der katalogisierten Denker war auf 83 angewachsen. Die Ausgabe war die Frucht vielhundertjähriger Kritik an den alten Überlieferungen. Man darf auch hier nicht vergessen, daß die Zitate, nur Exzerpte, jene Philosophien höchstens ahnen lassen.

Rekonstruktionen sind gewagt. Die philosophische Sprache des sechsten vorchristlichen Jahrhunderts war immer noch mehr metaphorisch als präzis im späteren Sinne des Wortes. Noch Heraklit, der zu diesen Ersten gerechnet werden muß, sprach wie ein pythisches Orakel: »Das Weltall steuert der Blitz.« Man kann da vieles herauslesen.

Die Lektüre ist um so schwieriger, als Philosophisches unentwirrbar gemischt ist mit Astronomie, Geologie, Biologie – mit sehr vorwärtsweisenden und sehr phantastischen Theorien, von heute gesehen. Anaximander schreibt: im Zentrum des Alls liege die Erde, in kugelförmiger Gestalt; der Mond leuchte mit geborgtem Licht, er wird von der Sonne erleuchtet, die nicht kleiner ist als die Erde und das reinste Feuer. Mythen, philosophische Deutungen, wissenschaftliche Theorien und technische Versuche bilden ein unzertrennbares Ganzes. Anaximander ist auch der Erfinder einer Sonnen-Uhr gewesen, schuf eine Skizze vom Umfang der Erde und des Meeres und fertigte einen Himmels-Globus an.

Für Anaxagoras war die Sonne eine glühende Eisenmasse, größer als der Mond, der voll von Wohnstätten, Hügeln und Schluchten sei; die Erde ist scheibenflach. Er versuchte, die Milchstraße zu erklären, die Kometen und die Winde; der Donner ist ein Zusammenstoß von

Wolken, das Erdbeben ein Eindringen von Luft in das Erdinnere. Auch gibt es schon so etwas wie eine Biologie: die Lebewesen entstehen aus dem Feuchten und Warmen und Erdartigen – und durch Zeugung auseinander; das Männliche ist ein Erzeugnis der rechten Seite, das Weibliche der linken. Befragt, wozu er auf die Welt gekommen sei, antwortete er: um die Natur zu erklären. Den Unterschied zwischen Naturwissenschaftler und Philosoph gab es noch nicht (und gibt es heute bisweilen wieder nicht).

Die Geschichte der Naturwissenschaften mag in jenen frühen Erklärungen fruchtbare Anregungen für spätere Zeiten finden oder auch nur Vorwegnahmen; die heute gültige Wissenschaft hat dies alles hinter sich gelassen. Der Philosoph hingegen sieht in diesen Männern die Entdeckung von Fragwürdigkeiten, die, bis zu diesem Tag, die großen Fragen geblieben sind; die spätesten Lösungen haben sich als ebenso vergänglich erwiesen wie die frühesten. Das gibt der Philosophie-Geschichte eine ganz andere Aktualität als der Geschichte wissenschaftlicher Probleme.

Das erste große Thema, um das die Spekulationen im sechsten Jahrhundert kreisen, war die Frage nach der Ur-Sache: nach der einen Sache, aus der alle anderen Sachen hergeleitet werden können; man spricht besser nicht von allen Sachen, sondern von allem. In dieser Schwierigkeit kam eine der mächtigsten Tendenzen des Denkens durch (schon im Mythos sichtbar): die Welt, die vielfältig ist, aus einer Einheit abzuleiten. Als Ur-Sachen wurden genannt: von Thales das Wasser, von Anaximenes die Luft, von Heraklit das Feuer. Wem das seltsam erscheint, verstehe: seltsam scheint nur die Auszeichnung gerade dieser »Sache«, nicht der Drang, das Eine über das Viele zu setzen. Er war immer selbstverständlich. Es wäre übrigens, um besser zu verstehen, daß die Wahl dieser Ur-Sachen nicht so hoffnungslos war, wie es heute aussieht, angemessener, von einer Wasser-Luft-und-Feuer-Gottheit zu sprechen; denn diese Ur-Sachen waren keine Sachen, keine Elemente (im modernen Sinne des Wortes), sondern materiell-psychisch-geistige Potenzen.

Als man das Eine so umfangreich machte, tauchte gleich am Beginn die Frage auf (heute zweieinhalbtausend Jahre alt): wie aus der *einen* Ur-Sache die vielen Sachen entstehen, mit denen wir es zu tun haben. Das war die Crux jedes Monismus – der allein befriedigt. Möglich, daß es diese Schwierigkeit war, die schon den Schüler des Thales, Anaximander, nicht eine ganz bestimmte Ur-Sache annehmen ließ, sondern »Das Unerschöpfliche«. Da es nicht festgelegt war auf eine konkrete, begrenzte Erscheinung, war es weniger schwer, dies Vage zur Mutter von allem zu machen. Das sehr praktische »Am Anfang der Dinge war das Unendliche« wurde bezahlt mit der Umrißlosigkeit der Vorstellung. Später taufte man das »Unendliche« – manchmal »Geist«, manchmal »Natur« und sehr oft »Gott«. Der Drang zur Einheit (in der Theorie) war immer die eine mächtige Triebfeder für die Schöpfung der thronenden Gottheit. Anaximander ist der Ahne. Es erwies sich als empfehlenswert, den Ursprung von allem nicht zu deutlich zu fotografieren.

Anaximenes, der dann in der Luft die Ur-Sache sah, half sich damit, daß er erklärte: alles andere sei in der Welt durch Verdünnung und Verdichtung entstanden. Damit war in der Geschichte des Spekulierens zum erstenmal eine Brücke zwischen dem Einen und dem Vielen gebaut, zwischen Gott und Welt, zwischen Geist und dem andern. Sofort auf Kosten der Einheit; denn zur Ur-Sache kommt nun dies Verdünnen und Verdichten hinzu. Macht drei. Die Luft leistete auch die Überbrückung zwischen Materiellem und Nicht-Materiellem: »Wie unsere Seele Luft ist und uns dadurch zusammenhält, so umspannt auch die ganze Weltordnung Odem und Luft... Die Luft steht dem Unkörperlichen nahe.« Er suchte sich sozusagen das wenigst Materielle aus als gemeinsamen Nenner für Körper und Geist. Die Lösung scheint naiv zu sein. Das Motiv, das sie hervortrieb, ist durch die Jahrtausende lebendig gewesen, wenn immer man den Dualismus von Leib und Seele zugunsten einer (beide überhöhenden) Einheit aufzuheben suchte.

Das Problem: wie man von der Einheit, in welcher (einem Denk-Zwang nach) alles wurzeln muß, zur Vielheit kommt, in der die Welt uns erscheint, trieb schon damals eine Fülle von Lösungen hervor: ein sich überstürzendes Rätselraten. Da war der folgenreiche Demokrit, der das Universum nicht aus einer einzigen Ur-Sache konstruierte, sondern mit Hilfe einer Vielzahl von (qualitativ gleichen) Ur-Sachen: den Atomen. Sie sind »unteilbare Raumdinge«. Errichtet wird hier die Welt nicht nur aus unendlich vielen Atomen, auch aus ihrer verschiedenen Größe und Gestalt – und dem Raum. Da sie verschieden umfangreich und verschieden geformt sind, fallen sie verschieden geschwind, die einen stoßen auf die andern und schieben sie aus ihrer senkrechten Fallrichtung zur Seite. Der Leser möge sich nicht beim Überholten dieser Erklärung aufhalten und immer an das gewaltige Rätsel denken, das sie hervortrieb.

Entscheidender für die Zukunft als dies Benehmen der Atome (Ansatz zu einer mechanistischen Weltanschauung) wurde Demokrits Theorie, daß auch die menschliche Seele aus Atomen besteht, aus besonders runden und glatten, die durch den ganzen Leib laufen, in den Sinnesorganen Wahrnehmungen haben, im Gehirn Gedanken, im Herzen Gemütserregungen, in der Leber Begierden; hier ist der Beginn einer somatisch lokalisierten Psychologie. Es war der erste Versuch, die Welt materialistisch zu erklären, die menschliche Seele und ihre Kultur inbegriffen. Auch seine Erkenntnis-Theorie wurde der Ausgang einer Unzahl verwandter Zurechtmachungen: von den wahrgenommenen Dingen löse sich ein Modell ab und ziehe durch die Sinnes-Tore in den wahrnehmenden Menschen ein als unendlich kleines Abbild des Urbilds.

Man sprudelte die Konstruktionen nur so heraus; unvorstellbar ist eine Zeit, welche die nun vieltausendjährigen Wege zum erstenmal in kürzester Zeit abschritt. Anaxagoras suchte mit Hilfe von unendlich vielen, qualitativ ungleichen Elementen die Welt aufzubauen; er machte es sich leicht, konstruierte die abstrakte Parallele zum Polytheismus, der vielleicht der Wahrheit näher ist als irgendein Monotheismus, Monismus, Mono-Methodismus, Dualismus und Trinitätsglaube. Empedokles, weniger radikal, zeichnete vier Ur-Sachen aus: Feuer, Luft, Wasser, Erde. Man könnte ihn einen Eklektiker nennen; denn auch die Hinzunahme von Verbinden und Scheiden war nicht mehr neu. Als er sie Liebe und Haß nannte (wie dann sein Urenkel Freud), führte er psychische Götter ein... und kam so nicht nur auf sechs Materien, sondern auch auf zwei recht verschiedene Sphären des Alls.

Überhaupt wurden mehr und mehr vitalistische, psychologische, spirituelle Mächte eingeführt... und auch die Zahlen. So glaubte Pythagoras in der Zahl 1 die Ur-Sache zu finden – und konnte nun nicht nur Sachen erklären, sondern auch Phänomene wie Ehe (welcher er die 5 zuwies) und Gerechtigkeit (4). Es sind aber diese wilden Spekulationen (falls sie nicht metaphorisch gemeint waren) nur interessant, wenn man sich vergegenwärtigt, wie hier überall der leidenschaftliche Versuch gemacht worden ist, die Über-Fülle der Erscheinungen zu ordnen.

Bisweilen schuf man Ordnungen für die Jahrhunderte. Anaxagoras brachte den Geist als zusätzliches Element ins Denk-Spiel; und setzte bereits, ein Vorläufer der vergotteten Vernunft, die fragwürdige These von der Einheit des Geistes in die Welt: »Jeder Geist ist von gleicher Art, der größere wie der kleinere.« Er war der erste, welcher den folgenreichen Dualismus kreierte: »Alle Dinge waren zusammen, dann kam der Geist dazu und ordnete sie.« Aber jeder Dualismus hat einen Stachel: zwei ist noch nicht eins – und die Philosophie wollte immer die Eins. Sie wurde schon früh Gott genannt: er ist ein umfassenderes Abstraktum als ein Natur-Element, eine Tendenz der Seele, die Zahl Eins (die Einheit hinter allen vielmal Eins), der Geist – weil Gott alle diese Partikularitäten enthält. Erst mit Gott, der die Welt aus dem Leeren schuf (dem Vorgänger des Nichts), war der vollendete Monismus da. Und eine neue Sorge: zum Beispiel, wie aus dem Leeren, dem Nicht-etwas etwas gemacht werden konnte – und weshalb es so schlecht wurde.

War man einmal auf dem Weg, zu scheiden zwischen dem, was allem zugrunde liegt, und der Oberfläche, so lag es nahe: das eine Wahrheit zu nennen, das andere Schein; die umgekehrte Benennung, der Pluralismus, hat sich nie durchgesetzt, obwohl er heute als Vokabel en vogue ist. Es gibt schon sehr frühe Ansätze, in denen die Verschmelzung von Ur-Sache und Wahrheit sich ankündigte. Verwirklicht wurde sie erst in jener Schule, die nach dem Ort, in dem sie saß, Elea (in Unteritalien), benannt wurde. Hier setzte man die Wahrheit mit dem Einen und Unveränderlichen gleich: mit dem Ewigen und Nicht-Vielfältigen, und nannte es »Sein«, das Vielfältige, das Veränderliche »Schein«.

Der zentrale Satz lautete, bis zu Schopenhauer hin: daß Vielfältiges und Veränderliches keine Wahrheit hat. Sie lieferten die Beweise dafür, indem sie nachwiesen: die Vorstellung von Vielheit und Bewegung führt zum Widerspruch, zur Absurdität. Was nicht logisch ist, existiert nicht. Der schnellfüßige Achilles, meinten sie, könne die langsame Schildkröte nicht einholen, weil er unendlich viele Strecken zu durchlaufen hat. »Der fliegende Pfeil ruht«, weil er in jedem Augenblick an einem anderen Orte sei; »an einem Ort sein« aber heißt »in Ruhe sein«. Jene paradoxen Sätze hatten den einen Sinn, die Welt des Werdens und Vergehens als nichtig zu demaskieren. Heutige Eleaten rufen eine ähnliche Verwirrung hervor mit dem Hinweis, daß wir in einer Welt leben, in welcher sich die Sonne um die Erde dreht... also im Reich der Illusion.

Die Anti-These, ebenso denkwürdig, schuf Heraklit: das Sein ist die Illusion, die Wahrheit aber das Werden: »Man kann nicht zweimal in denselben Fluß steigen; immer strömen andere und wieder andere Wasserfluten zu«; auch wir verändern uns unaufhörlich. So versuchte man, von zwei entgegengesetzten Seiten her das verwirrende Sowohl-Als-Auch aus der Welt zu schaffen. Aber eins verband die Verkünder des Seins und des Werdens: der Augenschein ist noch nicht die Wahrheit; er zeigt sowohl Bestehen als auch Fließen. Die Wahrnehmung ist nicht wahr. Die Wahrheit ist eine philosophische Konstruktion. Der gesunde Menschenverstand ist nicht gesund.

Kein anderer Vorsokratiker ist so sehr wie Heraklit von Ephesos, »Der Dunkle« genannt (aber diesen Beinamen könnten viele Vorsokratiker tragen), im Gedächtnis geblieben. Er wurde in den letzten zwei Jahrhunderten für Hegel, für Lassalle, vor allem für Nietzsche der große Kronzeuge. Gott Loge in Richard Wagners *Ring* singt wie ein Heraklit-Schüler. Die zentrale Kategorie der Gegenwart, Dialektik, ist von Heraklit das »Gesetz der Gegensätzlichkeit« genannt worden, auch der »Streit«, auch »Lauf und Gegenlauf«.

Diogenes Laertius schildert ihn als einen stolzen Mann, voll Verachtung für den Betrieb, vor allem die »Vielwisserei«, die nichts mit Wissen zu tun habe. Er war nicht vom Typ des Akademikers, eher des Polemikers. Von Homer sagte er (wir wissen nicht, weshalb): er verdiene, »aus den Preiswettkämpfen verwiesen und mit Ruten gestrichen zu werden«. Heftig griff er seine Landsleute an, weil sie Freund Hermodorus verbannt hatten: »Recht hätten die Ephesier, wenn sie sich alle, Mann für Mann, aufhängten und den Unmündigen ihre Stadt überließen.« Denn sie hatten den Besten verjagt, weil sie nicht ertragen konnten, daß einer besser ist als der ganze Rest. Bis zu diesem Tag eines der mächtigsten Auswahl-Prinzipien! Seine Ephesier forderten Heraklit auf, ihrer Stadt Gesetze zu geben. Und wie Empedokles auf eine ähnliche Aufforderung hin in den Ätna geflüchtet zu sein scheint, zog Heraklit es vor, im Artemis-Tempel mit Knaben Würfel zu spielen. Wenn mit dieser Anekdote auch nur ein Typus übermittelt ist, bleibt sie kennenswert. Der Schriftsteller des Desengagement aus Hoffnungslosigkeit.

Von dem, was uns überliefert ist (ein Haufen von 126 Fragmenten), wird auch deutlich, daß er nicht nur das Werden für die Wahrheit erklärt, auch sein Gesetz, den Logos. Das scheint ein Widerspruch zu sein, wie er es dann wieder bei Hegel war: Sein und Zeit gehen nicht zusammen, auch wenn Philosophen sie zusammenzuzwingen suchen. Um einige Schwierigkeiten kam Heraklit herum mit Aussagen, die zurückhaltend waren: »Diese Welt, dieselbe für alle, hat weder der Götter noch der Menschen einer gemacht, sondern sie war immer und ist und wird ein ewiglebendes Feuer, nach Maßen erglühend, nach Maßen verlöschend.« Der Stachel in diesem Satz war, daß dies »war immer« seit Menschengedenken immer (die Primitiven eingeschlossen) zur Frage trieb: weshalb ist, was ist?

Es ist möglich, daß es die Fülle seiner Perspektiven war, welche Heraklit bis zu diesem Tag so sehr zum Kronzeugen mancher Gegenwart gemacht hat. Er hat viel Apodiktisches gelehrt – und viel Skeptisches, zum Beispiel: »Der Seele Grenzen kannst du nicht ausfinden und ob du jegliche Straße beschrittest; so tiefen Grund hat sie.« Sehr mißtrauisch scheint er der Masse gegenüber gewesen zu sein; es gab Massen schon lange vor dem »Zeitalter der Massen«. Er soll sein Buch *Von der Natur* im Artemis-Tempel niedergelegt haben; man erzählt, daß es absichtlich in dunkler Sprache gehalten worden sei, damit nur die Berufenen sich mit ihm beschäftigten, während ein zu volkstümlicher Ton der Schätzung Eintrag tun könnte. Sollte dies ein Motiv des »Dunklen« gewesen sein, so hätte er auch hiermit eine Jahrtausend-Praxis eingeleitet: der Wille, sich gleichzeitig zu offenbaren und zu verbergen: mit Hilfe einer Sprache, die nur wenigen zugänglich ist.

Damals trat auch schon der Typ des sprichwörtlichen »Philosophen« in Erscheinung. Dieser »Philosoph«, wie wir ihn aus jenen

Vitae kennenlernen, lebt mehr im Reich der Gedanken als im Alltag, in der Familie, in seiner Stadt. In einem Brief über den Tod des Thales schrieb sein Schüler Anaximander an Pythagoras: Thales habe hochbetagt kein glückliches Ende gehabt. Als er, seiner Gewohnheit gemäß, mit der Magd des Nachts aus dem Vorhof seines Hauses ins Freie ging, um die Sterne zu betrachten, stürzte er, im Anschauen des Himmels verloren, einen Abhang hinab. Mit dieser Anekdote ist ein jahrtausendealter Zug des Philosophen abgebildet und die populärste Vorstellung von diesem seltsamen Exemplar Mensch, die bis heute lebendig ist.

Dieser Philosoph war, bis zu dem Bilde, das Schopenhauer von ihm zeichnete, ein klares Auge, das die Ewigkeit schaut – unbekümmert um die Dünste, von denen sie in irgendeiner Gegenwart verschleiert wird. So lebte (wie überliefert wird) Anaxagoras, trat sein Vermögen an Verwandte ab, um nicht abgelenkt zu werden, kümmerte sich nicht um die Angelegenheiten seiner Stadt und widmete sich der Wahrheit. »Hast du gar kein Herz für dein Vaterland?« fragte man. Er antwortete: »Laß gut sein; nichts liegt mir mehr am Herzen als mein Vaterland« (wobei er auf den Himmel wies). Die ersten Philosophen hatten offenbar noch keine Angst, daß man ihnen vorwarf, sie säßen mit ihrem bourgeoisen Durst nach der ewigen Wahrheit im Elfenbeinturm. Sie waren stolz auf ihre Distanz zum Treiben des Tags.

Die leuchtendste Illustration ist Heraklit. Der Briefwechsel zwischen ihm und dem Perser-König Darius setzt ein Thema, das in kommenden Epochen immer wieder abgewandelt werden sollte: in der Absage eines ehrenvollen Rufs, die Spinoza der Universität Heidelberg und Kant der Universität Halle erteilte. Ob jene antike Korrespondenz ein historisches Dokument, ob sie die belletristische Fassung eines historischen Ereignisses ist, hier tritt der alte und ewig junge »Philosoph« in Erscheinung. Der Perser-König war ebenso voll von Verlangen, den Weisen an seinen Hof zu ziehen, wie später Dionys den Platon. Heraklit aber, offenbar gewitzter, konnte sich schon vor der Reise nicht vorstellen, daß sie einen Sinn haben könnte. So schrieb er unnahbar: »Alle, die hier auf Erden wandeln, bleiben der Wahrheit und Gerechtigkeit fern, hängen ihr Herz vielmehr an Befriedigung ihrer Geldgier und Ruhmsucht infolge ihrer elenden Unwissenheit. Ich aber übe strenge Entsagung gegenüber jeder Schlechtigkeit, meide die Befriedigung jeden Neides, der sich bei mir geltend machen will, und gehe jeder Überhebung aus dem Wege; darum kann ich mich nicht entschließen, nach dem Perserland zu kommen; denn ich bin mit wenigem zufrieden, wie es meinem Wunsche entspricht.«

Daß man aus anderen Motiven fahren könnte als um des Goldes und Prestiges willen... auf die Idee kam er gar nicht; so wenig glaubte er wohl an die Möglichkeit einer Besserung. In diesem Brief ist die Askese, die der Natur des Denkers entspringt, der immer asozial ist (nicht antisozial); Denken macht einsam wie der Tod. In diesem Brief ist der Wunsch, sich vor Schmutz zu bewahren, stärker als jeder andere, der ihn gewiß ebenso stark bewegte wie seine Mitbürger. Und hier ist der Haß gegen den souveränen Pöbel, den er so leidvoll erlebt hatte, daß er an eine Änderung nicht glaubte.

Ergo: Die Metaphysiker von damals – wahrscheinlich erratische Blöcke, nicht in Kommunikation mit Akademien, Institutionen und Philosophischen Gesellschaften, eher mit Priesterschaften, die schokkiert wurden – sorgten sich, unter dem Zwang eines (nicht soziologisch reduzierbaren) Bedürfnisses: eingeweiht zu werden in die Einheit des Alls. Wahrscheinlich war ihr Sehen und Hören und die von den Sinnen modellierte Sprache mehr ausgebildet als die Fähigkeit, zu verbegrifflichen. Sie begaben sich gerade erst auf den Weg, die Vorstellungs-Welt ungreifbarer, unanschaulicher, tonlos zu machen – dafür aber konsequent. Die bunte Unübersehbarkeit schrumpfte später zu mausgrauen, aber Ordnung schaffenden Abstrakta zusammen.

Man wüßte gern, wieweit sie selbst schon bei ihren überschwenglichen Unternehmungen ohne Hoffnung waren: zu erreichen, was erreicht werden muß – und nicht erreicht werden kann.

Das bißchen, was man von ihnen erhascht, ist wie geträumt; man hält gerade noch ein Zipfelchen: eine Gebärde, ein fernes Wort. Uns bindet an sie die Wehmut: daß wir von Tollkühnen abstammen, die auch schon nichts vermochten. Sie erinnern uns, wieweit wir es gebracht haben – in einem Feld, das unsere siebzig Jahre erfreulicher und betrüblicher macht. Sie aber wollten den Schleier, mit dem die paar Jahrzehnte eingehüllt sind, heben. Sind wir größer oder kleiner, daß wir es nicht mehr wollen können?

Auch das philosophische Scheitern hat eine lange Geschichte. Das verleiht jenen Konstrukteuren, deren undeutliche, verblaßte Bilder unserer Phantasie zuviel Raum lassen, ihre Aktualität.

III.
Die ersten Aufklärer und die ersten Deichwächter

Nachfolger Platons

*Ehedem war ich der Meinung,
es würde wohlgetan sein,
die weltliche Gewalt
ganz von der geistlichen zu trennen.
Jetzt aber habe ich gelernt,
daß die Tugend ohne Macht
lächerlich ist.*

Ein Redner
des Basler Konzils

*Was sind Ideen –
wenn nicht der sie hat,
der die Macht hat.*

Heinrich Mann

Im fünften Jahrhundert zeigte sich in Griechenland, was im Lauf der Jahrtausende in immer neuer Gestalt erschien: eine Aufklärung. Sie war stets Entmythologisierung höheren Grades. Der erste Grad liegt im Dämmer der Vorzeit; bereits der Mythos, der bekannte, war die Auflösung eines unbekannten, der wohl auch schon eine Art von Ratio hatte.

Verschiedene Interpreten deuten dasselbe Ereignis verschieden. Sie sagen: die urtümliche Gewalt des Konstruierens, die Kraft eines Heraklit, Empedokles und Anaxagoras war verbraucht. Oder sie legen es so aus: der griechische Feudalismus wurde abgelöst vom Bürgertum, dem ewigen Träger des Rationalismus. Möglich wäre auch die Erklärung: die vielen Sackgassen, in welche die großen Spekulierer geraten waren, riefen Skepsis hervor, eins der entscheidenden Elemente jeder Aufklärung; obwohl sie immer auch die Neigung hatte, eine Verklärung der Vernunft zu entwickeln.

Die griechische Aufklärung des fünften Jahrhunderts ist vor allem bekannt aus den Werken ihres größten Feindes, Platon. Deshalb hat der Name »Sophist« bis zu diesem Tage einen schlechten Klang, obwohl genug Versuche zur Ehrenrettung der beiden berühmtesten Sophisten, des Protagoras und des Gorgias, gemacht worden sind.

Ihnen wird vorgeworfen, daß sie »subversiv« gewesen seien, den Glauben an die Wahrheit, an ein fragloses Sitten-Gesetz unterminierten; es lautete damals: das attische Reich oder 150 000 Freie und 450 000 Sklaven. Subversiv ist jedes Denken, das zersetzt, was alle glauben. So zersetzten die ersten Philosophen den Mythos (der wohl selbst schon ein Unglaube gewesen ist) und die Nachfolger dann einige Reste, welche noch unangetastet geblieben waren. Wir zersetzen immer weiter, sowohl das Kausal-Gesetz als auch noch heiligere Gesetze. »Subversiv« wird dieser Abbau genannt, wenn die Regierenden glauben, daß die Regierten die neuen Ergebnisse zuungunsten der Herren in die Praxis umsetzen werden.

Die Sophisten verkündeten den Einzelnen (nur noch nicht so pedantisch wie dann Stirner) und unterminierten den Glauben, daß der Stadt-Staat Athen das summum bonum ist. Mit ihrem berühmtesten Satz: »Aller Dinge Maß ist der Mensch« zerstörten sie die Schicht von Heiligkeit, die als schützende Atmosphäre um den Staat der griechischen Kaufleute lag. Zwar ging es bisweilen sehr theoretisch zu. Es handelte sich um den Zweifel, zuverlässige Einsichten zu gewinnen. Die Sophisten waren die ersten Subjektivisten und Lehrer der Relativität. Aber nicht wegen ihrer Erkenntnistheorie sind diese frühen Skeptiker verdächtigt worden. Man war nie zu interessiert an begrifflichen Konstruktionen, immer mehr an den realen Folgen. Mit dem Argwohn gegen alle bisher verkündeten Wahrheiten, gegen alle unantastbaren begrifflichen Fundamente wird auch Gut und Böse in Frage gestellt (glaubt man irrigerweise bis heute); der theoretische Glaube an dies und das oder die Vernunft wurde immer für das Fundament der Praxis gehalten. Wie überhaupt theoretische und praktische Vernunft in der Vorstellung vieler Denker eng verschlungen sind. Planck wollte das Kausal-Gesetz nicht aufgeben – aus theologisch-moralischen Gründen. Gesetz ist Gesetz, mit dem einen fällt jedes.

Dieses gegenseitige Abstützen von Praxis und Theorie begann wohl mit Anaximander. Er sagte nicht nur: »Am Anfang der Dinge ist das Unendliche«, auch: »Woraus aber ihnen die Geburt ist, dahin geht auch ihr Sterben, nach der Notwendigkeit. Denn sie zahlen einander Strafe und Buße für ihre Ruchlosigkeit nach der Zeitordnung.« Was immer das bedeuten mag – es gibt eine Menge möglicher Auslegungen: das Moralische und Unmoralische ist hier bereits kosmisch verwurzelt. Man hatte immer vor nichts mehr Angst als vor der Lichtung aller metaphysischen Anker. Wenn das Steuer, das göttliche Gute, zerbricht, meint man, fallen die Menschen in Anarchie; sie ist der Gipfel aller Unmoral.

Deshalb sah man in den Sophisten nicht nur Agnostiker – Männer, die nicht daran glaubten, daß Thales' und Heraklits und Empedokles' gedankliche Anstrengungen zu etwas führten, sondern auch böse Menschen: Zerstörer von Theorien, welche Patriotismus, Moral und Gottesfurcht fundieren. All dies spielte sich viele Jahrhunderte später ähnlich ab. Wie Sokrates und Platon jetzt entstanden, Gegen-Gift gegen die Sophisten, Retter von Wissenschaft und Gesetz, so wurde Kant später von den englischen Sophisten des achtzehnten Jahrhunderts provoziert, vor allem von David Hume. Wobei Kant mehr mit Platon als mit Sokrates verglichen werden muß. In beiden Fällen galt es, die theoretische und ethische Skepsis in Schranken zu halten, die immer, unter der Parole: gegen das Chaos... Verteidiger der Kultur auf den Plan gerufen hat.

Es sollte einmal eine Geschichte der Angst vor dem Chaos geschrieben werden.

Auch Sokrates, der berühmteste, sichtbarste Sophist, sorgte sich nicht mehr um das All – nur noch um die viel kleinere Welt des Menschen. Mit ihm verengte sich die Weltall-Philosophie zur Lebens-Philosophie; wenn mit »Leben« menschliches Leben gemeint ist und das Wort nicht biologisch gewendet wird.

Was ihn von den Sophisten trennte: er war vielleicht weniger Aufklärer als Vernunft-Metaphysiker; er arbeitete nicht nur an der Auflösung von Aberglauben, sondern vor allem an einer Barriere gegen die totale Auflösung. Aristoteles hat von ihm gesagt, er sei der Schöpfer einer sicheren Methode auf dem Wege zur Wissenschaft gewesen: der Definition und der Induktion. Er war wohl mehr als das: der Mann, welcher der Moral eine feste Grundlage schaffen wollte – in dem höchst problematischen, auch manche spätere Aufklärung verklärenden Satz: Tugend beruhe auf Wissen; wer weiß, was gut ist, will auch das Gute. Nur gibt solch ein Zitat noch keine Idee von diesem Mann.

Er war weder ein Gelehrter noch ein Schriftsteller. Sein Philosophisches war nicht abgelöst von seinem Tag, er lebte philosophierend. Heute könnte man sagen: er war der erste existentielle Philosoph Europas. Dies mehr als die Leistung, die von Aristoteles beschrieben wird, gab ihm den Glanz, der immer noch fasziniert. Die Faszination lebt von dem Empfinden, daß der Philosoph ein Mann ist, der in Fleisch und Blut zeigt, wie man mit dem Leben fertig wird. Er war mehr die Problematik einer vom Herkommen sich lösenden Zeit – und der Deichwächter, der das Bewahrenswerte bewahrt, als (wie Platon) Ursprung einer neuen Tradition. Sokrates war wohl mehr Sophist, als es nach den Beschreibungen des Schülers Platon und seines Schülers Aristoteles aussieht. Bei Sokrates war noch alles im Fluß, wenn er auch das Verfließen zu hindern suchte.

Als Mann lebt er im Gedächtnis, wie er in Platons *Apologie* auftritt (im Sokrates-Prozeß) und im *Kriton* (als Gefangener); und wie er unvergeßlich von Alkibiades geschildert wird, im *Gastmahl*. Die *Apologie* soll bald nach dem Ende des Prozesses, der mit der Verurteilung zum Tod endete, niedergeschrieben worden sein. Dieser Prozeß gehörte zu jenen zahlreichen Verfahren, mit denen sich Athen gegen die Auflösung wehrte, aus Angst vor dem Schwarzen Mann aller Jahrhunderte: der Anarchie. Daß der Anarchist Sokrates ein Mißverständnis war, daß er eher zu den Konservativen gehörte, macht diesen Mord zu einer Tragödie, deren tragischer Held nicht das Opfer war, sondern Athen, das ihn opferte.

Der berühmteste Vorgänger des Sokrates-Prozesses war das Vorgehen gegen Anaxagoras gewesen, den Freund des Perikles. Auch er wurde von einem Kleon wegen Gottlosigkeit angeklagt, weil er die Sonne für eine glühende Steinmasse erklärt hatte. Das war zwar nicht gotteslästerlich, brachte aber die herrschende Vorstellungskraft in Verwirrung. Man weiß nie, was rutscht mit: das ist immer der wahre Inhalt des Wortes »gotteslästerlich« gewesen. Manche sagen: Anaxagoras sei durch das Eintreten seines mächtigen Schülers und Freundes, des Perikles, mit Geldstrafe und Verbannung davongekommen. Andere behaupten, Thukydides, der politische Gegner des Perikles, habe den Philosophen angeklagt, nicht nur wegen Gottlosigkeit, auch wegen Landesverrats (zwei Anklagen, die oft identisch waren) – und er sei in absentia zum Tode verurteilt worden. Von Sokrates weiß man mehr und Genaueres, dank Platon und Xenophon.

Ein Drittel der Bürgerschaft saß ständig zu Gericht. Der reiche und angesehene Lederwaren-Händler Anytos besuchte in Begleitung zweier Zeugen den stadtbekannten Mitbürger Sokrates, um ihn aufzufordern, vor der zuständigen Behörde in der Königs-Halle am Markt zu erscheinen und eine Klage entgegenzunehmen. So begann einer der unvergeßlichsten Justizmorde der Weltgeschichte. Auf dem Markt an der Schwarzpappel hing das geweißte Täfelchen mit dem Auszug aus der Klage-Schrift.

Vor siebzig Jahren war der Angeklagte zur Welt gekommen, als Sohn einer Hebamme und eines Handwerkers, in einem Vorort Athens. Seit Jahrzehnten beschäftigte der barfüßige Silen mit den Stielaugen und der Stupsnase die athenischen Mäuler. Zuerst machten die Komödienschreiber einen größeren Kreis mit ihm bekannt. In ihren Stücken war er ein toller Kerl, der eingeladen wird und den Weinkrug stiehlt. Oder ein armer Trottel, der sich um das Wohl der andern sorgt, ohne daran zu denken, ob er selbst zu essen hat. Bisweilen stellten sie ihn auch als eine Kreuzung aus einem luftigen Natur-Philosophen und einem streitbaren Dialektiker dar. So und ähnlich hatten ihn viele Stückeschreiber auf die Bühne gestellt. Vor allem aber sah man ihn, wie Aristophanes ihn geschildert hatte: er lag irgendwo in seiner Hängematte, die Augen stierten in den Mond, der Mund stand offen – und von einer Eidechse fiel feierlich etwas auf ihn herab.

Man kannte ihn nicht aus der Literatur, er war weder Professor noch Literat. Man traf ihn täglich und überall. Er war in ihre Werkstätte getreten und hatte gefragt. Kaum war die Antwort da, war schon wieder eine neue Frage da. Er war nicht loszuwerden. Was wollte er eigentlich? Es war nicht herauszubringen. Zuerst sah es immer so aus, als sei ihm nichts wichtiger als der Mann vor ihm und seine Arbeit. Der hatte sich geschmeichelt gefühlt und munter drauflosgeschwätzt. Doch bald hatte Sokrates den Redestrom unterbrochen und war sehr unangenehm geworden, mit seinem Insistieren auf präzisen Antworten. Schließlich hatte er einen in der Ecke; man mußte eingestehen, daß man sich mit den Angelegenheiten des Staates befasse und nicht einmal imstande sei, in sein privates kleines Leben Ordnung zu bringen. Solche Ironie bringt noch heute die cerebralsten Politik-Schwätzer in Wut. Er blamierte einen; und die Gebildeten nahmen ihm noch besonders übel, daß er immer von Schneidern und Webern und Köchen und Schiffsleuten und Bauern sprach und keine glänzenden Mythen erzählte und keine üppigen Dichterworte zitierte. Er hatte einen überführt – und war unheimlich: »Eigentlich hast Du wohl recht, Sokrates; doch es geht mir wie den meisten Leuten: trauen kann ich Dir nicht ganz.« Vom Nicht-ganz-Trauen bis zur Hinrichtung ist es nicht allzu weit, wie wir gelernt haben.

Niemand war mit ihm zufrieden: nicht der Aristokrat und nicht der Demokrat. Als die Dreißig Tyrannen zur Macht gekommen waren, hatte der Oberste, Platons Onkel Kritias, Sokrates und noch vier andere holen lassen und ihnen den Auftrag erteilt, einen Demokraten, der hingerichtet werden sollte, in Salamis zu verhaften. Vier hatten den Befehl sachgemäß ausgeführt, Sokrates aber war still und ruhig nach Hause gegangen. Da hatten die Herren erkannt, daß er ein schlechter Patriot war, und das Verbot des Rhetorik-Unterrichts auch auf seine Unterhaltungen ausgedehnt.

Ebensowenig war er ein Volks-Freund. Man sagte: er erkenne das souveräne Volk nicht an; in diesem Punkt dachte der Handwerkers-Sohn nicht anders als der Aristokrat Heraklit. Man sagte: er mache die Demokratie Athen verächtlich, wenn er behaupte: es sei verrückt, die Lenker des Staats mit Bohnen zu wählen – man wähle auch keinen Steuermann, keinen Zimmermann und keinen Flöten-Spieler so; obgleich doch Fehler, die sie begingen, weniger Schaden brächten als Fehler in Staatsgeschäften. Schopenhauer sagte es später ähnlich.

Warf man ihm also Politisches vor? Er inklinierte für spartanische Einfachheit, die jungen Herren vom Adel liefen ihm nach – er aber hatte ihre Standesgenossen bis aufs Blut gereizt. Die Richter, fünfhundertundeiner an Zahl, die ihm heute, bevor die Sonne untergegangen war, das Leben schenken oder nehmen sollten, wußten nicht ein noch aus.

Seine staatsbürgerlichen Ideen waren solide. Ist er für die Ehe? Ja, trotz Xanthippe. Für das Vaterland? Er hat sich mehr als einmal als Soldat ausgezeichnet. Für den Staat? Er erkennt seine Autorität an. Wie hält er es mit der Religion? Er bringt den Göttern alle Opfer dar, welche der väterliche Brauch verlangt.

Anklage und Verteidigungs-Schrift wurden verlesen. Dann bestieg Herr Meletos die Tribüne. Der junge, unbedeutende Poet sprach für die ganze Innung, die schwer gekränkt war. Sokrates empfand keine Achtung vor den Dichtern, weil sie, wie er sagte, mehr Wahrsager als Weise seien; Erich Unger schrieb aus denselben Gründen im Jahre 1925 eine Schrift *Gegen die Dichtung*. Der Beleidigte überzeugte die Richter nicht. Aber dann kam Herr Anytos, Liebling der Handwerker. Man kannte den reichen Händler recht gut aus seinem Kampf gegen die Aristokraten und aus der Zeit seiner Verbannung. Vielleicht bewegte ihn ein Ressentiment. Er hatte für den jungen Alkibiades geschwärmt, bis er zu Sokrates in die Lehre gegangen war. Auch soll dieser Mann ihm einmal den Rat gegeben haben, seinen Sohn nicht ins väterliche Geschäft zu nehmen, sondern zu einem Gebildeten zu machen.

Das Argument, das der Sprecher athenischer Kleinbürger vorbrachte, war: Sokrates sei ein »Zerstörer der guten alten Zeit«. Er war nicht blutrünstig, dieser Ankläger. Er wollte nicht das Leben des Wolfs in der Schaf-Hürde. Wollte nur, daß der unheimlich Gefährliche verschwände, wie vor ihm Anaxagoras und Protagoras sich aus dem Staube gemacht hatten. Der Mord an Sokrates war keiner, sondern athenisches Pech.

Die Richter wußten auch nach den Reden nicht, worum es ging. Sokrates, sagte man, glaube nicht an die Götter des Staats. Aber wußte man denn selbst genau, was da oben, hoch im Olymp, und da unten, in der Tiefe des Hades, vor sich ging? Aeschylus wurde angezeigt, weil man in einigen Stellen seiner Dramen Enthüllungen der Mysterien gewittert hatte. Perikles' Freund Anaxagoras war verfolgt worden, weil er den rächenden Blitz des Zeus in einen ganz unemotionalen Naturvorgang verwandelt hatte. Dem Phidias war es übel ergangen, weil er in der Darstellung der Amazonen-Schlacht auf dem Schild der Athene den Perikles und sich selbst abkonterfeit hatte. Protagoras hatte die Sätze geschrieben: das Dasein der Götter kann ich weder behaupten noch bestreiten; denn vieles steht unserer Erkenntnis davon im Wege, die Dunkelheit des Gegenstandes und die Kürze des menschlichen Lebens... Was aber war Sokrates' Vergehen?

Das erste Drittel des Tages hatte den Anklägern gehört, das zweite gehörte dem Angeklagten. Es ging um sein Leben. Wer sich nicht die Fähigkeit zutraute, sein eigener Verteidiger zu sein, pflegte zu einem Professionellen zu gehen und das gelieferte Plädoyer auswendig zu lernen. Sokrates hatte den schlechtesten Anwalt: Sokrates. Er nahm, wie er es gewohnt war, die Ankläger in die dialektische Zange und verwickelte Herrn Meletos in ein Gespräch, wie er es schon tausendmal praktiziert hatte. Er denkt nicht daran, daß er in dieser Stunde kein Erzieher ist, sondern auf Leben und Tod angeklagt. Seine verbindliche, kühle, ironische Distanz läßt nicht eine Spur von menschlichem Interesse bei dem souveränen Volk aufkommen. Die Kluft zwischen ihm und seinen Richtern wird jede Minute breiter. Er ist ein eigensinniger Alter und von einer Unabhängigkeit, wie sie nur das Alter schenkt. Was hat er noch zu verlieren?

Der Vorsitzende leitet die Abstimmung. Jeder Richter erhält zwei von einem Stäbchen durchbohrte Bronzeblättchen; sie zeigen die Eule, den Stempel des Staates Athen. Auf einem steinernen Tisch werden die Stimmen gezählt. Drei mehr – und Sokrates wäre freigesprochen worden. Man wollte sein Haupt nicht. Und es begann der Prozeß ein zweites Mal. Das Thema lautete nicht mehr: schuldig oder nicht, sondern Tod oder... den Gegen-Antrag hatte der Verurteilte zu stellen. Sokrates beantragte eine lächerliche Buße, die winzige Summe von hundert Drachmen. Die Athener wollten keinen Bettel-Pfennig. Der einzige Gegen-Antrag, der ihn hätte retten können, war: Verbannung. Er hatte immer noch eine letzte Chance. Es gab für das Schlußwort, das dem Angeklagten zustand, viele bewährte szenische Anweisungen; zum Beispiel das Besteigen des Podiums mit dem Stab der Schutzflehenden in der Hand. Die besten Requisiten waren Frau und Kinder, um die Phantasie der Richter in Bewegung zu setzen. Das aber war nicht Sokrates' Art.

Er wurde zum Tode verurteilt. Er hatte noch die Möglichkeit, aus dem Gefängnis zu fliehen. Vielleicht erhofften es die athenischen

Richter. Statt dessen unterhielt er sich nach alter Gewohnheit mit seinen Freunden ... bis der Schierling wirkte. Er war kein Märtyrer. Er starb – nicht wie ein Philosoph, sondern in den Sielen. Das bedeutete in seinem Falle: er betätigte sich am letzten Tag ebenso wie an jedem vorangegangenen; er war seiner sicher, wußte, was er wollte, und wich nicht ab. Er machte auch vor Gericht keine Figur, nicht einmal eine welthistorische. Nur die Situation gab diesem Verhalten ihr Pathos. Man kann sich nicht vorstellen, daß er glaubte, etwas Welt-Erschütterndes zu agieren.

Wenn dieser Gang in den Tod trotzdem zu den wenigen großen Szenen gehört, die nie vergessen worden sind, so liegt es nicht an dem »œuvre« dieses Mannes. Er wurde ein gewaltiges Zeichen für Unbeirrbarkeit, für ein Stehen zu dem, was ihm richtig zu sein schien. Er ist der nüchternste Heilige des Heiligen-Kalenders. Und mit der Philosophie hat er nur so viel zu tun, daß er sich auf sie verließ. Was trennt ihn von seinem Biographen und Schüler? Sokrates war ein Philosoph, Platon schuf eine Philosophie. Das bleibt auch dann bestehen, wenn die philosophischen Lehren, die er dem Lehrer in den Mund legte, wirklich von ihm waren. Sie waren dann immer noch nicht mehr als die Keime, aus denen das umfassende Gedanken-Gebilde des Jüngers wurde.

Platon ist der erste Philosoph, von dem ein umfängliches Werk auf uns gekommen ist. Was wir von seinem Leben wissen, geht im wesentlichen auf den siebenten der acht überlieferten Briefe zurück, der als echt anerkannt wird. Dies Leben ist von höchster Aktualität: Platon war der erste besiegte anti-faschistische Intellektuelle. Er wollte die Welt nicht nur interpretieren, sondern (wie Marx) auf Grund der Interpretation ändern. Er änderte sie ebensowenig wie der späte Enkel, der nicht viel mehr als eine Variation des alten Schlimmen erzielte.

Der siebente Brief stammt aus dem Jahre 353. Platon ist fünfundsiebzig Jahre alt. Er lebt in einem Haus vor den Toren Athens, neben dem parkartigen Tempel-Bezirk, der dem Ortsheiligen »Akademos« gewidmet ist. Die Akademie, nach ihm benannt, ist bereits dreißig Jahre alt. Platon hatte sie nur zweimal verlassen, für seine zweite und dritte Fahrt nach Sizilien.

Dort lebte, am Hof des jüngeren Dionys, ein Verwandter, Dion. Für ihn hatte Platon eine starke Neigung. Er war ausersehn, das Ideal vom Herrscher zu inkarnieren. Vor vier Jahren war dieser Dion, der ins Exil gehen mußte, nach Syrakus zurückgekehrt, um das Land aus den Händen des Tyrannen zu befreien und ein platonisches Reich zu errichten. Da wurde er ermordet; sein Mörder war (ein Sarkasmus der Weltgeschichte) ein ehemaliger Schüler der Akademie.

Jetzt also, im Jahre 353, wandten sich die verwaisten Dion-Anhänger auf der Insel an Meister Platon. Sein Brief hatte einen aktuellen Anlaß – und wurde, sozusagen nebenbei, der Rückblick auf drei gescheiterte Versuche, auf Sizilien seine Vorstellung vom vollkommenen Staat zu verwirklichen. Platon hat nicht nur eine Utopie konstruiert, sondern auch den Versuch gemacht, ihr auf Erden eine Heimat zu geben. Die gründlichste Kritik an seinem Hauptwerk *Der Staat* war sein sizilisches Abenteuer: der große Mißerfolg neben dem großen Erfolg des klassischen Buchs.

Der Kern-Satz des siebenten Briefs ist durch die Jahrhunderte zitiert und variiert worden, in vielen Wendungen: »Vom Unheil werden die Geschlechter der Menschen nicht loskommen, bis entweder das Geschlecht der rechten und wahren Philosophen zur staatlichen Herrschaft gelangt oder das Geschlecht der Gewaltigen in den Staaten durch Gottes Fügung wirklich philosophische Haltung gewinnt.« Platon schlug ein Thema an, das immer noch akut ist. Heinrich Mann nannte eins der bekanntesten Manifeste unserer Zeit *Macht und Geist*... und ist ebenso erfolglos wie Platon gewesen. Weshalb? Das Ideal ist ebenso herrlich wie eh und je. Die Technik aber, mit welcher das Bündnis zwischen Macht und Geist bewerkstelligt werden kann, ist seit den Tagen Platons nicht vorwärts gekommen. Die »Arbeiter-Klasse« hat sich als Verbündeter ebensowenig bewährt wie Platons »Geschlecht der Gewaltigen«. Die Allianz zwischen der »Macht« und dem »Geist« ist ebenso fern wie vor zweitausend Jahren. Liegt das nur an der Macht? Oder nicht auch am Geist? Platons Experiment gab eine Antwort.

Er war nach dem Tode des Sokrates aus Athen geflohen. Es war ihm nicht an der adligen Wiege gesungen worden, daß er sich mit Dreißig wird verstecken müssen. Seine Familie gehörte zur regierenden Schicht. Ein Bruder der Mutter war Polizei-Präsident gewesen, Onkel Kritias sogar Staats-Präsident. Damals war Platon dreiundzwanzig, sehr unerfahren und zu allem bereit. Er hatte während der Herrschaft der Dreißig mitgemacht. Er hatte das Schreckens-Regiment seiner Partei erlebt. Aber konnte er auf die Seite der Demokraten treten? Das souveräne Volk hatte den Bildhauer Phidias eingesperrt, dem weisen Anaxagoras den Prozeß gemacht; Perikles hatte am Ende seines Lebens die geliebte Aspasia unter Tränen vom launischen Souverän losbitten müssen. Und dann Sokrates.

Platon saß in Megara im Exil – und tat, was Exilierte immer zu tun pflegen; er schrieb gegen die Sünden der Heimat. Er wollte die Athener kurieren und holte zu diesem Zweck den toten Sokrates aus dem Hades zurück. Der spricht nun, durch den Mund des Platon: Gleich nach meinem Tod wird euch eine viel schwerere Strafe treffen als die, welche ihr über mich verhängt habt! Ihr glaubt, durch meine Verurteilung der Notwendigkeit entronnen zu sein, Rechenschaft abzulegen über euer Leben. Ihr irrt! An Stelle des Einen werden euch viele zur Verantwortung ziehen; nur mit Mühe habe ich sie bisher zurückgehalten. Sie sind jung und werden euch einmal sehr lästig fallen... So indirekt stellte sich Platon als kommenden Operateur vor.

Er kehrte nach Athen zurück und trat als Richter auf: der Dialog *Gorgias* traf hart. Dann ging er zehn Jahre auf Reisen. Auf einem der kurzen, bauchigen Schiffe, die regelmäßig nach Ägypten fuhren, segelte er in die Republik der Gelehrten. Seine neuen Mitbürger waren zerstreut über die ganze Welt; damals teilten sich die Forscher im Gespräch ihre Ergebnisse mit. Man wird über Geometrie sprechen, die fliegende Holz-Taube studieren. Dann lockte ihn das größte Interesse seines Lebens, der gerechte Staat, in das längste Abenteuer.

Er nahm eine Einladung des mächtigsten Manns der damaligen Welt an, des Dionys von Syrakus; der war mit Hilfe der wirtschaftlich Starken hochgekommen und wurde seine Partner auf ähnliche Weise los wie später der deutsche Sieger des Jahres 1933. Der Philosoph Xenophanes aus Kolophon hatte einmal gesagt, als er vom Hof des Hieron kam: »Man halte sich fern vom Tyrannen oder sei ihm zu Willen.« Platon hielt sich nicht fern, weil ihm vielleicht damals schon vorschwebte: der mächtigste Mann im Bündnis mit dem weisesten könnte die Gerechtigkeit auf Erden etablieren. Und es begann die Serie seiner Niederlagen im Bezirk der Politik. Dionys I. war von Platons Predigt gekränkt und wußte es so einzurichten, daß sein Gast auf dem Rückweg zum Verkauf auf einen Sklaven-Markt gelangte. Er wurde losgekauft. Als Platon die Summe zurückgeben wollte, wurde sie nicht angenommen. Mit ihr wurde die Akademie gegründet. Gelder haben ihre Schicksale.

Sie war eine Forschungs-Stätte. Man lehrte gemeinsam, man lernte gemeinsam, man aß gemeinsam, man war eine einzige Familie. Aber mehr als die Frage: wie verdoppelt man den Würfel?, mehr als die Probleme der Mathematiker, Astronomen, Geographen und Mediziner, die hier einkehrten und arbeiteten, beunruhigte ihn das Phänomen, das Euripides und Aristophanes so formuliert hatten: »Die Reichen sind unersättlich, die Armen werden nicht satt.« Es klagte, von der Redner-Tribüne, der große Hippokrates: »Man opfert keine Tiere mehr, an den Altären schlachten sich die Menschen.« Und es klagte Platon: »Diese Gesellschaft bildet gar keine Einheit; zwei Staaten sind es auf demselben Platz – der Staat derer, die haben, und der Staat derer, die nicht haben...« Fünfundzwanzig Jahre nach dem Tod des Sokrates, fünfzehn nach dem ersten Besuch in Syrakus schrieb er das Werk, das mehr Wirkung ausgeübt hat als irgendein anderes: *Der Staat*.

Platon war nicht der erste, der aus Sehnsucht nach einer besseren Gesellschaft eine Erfüllung konstruierte. Der Prophet Jesaja hatte verheißen: »Die Wölfe werden bei den Lämmern wohnen und die Pardel bei den Böcken liegen. Ein kleiner Knabe wird Kälber und junge Löwen und Mastvieh miteinander treiben.« Auf griechisch soll diese Hoffnung sehr früh in der *Heiligen Chronik* eines Euhemeros von Messina und in der *Sonnen-Insel* eines Jambulos Worte gefunden haben; beide Werke sind nicht erhalten.

Der vollkommene Staat, den Platon aufzeichnete, nannte sich zwar eine Utopie – war aber auch sehr realistisch; ihm lag eher eine sehr kleinmütige, sehr bescheidene Auffassung vom Menschen zugrunde, wie sie später in Kant und Schopenhauer zu vollem Ausdruck kam. Der Utopist Platon war ein sehr gemäßigter Schwärmer. Sein Ideal bestand auch aus viel Allzumenschlichem. In seinen vollkommenen Staat waren viele Unvollkommenheiten eingebaut. Der Staat, dachte er, ist der Einzelne – überlebensgroß: eine gesellschaftliche Dreieinigkeit. Zwischen der Vernunft, oben angesiedelt, und der Unvernunft, den Gefühlen und Trieben, vermittelt der Mut: eine vernünftige Leidenschaft. Diese drei seelischen Mächte werden gesellschaftliche in drei Menschen-Arten; von unten nach oben: geborene Untertanen, geborene Soldaten und zum Regieren geborene Philosophen.

Platon nahm die Leute, welche Felder bestellten, Schuhe machten, auf dem Markt hökerten, wie sie sind; auch in seiner Utopie werden sie nicht verklärt. Aber da schuf er eine sehr seltsame Herren-Schicht. Sie ist völlig aus der Art geschlagen. Man hat alle Macht – und genießt sie nicht. Die Regierenden leben bescheidener als die Regierten. Die Machthaber besitzen weder Gold noch Silber und überhaupt kein Eigentum; nicht einmal Weib und Kind, die der ganzen Führer-Schicht gehören. Die Philosophen-Könige hausen fast mönchisch miteinander in einem Lager, essen miteinander an einem Tisch und haben keine individuellen Freiheiten. Der Kommunismus ist hier ein Opfer, das nur die Herren zu bringen haben.

Diese Schicht setzt sich zusammen aus den sogenannten »Regenten« und ihren Gehilfen, die den Titel »Wächter« führen. Sie haben ihre Macht weder ererbt noch erobert. Von Kindheit an sind sie beobachtet worden: ob sie zu den Auserlesenen gehören. Bis zum dreißigsten Jahr werden sie mathematisch geschult und weitere fünf Jahre im Denken erzogen. Aber man erlaubt ihnen nicht, Gelehrte zu werden. Sie werden zum Regierungs-Dienst eingezogen und haben sich bis *Fünfzig* um die Verwaltung des Staats zu kümmern. Sie sind Regenten: wider Willen. Sie sind mächtig: ohne Liebe zur Macht. Jeder Schneider darf nach seinem Pläsier selig werden, der Philosoph darf nur dienen. Alle anderen besitzen Häuser und Ländereien. Alle anderen machen Reisen und bewirten Gäste. Die Herrscher aber haben darüber zu wachen, daß die Gerechtigkeit verwirklicht wird. Alle Welt sagte damals: »Gerechtigkeit ist nichts als eine Ausrede der Schwachen und eine Maske der Schufte« (so alt ist die Demaskierungs-Psychologie). Platon aber wollte die Gerechtigkeit wirklich machen, indem er die Weisen zur Macht brachte... und sie hinderte, Geschmack an ihr zu finden.

Diese Verknüpfung von Macht und Verzicht war höchst revolutionär; auch wenn die Vorstellung von der Natur als Produzent von Kasten (Bauern und Soldaten und Philosophen) eine Verewigung des athenischen Klassen-Staats war. Die Utopisten pflegten nie mit allem Gegebenen zu brechen; nur mit einem Teil, mit einem anderen wieder nicht. Es ist nicht schwer, in Platon den Ideologen des griechischen Feudalismus darzustellen. Vor allem aber war er der kühnste Verkünder einer Macht, die nicht ausbeutet. Unverständlich ist, daß ein Denker wie Bertrand Russell und Kleinere nach ihm Platon als Faschisten denunzierten. Die Verwechslung von Herrschaft der Elite und Herrschaft einer Oligarchie ist unausrottbar.

Dionys I. erlebte wohl noch die Verkündung des Philosophen-Königs. Ihm bekam die Tyrannei sehr gut; er starb, hochgeehrt, in hohem Alter im Bett. Der Zweite, sein Sohn, hörte durch seinen Verwandten Dion von diesem Platon und seinem Werk. Er erhielt eine Einladung, ging hin und in Konflikte. Lakonisch sind sie beschrieben in dem Satz: »Wer einem kranken Mann mit einer gesundheitlich oder sonstwie falschen Lebensweise einen Rat geben will, der muß zunächst einmal dessen Leben ändern, und erst dann, wenn er ihm darin folgen will, kann er ihm weitere Anweisungen geben. Wenn aber der Kranke nicht will, so würde ich den, der die Beratung eines solchen ablehnt, für einen Mann halten und für einen Arzt; den jedoch, der sich die Widersetzlichkeit gefallen läßt, für einen Schwächling und Pfuscher.« Der Kranke, Dionys II., wollte nicht. Das Zitat beschreibt genau Platons Situation während seiner zwei Reisen zum jüngeren Dionys. Der Jüngling wollte zu gleicher Zeit Platons Plan verwirklichen – und sich nicht ändern.

Lag es nur an dem unerziehbaren Schüler? Francis Bacon sagte: man soll die Politik nicht den Philosophen anvertrauen, sie haben nicht genug Erfahrung... Es genügt nicht, tief zu sein und eine anima candida. Der Dilettantismus der ausgezeichnetsten Denker ist ebenso schädlich wie das Pfuschen der Armen im Geiste. Die politische Ahnungslosigkeit der Philosophen ist durch die Jahrhunderte nicht gerechtfertigt worden von der philosophischen Ahnungslosigkeit der Politiker. Die Ungeniertheit der Denker, mit der sie sich in einem Feld bewegten, in dem scharfes Denken allein nicht genügt, machte sie mit Recht in der öffentlichen Meinung lächerlich.

Die ersten Aufklärer

Der Besitzer eines Gauner-Lexikons teilte mir mit: in dieser Sprache ist »Philosoph« ein Synonym für »Schwindler«.

Man hat sich mit dem ersten großen sozialen Experiment eines Philosophen weniger beschäftigt als mit seiner Metaphysik. Sie ist beschlossen in dem Wort »Idealismus«: Beginn einer langen, üppig wuchernden Geschichte, die wir den griechisch-christlich-deutschen Idealismus nennen können, von Platon bis Schopenhauer, seinem enthusiastischen Jünger. Historisch betrachtet, war diese Lehre die salomonische Lösung im Streit zwischen den Eleaten und Herakliteern. Zwischen Sein und Werden bestehe nicht der Gegensatz von Wahrheit und Schein, sondern eine Verbindung: das Werden nimmt teil am Sein, die Gegenstände und ihre Vergänglichkeit sind Schatten, welche ihre Idee, die ewige, unzerstörbare wirft. In der Erscheinung erscheint die Wahrheit, die hinter ihr, über ihr ist. Der Platonismus wurde in zwei Jahrtausenden immer neu gewendet.

Platon gab keine Definition der »Idee«. So konnte seine Vision üppig wuchern. Eindeutiger ist sein »Eros«; man übersetzt ihn am besten mit: Begeisterung. Es sind im Laufe der Jahrhunderte viele Ursprünge des Philosophierens gefunden worden: Platon entdeckte im Eros den Impuls, über die Enge des Tages emporzuschweben – nicht in eine Phantasie, sondern in jenen reinen Äther, von dem aus das Untere in den richtigen Proportionen sichtbar wird und das Leben der Menschen geordnet werden kann.

Obwohl er in vielen Zergliederungen philosophischer Grundbegriffe so subtil war, daß er bis in dieses Jahrhundert Kronzeuge der exaktesten Analysen sein konnte – sobald er den krönenden Abschluß seiner Anschauung vom Universum in Worte bringt, häufen sich die Metaphern. Die poetischen Abstrakta und die exakten Begriffs-Spaltungen wurden Quell vieler Platonismen: von Plotin bis zum Neu-Kantianismus. Platon wurde der große Ursprung blühender Dichtungen und minuziöser Scholastiken im Mittelalter, in der Renaissance und im deutschen Idealismus. Die Geschichte seiner Lehre, die mit der älteren, mittleren und jüngeren Akademie begann, ist zum guten Teil identisch mit der Geschichte der Philosophie. Er war auf eine Mine gestoßen, die Generationen nicht erschöpften. Von ihr lebten die philosophischen Phantastereien der Jahrhunderte ebenso gut wie die exaktesten Disziplinen.

Der englische Philosoph Alfred North Whitehead sah in der westlichen Philosophie nichts als eine Serie von Fußnoten zu Platon.

Der Nachfolger verband noch wirkungsvoller Phantasie und Präzision – und wurde der erste und einflußreichste systematische Metaphysiker Europas: Aristoteles.

Martin Heidegger sagte über ihn, in einer Vorlesung: »Er wurde geboren, arbeitete und starb.« Ein Heidegger-Biograph, Paul Hühnerfeld, der diesen Satz zitierte, kommentierte: er sei auf »frappierende Weise falsch«. »Frappierend« wohl, weil Heidegger in ihm sein eigenes Leben stilisieren wollte, als habe es da nichts gegeben als Bücher. Falsch aber ist die Sentenz, weil schon dem ersten Aristoteles-Biographen zu entnehmen ist, wieviel mehr in diesem Leben war als Geburt, Arbeit und Tod. Aristoteles' Vater lebte am Hof des Mazedonier-Königs Amyntas, als Arzt und Freund. Der Nachfolger war König Philipp, sein Sohn hieß Alexander. Aristoteles wurde der Lehrer des Knaben, der dann das Antlitz Europas, Afrikas und Asiens änderte.

Es wäre interessant, den Aufstand der philosophischen Ödipusse, heute »Aristoteles-Komplex« benannt, zu erforschen. Diogenes Laertius berichtet, daß der junge Philosoph sich schon bei Lebzeiten Platons vom Lehrer trennte. »Aristoteles hat gegen mich ausgeschlagen, wie es junge Füllen gegen die eigene Mutter tun.« Der dissidierende Platoniker gründet eine eigene Schule im Garten des Lykeion, wo er, auf und ab wandelnd, mit den Seinen diskutierte. Der Name Peripatetiker, den die Schule annahm (auf deutsch: Herumwandler), hat das Philosophieren unter Hinzuziehung der Beine im Wort festgehalten. Heute wandeln die Philosophen von Rundfunk zu Rundfunk.

Aristoteles lebt nicht als Person im Gedächtnis, wie Sokrates und Platon; eher als das erste umfassende philosophische System, das durch die Zeiten, nicht nur im Aufbau der katholischen Theologie, das Material für philosophische Heimstätten geliefert hat. Am ehesten Vergangenheit sind die naturwissenschaftlichen Schriften, welche die Forschung bis in seine Tage zusammenfaßten: *Über den Himmel, Über Meteorologie, Über vergleichende Anatomie und Physiologie, Über die Zeugung der Tiere, Über die Pflanzen.*

Eine mächtige Wirkung hat das *Organon* gehabt: zu deutsch »Werkzeug«, Apparatur allen Denkens. Es lehrte, wie man Begriffe bildet (definiert), wie man urteilt, zu Konklusionen kommt, induziert und deduziert. Diese Untersuchungen wurden später als *Formale Logik* zusammengefaßt, die auch den »Satz des Widerspruchs« enthält: »Daß ein und demselben in derselben Beziehung etwas zugleich zukommt und nicht zukommt, ist unmöglich.« Auch ist er der erste systematische Erkenntnistheoretiker gewesen, Ursprung vieler Kategorienlehren; er zeichnete Substanz, Quantität, Qualität, Relation, Örtlichkeit, Zeitlichkeit, Tätigkeit, Leiden, Lage, Zustand aus. Seine *Erste Philosophie* nannten die Späteren *Metaphysik*, weil sie (gemäß der Anordnung eines Aristoteles-Herausgebers) jenen Büchern folgte, die der Physik gewidmet waren. Damit war, was es der Sache nach seit Thales gab, nun auch dem Namen nach da. Die aristotelische Deutung des Himmels und des Irdischen war wirksam, solange der Glaube an die Möglichkeit, die Welt im Begriff nachzuschaffen, am Leben war. Seine Unterscheidung zwischen Stoff und Form, seine Vorstellung von der »Entelechie«, die in jedem einzelnen wirkt als das Ziel, zu dem hin es sich entwickelt, sein Satz: Der erste Grund aller Bewegung muß selbst ein Unbewegtes sein... diese Grund-Sätze, die in der *Ersten Philosophie* verkündet wurden, beherrschten die Jahrhunderte.

Sein ethisches Ideal war die goldene Mitte zwischen zuviel und zuwenig; sie ist golden, weil sie sich auszahlt. Aufbauend auf der Platonischen Psychologie mit ihrer »lenkenden Vernunft« und »unverständigen Begierde«, die noch bei Kant in Wirksamkeit war, zeichnete auch Aristoteles den Mut aus, der sich in der Mannhaftigkeit personifiziert: »Der Antrieb der Leidenschaft stammt vorzüglich aus dem Naturell; erst wenn Vorsatz und bewußte Absicht hinzukommen, kann von rechter Mannhaftigkeit die Rede sein.« Man könnte ihn den großen Antipoden des großen Alexander nennen. Der Lehrer war so maßvoll wie sein Schüler maßlos. Liest man des Philosophen Beschreibungen der Wahrhaftigkeit, Gerechtigkeit, Freundschaft und Glückseligkeit, erinnert man sich an die vielen Umformungen, die sie in der langen Serie nach-aristotelischer Ethiken erhalten haben – so hat man die Welt, die es nicht mehr gibt: Eudämonie... am besten zu übersetzen mit schönem Gleichmut.

Um die *Nikomachische Ethik* mit ihrer Tugend-Lehre für mehr zu nehmen als eine Serie märchenhafter Wünsche, muß man sich an vergangene Epochen erinnern. Vielleicht darf man sagen, daß ein Satz wie der folgende zum Kalender-Sprüchlein geworden ist, weil er kaum noch ein Echo weckt: »Um den Adel deiner Seele zu bewahren, brauchst du nicht Länder und Meere zu beherrschen; auch mit mäßigen Mitteln kannst du dich der Anschauung des Ewigen widmen.« Es sei eine Tatsache, »daß schlichte Privatleute ein besseres Leben führen als großmächtige Gewalthaber. Und es ist wirklich so, daß ein mäßig begüterter Mensch, welcher der Betrachtung lebt, das glücklichste Wesen auf Erden ist.« Das ist ein kennenswertes Kultur-Dokument: die Autobiographie eines Mannes, vielleicht einer Schicht.

Wer dies heute liest, wird in diesem Satz und in hunderttausend ähnlichen Sentenzen vor allem erkennen, wie weit er von jenen Tagen entfernt ist. Er beherrscht sowieso keine Länder und Meere, braucht es sich also gar nicht erst zu verbieten. Er hat nicht einmal »mäßige Mittel«, um sich der Anschauung des Ewigen zu widmen; denn was heute reicht, ist morgen weggeschmolzen... und deshalb kann er sich nicht leisten, in ein weltliches Kloster zu gehen. Und das Ewige, in dessen Anschauung er glücklich werden soll, hat sich als Schwarm glorifizierter Endlichkeiten entpuppt. In so vergangenen Ethiken finden wir nicht unsere Ideale, sondern unsere Vergangenheiten – und, woran wir uns nicht mehr halten können. »Der Schlaf«, heißt es, »ist eine Untätigkeit der Seele, insofern sie tugendhaft und schlecht genannt wird, nur daß manche von den im wachen Zustande vorausgegangenen Bewegungen sich allmählich im Schlafe einigermaßen zur Geltung bringen und in diesem Anbetracht die Träume tugendhafter Menschen besser werden als die beliebiger Leute.« Die Tugendhaften werden auch noch im Schlaf belohnt. Die *Nikomachische Ethik* ist eine Erinnerung an den Wandel der Zeiten. Man hat von ihr gesagt: sie sei »maßvoll bis zum Übermaß«. Ist das nicht eine Dämonisierung des größten Antagonisten aller Dämonie? Klaus Mann läßt im *Alexander* diesen Schüler des Aristoteles sagen: »Er ist vielleicht ein Genie. Aber es gibt geniale Pedanten.« Der geniale Pedant prägte das Denken zweier Jahrtausende mit seinem Genie und seiner Pedanterie.

Von Aristoteles' *Politik* ist nur ein Bruchstück erhalten: *Die Politik der Athener*; das Ganze soll die Verfassungen von hundertachtundfünfzig Staaten beschrieben haben. Er stellte drei Typen heraus: die Monarchie, die Aristokratie und etwas Drittes, was er »eine Gemeinschaft freier Leute« nannte. Daneben setzte er drei Degenerations-Formen: »Tyrannis«, »Oligarchie« (eine Diktatur der Vermögenden) und »Demokratie«, seine Bezeichnung für jede Gewaltherrschaft einer armen Masse. Bei ihm klang, anders als für unser Ohr, im Wort Demos der Pöbel, im Wort Kratos die vergewaltigende Macht durch. Das Wort Demokratie hatte einen schlechten Klang im griechischen Sklaven-Staat.

Man sagte im Altertum: wie Sophokles durch Einführung des dritten Schauspielers das Drama vollendete, so brachte Platon die Philosophie zur Vollendung, indem er zum Wahren und Guten das Schöne hinzufügte. Sagen wir's mit den Worten von heute: er setzte neben Theorie und Ethik die Ästhetik als dritte philosophische Disziplin. Aber erst Aristoteles baute sie aus. Auch von ihr ist nur ein größeres Bruchstück erhalten: seine *Poetik*. Sie enthält vor allem drei Theorien, die durch die Jahrhunderte Ausgang philosophischer Debatten waren.

Die berühmteste lehrt: die Tragödie sei »eine Darstellung, welche durch Erregung von Mitleid und Furcht die Entladung dieser Affekte herbeiführt«. Viele Denker, welche über das Tragische nachdachten: St. Augustin und Hume, Edmund Burke und Schelling, Nietzsche und Bergson interpretierten diesen Satz; Goethe und Lessing übersetzten ihn neu, in neuer Deutung. Schiller gab eine Auslegung in dem Essay: *Über den Grund unseres Vergnügens an tragischen Gegenständen*. Heute ist die alte Lehre als Ausgangspunkt besonders wichtig, weil das Pathos der Struktur-Analyse in Vergessenheit bringt, daß ein Gebilde der Kunst seinen Ursprung dem Umstand verdankt, daß es dem Schöpfer etwas leistet, ihm und den Kunst-Genießern, die es nötig haben.

Einflußreich wurde auch die Theorie: einer der Ursprünge aller Poesie sei das Imitieren; es sei dem Menschen angeboren und von Jugend an vertraut. Er überrage in dieser Begabung alle anderen Lebewesen; und allgemein sei seine Freude am Nachahmen. Moderne Forscher fanden, daß das Wirkungs-Gebiet der Tendenz zum

Nachahmen noch viel weiter sei; daß sich (zum Beispiel, wie Max Horkheimer demonstrierte) der Antisemitismus auch auf dem Wege der Nachahmung sichtbarer Abneigungs-Reaktionen »vererbe«.

Eine dritte (fragwürdigere) Theorie der Poetik sagt, daß der Dichter ein besserer Geschichtsschreiber sei als der Historiker. Der berichte nur das Geschehene, der Poet hingegen, was gegebenenfalls geschehen werde. Die Poesie sei philosophischer und ernster als die Geschichtswissenschaft, die sich nur mit dem Einzelnen befaßt. Noch Schopenhauer bezog sich auf Aristoteles im gemeinsamen Unglauben an die Bedeutung des individuellen historischen Fakts. Und war Aristoteles' Meinung nicht auch das Fundament aller Geschichts-Philosophie, die das Einzelne nur in Betracht zog, soweit es repräsentativ für den Gang jener Über-Person wurde, die man Menschheit nennt?

Man war sehr schnell, in zwei Jahrhunderten, dort angelangt, wo es nicht weiterging. Das Vertrauen zu einer zentralen Wahrheit und einem zuverlässig begründeten Gut und Schlecht und Schön und Häßlich ist schon zur Zeit der Sophisten erschöpft gewesen.

In dieser Stunde legten Platon und Aristoteles die neuen Fundamente, die das Abrutschen in den zerstörenden Zweifel und in die gesellschaftliche Anarchie verhindern sollten. Die abstrakten Mythen, die sie schufen, wurden bis zu diesem Tag den veränderten Umständen angepaßt, ergänzt, repariert – aber kaum aufgegeben.

So gesehen ist die Geschichte des Denkens recht kurz. Die Frage: ob man nicht lernen kann, sich mit kurzfristigen Wahrheiten abzufinden und einem unfundierten Soll ... ist eher beantwortet als gestellt worden. Wahrscheinlich ist sie das mächtigste aller Tabus. So schießen aus dem alten Boden immer wieder neue platonisch-aristotelische Schößlinge ans Licht.

Ist Sokrates noch ein Leitbild? Er führt ein dünnes, karikiertes Nachleben in manchem Sektierer. Wer diese Rasse in hellen Haufen treffen will, fahre nach Süd-Kalifornien. Aber auch Europa hat seine eigenbrötlerischen (christlichen, buddhistischen und atheistischen) Traktätchen-Verbreiter. Im übrigen hat sich Sokrates völlig entsokratisiert: sowohl im Vornehm-Akademischen als auch in Privat-Ideologien. Er war wohl nur möglich vor dem Buchdruck und im

Kreis geistig interessierter Jünglinge, die nicht von Examen bedroht waren und nicht als Lieblings-Schüler des Lehrers sich spreizten.

Der politische Experimentator Platon ist ebenso passé. Er ist von Marx verdrängt worden, der alle lokalen Utopien (wie sie noch der Engländer Owen ins Dasein rief) durch die Welt-Revolution ersetzte, die immer unterwegs sein wird, permanent, weil es die Welt, die hier gemeint ist, nie geben wird. Das Unternehmen Sizilien, von Platon dreimal probiert, war vormarxistisch (wie irgendein Versuch französischer Sozialisten) – also, unserem herrischen Zeitgeist gemäß, vorsintflutlich. Welcher Neust-Marxist kann jene Abenteuer ernst nehmen?

Was bleibt noch? Sehr wenig – wenn man nicht als sehr viel achtet, was einmal gewaltig gewesen ist. Die große Vergangenheit darf nicht an ihrer Leistung für diesen Tag gemessen werden; ist eher ein Stolz, den wir, in berechtigter Mutlosigkeit, nötig haben: so mächtig haben Menschen gelebt und gewirkt.

IV.
Antiker Existentialismus

> *Wir müssen bis in unsere letzten
> Stellungen gedrängt werden.*
> Jean Grenier

Es war ein weiter Weg vom Forschen nach der Ur-Sache, auch schon nach der Ur-Nacht vor allem Seienden bis zur Sorge: wie werde ich glücklich? Vom vierten vorchristlichen Jahrhundert an beherrschte sie die Philosophen der antiken Welt.

Der Weg war weit – nicht der Zeit nach (nur zweihundert Jahre), aber gemessen an den vielen großartigen und vergeblichen Versuchen, das umfassendere Rätsel zu meistern. Es war auch ursprünglicher, weil die Frage, wie ich zum Glück komme, erst zu lösen ist, wenn ich weiß: in was für einem All ich es zu erreichen suche; und was für ein Ich glücklich werden will.

So begann der antike Existentialismus mit einer erzwungenen Bescheidenheit; begann, wie der moderne, dessen Ursprung in den europäischen Romantikern wurzelt, mit einem Zusammenbruch und einer Resignation: dem Zerfall des platonisch-aristotelischen und des Hegelschen Begriffs-Palastes. Es lassen sich gegen so schnelle, unqualifizierte Parallelen berechtigte Einwände vorbringen. Sie ändern nichts an dem entscheidenden Ereignis: daß sich beide Male die universale Lösung in ihrer Universalität und Ignorierung des lebenden Einzelnen als Illusion erwiesen hat; daß der große Verzicht auf die ausschweifenden Unternehmungen der Metaphysiker sich ausbreitete; daß man sich konzentrierte auf die Rettung seiner Seele (mit Hilfe einer menschlichen Weisheit), mitten in einer unverständlichen Welt.

Es muß diese schnelle Zusammenschau von Antike und Moderne wenigstens andeutend differenziert werden. Die Sehnsucht nach dem glücklichen Leben bewegte die Philosophen seit eh und je; und die Frage nach Ursprung und Sinn des Universums wurde auch nach Aristoteles und Hegel immer wieder gestellt. Aber entscheidend ist stets: worauf ist man vor allem aus? Und es muß betont werden, daß (trotz aller Ähnlichkeiten) der griechische »Existentialismus« eine Idylle gewesen ist – im Verhältnis zu Kierkegaard, Nietzsche und Unamuno; selbst die stoischen Selbstmörder waren nicht so verzweifelt wie Leopardi. Von »Unbehaustheit« konnte in den drei griechisch-römischen Jahrhunderten vor Christi keine Rede sein. Es gab auch einen antiken Pessimismus. Aber die vorchristliche Zeit kannte die Angst Pascals und Jacob Böhmes nicht. Selbst der »Prediger Salomon«, ein Klassiker des düsteren Blicks auf das Leben, schrieb nicht in »Furcht und Zittern«. Die griechische und gräzisierte Welt produzierte nur Mönche, die, nicht ohne Lebens-Lust, trainiert waren, unter ungünstigen Umständen mit Fassung abzutreten. Sokrates war der leuchtendste Stoiker.

Einer der großen stoischen Hymniker, der liebenswerteste, der geliebteste und verachtetste durch die Zeiten, war Epikur. Er wurde auf der Insel Samos geboren, sechs Jahre nach Platons Tod. Als er fünfunddreißig war, siedelte er mit seinen Schülern nach Athen über. Die Wohlhabenderen machten es ihm möglich, für seinen Kreis ein Grundstück zu erwerben. Das Haus soll einen ungewöhnlich schönen Garten gehabt haben. Nach ihm nannte man ihn und die Seinen »die Philosophen vom Garten«.

Hier lehrte er sechsunddreißig Jahre. Seine Freunde, ihre Frauen und Sklaven hingen leidenschaftlich am Meister. Mit zweiundsiebzig starb er einen schweren Tod. Auf dem Sterbebett schrieb er einem Freund: »Harnzwang-Beschwerden folgen einander und Durchfall-Schmerzen, die keine Steigerung in ihrer Stärke übriglassen. Doch entgegen tritt all dem in meiner Seele die Freude über die Erinnerung an alle mir gewordenen Erkenntnisse.« Philosophieren tröstete wenige – nicht wenig.

Er gehörte zur Schar jener, die (wie später Spinoza und noch später Schopenhauer) im Denken die Seligkeit fanden – und das große Mittel gegen die Unbilden des Daseins. Von seinem theoretischen Hauptwerk, *Die Natur*, einer Variante des demokritischen Atomismus, sind nur Stücke erhalten; sie stammen aus einer stark verkohlten Bibliothek epikureischer Schriften, die man in (der neunundsiebzig nach Christi durch den Vesuv verschütteten Stadt) Herculaneum fand. Die stärkste Verbreitung seiner kosmologischen

Ideen verdankt er dem umfangreichen Gedicht *De rerum natura*, das im ersten Jahrhundert vor Christi der römische Epikureer Lucretius Carus verfaßt hatte. Atticus, Ciceros engster Freund, Vergil und Horaz wurden von dieser Lehre gefangengenommen.

Seine Schule blieb als Institution bis in die Ära der römischen Kaiser am Leben. Im neunten Jahrhundert, in der Karolinger-Zeit, wurde das Gedicht des Lukrez wieder und wieder abgeschrieben. In der Renaissance wirkte es mächtig. Im siebzehnten Jahrhundert erhielt das Studium Epikurs durch Pierre Gassendi neuen Auftrieb. Der Name Epikur wurde ein Begriff: in der Vokabel »Epikureer«. Es ist wohl der einzige Fall, daß der Eigenname eines Philosophen in den allgemeinen Sprachgebrauch überging, zur Bezeichnung einer Lebenshaltung. Um sie mit einem Satz zu umschreiben: »Jedes lebende Wesen strebt, sobald es geboren ist, nach Lust und freut sich daran, als an dem höchsten Gut, während es den Schmerz als das höchste Übel meidet.« So begann er mit dem Abc für alle, welche sich mannhaft zur Lust an der Lust bekannten. An Platons Akademie soll eine Inschrift gewarnt haben: »Wer nichts von Mathematik versteht, soll draußen bleiben.« Am Eingang zum Garten des Epikur soll man eingeladen worden sein: »Freunde, das ist ein guter Ort: hier wird nichts mehr verehrt als das Glück.« Die beiden Sprüche vermitteln die verschiedene Haltung. Epikureer sind Leute, deren Leidenschaft das Glück ist.

Epikurs Satz wurde im achtzehnten Jahrhundert abgewandelt von Benjamin Franklin: »Ich verehre den Genuß in allen Formen und Gestalten«; und im neunzehnten von Georg Büchner: »Es läuft auf eins hinaus, an was man seine Freude hat, an Leibern, Christusbildern, Weingläsern, an Blumen und Kinderspielsachen.« Das Verhältnis von Tugend und Glück hat Epikur für die Jahrhunderte geprägt: »Man ehre die Tugend, wenn sie zum Glück beiträgt; wenn nicht, gebe man ihr den Abschied.« Und auch diese Sentenz verdient, zitiert zu werden – im Hinblick auf jede Moral pour la morale, auf jeden Puritanismus und kantischen Rigorismus: »Ich weiß nicht, was ich noch das Gute nennen soll, wenn ich die Lust des Geschmacks, die Lust der Ohren sowie den Reiz beim Anblick einer schönen Gestalt beseitige.« Es sieht aus, als ob schon dieser Satz eine überpointierte, polemische Formulierung war gegen antike Calvinisten.

Das hat die Modernen nicht verhindert, Epikur puritanisch umzudichten. Karl Marx, der seine Doktor-Dissertation über Demokrit und Epikur schrieb und ernste Studien der griechischen Philosophie widmete, war leider mehr puritanisch als epikureisch gesinnt. So stilisierte er sehr deutsch-idealistisch Epikur mehr auf seinen Willen zur Freiheit als auf die Anhänglichkeit an das gute Leben, dem die Freiheit dienen soll. Hegelianer, konnte Marx in seiner Verehrung nicht den epikureischen Kern-Satz in den Mittelpunkt rücken, der, um seines liebenswert-revolutionären Charakters, ein zweites Mal zitiert werden soll. »Ich weiß nicht, was ich noch das Gute nennen soll, wenn ich die Lust des Geschmacks, die Lust der Ohren sowie den Reiz beim Anblick einer schönen Gestalt beseitige.« Es ist ein dringendes Desideratum: ein nicht-verklemmter Marxist sollte den epikureischen Ursprung seines Freiheits-Kampfes freilegen.

War Platons Soma-Sema – der Leib: das Grabmal der Seele – christliche Askese in vorchristlicher Zeit, so war Epikurs unpathetische (noch nicht durch Büßer-Pathos provozierte, exaltierte) Verherrlichung der Sinne eine einsame Stimme, vor deren schlichter Selbstverständlichkeit selbst Freuds später Versuch einer Rehabilitierung der Sinnlichkeit matt wirkt; während die verehrten, aber überlauten Dichter von D. H. Lawrence bis Henry Miller nur anzeigen, daß Epikur durch die Jahrhunderte besiegt worden ist; wenn man die gelegentlichen Bacchanale derer, die sie sich leisten konnten, nicht für die Einsetzung des Soma in seine angestammten Rechte nimmt. Epikur wurde der besiegteste Denker der Zeiten. Man muß schon einen abseitigen Freudianer, den Amerikaner Norman O. Brown, zitieren: daß mit dem »Bewußtsein vom Körper und der körperlichen Grundlage aller Symbole die Entfremdung« überwunden sein wird... um zu erkennen, daß Epikur immer noch am Leben ist, wenn auch sehr schwach.

Das ausführlichste Dokument, das seine Lehre vom Glück enthält, ist der Brief an einen jungen Schüler. Die Haupt-Themen sind: die Götter, der Tod und die Anweisung zum glücklichen Leben. »Nicht der ist gottlos«, heißt es, »der die Gottes-Vorstellung der Masse beseitigt, sondern wer den Göttern die Ansichten der Masse anhängt; denn sie malt sich die Götter aus nach ihrer Art.« Das wurde niedergeschrieben, viele Jahrhunderte bevor Feuerbach die Religions-Psychologie ins Leben rief.

Die Lehre vom Tod ist ein Kapitel in dem viele tausend Jahre alten Versuch, von der Todesfurcht zu befreien (bis zum Marxismus, bis zur Psychoanalyse). Da er dem Sterben jeden Schrecken nehmen wollte, argumentierte er: daß »der Tod ein Nichts ist«, macht »uns das vergängliche Leben köstlich«. Er tröstete mit dem ebenso berühmten wie fadenscheinigen Satz: »Solange wir *da* sind, ist er nicht da; und wenn *er* da ist, sind wir nicht mehr.« Es fragt sich aber, ob die Verschleierung des Todes durch Ammenmärchen oder Sophismen nicht immer ein Unglück gewesen ist; weil das Schlimme mehr Unheil stiftet, wenn es geleugnet, als wenn es als unabwendbar akzeptiert wird. Es gibt kein Kraut gegen die Vergänglichkeit – außer dem Wissen, daß es keins gibt.

Seine Lebens-Kunst lag in der Einsicht: »All unser Tun richten wir doch nur darauf, keinen Schmerz erdulden und keine Angst empfinden zu müssen«; unter dieser Sicht müßten Begierden befriedigt oder nicht befriedigt werden. Damit begann die epikureische Konkretisierung des Lust-Prinzips: die Differenzierung zwischen erlaubten und unerlaubten Genüssen. Wir streben, führte er aus, »nicht nach jeder Freude, sondern übergehen bisweilen viele, wenn uns von ihnen nur ein desto größeres Unbehagen droht. Ja, viele Schmerzen bewerten wir sogar höher als Freuden, nämlich dann, wenn auf eine längere Schmerzenszeit eine um so größere Freude folgt. So ist zwar jede Freude, weil sie an sich etwas Annehmliches ist, ein Gut; aber nicht jede erstrebenswert. Wie der Schmerz wohl ein Übel ist, aber darum doch nicht unbedingt vermieden werden muß.« Von hier aus kam der Epikureer dazu, »die Vernunft«, »unser größtes Gut«, zu preisen. Denn sie entscheidet, was wir genießen und meiden sollen. Das Wort »Vernunft« wird immer erst deutlich, wenn klar ist, für welches Ziel sie als Mittel eingesetzt wird. Epikureismus ist: Vernunft um des maximalen Genusses willen.

Viel geschmäht, erwies sich diese schlichte Anweisung immer wieder als ein Gegen-Gift gegen alle phantastischen und heuchlerischen Idealismen. Der Stifter aber ahnte noch nicht, daß seine »Lust« einmal isoliert, aus dem (ihm selbstverständlichen) Rahmen des Humanen gelöst werden würde. Verabsolutiert, wurde der Epikureer zum Bourgeois, erst zum dickwanstigen, dann zum mordenden. Epikurs Theorie war nur so lange gut, als sie an eine menschliche Haltung gebunden war, wie er sie repräsentierte. Der Epikureismus, großartiger Verkünder des von Platon verketzerten, von Aristoteles kühl behandelten Sinnen-Glücks, wurde immer dann problematisch, wenn man aus dem Glück der Sinne eine fesche, blutrünstige Orgie machte.

Die Lehren des Platon, des Aristoteles, des Epikur fanden in der römischen Kaiser-Zeit weite Verbreitung. Vor allem durch den Popular-Philosophen Marcus Tullius Cicero. In den Schriften *De senectute, De amicitia, De officiis* verband er seine Kenntnis der griechischen Autoren, seine stilistische Kultur und die Übung des berühmten Redners, allgemeinverständlich zu sein. Seine Werke waren breite Kanäle, durch die griechisches Denken eindrang in die römische Welt.

Geboren im Jahre hundertundsechs vor Christi, arbeitete er sich durch Talent, Fleiß und enormen Ehrgeiz empor. Er wurde einer der angesehensten Anwälte und gelangte zu den höchsten Ämtern. Als Konsul deckte er die Verschwörung des Catilina auf. Er kam einigermaßen heil durch die Bürgerkriege, bis ihn Marc Anton, nach der Ermordung Cäsars, ächtete und töten ließ. Dies Leben hat viele Erzähler zur Darstellung gereizt – bis zu Max Brods *Armer Cicero*.

Er ist der Prototyp des einflußreichen Eklektikers. Er legte selbst den Finger auf das, was ihn, wie er glaubte, auszeichnet: »So gerne ich in Ansehung der philosophischen Einsichten vielen den Vorrang vor mir zugestehe, so glaube ich doch, daß ich das, was den Redner ausmacht, den schicklichen, ordentlichen, anmutigen Ausdruck, mir als ein Eigentum anmaßen darf.« Er wurde der große Mittler, welcher die vorhandenen Resultate säuberlich klassifizierte, in der Art: »Die gesamte Lehre von den Pflichten zerfällt in zwei Hauptteile. Der erste ist theoretisch und enthält die Untersuchung vom höchsten Gut und was damit zusammenhängt; der andere ist praktisch und enthält Vorschriften für die Handlungen und Bedürfnisse des menschlichen Lebens. Zu dem ersten Teile gehören folgende Fragen: Sind alle pflichtmäßigen Handlungen vollkommen gute? Ist eine Pflicht größer als die andere? und so fort. Der zweite

Teil enthält die Bestimmung der verschiedenen Pflichten, die, ob sie gleich insgesamt aus der Natur des höchsten Gutes folgen und die Erreichung desselben zur letzten Absicht haben, doch unmittelbar sich weniger darauf als auf die besonderen Verfassungen des menschlichen Lebens und der Gesellschaft zu beziehen scheinen und deshalb besonders abgehandelt werden können.« Das blieb der Ton pedantischer Popular-Philosophie durch die Zeiten.

Nach Cicero war der größte Mittler zwischen Hellas und Rom: Plutarch, der bekannteste römisch-wackere Anti-Epikureer. Auch er rettete Hellenisches hinüber in die römische Zeit. Auch er machte sich keine Illusion über seine philosophische Unoriginalität und suchte mit Enthusiasmus die beiden Kulturen im Denken zu verbinden. Der späte Grieche schrieb: »Ich stehe im engen Verhältnis zu Delphi und seiner würdigen Priesterschaft, bin aber zugleich auch ein Freund Roms sowie seiner mächtigen Herrscher, die mir wohlgesinnt und aufrichtig beflissen sind, meine vermittelnden Dienste zum Vorteil meiner Landsleute in Anspruch zu nehmen. Das wirksamste und vorzüglichste Mittel, um diese meine Pflicht zu erfüllen... ist meine anhaltende und innige Beschäftigung mit der Philosophie.« Was er schriftstellerisch geleistet habe, sei zum guten Teil im Dienste der Philosophie geschehen, deren Aufgabe es sei, die Menschen aufzuklären und für das Gute zu begeistern. Auf den Ruhm, der Philosophie neue Bahnen gewiesen zu haben, leiste er gern und entschieden Verzicht.

Den letzten Satz könnten alle römischen Vermittler der griechischen Philosophie (das heißt: alle römischen Denker) geschrieben haben. Es wäre aber die Geschichte der Philosophie keine Geschichte, wenn nicht Popularisatoren die Reihe der originalen Denker zu einem Kontinuum gemacht hätten. Besonders an der Wende der Zeiten: zu Beginn des Mittelalters und zu Beginn der Renaissance.

Keine von griechischen Denkern ins Dasein gerufene Lebenshaltung war den Römern näher als die stoische. Sie wurde am sichtbarsten im Leben des Seneca und in den Maximen des Marc Aurel. Als Seneca achtundfünfzig nach Christi seinen Brief *Über das glückliche Leben* veröffentlichte, war er in den Fünfzigern: ein kleiner, stämmiger, kahlköpfiger Herr mit sehr dunklen Augen, einem sehr fleischigen

Genick und einem Spitzbart, der nur angedeutet war. Elegant, charmant, witzig und sehr in Mode, war er ein Glanzstück der feinen Gesellschaft.

Im spanischen Corduba geboren, war sein Leben erfolgreich gewesen. Jetzt aber hatte er es sehr nötig, über das Glück nachzudenken; denn er, der mächtige Hofmann, der Erzieher Neros, war vor dem ganzen Reich von einem Verwandten des Dichters Ovid verklagt worden: Bescheidenheit zu lehren und im ausschweifendsten Luxus zu leben. Das war damals noch recht unangenehm. Senecas drei Kaiser – erst Caligula, dann Claudius und schließlich Nero – hatten aus ihm einen Stoiker gemacht; er hatte gelernt, auf alles gefaßt zu sein. So schrieb er: »Ich will mit derselben Miene die Ankündigung meines Todes anhören, mit der ich ihn über einen anderen verhänge und Zeuge davon bin.«

Er hielt sein Versprechen. Nero sandte dem siebzigjährigen Lehrer den Befehl, zu sterben. Die Schnitte, die er den Venen beibrachte, halfen nicht viel; das Blut tröpfelte nur träge heraus. Der Schierling, den er nahm, wirkte nicht recht. Inzwischen diktierte er seine letzten Meditationen. Schließlich brachte man ihn in ein Dampf-Bad. Er hatte es einst als Luxus genossen – und verketzert. Nun half es ihm, zu sterben. Montaigne überschrieb einen Essay: *Philosophieren ist: sterben lernen*... ein vieldeutiges Wort. Er meinte kaum den Tod des Seneca.

Seine Werke, Tragödien und philosophische Schriften, wurden durch die Jahrhunderte studiert. Am Ende des Mittelalters gab es an der Universität Piacenza eine Professur für Seneca. Der Brief *Über das glückliche Leben* gab Antwort auf die Frage: wie wird ein Stoiker mit dem Leben fertig? Das Schreiben begann: »Wer, Bruder Gallio, wünschte sich nicht ein glückliches Leben? Aber um zu erkennen, was uns zum Lebensglück verhelfen kann, dazu fehlt uns der richtige Blick.« Im Brief versuchte er, ihn zu gewinnen. Man müsse fragen: worin alle Stoiker übereinstimmen. Antwort: »Glücklich ist dasjenige Leben, das mit der Natur in vollem Einklang steht.« Im Gegensatz zu Epikur hatte ein früher (griechischer) Vorgänger Senecas geschrieben: »Nicht sehe ich, wie man ein glückliches Leben führen kann, wenn man es nach dem Maß von Freude und Lust mißt.« Dieser Satz implizierte schon eine Konsequenz, die erst spät theoretisch sichtbar wurde: daß die Anbetung der Lust – Pessimismus zeugt; daß das Glück von ihr unabhängig sein muß.

Sehr bemerkenswert ist, daß der Stoiker keineswegs, wie man sich vorstellt, Asket aus Prinzip ist: nur aus Vorsicht. Seneca schrieb: der Stoiker »liebt die Reichtümer nicht, aber einen Vorzug gibt er ihnen; nicht in die Seele nimmt er sie auf, aber in sein Haus«. Er wird so weit genießen, wie der Genuß ihn nicht fesselt ... und dann leiden läßt in der Entbehrung. Aber was bedeutet das Ersetzen des Ideals »Lust« durch das Ideal »Natur«? Ein umfangreicheres Bild vom Menschen ersetzte ein engeres: ein umfangreicheres – und vageres. Das »Naturgemäße« wurde eine große, langlebige und vieldeutige Norm: bis zum Natur-Recht, bis zu Rousseau, bis zu Hölderlin. Welche Natur der vielen Menschen-Naturen ist die wahre?

Weniger problematisch war die stoische Haltung, wie sie in Senecas Tod und im Denken des Marc Aurel offenbar wurde. Der stoische Kaiser verdankte, wie er schrieb, seinem Lehrer Sextus »den Vorsatz, der Natur gemäß zu leben«. Sie sei identisch mit dem »Führenden« im Menschen, dem »Geist«, der die Menschen zur Menschheit zusammenschließe. Damit war eins der zentralsten Worte des philosophischen Vokabulars geboren: die »Menschheit«.

Die *Selbstbetrachtungen* des naturgemäßen Imperators sind das bekannteste Denkmal stoischer Weisheit. Er stammte aus plebejischem Geschlecht, wurde sorgfältig erzogen, von Hadrian protegiert, auf seinen Rat von Antoninus Pius adoptiert, im Jahre hunderteinundsechzig Kaiser. Man nennt ihn den »Weisen auf dem Thron«. Auch ein Weiser auf dem Thron ist noch ein Sklave des Throns. Weil er mußte, führte er während des größten Teils seiner Regierung Kriege: gegen die Parther, gegen die Markomannen und andere germanische Stämme. Der friedliche Marc Aurel lebte kaum ein Jahr im Frieden. Spürte er das Paradox?

Er pries sich glücklich. Seinem Urgroßvater verdankte er, daß er keine öffentliche Schule zu besuchen und zu Haus den Unterricht guter Lehrer hatte. Vom Großvater lernte er, leutselig und sanftmütig zu sein. Sein Vater hielt ihn zur Bescheidenheit an. Seine Mutter flößte ihm den Sinn für Freigebigkeit ein und Widerwillen – nicht nur gegen böse Taten, auch gegen böse Gedanken. Seine Erzieher ermahnten ihn, »weder für die Grünen noch für die Blauen im

Zirkus Partei zu nehmen, nicht für die Rundschilde und nicht für die Langschilde unter den Gladiatoren ... und sich nicht in fremde Angelegenheiten zu mischen«. Wie er als Imperator und Oberbefehlshaber der römischen Heere neutral zu sein vermochte, hat er nicht mitgeteilt.

Die *Selbstbetrachtungen* sind ein Kompendium vieler Tugenden: ein Preis auf die Leutseligkeit, Sanftmütigkeit, Bescheidenheit und Versöhnlichkeit. Er lehrte: man dürfe nicht leere Theorien auswalzen, nicht mit der Miene eines Sittenpredigers Reden halten, nicht in auffälliger Weise den Büßer oder Menschenfeind spielen. Man solle sich »von theoretischem und poetischem Wortgepränge und sonstiger Schönrednerei« fernhalten. Er zeichnete Selbst-Beherrschung, Gleichmut, Geduld, Unerschütterlichkeit aus. Die Stoa war Lebensweisheit vor dem Hintergrund eines sehr fragwürdigen, sehr bedrohten Lebens. Schopenhauer wurde der radikalste Stoiker vor dem düstersten Gemälde vom Dasein.

Stoizismus: das ist Abhärtung von Leib und Seele. Das Hartmachen geht kaum ohne Verhärtung ab. Ihr sichtbarster Zug ist die Unempfindlichkeit. Wer nicht leidet, ist auch nicht zugänglich für Freuden. Das Stoische schützt gegen den Einbruch der Gefahren und macht unempfindlich gegen Seligkeiten.

Seit dem Tode des Platon und des Aristoteles wurden in den Schulen der Akademiker, Peripatetiker, Epikureer und Stoiker, der vier kräftigsten philosophischen Traditionen, die überlieferten Ideen bewahrt und weitergebildet. Im Mittelpunkt waren weniger Metaphysik und Erkenntnis-Theorie als die Frage: wie kann ich mit dem Leben zu Rande kommen? Die deutlichste, erfolgreichste Antwort gab das Christentum. Die Religions-Stifter hatten dem Philosophie-Stifter immer eins voraus: sie gaben mehr, als sie verlangten. Denken ist eine Anstrengung, Glauben ein Komfort.

Von Thales bis Seneca hat nicht ein einziger Denker soviel Trost und soviel Hoffnung gespendet wie Jesus von Nazareth.

Im ersten Jahrtausend der Mittelmeer-Kultur war der ganze Zyklus durchlaufen. Der Anfang liegt im Dunkel: wie es zur Sicherheit in einem Trans, einem Jenseits der Unsicherheit, kam, wie sicher sie war, für wie viele sie sicher war. Es drängt sich immer die Frage heran, ob es nicht zu allen Zeiten Auguren gab, die einander anlächelten. Cato sagte, er wundere sich, »daß ein Haruspex nicht lacht, wenn er einen Haruspex sieht.« Ist die Skepsis ebenso alt wie der Glaube? Und was ihn betrifft: war der lebende Mythos am Beginn (nicht der homerisch bedichtete) anderer Art als (zum Beispiel) der Glaube an den dreieinigen Gott später?

Jedenfalls stammen viele Selbstverständlichkeiten des Tages aus den Tagen der alten Priester-Kollegien. Als der Augur mit dem Krummstab den Willen der Götter durch das Hinweisen auf eine vordere, hintere, rechte und linke Seite erforschte, wurde die Linke als glückverheißend gedeutet, die Rechte als unheilvoll; so alt ist unser liebes Links. Jene Vorzeit, die mehr rekonstruiert als nahegebracht werden kann (größtes, unerforschtes historisches Problem: ist Geschichtliches nahezubringen?), ist heute als »Mythos« die beliebteste Denk-Spielerei.

Wirklich zu beobachten ist nur: die Zersetzung einer nicht sehr deutlichen Gewißheit durch Erfahrungen und ihre theoretische Systematisierung, dann eine Zersetzung höheren Grades, weil man auch den Erfahrungen nicht mehr traut; sie hatte die Tendenz, in ein prinzipielles Achselzucken einzumünden. Da erschienen die Deichwächter Sokrates, Platon und Aristoteles und bauten einen mächtigen Wall. Aber schon diese Transzendenz war kein rechter Schutz gegen den Tag ... nur, für eine Weile, Erfüllung theoretischer Ansprüche.

Dann wurde man bescheiden und versuchte, wenigstens die eigenen paar Jahrzehnte weise zu manipulieren. Aber wie sollte man sich in Ordnung bringen, ohne die Ordnung zu kennen, in die man sich ordentlich einfügen mußte? Doch wurden zwei Praktiken gefunden, wenigstens einigermaßen zurechtzukommen: der vorsichtige Genuß des Epikur und die stoische Abhärtung, die einem eine Hornhaut wachsen läßt. Beide Diäten gehören zu den unverlierbaren philosophischen Rezepten.

Beide fordern Genügsamkeit. Doch wollte man immer mehr: das große Glück, in den verschiedenen Gesellschaften verschieden, nicht allzu verschieden erblickt: Freiheit von Unbehagen, Schmerz und Leid; Allwissenheit und Geborgenheit. Die Philosophen hatten einen starken Versuch gemacht, das Eine und das Andere und das Dritte herzustellen. Sie waren, verehrenswürdig, gescheitert.

Da traten sie in den Dienst der Zauberer. Dem zersetzenden und dem defensiven Denker folgte der üppigere Theologe. Er war und ist immer: Konstrukteur eines Begriffs-Baus auf einem Fundament, das er dem Begriff nicht unterwirft. Der Theologe ist ein Philosoph: vom Parterre aufwärts. Das wichtige Wort »Entmythologisieren« wird noch oft auftauchen: die Praxis, die es bezeichnet, ist am kennenswertesten dort, wo der Mythos dennoch unangetastet bleibt. Auch die entmythologisierenden Theologen sind Theologen.

Der Sieg der Religionsstifter über die Philosophen ist selbstverständlich – in der Geschichte, die wir kennen. Wird es in der, die wir noch nicht kennen, eine Gesellschaft geben, in der man es aushält mit Schmerz und Leid und Rätseln und der ungenierten Gewalt, die nicht nur der Starke dem Schwachen, auch der Wendigere dem Schwerfälligeren, der Begabte dem Untalentierteren antut: eine Ausbeutung, die noch nicht belichtet ist? Wird man nicht nur ohne Gott, auch ohne Utopie auskommen ... und trotzdem mitleiden und sich mitfreuen und helfend zugreifen?

Über die Zukunft soll man nur in Frageform reden.

V.
Aus vierzehn christlichen Jahrhunderten

> *Der Mensch begreift niemals,
> wie anthropomorphistisch er ist*
> Goethe
> »Maximen und Reflexionen«

Vor einigen Jahren wurde an einige Zeitgenossen die Frage gerichtet: »Was halten Sie vom Christentum?« Sie war etwas billig formuliert und konnte deshalb teuer, das heißt: mit erlesenster Verachtung abgelehnt werden.

Auch betrifft solch eine Frage keinen Gläubigen. Er hält nichts vom..., er hat Christentum. Es gibt da nicht die Distanz, die in diesem »halten von« erscheint. Auf die Einladung, sich zu äußern, wird er kühl antworten, daß kein Christ ist, wer etwas vom Christentum hält.

Alle anderen haben die Schwierigkeit an der Hand: es gibt nicht das Christentum, es gibt nur Christentümer. Jede Dorfmagd hat ihr eigenes: ein Gewebe aus manchen traditionellen Motiven und vielen intimen. Es gibt so wenig zwei Christentümer, die identisch sind, wie zwei Gesichter.

Die Breite der Variationen ist schon außerordentlich, wenn man auch nur die literarischen, bildlichen, klanglichen Manifestationen beachtet. Was hat Thomas von Aquino gemein mit Henry Adams, der sich als »christlich konservativer Anarchist« porträtierte. Die Maler malten den strengen Herrn, den Krieger, den demütigen Sklaven »Christus« – und viele andere Christusse. Und welche Tonfolgen sind christlich, wenn man absieht von Titeln und Texten? Die Spielarten sind von solcher Zahl, daß sie die Bezeichnung Spielart aufheben. Toynbee nennt unsere Zeit »nachchristlich«. Von den ersten Christen her gesehen war schon der erste Papst nachchristlich.

Es gab christliche Konservativismen und Liberalismen und Sozialismen und Kommunismen und Anarchismen. Es gibt einen christlichen Rationalismus und Irrationalismus; ferner einen christlichen Epikureismus. Malebranche, der zur Kongregation der Väter des Oratoriums Jesu gehörte, schrieb: »Wir gehorchen Gott, wenn wir dem Instinkt nachgeben, der uns treibt, unsere Sinne und Leidenschaften zu befriedigen.« Der katholische Denker Theodor Haecker notierte in seinen Tag- und Nachtbüchern: »Jede Natur, die sich in Lust vollendet, tut den Willen Gottes.« Und Madame Bovary nahm die Letzte Ölung: sowohl nach dem Pariser Ritual als auch mit der letzten Kraft ihrer Wollust. Seit einundeinhalb Jahrtausenden ist innerhalb der westlichen Kultur Leben immer auch christliches Leben gewesen.

Die Majorität ist heute bei jenen Christen, die fast alles einschließen. Sie haben die Großzügigkeit der Lauen. Sie bringen alles, was je christlich gefärbt war, auf einen Generalnenner, der von generaler Öde ist. Christentum ist zum ärmlichsten Destillat geworden.

Was ich, gefragt, von diesem verbreitetsten Christentum halte? Höchst gelangweilt – gar nichts! Wenn man die »Väter der Wüste«, den extrovertierten Christen Billy Graham und Arius von Alexandrien, den Schopenhauerianer Innozenz III. und den fröhlichen Bischof Channing, Eckhart und die Kirche, die ihm den Kopf abschneiden wollte, Franziskus und Loyola, Leo X. und Luther, Tolstoi und die russische Orthodoxie, die ihm das Leben schwer machte, Kierkegaard und den feindlichen Bischof Mynster, Harnack und den Neo-Protestantismus so durchsiebt, daß übrigbleibt, was ihnen gemein war – dann hat man nur noch, was nicht der Rede wert ist.

Dies Residuum ist aber haargenau, was als Christentum floriert. Es wird weniger von Theologen verkündet als von den Nobelpreisträgern für Physik und Chemie und Astronomie und Biologie; sie ziehen es meist vor, schamhaft Religion statt Christentum zu sagen. Sie ahnen nicht, daß sie viel unfrommer sind als ihre Vorgänger, die materialistischen Naturforscher, die im neunzehnten Jahrhundert ihrer Philosophie einen gläubigen Enthusiasmus schenkten. Es ist das Ressentiment gegen die Ahnen, die sie in Verruf gebracht haben, Atheisten zu sein, das die Naturwissenschaftler unserer Jahre zu Fahnenträgern der Religion macht.

Adolf von Harnack hat im *Wesen des Christentums* von der Deutung Jesu als eines Reformers gesagt: vielleicht, »weil wir ihn nur so verstehen können, ist er so gewesen«. Er sah in den vielen Christentümern eine Serie von Bildern, die von der Grenze des Verstehens einer Epoche ihren Umriß erhielten.

Wahrscheinlich aber war jedes Christentum nicht nur eine Sicht, auch eine Absicht. Man glaubte immer nur, die Tradition zu reinigen, das »Wesen des Christentums« besser zu erfassen – und schenkte der alten Religion kraft eigener Machtvollkommenheit ein neues »Wesen«; in demselben Sinn, in dem jeder Künstler dem Gegebenen eine neue Gegebenheit beschert ... vielleicht: aufdrängt.

Wenn dem so ist, muß die Frage »Was halten Sie vom Christentum?« umgewandelt werden in die andere: »Wie wollen Sie das Christentum?«. Ich sage nicht, unbescheiden: was jetzt beschrieben werden wird, ist »das Wesen des Christentums«. Ich sage, bescheiden: ich wünschte es so.

Dies Christentum zeigt den Dulder Jesus – und Verachtung für die Masken der guten Stimmung, die den einzelnen zwingen, sein Leben vor sich und anderen zu verleugnen.

Dies Christentum verkündet die Lehre Eckharts und Kierkegaards: daß wir ausgeschlossen sind vom Erfassen dessen, was sich (mit Recht negativ) Transzendenz nennt, sich aber so oft (zu Unrecht) positiv gibt. Die Entmythologisierer dieser Tage haben erst gerade den Weg zu beschreiten begonnen, den der große nüchterne Mystiker vor sechshundert Jahren bereits zurückgelegt hatte. Und der Schlesier Angelus faßte den Agnostizismus in fünf Worte: »Gott ist ein lauter Nichts«.

Dies Christentum entutopisiert – und realisiert ein bißchen das »Liebe Deinen Nächsten«. Die Aufforderung wird leicht, unter der Hand, in die Fernsten-Liebe verwandelt: die Liebe zur Menschheit; sie ist ungeheuer anspruchs- und folgenlos.

Das »Liebe Deinen Nächsten« geht über Menschenkraft, gerade wegen der superlativen Nähe. Vielleicht genügt schon eine bescheidenere Variante: Du sollst für Deinen Nächsten ebensoviel Phantasie haben wie für Dich selbst! Dann wird jeder entdecken, daß wir alle Kinder eines »Vaters« sind; auch wenn er so unbekannt ist, wie Eckhart wußte: »Alles, was man von Gott aussagen kann, das ist

Gott nicht.« Der »Vater« ist nicht einmal eine Ahnung; aber die gemeinsame Erbschaft: Glück und Bitternis macht alle zu einer Familie. Vor dieser Erfahrung fallen nicht die natürlichen Isolierungen, deren stärkste der Leib ist. Aber die trennenden Wälle werden durchlässig.

Ist das genug? Kann eine christliche Politik, ein politisches Christentum nicht mehr tun? Es war schon oft politisch und noch nie christlich. Ein Redner des Basler Konzils sagte: »Ehedem war ich der Meinung, es würde wohlgetan sein, die weltliche Macht von der geistlichen zu trennen. Jetzt aber habe ich gelernt, daß die Tugend ohne Macht lächerlich ist.« Das ist schon wahr. Aber ist nicht die Tugend mit Macht – zwar nicht lächerlich, aber immer ein Laster gewesen? Die Korrumpierung der Tugend?

Das ersehnte Christentum, das hier skizziert wird, werde mitgeformt von der Madonna, welche über Jahrhunderte die Hoffnung vermittelte, daß das Schicksal vielleicht auch ein bißchen lächeln mag; und außerdem noch von dem Kirchenlieder-Dichter Novalis, der so viel um das heitere Dulden wußte. Sie werden dem »Wesen«, das hier gewollt wird, Charme und Aufmunterung verleihen.

Die Solidarität der Kreaturen, eine unverdrängte Trauer und wissende Heiterkeit waren die schönsten Früchte am Baum des Christentums: die giftigsten aber Kreuzzüge, die nicht der Solidarität dienen; transzendente Beschwichtigungen, die jetzt nur noch in ideologischen Treibhäusern zu züchten sind; vor allem aber die christlichen Polizei-Vorschriften – Tabus, bestimmt, Reservationen zu schaffen für das menschliche Raubtier.

In einem intellektuellen cercle privé sucht man seit Jahrzehnten die jüdisch-christliche Tradition zu ersetzen durch die hinduistisch-buddhistische. Es ist nicht immer Snobismus oder westlicher Masochismus, der glaubt, noch zu einem indischen Toren in Ehrerbietung aufsehen zu müssen. Es ist oft barer, aller Kenntnisse barer Ästhetizismus. Die heiligen Bücher Indiens sind bekannter als die unheiligen Schamanen im Schatten der Heiligen. Da vergleicht man die reinsten Sätze des Buddha mit dem übelsten christlichen Gezänk, dem blutigen und dem blutlosen. Man weiß nichts von der asiatischen Realität und noch weniger von den christlichen Renaissancen.

Sie haben sich übrigens sehr oft als Anti-Christentümer maskiert – oder sind so gedeutet worden. Luther nannte Erasmus den »größten Feind des Christentums«; und Nietzsche, »der Gekreuzigte«, strich den Titel *Umwertung aller Werte* durch und schrieb: *Fluch auf das Christentum*. Die Geschichte der Anti-Christen ist ein integraler Teil, vielleicht einer der blühendsten Bezirke innerhalb des Christentums.

Wer christliche Philosophien der ersten vierzehnhundert Jahre beschreiben will, hat die Schwierigkeit, scheiden zu müssen: was der Theologie gehört und was der Philosophie. »Theologie« sind alle Aussagen über das Wesen der Offenbarung, über Gott, die Dreifaltigkeit, ihr Verhältnis zum Menschen, sein Verhältnis zu den transzendenten Personen. Was bleibt übrig für die »Philosophie«? Was aus ihr geschöpft und, innerhalb der Theologie, weiterentwickelt wurde; vieles »Christliche« war vor Christus da – und ist innerhalb der christlichen Vorstellungswelt entfaltet worden, oft recht unbeeinflußt von ihr.

In diesen Papieren wird die philosophische Unterströmung, die Differenzierung der überkommenen Begriffe unter einem christlichen Himmel, kaum beachtet. Deshalb muß besonders darauf hingewiesen werden, daß die »Scholastik« viel mehr war, als das Wort anzeigt (wie es im allgemeinen Sprachgebrauch auftritt). Sie war auch ein Ausbund an sterilem Hin- und Herschieben der Worte, weitgehend eine begriffliche Abbildung christlicher Phantasie und Phantastik; ist aber dennoch, bis zu diesem Tag, ein Arsenal der scharfsinnigsten, brauchbarsten Werkzeuge zum Eindringen in fundamentale Kategorien – dazu ein weites Feld für soziologisches und psychologisches Aufschlüsseln.

Der antike Existentialismus überschritt seine Grenze im Glauben an die transzendente Familie: das ist die (nicht-theologische) Bedeutung des heiligen Augustinus.

Aber diese Gradlinigkeit verdeckt auch die kompliziertere christliche Wirklichkeit. Der byzantinische Denker Psellus wurde nicht nur ein Paulus, nachdem er ein Saulus gewesen war; sein Weg ging ein Leben lang hin und zurück: zwischen Palast und Kloster. Es gab (stilisiert gesagt) zwei christliche Existenzen.

Und es gab zwei christliche Philosophien: den Versuch, den Himmel der Trinität durch die Säulen jener philosophischen Kategorien zu stützen, die von den Griechen geschaffen worden waren (Thomas von Aquino); und die Mystik, die in vor-christlicher Zeit mit der hellenistischen Version der griechischen Philosophie begann (der neu-pythagoreischen, alexandrinisch-jüdischen und neu-platonischen Lehre). Sie führte durch alle christlichen Jahrhunderte, hinter Theologie und Philosophie, ein mächtiges Leben, das beide Gegner irritierte und beeinflußte.

Augustinus ist – ein gut Teil seines Lebens, bis er in seinem dreiunddreißigsten Jahr zum Christentum übertrat – ein wurzelloser Literat gewesen; hier wird keine Abwertung mit dieser zeitgenössischen Bezeichnung verbunden. Er hatte der Mutter viel Kummer gemacht. Sie war Christin geworden und hatte ihren Mann kurz vor seinem Tod dazu gebracht, sich taufen zu lassen. An ihren sehr gebildeten Sohn konnte sie viele Jahre mit ihrem Missions-Eifer nicht heran.

Er war 354 an der Peripherie des weiten römischen Reichs, in Nordafrika, zur Welt gekommen. Dort gab es einen glänzenden Mittelpunkt: Karthago, das von Augustus wieder aufgebaut und eine der blühendsten Großstädte des Imperiums geworden war. Der junge Mann bekam eine hervorragende Erziehung. Er hat dann viel Ärger mit seinen Studenten gehabt. Ganze Horden drangen in seine Vorlesungen, um Unfug zu stiften. In Rom stand es nicht besser mit ihrer Moral. Aber es tröstete ihn, daß er in den besten Kreisen verkehren konnte. Neun Jahre stand er den Manichäern nah, einem Zirkel, der sowohl vom persischen Zoroaster als auch von der christlichen Gnosis beeinflußt war.

Außerdem hatte er noch großen Appetit auf Geld, Macht und Frauen. Geld verschaffte er sich, indem er die Tricks verkaufte, »andere durch Worte zu besiegen«. Er war ein mittelalterlicher Sophist, welcher Streithammel ausbildete. Doch war er nicht zufrieden mit seiner Karriere. Er las Ciceros *Hortensius*; ein Werk, das ihm die Idee gab, er könne seinen Frieden im »Hafen der Philosophie« finden. Manche wiesen ihn auf die Evangelien hin. Er konnte mit ihnen nichts anfangen. Ihr »stammelndes« Latein war lächerlich vor der ciceronianischen Eleganz. Was sollte der Subtile mit diesen unansehnlichen Sätzen, die sich an die Armen im Geiste wendeten?

In Mailand besuchte er die berühmten Veranstaltungen des christlichen Bischofs Ambrosius. Mehr und mehr bot sich ihm die neue Lehre als Ausweg aus der Ausweglosigkeit an. Christentum war zunächst einmal die Abwendung von dem Leben, das er bisher geführt hatte. Der Abschied wurde ihm schwer. Die beiden großen Dokumente der Trennung sind seine *Selbstgespräche* und die Schrift *Wie lebe ich glücklich?*

In den *Bekenntnissen*, die er viel später schrieb, wird sein Weg nach Damaskus sehr dramatisch geschildert. Wahrscheinlich ist diese Darstellung eine schriftstellerische Theatralisierung gewesen. Aber sehr anschaulich wird hier auch dem, der Offenbarung und Gnade nie erfahren hat: wie einer die Friedlosigkeit gewaltsam in den Frieden verwandelt, den ein Glaube schenkt. Die Flucht in eine menschlichere Welt (denn: der christliche Himmel ist menschlicher als die Erde) hat sich durch die Jahrhunderte wieder und wieder ereignet. In den *Bekenntnissen* ist diese Konversion zum erstenmal mächtig dargestellt. Die Berichte über Buddhas Wandlung sind stilisierter, distanzierter, weniger ansteckend.

Der zentrale Satz: »Zu dir hin hast du uns geschaffen, Herr, und unser Herz ist unruhig, bis es in dir Ruhe findet« enthält das Geheimnis dieser Himmelfahrten. Wo der Glaube nicht traditionell war, führte zu ihm die Sehnsucht nach Befriedung: von Augustinus bis zu Strindberg. Deutsche Romantiker mögen auch noch von ästhetischen Stimulantien, politischen Zweckmäßigkeiten, pathologischen Dispositionen bestimmt worden sein... im Kern ist der Sprung in den Schoß der Kirche, wie die Sprache, die beste aller Tiefen-Psychologen, sagt. Und der Katholik François Mauriac, unser Zeitgenosse, schreibt fast wie ein Freud-Epigone: der liebende, vergebende Gott ist noch einmal die Mutter, in deren Schoß das Kind den Kopf bergen konnte – und alles war gut.

Der große Feind war immer die Skepsis, der Augustinus manches Rückzugs-Gefecht lieferte. Die Argumente gegen sie sind das (weniger beachtete) Pendant zu den Gottesbeweisen; deshalb sind die philosophischen Versuche, mit ihr fertig zu werden, nicht ebenso bekannt. Augustinus meinte: es wäre ein Widersinn, wenn es dem

Menschen nicht gelänge, die absolute Wahrheit zu finden; er müßte dann ewig unglücklich bleiben. Bis zu Kant (noch bei ihm, dem großen Skeptiker) blieb dieser schwächste Einwand einer der lautesten »Beweise«.

Auch die christlichen Jahre des Augustinus waren tingiert vom Vor-Leben des sensiblen Genießers. Der erste große christliche Denker bekannte: er würde »der Lehre Epikurs die Palme reichen«, wenn er selbst »nicht an die Fortdauer der Seele nach dem Tod und an eine jenseitige Vergeltung glaubte«. Und echt epikureisch schließt Augustinus' *Gottesstaat*, an dem er dreizehn Jahre schrieb, vom neunundfünfzigsten bis zum zweiundsiebzigsten: mit einem Hymnus auf die Schönheiten des Irdischen. Der Heilige pries sogar noch die männlichen Brust-Warzen, die doch ganz ohne Nutzen, aber um der Schönheit willen geschaffen worden sind. Pries nicht nur die unentbehrliche Technik, sondern auch noch (im Gegensatz zu einem bayrisch-christlichen Minister 1963) die Großartigkeit jener Künste, die nur dem Vergnügen dienen. Und obwohl er, in den ersten strengen Jahren nach der Trennung von seiner karthagisch-römischen Vergangenheit, Theater und Zirkus mit sehr bösen Augen angesehen hatte, jubelte er am Ende des Lebens: was hat Gott »in den Theatern Wunderbares für das Auge, Unglaubliches für das Ohr geschaffen und darzubieten unternommen«.

Im Preis auf dies geliebte irdische Dasein ließ er sich schließlich dazu hinreißen, alles zu besingen, wovon er sich, auf der Höhe seines Lebens, getrennt hatte: Gewürze, die den Gaumen kitzeln; Melodien, die dem Ohr schmeicheln; schöne Wendungen, welche die Rede schmücken. Sein Enthusiasmus gipfelte in dem Ausruf: »Wieviel glänzender Geist« ist nicht »von Philosophen und Theoretikern« aufgewandt worden – bei »Vertretung von Irrtum und Unwahrheit«.

Drei Jahrzehnte war er Bischof der nordafrikanischen Stadt Hippo. Hier konnte er im letzten Jahr seines Lebens, seinem sechsundsiebzigsten, noch einmal erkennen: wie flüchtig irdisches Glück ist. Die Vandalen kämpften 430 auch gegen die Katholiken, die sie für römische Agenten hielten. Die einheimischen Mauretanier machten mit den Eroberern gemeinsame Sache. Nicht nur das Reich, auch die Kirche war in Gefahr. Die Barbaren eroberten die ganze nordafrikanische Küste, mit Ausnahme der Städte Karthago und Hippo. Es wurde belagert, als sein Bischof Augustinus starb.

Er wurde mit seinem Werk einer der großen Kanäle, durch die griechische Philosophie in das christliche Imperium floß. Einer der enthusiastischsten Verehrer von Hellas, sah er in den besten Hellenen vorzeitige Gläubige: »Wenn die alten Philosophen heute mit uns aufs neue anfangen könnten, würden sie unter Veränderung einiger weniger Ausdrücke und Sätze Christen werden.« Es gab viele Renaissancen der Antike.

Aber den Alten habe doch eben das Entscheidende gefehlt: nicht die christliche Gesinnung, sondern die neue Dogmatik – der Glaube, daß der Gottes-Sohn dreiunddreißig Jahre lang Mensch gewesen ist, in einem bestimmten Zeitpunkt an einem bestimmten Fleck der Erde. So leicht spät-griechische Lehren (die neuplatonische etwa) christlich ausgelegt werden können, jenes entscheidende (historisch-überhistorische) Element fehlte ihnen.

Dagegen hatten die Griechen schon, was man heute das Existentialistische nennt: die Sorge um den Einzelnen und seine Anstrengungen, mit dem Leben fertig zu werden. Was im Platonismus, in der Lehre des Aristoteles noch nicht recht entwickelt worden war, wurde bei Epikureern und Stoikern in den Mittelpunkt philosophischer Besinnung gerückt. Aber erst Augustinus wurde, von heute gesehen, der früheste Vorläufer Pascals und Kierkegaards: im leidenschaftlichen Austragen menschlicher Problematik. Dies macht ihn zu einem der ältesten Zeitgenossen.

In den *Bekenntnissen* beschrieb er die vielen Wege, auf denen er vergeblich seine Unruhe zu beruhigen suchte. In den *Selbstgesprächen* legte er frei, was die Angst hinter allen Ängsten ist: die Gefährdung des individuellen Daseins; so ähnlich sagt es die Psychoanalyse auch, wenn sie die Serie der Abschiede, vom ersten, dem Geburts-Trauma, bis zum letzten, dem Tod, als den Ursprung der Angst diagnostiziert. Dem Augustinus genügte nicht mehr das Rezept der Stoiker: Unerschrockenheit. Er brauchte einen Hafen; eine Macht, die ihn liebend in die Arme schloß: Gottvater und den Mittler. So konstruierte er eine Verbindung zwischen der liebenden Seele und dem liebenden, dem geliebten Gott.

Man denkt zurück an Platons Eros. Nur war der platonische Weg eine Einbahn-Straße: von der Seele hinauf. Das Neue, das mit dem Christentum in die Welt kam, war die Antwort auf den Ruf der Verzweiflung. Die Idee war keine Erwiderung gewesen; sie antwortete nicht, sie war nicht menschlich – wie Gott.

Da Augustin ein Studiosus der Philosophie war, geschult in allen Subtilitäten antiken Denkens, gab schon ihm das Verhältnis von Glauben und Wissen zu denken. Und schon er formte die beiden Sätze, die dann jahrhundertelang Parteien schufen. Der eine hieß: »Crede ut intelligas« (Glaube, um erkennen zu können). Der andere: »Intellige ut credas« (Erkenne, um zu glauben). Daß man, ohne zu glauben, nicht erkennen kann, ist richtig; alle radikalen Skeptiker hoben mit dem Minimum von Glauben auch jede Chance, zu erkennen, auf. Hegel hielt den Glauben an die Vernunft für das Minimum.

Aber es muß in Betracht gezogen werden, daß zwar der Glaube Erkennen ermöglicht; doch auch ein mächtiges Hindernis auf dem Wege zur Erkenntnis ist. Und dies »Erkenne, um zu glauben« war doch nur so gemeint, daß Platon und Aristoteles gerade gut genug waren, um die geoffenbarten Wahrheiten philosophisch stabil zu machen. Wenn Augustinus sagte: »Freude an der Wahrheit« sei »Freude an Gott«, so setzte er in seiner emotionalen Weise die Wahrheit gleich mit einem Gott, wie er in einem bestimmten Moment von sehr sterblichen Menschen geformt worden war. Ob aber diese Wahrheit der Offenbarung angepaßt wird (wie sie sich in der Bibel, den Äußerungen der Päpste und Konzilien manifestierte), oder ob sie sich dem Aristoteles anzupassen hat, ist der wesentlichste (nicht sehr wesentlich) Unterschied zwischen den christlichen Metaphysiken.

Unter den vielen Theorien, die Augustinus geschaffen hat, teils vergessen, teils nachwirkend bis zu diesem Tag, ist die einflußreichste die Geschichts-Philosophie, die er im *Gottesstaat* entwickelte. Vielleicht hat er sie nach seinem Ebenbilde geschaffen: was in seinem Dasein die Bekehrung zum Christentum war, die Mitte der Zeit, ist in der Geschichte der Menschheit das Erscheinen des Sohnes gewesen. Die Menschheit wurde nicht nur (wie in der Stoa) als Einheit gesehen, sondern auch als eine, die einen gegliederten Ablauf hat: das Ende ist das Ziel der gesamten Zeit; in der Mitte offenbarte es sich.

Zwei Wege liegen vor allen, die überschwenglich sind auf der Jagd nach dem Glück: der Genuß von Speise und Trank und Mädchen und Knaben und Phantasien und Erfolg und Ruhm; und dann ist da noch die Himmelfahrt, die Augustinus mit dreiunddreißig angetreten hat – und die sich radikaler abzeichnete im Leben ägyptischer Anachoreten.

Es gab eine dritte Möglichkeit. Augustinus entdeckte, daß er nicht dualistisch gebaut ist, Träger zweier Seelen – sondern pluralistisch, ein Gehäuse aus vielen. Doch zog er keine Konsequenzen und verurteilte sich zur Einheit. Der Mann, von dem jetzt zu sprechen ist, tauschte eine flirrende Welt ein gegen das Kloster und dann das Kloster gegen die große Hure Welt und dann abermals das Kloster... Erst der Tod bereitete dem Hin und Her ein Ende. Der universalste Denker byzantinischer Kultur näherte sich seinem Himmel sowohl auf dem irdischen Weg als auch mit Hilfe einer Institution der Entsagung. Sein Name: Konstantinus Psellus; im Kloster erhielt er noch den Namen Michael. Geboren im Jahre 1018, in der Millionenstadt Konstantinopel, wurde er der »Aristoteles von Byzanz« – und außerdem das sichtbarste Zeichen für die Vielfältigkeit christlicher Existenz.

Ein neugriechisches Sprichwort sagt: wenn die ganze Welt Zwölf gilt, so gilt Konstantinopel Fünfzehn. Dieser Satz muß aus der Zeit stammen, von der wir reden; damals war hier die ganze Menschheit versammelt. Ein Chronist des zwölften Jahrhunderts berichtet:

> Die Bürger in der Kaiserstadt des
> Konstantinus reden
> in einer Mundart nicht, sie sind nicht
> einem Stamm entsprossen;
> ein Mischmasch vieler Zungen ist's und
> vielbenannter Gauner,
> Alanen, Türken, Kreter sind's, Rhodier
> und Chier,
> kurz, Völker aus der ganzen Welt, aus
> aller Herren Reichen.

Römische Kaiser der ersten Jahrhunderte hatten hier Gemälde und Skulpturen aus Hellas' bester Zeit zusammengeschleppt. Dann war Konstantinopel die erste Hauptstadt des ersten christlichen Reichs geworden, lebte 1123 Jahre, 18 Tage und wurde das Bindeglied zwischen der europäischen Antike, der arabischen, persischen, chinesischen Zivilisation und der italienisch-französischen Renaissance. Die Kultur von Byzanz wurde bis in die jüngste Zeit als kleiner, reizvoller Holzweg der Geschichte freundlich unterschätzt. Auch der Gebildete wußte nicht viel mehr: als daß ein Viertel der achtundachtzig byzantinischen Herrscher auf nicht sehr gesetzlichem Wege zur Macht kam, daß die byzantinischen Kaiserinnen überlebensgroße Hetären waren – und daß es daneben natürlich auch noch die byzantinischen Mosaiken gab.

Im perikleischen Zeitalter dieser Kultur, im elften Jahrhundert, lebte jener Psellus, den man auch noch den »Albertus Magnus«, den »Bacon« und den »Voltaire« von Byzanz genannt hat; so sehr war er ein Inbegriff des geistigen Reichtums seiner Welt. Er selbst verkündete: daß Athen und Rom und Alexandria nicht mehr am Leben seien, nicht einmal Byzanz, daß aber alle diese großen Vergangenheiten versammelt seien in seiner umfänglichen Seele. Er war nicht der einzige, der das sagte. Die Zeitgenossen sagten es auch. Die Nachfahren sagten es auch.

Der Katalog seiner Schriften besteht aus 225 Nummern. Psellus war in allen Wissenschaften beschlagen: von der Mathematik bis zur Dämonologie; ja, er hat in diesen Wissenschaften geglänzt. Auch war er einer der größten Vorläufer. Jahrhunderte vor der Renaissance entdeckte er Platon. Jahrhunderte vor der Aufklärung lehnte er die Astrologie ab. Jahrhunderte vor dem National-Staat war er der erste griechische Patriot. Im ersten Jahrhundert des zweiten Jahrtausends prangte die feinste Blüte europäischer Kultur nicht in Rom und nicht in Paris und nicht in Aachen, sondern in Byzanz.

Psellus war Minister und Vertrauter von vier Kaisern und drei Kaiserinnen – und wußte von ihnen recht viel. Als er dann auf der Höhe seiner Laufbahn war: Intimus des Imperators, Konsul der Philosophen, ein Lehrer vieler Rassen der Weltstadt und dazu noch Erzieher von Arabern und Westfranken – nahm er die Tonsur und zog sich auf den Berg Olympos zurück. Vom Olymp zog er sich wieder in die Niederungen des Hoflebens zurück, schmeichelte und intrigierte, hatte ein wichtiges Gespräch über das Glück und fand es im Feuer der Palast-Revolutionen. Und flüchtete abermals ins Kloster; und ging hier seinen Zeitgenossen und der Geschichts-Schreibung verloren.

Der große, schlanke Mann mit der langen Adlernase, an die sich die Karikaturisten hielten, und mit der Vertrauen erweckenden Suada, die sieben byzantinische Herrscher bezauberte, ging, um glücklich zu werden, den Weg des Augustinus und den entgegengesetzten auch: hin und zurück und dann noch einmal hin. Ein großes Beispiel für zwei Möglichkeiten, die in der Logik einander widersprechen, im Leben aber sich gut vertragen: die christlich-asketische und die genüßliche, verlangend nach allen Gütern der Welt.

Mit zehn konnte der kleine Psellus die ganze Ilias auswendig hersagen. Mit fünfundzwanzig hatte er alles intus, was man haben konnte: Rhetorik und Philosophie und Musik und Recht und Geometrie und Astronomie und Medizin und Physik und die okkulten Wissenschaften und Platon. In frühen Jahren besaß er die Reputation, auf allen diesen Gebieten etwas Besonderes geleistet zu haben. Wo wollte das hinaus?

Wohin will einer, wenn er alles weiß und kann – und der Ehrgeiz ist tief eingepflanzt in ihn? Er will dorthin, wo das Licht seiner Tage am glänzendsten scheint. Das glänzende Zentrum des Reichs war der Kaiserliche Palast und die Hagia Sophia neben ihm und das Hippodrom. Wer Ehrgeiz hatte, richtete seinen Blick dorthin: auch Psellus.

Als er zehn war, starb im Palast, der eine kleine Stadt war, der letzte männliche Sproß der Mazedonischen Dynastie, die fast zwei Jahrhunderte über das Reich geherrscht hatte. Es gibt in der europäischen Geschichte kaum eine Parallele zu einer so langen direkten Erbfolge, mit Ausnahme des schwedischen Hauses Vasa. So fühlte das byzantinische Volk sehr mazedonisch. Man hatte nichts gegen eine weibliche Nachfolge. Der Kaiser hinterließ drei alte, unverheiratete Mädchen.

Die Älteste, ein pockennarbiges Fräulein, hieß Eudokia. Sie war schon lange verschollen, in irgendeinem Kloster den Zeitgenossen abhanden gekommen. Die zweite hieß Zoe und war bereits fünfzig.

Der sterbende Kaiser hatte sie als Nachfolgerin erkoren; sicherheitshalber aber noch rasch verheiratet. Der Hof, von dessen Glanz der junge Psellus geblendet wurde, war weiblich. Auf dem Thron saß Frau Zoe: eine Dame mit großen Augen, starken Augenbrauen, leicht gebogener Nase und schönem blondem Haar. Die Fünfzigerin sah wie ein junges Mädchen aus; das Gesicht zeigte nicht ein einziges Fältchen. Sie trug einfache, leichte Kleider; die brachten ihre graziöse Figur zur Geltung. Das schwere, goldgestickte Gala-Gewand, das wie eine Rüstung den Körper wegschloß, liebte sie nicht.

Der epileptische Prinzregent benahm sich schlecht. Zu den Anfällen seiner Krankheit gesellten sich noch Anfälle von Gewissensbissen wegen des Mordes, der ihn dahin gebracht hatte, wo er nun war. Er umgab sich mit zerlumpten Asketen und schlief auf dem nackten Boden, einen Stein unter dem Kopf. Von frommen Beratern ließ er sich bewegen, nicht mehr mit seiner Frau ins Bett zu gehen. Seine letzte Energie entlud sich in einem Kampf gegen die Bulgaren. Dann zog er sich fromm zurück. Die verliebte Zoe rannte ihm nach, ohne Rücksicht auf Etikette. Er ließ sie nicht vor und starb sogar.

Sein Neffe und Nachfolger, Zoes Adoptivsohn, ging mit der Mutter noch rüder um. Das angenommene Kind ließ der alten Dame die grauen Haare scheren und steckte sie zu den Nonnen. Aber das Volk hing an den Mazedonier-Mädels; und holte nicht nur die Zoe wieder heraus, auch noch die jüngere Schwester Theodora, die vor Jahren dort eingesperrt worden war. Das Kloster war damals – neben vielem, was es auch noch war – eine Art von Gefängnis für hohe Herrschaften.

Schwester Theodora wußte gar nicht, wie ihr geschah, als die Menge sie in ein kaiserliches Gewand kleidete, aufs Pferd setzte – und fort ging's direkt zur Hagia Sophia. Das Volk jubelte. Und Psellus, der schon mit zehn die Ilias im Kopfe gehabt hatte und ein Dutzend Wissenschaften beherrschte, war in seinem Element.

Nun stand er in den Kulissen des glänzenden Theaters und machte sich mit den Stichworten vertraut. Auf der Bühne agierten zwei alte Weiber. Sie saßen in Staats-Kostümen nebeneinander auf dem Thron: neben der immerhin noch jugendlichen Zoe die häßliche, keusche Bohnenstange Theodora, die zwar Würde hatte, aber einen viel zu kleinen Kopf. Um die beiden Damen herum lungerten die Würdenträger des Reiches, mit niedergeschlagenen Augen, aus züchtiger Ehrerbietung für die thronende Weiblichkeit. Die zwei waren von sehr verschiedener Art. Zoe gab aus; während Theodora mit Hingebung das Geld zählte, das sie in großen Kassetten verschloß. Zoe war liederlich, Theodora hatte noch nie an einen Mann gedacht. Sie vertrugen sich nicht. Und überhaupt hatte die Zoe lieber ein männliches Wesen neben sich auf dem Thron. So heiratete sie, um die Schwester loszuwerden – und vielleicht auch aus anderen Gründen, ein drittes Mal. Unter der Herrschaft des neuen Gemahls, Konstantins x., erreichte Psellus, der christliche Philosoph, den Gipfel des Glücks.

Drei Jahrzehnte lang war das Reich geistig verödet gewesen. Die Araber hatten die Erben von Griechenland und Rom reichlich verspottet. Nun ging die Sonne wieder auf. Die Universität Byzanz wurde eröffnet. Araber und Perser und Kelten kamen an, um zu den Füßen des Professors Psellus zu lernen. Sogar ein Babylonier traf ein, wie der Professor stolz notierte. Er, ein einzelner Mann, konnte sich rühmen, bei allen Völkern der Erde Gefangene gemacht zu haben. Der Nil, jubelte er, nährt die Länder Ägyptens; er aber, der Denker Psellus, nähre die Seelen vieler Völker.

Es war eine Lust, zu leben. Gelehrte regierten das Reich. Freund Likhoudis, der ihn an den Hof gebracht hatte, war Minister-Präsident. Freund Xiphilinos, Professor des Rechts, war Justiz-Minister. Freund Mawropous, Professor der Rhetorik, war Geheimer Hofrat. Psellus selbst war Großkämmerer, Staats-Sekretär und »Konsul der Philosophen«. Die Philosophie regierte das Imperium. Die byzantinischen Mandarinen herrschten. Die ersten Gelehrten waren die Ersten am Hof.

Familie Psellus brachte offenbar keine Entweder-Oder-Seelen hervor. Mutter Theodora war eine Nonne geworden, eine Heilige und hatte neben Gott noch die Karriere des Jungen im Kopf gehabt. Auch ihr Sohn lebte nicht Entweder-Oder, verschmolz Sophia und Hedone, Christus und Hofintrigen. Er verglich seine Herren mit der Sonne; sie zog den kürzeren beim Vergleich mit dem Sonnen-König. Er verschmolz vieles. Er war ein gut-christlicher alter Grieche. Es geht viel im Menschen zusammen, was in der Logik einander beißt.

So erklärte der Professor die Ilias auf christlich, weil in seinem Innern Homer und Jesus gut miteinander auskamen. Troja war auf der Landkarte zu finden; in einer weniger materiellen Topographie bedeutete Troja: das Irdische. Das trojanische Pferd war auch aus Materie; daneben bedeutete es auch noch: die Dämonen, die den Menschen während des Schlafs überraschen. Hinter Jupiter und den Seinen war der christliche Gott mit Engeln und Cherubim und Heiligen.

In *Ilias* und *Odyssee* fand er das Dogma von der Heiligen Dreieinigkeit. Überhaupt, meinte er, sind die Griechen unbewußte Christen gewesen. Platon war ein verfrühter Kirchenvater und der große Alexander ein Vorläufer des Messias. Psellus' Freund, der Bischof Mawropous, bat in einem Poem Christus um die Gefälligkeit, Platon und Plutarch als Christen anzusehn.

Wollte Psellus sein Glück auf heidnische Weise? Oder auf augustinische? Er ließ sich von den Beamten des Reichs, die nach Griechenland gingen, Statuen mitbringen und versprach ihnen als Gegengabe seine Protektion. Und als einer einmal wagte, die Präfekten-Stelle im verödeten Hellas auszuschlagen, herrschte Psellus ihn an: ob das Heilige Land der Kämpfer von Marathon, des Philipp und des Alexander vielleicht nicht gut genug für ihn sei? Oder vielleicht gar für einen Schwindel halte, was die alten Philosophen Schönes über Athen und den Piräus gesagt haben? Das Griechenland zur Zeit des Psellus war wahrhaftig nicht mehr das Land der Schlacht von Marathon; slawische Völker hatten es überschwemmt. Psellus aber fragte: »Müssen wir nicht die Kinder um ihrer Eltern willen lieben – auch wenn wir nicht mehr alle ihre Züge wiederfinden?« Man hat ihn den letzten alten und den ersten modernen Griechen genannt.

Und außerdem war er noch Erbe eines tausendjährigen Christentums, der Sohn einer Asketin, und sprach mit Verachtung vom Leben. Wenn er aber vom Tode redete, zum Beispiel am Grabe seiner Lieblingsschwester, fielen ihm wiederum nur die Eleusinischen Felder ein mit ihren bunten Wiesen, lieblich murmelnden Bächen, Rosen und Nachtigallen. Also beschrieb er das Jenseits. Wohin wollte er? Er stand nie, wie Augustinus, am Scheidewege. Er hatte Verlangen nach weltlichem Glück – und nach mehr... und wählte nicht.

Im Palast hatte sich manches gewandelt. Die Generäle waren unzufrieden mit der Herrschaft der Rhetoren und Philosophen. Das Reich war wieder einmal schwer bedroht: im Westen von den Normannen; im Osten tauchten die Seldschuken auf. Kann man sich gegen eine solche Gefahr mit christlichen Interpretationen der Ilias verteidigen? fragten die Generäle. Außerdem waren die regierenden Gelehrten ihnen zu nahegetreten, als sie die kleinasiatischen Großgrundbesitzer geschwächt hatten.

Auch mit dem großen Patriarchen Keroularios hatte er angebunden. Der hatte inzwischen (im Jahre 1054) etwas getan, was von weltgeschichtlicher Bedeutung war; und, wie das so geschieht, von den Zeitgenossen kaum beachtet wurde. Papst Leo IX. hatte den oströmischen Patriarchen verflucht, er verfluchte seinen westlichen Rivalen. Nicht ein einziger Zeitgenosse erwähnt dies Ereignis, das die siebenhundertjährige Konkurrenz Rom und »Neu-Rom« abschloß und die Trennung einleitete. Dagegen machte damals viel Aufsehen: daß Psellus eine Anklage-Schrift gegen den Patriarchen verfaßt hatte, weil er purpurne Halbstiefel trage, was sich nicht passe; Psellus verklagte ihn auf Majestäts-Beleidigung und chaldäische Ketzereien. Der Patriarch starb an gebrochenem Herzen; aber auch der Professor hatte nicht gerade Nutzen von diesem Krach. Er und die Seinen standen nach allen Seiten hin im Kampf. Die Zänkereien nahmen überhand. Der Kaiser schloß die Universität. Vor Psellus, der schon angelangt zu sein schien, öffnete sich eine neue Straße zum Glück.

Sie ist nie so kurz zu beschreiben, wie es die Schlagworte versuchen: Verzicht auf das Irdische, Hinwendung zum Himmlischen, Vereinigung mit Gott. Psellus spricht von einem »Übergang zum besseren Leben«. Worin ist das klösterliche Leben »besser«? Für welche Seligkeit ging der angesehene, einflußreiche Mann von seinem glänzenden Weg ab – und wählte die Abgeschiedenheit? Er war eine Leuchte des Reichs, weithin sichtbar: bis nach Äthiopien, bis nach Franken. Und als er nun plötzlich die geliebten Paläste und Hallen und Auditorien und Bäder verließ und in irgendeinem fernen, glanzlosen Haus auf einem Berge verschwand, fragte man: weshalb nur?

Das Scheitern eines Lebens in Saus und Braus ist ein guter Boden für das Emporschießen jener Triebe, die dem Irdischen feindlich sind, auf Nicht-Irdisches gehen, was immer man zu einer Zeit darunter verstehen mag. Die weltflüchtige Neigung war in einem Byzantiner des elften Jahrhunderts nicht schwach entwickelt. In der Kuppel der Kirche von Daphni bei Athen gibt es ein gewaltiges Mosaik, das aus jener Zeit stammt. Ein regenbogenfarbiger Kreis, fünfzehn Fuß im Durchmesser, rahmt den Kopf Christi ein – das Haupt eines sehr strengen, tödlich ernsten Herrn: des »Christos-Pantokrator«, des Weltherrn. Das längliche, bärtige Gesicht ist starr, sehr unzugänglich. Es läßt nicht hoffen, nur zittern. Wenn man es anschaut, verschwindet die weite, bunte, lustige Welt. Auch das war Byzanz. Es lebte nicht nur im raffinierten Toiletten-Schnickschnack der Kaiserin, auch in dem überwältigend Fernen, Unerbittlichen. Byzanz war die berüchtigte Stätte leichtsinnigsten In-den-Tag-Lebens und ein Treibhaus der Furcht vor der Zukunft.

Die üppige Stadt sorgte sich schon seit Jahrhunderten, in Angst vor der Barbaren-Flut, die an die Deiche des Reiches schlug. Im vierten Jahrhundert waren es die Ostgoten gewesen, im fünften die Hunnen und die vandalischen Seeräuber, im sechsten die Slawen und die Anten der Donau-Ebene, im siebenten die Perser und die Araber, dann die Bulgaren, die Russen, die Ungarn. Jetzt sind es die mohammedanischen Seldschuken. Man wußte nicht viel von dieser neuen Gefahr. Ein verängstigter Zeitgenosse stellte sie sich so vor: »Sie beten den Wind an und leben in der Wildnis. Sie haben keine Nasen; und an ihrer Stelle zwei kleine Löcher, durch die sie atmen.« Die Beschreibung stimmte nicht ganz. Aber exakt war das Grauen dahinter. Hatte nicht Mohammed einst geschworen, er werde seine Rosse im Tiber tränken und die Peters-Kirche in einen Pferde-Stall verwandeln? Seit Jahrhunderten hatte man es vereitelt. Aber wird nicht eines Tages der Wall brechen? Wenn man so unablässig erinnert wird an den Untergang, gehören die Todes-Ahnungen zum Alltag.

Und der Gedanke an ein Leben, das in der Stille abläuft – fern von den geliebten lauten Straßen, Plätzen und Palästen – gehörte, von Jugend an, zum Alltag des Konstantin Psellus. Eine Art von Instinkt nannte er seine Neigung, vor dem Leben zu fliehen – so verwurzelt war sie in ihm. Er wanderte nicht allein aus der Welt heraus. Als er mit den Freunden Xiphilinos und Mawropous beisammen war, stellte sich heraus, daß auch sie daran dachten: ein besseres, glücklicheres Dasein zu beginnen. Xiphilinos schützte eine Krankheit vor, nahm seine Demission und reiste aus dem Leben in ein Kloster Bithyniens. Mawropous folgte ihm.

Wohin geht man, wenn man sich von seinen vergangenen siebenunddreißig Jahren trennen will? Der weiteste Rückzug ist: in den Tod. Will man nicht ganz so weit, hängt der Platz, zu dem man retiriert, davon ab: was einem die Mode der Zeit und die eigenen Umstände als Asyl zur Verfügung stellen.

Psellus hatte einen Zeitgenossen mit dem Namen Kekaumenos. Die Nachwelt weiß von ihm, weil ein Büchelchen, das er für seine Kinder niederschrieb, erhalten ist. Er stammte aus einer der besten Familien des Reichs, hatte Großgrundbesitz und war sehr einflußreich. Von Beruf war er General; und hielt das Soldatentum für die einzig anständige Art menschlicher Betätigung. Viele Jahrzehnte brachte er in der großen Welt zu, das heißt am Hof; und hatte eines Tages genug. Und faßte denselben Entschluß wie sein Mitbürger Psellus – und trat ab. Und da er Land hatte, zog er nicht auf den Berg Olymp, in ein Kloster, sondern nach Thessalien, auf seine Güter. Und fand hier sein Glück in zwei Betätigungen: in der Bewirtschaftung des Guts und der Fortifikation seiner Seele mit ideologischem Stacheldraht.

Er war in seiner ausphilosophierten Selbst-Isolierung nicht ganz so extrem wie später manch ein Pessimist des neunzehnten Jahrhunderts. Er lehnte öffentliche Ämter nicht ab; wenn er auch meinte, man könne höchstens im eigenen Hause Frieden haben. Er war sogar nicht ganz abgeneigt, gelegentlich einmal in die Großstadt zu fahren, in das Sünden-Babel Byzanz: zum Beispiel, wenn man das Bedürfnis fühle, die kaiserliche Majestät zu verehren; oder Kirchen zu besuchen; oder sich an der Schönheit der Stadt zu erbauen. Im übrigen aber halte man sich fern: sowohl von den stolzen Palästen als auch den eitlen Philosophen; auch von den Freunden (die immer gefährlicher sind als Feinde), vor allem von den Weibern. Das Weib ist seit je die schwarze Mitte in den Schieß-Scheiben der Pessimisten.

Am meisten Angst, lehrte Kekaumenos, mußt du vor der Kaiserin haben. Ist sie besonders lieb zu dir, so renne, so weit deine Füße dich tragen. Überhaupt ist jede Beziehung zu Frauen voll Gefahren; noch mehr, wenn du mit ihnen gut als wenn du mit ihnen schlecht stehst. Sobald dein Auge aufglänzt, sobald dein Herz schneller zu schlagen beginnt, bist du verloren. Deshalb: halte Distanz! Kann man aber ihren Umgang nicht vermeiden, weil man zum Beispiel Frau und Töchter hat, so schließe man sie auf jeden Fall ab, wie Schuldige. Und bekommst du einmal Besuch von einem Freund, der auf der Durchreise ist, bringe ihn überall unter, nur nicht bei dir zu Haus. Dein Freund wird zwar vor deiner Gattin und deinen Mädchen und deinen Schwiegertöchtern die Augen niederschlagen, bei dieser Gelegenheit sie aber nur um so genauer studieren. Und schließlich verführt er sie. Und wenn sich das nicht macht, prahlt er damit. Kekaumenos faßte die Weisheit seiner Unlust in die Worte zusammen: »Die Natur des Menschen ist Wankelmut; er rutscht leicht ab.« Psellus und Kekaumenos haben dasselbe Leben kennengelernt, eines Tages den gleichen, alles verpestenden Ekel gespürt und denselben radikalen Entschluß gefaßt: Rückzug in einen einsamen Winkel. Der eine ging auf sein Gut, der andere zu den Mönchen.

Das braucht nicht viel Unterschied zu machen. Das Kloster war damals eine große Bewahr-Anstalt: für alle, die sich etwas (aber doch nicht ganz) vom Leben entfernen wollten; oder die etwas (aber doch nicht ganz) vom Leben entfernt wurden. Die Klöster beherbergten Prinzessinnen, die keinen Mann bekommen hatten; Bürgermädchen, die Pech gehabt hatten; Kurtisanen, die in Ungnade gefallen waren; Konkurrenten, die vom Sieger hier lebendig begraben wurden. Das Kloster war ein Asyl für Krüppel, Gescheiterte und Lebensmüde; auch ein Gefängnis, dessen Wärter bisweilen so streng waren, daß sie sogar weiblichen Tieren den Eintritt verweigerten. Und noch vieles, vieles mehr. Man weiß von einem noch nichts, wenn man nur weiß, daß er ins Kloster ging. Man weiß nur, was ihm kein Glück schenken konnte – aber nicht, welches er suchte.

»Wir tauschen das Leben der Aufregungen und Verwirrungen ein für eins ohne Zufälle und Überraschungen«, sagte Psellus. Das ist noch nicht viel, erst eine negative Bestimmung. Für welchen Gott, für welches Glück entsagt er? Für »Christus«! Für was für einen? Den einen sieht er streng an und den andern hold. Zu dem einen spricht er triumphierend, zu dem andern als Leidender und Mit-Leidender. Man verdeckt das spezifische Glück, das einer sucht, mit dem unspezifischen Namen des Gottes, in dessen Namen er es sucht.

Psellus hatte nicht gewußt, worauf er aus war, als er ins Kloster ging; hatte sich nach einem Kloster zu sehnen geglaubt, »in dessen Schatten so viele fromme Eremiten zusammen mit den Engeln das Lob des Höchsten singen«. Diese Sehnsucht ist pure Literatur gewesen, das merkte er selbst sehr bald. Er hatte, wie er entdeckte, nicht das geringste Talent, mit Engeln und Eremiten das Lob des Höchsten zu singen. Das war nicht ihre Schuld. Es war nur dies: ihr Glück in Christo harmonierte nicht mit seinem Glück in Christo.

Goethe dichtete: »Wie einer ist, so ist sein Gott, drum wird auch Gott so oft zum Spott.« Das Glück, das einer im höchsten Wesen findet, ist das gesteigerte, vom Alltäglichen gereinigte, dessen er fähig ist. Die Höhe dieses Glücks ist Gott. Die Seligkeit der Nonne Theodora, die von bräutlichen Gefühlen überwältigt wurde, als sie den Schleier nahm, wird kaum verschieden gewesen sein von der Seligkeit anderer keuscher und ebenso seliger Bräute; es macht nicht viel Unterschied, ob man Christus zu seinem Bräutigam macht oder den Bräutigam zu seinem Christus. Was war Psellus' Freude in Christo?

Er hätte (zum Beispiel) seinem Erlöser dienen und dienend glücklich werden können: im Ausbau des Neu-Platonismus. Er hatte Pech. Er war nicht am rechten Ort. Er aber gab sich Schuld, so sehr unterlag der kluge Mann den Vorurteilen seiner Welt. »Ich sollte nur an Gott denken«, klagte er; »aber meine Natur und der unwiderstehliche Drang meiner Seele nach Wissen haben mich auf den Weg der Wissenschaft geführt.« Er tat sich gewiß Unrecht. Niemand denkt an »Gott«. Jeder denkt an geliebtes Irdisches und nennt es mit dem geliebtesten Namen. Oder denkt, wie mancher Mystiker, alles Irdische weg; und nennt das Sich-Verflüchtigen des letzten Gedankens, des letzten Gefühls, der letzten Phantasie: Gott. Mit Gott eins werden, ist eine Chiffre für das Sich-Konzentrieren auf das Glück, dessen man fähig ist.

Psellus konnte sich, wie jeder andere, Gott nur auf dem Weg nähern, für den er trainiert war. Die Mönche erkannten seinen Heils-Weg nicht an. Ihr Überirdisches und sein Überirdisches dissonierten. Er war bereit, die Kaiserin Theodora und den angesehenen Minister-Posten und den interessantesten Hofklatsch und vieles andere Reizvolle aufzugeben für eine intensive Beschäftigung mit Platon.

Seine Mit-Mönche aber waren zu ungebildet und wußten von dem alten Philosophen nur, daß er der »Hellenische Satan« gewesen ist. Außerdem dienten sie dem Herrn mit Schweigen, während der begabte Rhetor Psellus sich dem lieben Gott mit seiner volltönenden Stimme nähern wollte, die schon auf die irdischen Götter solch einen Eindruck gemacht hatte. Dazu kam, daß Fasten und Enthaltsamkeit seinem delikaten Körper ganz und gar nicht bekam. Hier gab es keine Seligkeit für ihn. Die Sehnsucht nach seiner Familie und der geliebten Stadt wurde immer stärker. So zog er sich von dem Zusammenleben mit Gott wieder zurück – in das nicht mehr sehr großartige, aber immer noch reizvolle Byzanz.

Die olympischen Mit-Mönche waren tief gekränkt. Die Innung der Eremiten schimpfte homerisch hinter ihm drein. Er war ein Deserteur. Bruder Jakob schickte ihm eine giftige Satire nach: in ihr figurierte Psellus als Gott Jupiter, der es auf dem Berg Olymp nicht aushält, weil er alle seine kleinen Göttinnen vermißt. Ein Vergleich übrigens, der nicht sehr großartig war; denn der alte Jupiter hatte sich auf dem alten Olymp ganz ausgezeichnet vergnügt. Aber auch Psellus' Replik scheint nicht sehr geistreich gewesen zu sein: er warf Bruder Jakob das Schimpfwort »Alter Silen« an den Kopf.

Dann stürzte sich der Ex-Mönch von neuem in den Strudel der Großstadt und genoß wieder ein Glück, das er vor kurzem noch »das sogenannte Glück« tituliert hatte. In seinen Memoiren heißt es einmal, daß die menschliche Seele auf dreifache Weise glücklich werden könne. Sie kann sich (erstens) dem Genuß der Sinne hingeben. Sie kann sich (zweitens) vom Körperlichen so sehr wie möglich befreien – und auf »Nicht-Irdisches« konzentrieren. Dazwischen aber gäbe es (drittens) noch eine Mitte zwischen den Extremen. Psellus lebte im Dazwischen; das Gefühl von »der Verächtlichkeit des menschlichen Lebens« hat ihn auch im Strudel des verächtlichen Lebens nie verlassen. Er lebte im Palast und gravitierte nach der Abgeschiedenheit; und dort hielt es ihn nicht. Sein Glück lag im Wechsel: zwischen Gott und der Schöpfung, die ihm entglitten war.

Die großen Wirkungen gehen nicht von denen aus, die Sowohl-Als-Auch denken. Im Gedächtnis blieb nicht Psellus, der Weiträumige, sondern Augustinus, der Bekenner, und Thomas von Aquino, welcher dem Himmel und der Erde eine ewige Ordnung schenkte. Will der Leser sich ein Bild machen von der verschiedenen Art der beiden folgenreichsten Denker jener Jahrhunderte, so vergegenwärtige er sich den prometheischen Christen und Problematiker Kierkegaard und dann den Antipoden, den Vollender Hegel, Schlußpunkt einer langen Entwicklung des Denkens. Der Vergleich hat seine Grenzen; zeigt aber deutlich, wie sich nicht nur einmal die beiden Tendenzen des Philosophierens, das In-Frage-Stellen und das In-Ordnung-Bringen, manifestierten. Thomas, der doctor universalis, produzierte ein Universum, das eine Klarheit und Deutlichkeit hatte, die Gott ihm nicht hatte verleihen können.

Er stammte aus einem Adels-Geschlecht Süditaliens. Als Student war er so zurückhaltend, daß man ihn »den stummen Ochsen« nannte. Mit fünf kam er zu den Benediktinern, trat mit achtzehn in den Dominikaner-Orden ein, wurde nach Rom, Paris, Köln geschickt und studierte bei Albertus Magnus. Nachdem er Magister und Doktor der Theologie geworden war, lebte er am Hof Urbans IV., leitete das Ordens-Studium in Rom und lehnte es ab, Erzbischof von Neapel zu werden. Fast fünfzig Jahre nach seinem Tod wurde er heiliggesprochen. Am vierten August 1899 erklärte Leo XIII. in der Enzyklika *Aeterni patris*, daß Thomas von Aquinos Werk (unter anderem die *Summa de veritate fidei catholicae contra gentiles* und die *Summa theologica*) die Grundlage der christlichen Philosophie sei. Er ist heute (neben Marx) der einzige Philosophie-Stifter, welcher als höchste Denk-Autorität wirksam ist.

Es war seine entscheidende Leistung, die gewaltige Denkarbeit des Aristoteles in den Dienst der christlichen Vorstellungswelt zu stellen. Mit Thomas begann auch die Regelung der schwankenden Beziehung zwischen Philosophie und Theologie; sie wurden einander zugeordnet wie Diener und Herr. Auch ein Gegner dieser Versklavung muß sehen: daß das Fundament der Philosophie nicht von ihr selbst gelegt werden kann; darin war Thomas weitblickender als alle »autonomen« Metaphysiker. Der christliche Himmel der philosophischen Idealisten war nur milchiger.

Schon vor ihm hatte Albertus Magnus die Dreieinigkeit, die Menschwerdung Gottes und die Erbsünde als »übernatürliche«, das heißt: über-vernünftige Wahrheiten ausgezeichnet. Und Thomas schrieb: »Es ist unmöglich, durch die natürliche Vernunft zur Erkenntnis der Trinität der göttlichen Personen« zu kommen; »durch die natürliche Vernunft kann nur dasjenige von Gott erkannt werden, was zur Einheit seines Wesens, nicht das, was zur Unterscheidung der Personen gehört.« Man kann nicht sagen, daß Thomas die Philosophie übermäßig eingeengt – eher, daß er ihr übermäßig vertraut hat.

Die Dogmen über die Zeitlichkeit, die Schöpfung und die Menschwerdung des Logos, über die Sakramente, das Fegefeuer, über die Auferstehung des Fleisches und das Weltgericht, über die ewige Seligkeit und die Verdammnis entzog er der Jurisdiktion des Urteils, des Beweises. Eine große Tat, welche leider die Rationalisten der kommenden Zeit nicht zur Räson brachte; Ähnliches (nicht immer nur spezifisch Christliches) suchten sie auf Biegen und Brechen zu deduzieren. Thomas machte auch die wichtige Distinktion: daß Jenseits-der-Vernunft nicht identisch ist mit Wider-die-Vernunft. Hätte seine Erkenntnis Folgen gehabt, dann hätte das Wort »Irrationalismus« nicht soviel Verwirrung anrichten können: in der Vermischung von Unzugänglich-der-Vernunft und Feindlich-der-Vernunft.

Retardierend in der Geschichte des Denkens war also nicht die Grenze, die er dem Denken, sondern die Aufgabe, die er ihm zuteilte: die Argumente für die Unvernunft der christlichen Offenbarung zu widerlegen – gemäß dem Diktum: das, »was aus der göttlichen Offenbarung durch den Glauben festgehalten wird, kann der natürlichen Erkenntnis nicht entgegengesetzt sein«.

Der Doktor angelicus konnte nur für eine kurze Ewigkeit die Existenz der Engel und Intelligenzen, welche die Gestirne bewegen, »beweisen«. Als man die Harmonie von Offenbarung und Vernunft aufgeben mußte, bildete Duns Scotus die Theorie von der »doppelten Wahrheit« aus: daß ein Satz für den Philosophen wahr sein kann und dennoch falsch für den Theologen. Das war der erste kleine

Schritt zur Rückgewinnung einer unabhängigen Philosophie; obwohl es noch sehr lange dauerte, bis auch die nicht-kirchlichen Abhängigkeiten durchschaut wurden. Die Problematik dieser »Unabhängigkeit« wurde nach dem Zeitalter der Aufklärung, also auch der Vernunft-Metaphysik im neunzehnten und zwanzigsten Jahrhundert, das große Thema.

In seiner Ethik stellte Thomas neben die vier heidnischen Tugenden: Weisheit, Mannhaftigkeit, Mäßigkeit und Gerechtigkeit die drei christlichen: Glaube, Liebe und Hoffnung. Es ist fraglich, ob unsere Liebe ein christliches Phänomen ist, ob die christliche Liebe Platon und dem Neu-Platonismus fremd war. Allerdings richtete sich der Eros, eine individuelle und kosmische Macht, nicht auf eine göttliche Person und wurde nicht aktiviert von der Gnade. Die christliche Liebe zeigte zwei Merkmale: bei Thomas war sie vornehmlich eine (dem platonischen Eros verwandte) Tendenz zu intellektueller Vereinigung, in der Mystik herrschte nicht selten das Emotionale vor; aber der Liebende war immer (auch bei Thomas) mehr als ein enthusiastischer Denker der Akademie, selbst wenn er so sehr vom Reflektieren beherrscht war wie Spinoza – und der Mystiker Eckhart.

Das Wort »Mystik« stammt aus dem Griechischen, ist aber durch diese Herkunft nicht begrenzt. Sie blühte nicht in den Tagen der Herrlichkeit des attischen Reichs, nie zur Zeit einer Klassik. »Myein« heißt die Augen schließen; alle Klassiker öffneten sie weit und verherrlichten, was im Lichte war.

Erst in hellenistischer Zeit entstand der Neu-Platonismus, eine Art von Anti-Platonismus; die Distanz zwischen Himmel und Erde, Wirklichkeit und Idee wurde aufgehoben. Dionysius Areopagita verschmolz griechische Theorien, die Götter der jungen Kirche und die Unruhe des Paradies-süchtigen Christen, der noch nicht dem neuen Regiment unterworfen war: ein Ursprung der tausendjährigen christlichen Mystik.

Schließlich mündete sie in eine gottlose: bei Huxley und Krishnamurti, im mystischen Marxismus Ernst Blochs, in der mystischen Psychoanalyse eines amerikanischen Freud-Jüngers, in Wittgensteins Absage an die Sprache: »Worüber man nicht reden kann, darüber muß man schweigen.« Der Schweigsamste war Meister Eckhart; oder besser: der, welcher das zu Verschweigende am eindringlichsten bewußt gemacht hat. Lange bevor die »Entmythologisierung« erfunden wurde, war er der radikalste Entmythologisierer.

Jedes Jahrhundert des zweiten Jahrtausends hatte seine Mystiker. Das zwölfte: Bernhard von Clairvaux und Hildegard von Bingen. Das dreizehnte: Mechtild von Magdeburg. Das vierzehnte: Meister Eckhart und die Seinen, Tauler, Seuse und Ruysbroeck; auch den »Frankfurter«, der die *Theologia deutsch* verfaßte, die den jungen Luther beeinflußte. Das fünfzehnte: Thomas a Kempis und Nicolaus Cusanus, dessen »docta ignorantia« eine Vorwegnahme Friedrich Schlegels war, der entdeckte, daß man mehr und mehr weiß, wie wenig man weiß. Das sechzehnte Jahrhundert hatte Paracelsus und Valentin Weigel. Das siebzehnte: Angelus Silesius und Jakob Böhme, auf den sich heute ein Zweig der Psychoanalyse beruft. Das achtzehnte: die Quäker, den Jansenismus Pascals und den deutschen Pietismus. Das neunzehnte: die europäischen Romantiker, in Deutschland vor allem Baader.

Unterhalb des zweitausendjährigen Platonismus, der die Philosophen beherrschte, ist die tausendjährige Mystik die stärkste Unterströmung gewesen. Sie unterwanderte Religionen und Philosophien und wissenschaftliche Theorien und politische Systeme. Nicht nur im Westen. Wahrscheinlich war der chinesische Taoismus eine größere Macht, als je eine europäische Mystik. Im achten Jahrhundert blühte sie unter den Mohammedanern Persiens und untergrub das festgefügte System des Islams. Ihr Symbol war die ins Licht fliegende Motte: der Gegen-Typ zum Gläubigen; er fliegt nicht, er ruht inmitten eines gesicherten Gefüges, der Horizont ist die sichtbare, von Begriffen geschmückte Transzendenz. Der Flug der Motte transzendiert Glauben und Unglauben; nur die Mystik erlaubt, beide gleichzusetzen.

Der amerikanische Philosoph William James – kein Mystiker, aber ein kenntnisreicher Klassifikator ihrer Varianten – fand einige Merkmale, die in allen Jahrhunderten und Kulturen da waren. Der Mystiker hat keinen adäquaten Ausdruck für das Trans; Jaspers' Begriff »das Umgreifende« hält diese Ohnmacht in einem terminus fest. Der mystische Zustand bringt nicht nur Visionen und Sensationen hervor, auch Impulse – und die Einsicht: daß es zu keiner kommt, nur zum Blick in den »Abgrund«, zur Grenze von Vorstellen und Denken. Die Nonnen-Mystik des deutschen zwölften Jahrhunderts war mehr emotional, die Mystik Loyolas vorwiegend aktivistisch. Meister Eckharts Grübeleien grübelten am äußersten Rande der Verbegrifflichung: intellektuelles Eindringen in die Kapitulation vor der Sehnsucht nach dem allwissenden Menschen.

Eine mystische Erfahrung, durch die Zeiten bezeugt, ist niedergelegt in Bernhard von Clairvaux' Satz: »Auf die Freude seines Besuchs folgt der Schmerz der Abwesenheit.« Die Erhebung ist nur transitorisch. Bevor von jener Freude und jenem Schmerz zu reden ist, muß von den Transportmitteln gesprochen werden, die zum Treffpunkt führen.

Das Ziel, die unio mystica, die Vereinigung mit dem Unbekannten Gott, ist unabhängig von den Zeiten; die Vehikel dahin wechseln mit der Technik. Aldous Huxley untersuchte die somatischen Folgen der erzwungenen Passivität, eine Vorbedingung des ersehnten »Besuchs«; fragte, was mittelalterliche Askese und Selbstzüchtigung biochemisch dem Körper antaten; und kam zu dem Resultat: sie waren in ihrem physischen Effekt eine Entsprechung des Alkohols oder der modernen Droge Mescalin. Es gab viele Wege zum Entrücktsein: ein déjà vu; ein Wort; die Peitsche der Flagellanten und die Pflanze Peyote, welche die Indianer als Beförderung zur Seligkeit entdeckten.

Was auf dieser Himmelfahrt Ereignis wurde, ist mit Phantasie und Philosophie geschildert worden. Der kanadische Psychiater Dr. R. M. Burke schrieb: »Kosmische Bewußtheit ist nicht nur eine Expansion oder Erweiterung des bekannten individuellen Bewußtseins, sondern ein Neues: so verschieden von allem, was die höheren Tiere besitzen.« Das ist bereits Schwärmerei: ein außerordentlich billiges Ziel für Psychologen und Soziologen.

Die ewige Mystik ist zu scheiden von den vielen zeitgebundenen Selbst-Mystifizierungen. Hier ist Überschwang, der alle Besonderheiten und räumlich-zeitlichen Determinanten in die Unio mitnimmt, dort ist Zurückhaltung. Zieht man die vielfältige Phantasie ab, welche die Geschichte der Mystik zur Ausstellung aller Aberglauben gemacht hat, dann bleibt, von Eckhart bis Wittgenstein, die Verschmelzung eines beseelten Körpers mit dem Geheimnis, das nicht offenbar wird. Die Nicht-Offenbarung ist der Inhalt der mystischen Einswerdung. Wie alle echten Mystiker blieb auch Kierkegaard außerhalb; das gemeinsame Erlebnis der Eingeweihten ist, daß der Vorhang sich nicht hob. Der »Abgrund«: das war immer der Blick ins Bodenlose. Das mystische Element im *Woyzeck*: der Boden ist keiner. Die fliegende Motte fliegt in ein Licht, in dem nichts zu sehen ist, das vielmehr blendet. Das Geheimnis wird erst ganz sichtbar, wenn die Welt weggeblendet ist. Zur Welt gehört auch der Myste.

Die großen System-Schöpfer machten sich Bilder vom deus absconditus; obwohl auch bei Platon und Spinoza und Hegel und Schopenhauer das Bild sich zurückzuverwandeln strebt ins Unvorstellbare. Sollte Plotin gesagt haben: »Ich erlebte die unio dreimal und Porphyrios nicht einmal«, so darf man vermuten, daß das neuplatonische System eher von Porphyrios als von Plotin stammt. Die Philosophen hatten immer einen festen Boden: auf ihm bauten sie. Hildegard von Bingen aber ließ den, dem sie begegnete, sagen: »Ich, der nicht schweigende Gott, künde und künde wiederum: ›Wer will mich überwältigen?‹« Die großen Philosophen überwältigten scheinbar den schweigenden Gott und öffneten ihm den Mund: zu ihren Worten, nicht zu seinen. Nie gelang die Überwältigung. Im Wissen um dies unabwendbare Mißlingen schlägt das Herz der Mystik. Nirgends wird es hörbarer als in den Sätzen des Meisters Eckhart.

Der stärkste Kopf, der energischste, radikalste Denker unter den Mystikern wurde um 1260 geboren und starb im siebenundsechzigsten Jahr. 1270 und noch einmal 1277 hatte der Erzbischof zu Paris, Etienne Tempier, gegen die Irrlehre einschreiten müssen: daß nur wissenschaftlich Beweisbares als wahr gelten könne, daß deshalb die christlichen Dogmen der Wahrheit entbehrten. Eckhart ging noch einen ketzerischen Schritt weiter; selbst im wissenschaftlich Beweisbaren ist nicht die große Wahrheit. Zwar sind seine Bücher bevölkert mit christlichen Figuren und Theologien... wie Goethes und Schillers Werke mit griechischen, römischen Göttern und Helden; die Tradition liefert auch die Statisterie. Aber er sprach aus, was der nicht-mystische Nachfahr Bertrand Russell sechs Jahrhunderte später sehr präzis und elegant so ausdrückte: die Wahrheiten, die wir finden, sind nicht von letzter Wichtigkeit; und die Wahrheiten, die von letzter Wichtigkeit sind, finden wir nicht.

Ist die Mystik des vierzehnten Jahrhunderts bereits ein Abdanken, wie in unserem Jahrhundert die sogenannte »wissenschaftliche Philosophie«: als Pragmatismus, Phänomenologie und Neo-Positivismus? Es bietet sich zur Charakterisierung ein Wort wie Agnostizismus an, der schon in der Antike zum Verstummen neigte. Ist nicht die »negative Theologie« die mittelalterliche Variante der radikalen griechisch-römischen Skepsis? Der volle Verzicht auf Theologie? »Alles, was man von Gott aussagen kann, das ist Gott nicht«, heißt es bei Eckhart. Und nicht nur die Aussage wird abgelehnt: es ist nichts auszusagen, es gibt keinen Zugang zu dem Geheimnis, das – traditionell – noch »Gott« genannt wird. Kant wird vorweggenommen: »Wähne nicht, deine Vernunft könne dazu emporwachsen, daß du Gott zu erkennen vermögest.« Kant näherte sich dann doch noch Gott, mit dem schwächsten aller Gottesbeweise. Eckhart war die Aufklärung – ohne Verklärung, war aufgeklärter als die Aufklärung.

Auch was dann Feuerbach lehrte, nahm der Mystiker vorweg: »Was wir von der ersten Ursache erkennen oder aussagen, das sind eher wir selber, als daß es die erste Ursache wäre.« Sie ist unerreichbar, wie nur irgendein epikureischer Gott: »Alle Gebete und alle guten Werke, die der Mensch hier in der Zeit verrichten mag, von denen wird Gottes Abgeschiedenheit so wenig bewegt, als ob es so etwas gar nicht gäbe, und Gott wird gegen den Menschen deshalb um nichts milder und geneigter, als ob er das Gebet oder gute Werke nie verrichtet hätte.« Wann wird Eckhart von den Entmythologisierern erreicht werden?

Doch ist mit den Wort-Zeichen Skepsis, Agnostizismus, Atheismus, die sich aufdrängen, nichts bezeichnet, wenn nicht die Unruhe des Problematikers, die mystische Liebe und sein Vertrauen hinzugenommen wird; es darf nur deshalb nicht Gott-Vertrauen genannt werden, weil Gott gerade das Nichtbekannte ist, auf das mit »Gott-Vertrauen« hingewiesen wird. Es gibt einen satten Verzicht: er liegt fast allen neuzeitlichen Atheismen und anti-metaphysischen Strömungen zugrunde; er ist ein schnelles, unbekümmertes Aufgeben, als würde das Rätsel mit der Einsicht in seine Unlösbarkeit verschwinden. Als wäre die unbeantwortete, drückende Frage nicht der wesentlichste Teil des Lebens. Da wird dekretiert, schlicht in gar nicht schlichten Worten: Philosophie sei Soziologie plus Psychologie. Diese Anthropologie vergißt, was nicht vergessen werden kann: daß das herrschende Geheimnis alles Offenbare verundeutlicht. Die Mystik schuf die unruhigste Gottlosigkeit: »Dieses Unwissen lockt und zieht dich fort von allem Gewußten und von dir selber.« Zieht fort von den leiblichen Freuden und (was für den kultur-freudigen Kirchenfürsten noch schlimmer war) auch von den geistigen.

Aller Mystik ist eine Gleichgültigkeit gegen die Kultur beigemischt – bis zu Schopenhauer, bis zu Kierkegaard, dem die Sphären der Künste und des Gewissens verblaßten: nicht vor dem Christentum, sondern vor dem Geheimnis. Es erhielt den Namen »Nichts«. »Alle Dinge«, schreibt Eckhart, »sind aus dem Nichts geschaffen, darum ist ihr wahrer Ursprung das Nichts.« Der einzige ernste Nihilismus kam im Schoß der Mystik zur Welt: der christlichen, der chinesischen, der romantisch-schopenhauerschen. Der Ursprung »Nichts« ist die Quelle der Befreiung von allen Herrschaften und Begrenzungen. Hier wird gelehrt, daß auch die »Fähigkeiten« der menschlichen Natur nicht begrenzt sind. Hier ist nicht nur Nietzsches Jubel »Gott ist tot« (wenn auch nicht mit diesen Worten und so emotionell) – auch die Folge: der göttliche Mensch. Eine der ketzerischsten Sentenzen innerhalb des christlichen Schrifttums lautet, bei Eckhart: »Warum ist Gott Mensch geworden? Damit ich als Gott geboren würde: derselbe wie er.« Alles ist mißzuverstehen, wenn man es von der Warte des deutsch-philosophischen Idealismus her einzuebnen sucht. Dann wird der Satz »Auch Gott wird und vergeht« eine Etappe auf dem Weg zu Hegel. Aber die Mystik füllte den leeren Himmel nicht.

Und konnte deshalb auch nicht deuten, was auf Erden sich ereignete. Die fundamentalen Fiktionen der Philosophen funktionierten als brauchbare Hypothesen, mit denen einige großartige Teilwahrheiten gefunden wurden. Die radikale Zurückhaltung eines Mystikers wie Eckhart war auch monoton: es wurde immer wieder nur die Grenze abgeschritten. Es wurde immer wieder nur gezeigt:

wie die menschliche Kreatur sich an dieser Grenze manifestiert. Es wurde immer wieder nur illustriert: wie dieses Zurück, das ihm am Rand des Bewußtseins zugerufen wurde, sein Leben und seine Kultur mitformt.

Diese Mystik war im Bunde mit zwei irdischen Mächten: einer kindlichen Anhänglichkeit und einem kindlichen Zutrauen zu einer väterlichen Macht, von der nichts mehr geblieben war als das Gefühl der Geborgenheit. Das trennt diesen Nihilismus von dem hoffnungslosen späterer Zeiten; auch von jenen, die tapfer mit einem Vielleicht sich Mut machten.

Den Mystiker von einst trennt vom späteren Nihilisten jene überquellende Liebe; wie sie allerdings mehr in den Schülern Tauler und Suso lebte als im Meister, der bekannte: »Ich stelle die Abgeschiedenheit noch über die Liebe.« Sie war aktiv, wenn auch nicht politisch. Der Widerstand unserer Zeit stammt aus der Gleichung: Mystik gleich Verdunkelung... und aus der politischen Konsequenz: Verdunkelung ist immer im Interesse der Reaktion. Mystik ist quietistisch? »Liebe« ist, wie der Zeitgeist meint, im besten Falle ein Sentiment; von Wert ist allein der nüchterne Kampf, auf die Liebe kann man verzichten. Bernhard von Clairvaux aber schrieb: »Wie oft muß ich mich aus der heiligen Stille in den Lärm der Geschäfte stürzen – und sogar aus frommem Antrieb.« Der stammte aus der Liebe und schuf, was heute nicht rechnet, weil es kein Umbau der bestehenden Ordnung war: Speisung der Bettler, Sorge für Kranke und Schwache. Die Werke der Liebe werden geringgeschätzt. Was rechnet, ist: militante Soziologie und Bürgerkrieg, auch wenn sie nichts zum Besseren wenden. Dort aber, wo die Mystik dogmatisch wurde: in der Utopie, in der Eschatologie... ist sie dem Zeitgeist willkommen.

Die Kirche klagte den hohen Kirchen-Fürsten als Ketzer an. Er war in der Tat viel gefährlicher als später Luther, als die Entlarvung des Priester-Betrugs im achtzehnten Jahrhundert, als der harmlose Atheist des zwanzigsten. Eckhart deckte den »Abgrund« auf, den alle Religionen und Philosophien zudeckten. Der Kläger aber betonte vor allem: daß »bei der Predigt in der Landessprache vor den gemeinen und ungelehrten Leuten gewisse Dinge vorgetragen werden, welche die Hörer leicht zur Ketzerei verleiten könnten«.

Nun hatte gerade dieser Mann sich die größten Verdienste um die deutsche Sprache erworben. Das Wörterbuch wurde von ihm mit vielen Prägungen bereichert; »Eindruck«, »Eigenschaft«, »Einkehr«, »Zufall«, »fühlen«, »einleuchten« ... erhielten die Bedeutung, die sie heute haben. Der Wortschatz der deutschen Philosophen wurde von ihm begründet. »Verstand«, »Grund«, »Vernunft«, »Gemüt«, »Zufall«, »Wesen«, »begreifen«, »eigentlich«, »wesentlich« ... verdanken ihm ihr Dasein.

Aber der Ankläger hatte recht: in der Sprache des Volks waren Ketzereien anstößig, die lateinisch ohne Gefahr durchgingen. Wie heute die verständliche Landessprache gefährlich ist, die fachliche oder dunkel-verschrobene aber harmlos – weshalb eine starke Wurzel des chiffrierten Deutsch nicht nur im Snobismus, auch in der Feigheit liegt. Daß aber die gemeinen Leute, auch Volk genannt, in größerer Gefahr sind als die Hochgebildeten, ist richtig: Bildung neutralisiert. Wer vieles gelesen hat, auf den macht nichts mehr rechten Eindruck. Empfänglicher sind die Armen im Geiste. Das geistliche Gericht wußte es und kümmerte sich weniger um den Inhalt als um die Leser.

Der Papst sagte, daß Eckhart »mehr wissen wollte, als ihm erlaubt war«. Das war ein Irrtum. Der Ketzer machte mehr Fragezeichen, als ihm erlaubt war; war nicht aufs Wissen aus, sondern aufs Zerstören des falschen Wissens. Die Frage ist immer revolutionärer als die Antwort.

Mystiker wie Eckhart geben keine Lösungen, sondern zersetzen sie. Die Frage ist permanent; in ihr ist die Revolution permanent.

Die Mystik, in ihrer reinsten Erscheinung, zerstörte den Aberglauben, auf dem alle Religionen und Philosophien errichtet worden sind: daß die Sphinx in den »Abgrund« gestoßen werden kann, der sich dann schließt – und blickte mutig ins Bodenlose. Die christliche Lehre hingegen wuchs, wie die platonische Philosophie zuvor und der philosophische Idealismus später, auf einem Schein-Fundament, das die Mystik in jedem Jahrhundert unterminierte ... wo sie nicht selbst in eine vagere, unpräzisere Metaphysik abfiel.

Die Wühlerin Mystik ist, im Sinne aller Fundamentalisten, der reaktionären und der progressiven, anarchisch. Und ganz gewiß kann ihr unzugänglicher Gott keine Deutung der Welt und keine Änderung begründen. Aber welche Dogmatik konnte es? Sie konnte eine kräftige Illusion (im besten Fall) und (im schlechtesten) eine Willkürherrschaft hervorrufen. Und wird immer wieder unterliegen, weil sie nicht die Wahrheit ist.

Die Ablehnung aller Vorstellungen vom Absoluten, die größte Leistung der Mystik, ist das sicherste Fundament.

Die Mystik, nicht Descartes ist die Quelle des herrschenden Subjektivismus, der nicht in Hegel, sondern in Nietzsche ohne Visier an den Tag kam; auch in der Geschichte der Weisheit, die keine Geschichte ist, eher eine Serie von Repetitionen. Die Weisen fassen immer wieder dieselbe Einsicht ein, in immer neuem Wortschmuck. Sophia blühte vor allem in Asien und kam im Westen nie recht gegen den europäischen Universitäts-Philosophen auf. Sie ist (noch mehr als bei Eckhart) eine atheistische Mystik; noch entblößter von einem mit Göttern bevölkerten Himmel. Selbst Eckhart konnte sich nicht ganz den von der Kirche verbreiteten Vorstellungen entziehen; auch wenn sie ihm nur Metaphern waren, seine Sprache hüllte seinen Atheismus christlich ein.

Jede Philosophie, lehren die Weisen, ist verbandelt mit den Wissenschaften einer vergänglichen Zeit und somit vergänglich wie sie; die Weisheit aber stammt aus dem Born der Menschen-Natur, dort wo sie geschichtslos ist. Philosophia perennis nannte sie Leibniz; und Huxley meinte, die Zünftigen hätten das »Ewige« erst aus zweiter Hand. Er bevorzugte die Denker des abgekürzten Weges: den Mystiker, den Weisen, den reflektierenden Poeten.

Kant, ein echter Nicht-Weiser, schrieb: »Der Weg zur Weisheit, wenn er gesichert und nicht ungangbar oder irreführend sein soll«, muß »unvermeidlich durch die Wissenschaft gehen«. Mystiker und Weise lehnten diesen Durchgang ab; sie waren immer weniger auf Deduktion von Einsichten und Absichten aus als auf Krishnamurtis »Königreich des Glücks«.

Hundert Meilen von Los Angeles entfernt liegt der Wald von Ojai. In einer Lichtung waren viele Menschen versammelt. Sie saßen auf dem nackten Boden oder einem Klappstuhl. Da gab es sehr alte

Männer und Frauen – und auch ziemlich erwachsene Kinder, die Hollywood spielten; sie hatten phantastische Gewänder an und bewegten sich in grotesken Rhythmen, zwischen sakralem Schreiten und ausgelassenem Hopsen. Auch ein berühmter englischer Dichter war da, ein nicht unbekannter deutscher Filmregisseur, eine amerikanische Schauspielerin.

Zwischen zwei mächtigen Bäumen, mit Zweigen, die wie gigantische Ruinen in der Luft schwebten, trat ein schmaler, brauner, liebenswürdiger Jüngling in den Fünfzigern unauffällig hervor, der Lehrer Krishnamurti. Kein Vorhang ging hoch. Kein Applaus begrüßte einen Star. Nicht einmal Fotografen waren anwesend. Der Mann zwischen den Bäumen sprach sofort, als hätte er nie angefangen und werde nie aufhören.

Die Worte tropften langsam. Dazwischen friedliche Pausen. Der Hörer hatte viel Zeit, sich zu besinnen. Kein Pathos, kein Dozieren, keine Gestikulation lenkte ab. Auch keine ungewöhnliche Mitteilung, keine differenzierte und provozierende Gescheitheit. Er sprach, unter einem neuen Titel, worüber er am Sonntag zuvor gesprochen hatte und am kommenden Sonntag sprechen wird: was in den Büchern der Weisheit seit Jahrhunderten niedergelegt ist. Man glaubte es ihm in dieser zeitlosen Stunde, weil man ihm glaubte. Die Weisheit ist abhängiger vom Weisen als die Philosophie vom Philosophen.

Er wurde in Madranapalle geboren, im Fürstentum Madras. Da es unter den Brahmanen Südindiens Sitte ist, einen Mann nicht bei seinem Familiennamen zu nennen, sondern beim Vornamen, weiß heute kaum jemand, daß dieser Weise Jeddu heißt. Alle nennen ihn, wie er als achtes Kind, landesüblich, nach einem Gott benannt wurde, der ein achtes Kind war: Krishnamurti.

Der Vater ist Angestellter im Revenue Department der britischen Regierung gewesen und außerdem Theosoph. Als er sich zur Ruhe setzte, schlug ihm Annie Besant, die Präsidentin der Theosophischen Gesellschaft, vor, in der Zentrale zu Adyra mitzuarbeiten. Das war 1909.

Er kam mit vier Söhnen. Mrs. Besant entdeckte die Begabung des jungen Krishnamurti und bot dem Vater an, für die Erziehung des Knaben zu sorgen. Zwei Jahre später, auf einer Europareise, verkündete sie ihrer weltweiten Gemeinde: Krishnamurti ist der kommende Welt-Lehrer. Um ihm den Weg zu ebnen, wurde in Madras ein Orden gegründet: The Order of the Star in the East; ein später Sprößling aus dem Boden, welchem die Gnosis und mancher morgen- und abendländische Okkultismus entstammte; später zweigte von dieser »Geheimlehre« Steiners »Anthroposophie« ab. Während die Theologen das Geheimnis als nicht geheim deklarierten, gaben sich die Theosophen als eingeweiht.

Der Orden blühte, hatte Anhänger in allen Teilen der Welt. Von überall flossen dem »Messias der Theosophen« Geschenke zu. Von Hollywood erhielt er Angebote, für fünftausend Dollar wöchentlich die Hauptrolle in einem Buddha-Film zu spielen. Krishnamurti lehnte ab. Und dann gab er nicht nur allen Besitz auf, auch seine Gemeinde und alle okkulten Lehren.

In der Rede, die er bei der Auflösung seines Ordens hielt, offenbarte er sein Motiv in einem Gleichnis. Der Teufel und sein Freund (erzählte er) gingen zusammen auf der Straße und sahen, wie ein Mann, der vor ihnen herging, sich bückte, etwas aufhob, es ansah und in die Tasche steckte. Der Freund zum Teufel: »Was hat der Mann aufgelesen?« Der Teufel: »Ein Stück Weisheit.« »Ein schlechtes Geschäft für dich«, bemerkte der Freund. Der Teufel: »Durchaus nicht, ich werde sie organisieren lassen.«

Sechzehn Jahre hatte Krishnamurti zugesehen, was aus seiner Wahrheit wurde – in den Händen einer wuchernden Bürokratie, die sie verwaltete. Zwei Jahre hatte er mit sich gekämpft. Er wußte um die Härte, die in der Zumutung an Millionen Anhänger liegt: »Ihr sollt mir nicht folgen noch einen Käfig aus mir machen.« (Sagte Hölderlins *Empedokles* nicht dasselbe?) Im Jahre 1929, in dem er seine »Autorität« zerstörte, sagte er deutlich, was er will: »Ich befasse mich ausschließlich mit einer wichtigen Angelegenheit: den Menschen frei zu machen. Ich möchte ihn aus seinen Käfigen und von all seinen Ängsten befreien; ich will nicht Religionen, Sekten und philosophische Theorien stiften.«

Er erinnert an antike Vorbilder. So ähnlich wie Krishnamurti im Wäldchen von Ojai bei Los Angeles mag Epikur im Garten bei Athen zu seinen Freunden gesprochen haben. Und als ich den modernen Epikur in einem Hollywood-Haus im Gespräch sah, wie unerbittlich (und erfolglos) er versuchte, die Partner von ihrem Interesse an seinem Denken zum eigenen Denken hinzulenken, dachte ich an den größten Erzieher, der das versucht hatte. Es ist kein Zufall, daß der indische Lehrer Erinnerungen an Sokrates wachruft: auch er glaubte an das Zwiegespräch als Mittel zur Wandlung. Wandlung – wozu?

Krishnamurtis Meditationen beginnen oft mit einer Momentaufnahme des Milieus, in dem sie zur Welt gekommen sind: etwa in einem Flugzeug überm Meer oder bei einer Gruppe von amerikanischen Studenten mit Banjos und vielen Kehlen. Der höchst willkommene »Mann auf dem Nebensitz« beginnt vom »Glück« zu sprechen – und nun zeigt Krishnamurti den Stein der Weisen vor, der an vielen Punkten dieser Erde zu vielen Zeiten gewachsen ist. Glück sei nicht »Reiz« und: »Denken bringt niemals Glück.« (Ach, könnte Spinoza antworten!) Der Weisheit letzter Schluß: »Nur wenn der Geist untätig ist, kann das Unerschöpfliche wirken. Dies Wirken ist ohne Ursache; von ihm getragen zu sein, ist Seligkeit.« Viele Mystiker haben das gesagt, jeder auf seine Weise.

Die Weisheits-Lehrer – darin liegt die Anziehung – haben sich immer mehr um das Glück gekümmert als die Philosophen; das gibt auch Krishnamurtis Worten ihr Dringliches. Aber die Weisheits-Lehrer – und darin liegt ihre Schwäche – haben sich immer weniger darum gesorgt, ob auch der Arbeiter, der Büroangestellte, der Filmregisseur, der Bundespräsident mit den weisen Ratschlägen etwas anfangen kann: im Vollzug der täglichen Tätigkeit. Die Sentenz: »Das Innen behält unweigerlich über das Außen die Oberhand« ist nur selten einmal eine Hilfe. Ist nicht notwendig reaktionär, aber meistens wirkungslos. Dschuang Dsis »Tu nichts, sag nichts« ist eine Weisheit, die den Weisen zum Zuschauer des theatrum mundi macht, zum entrückten Theater-Zuschauer – aber was wird, wenn der Vorhang fällt? Und die Pausen sind unendlich viel länger als die Szenen, in die man sich verlieren kann.

Der europäische Philosoph tat den Weisen als schwärmenden Phantasten ab. In dem Aufsatz *Über Schwärmerei und die Mittel dagegen* schrieb Kant: »Sie fragen mich, wo der Hang zu der jetzt so überhand nehmenden Schwärmerei herkommen möge, und wie diesem Übel abgeholfen werden könne. Beides ist für die Seelenärzte eine ebenso schwer zu lösende Aufgabe, als der vor einigen Jahren postschnell seinen Umlauf um die Welt machende in Wien sogenannte russische Katarrh.« Die Vor-Frage lautet: was ist Schwärmerei? Meister Eckhart schwärmte nicht. Krishnamurti schwärmt nicht. Viele östliche Westler schwärmen allerdings. Schwärmerei ist auch eine (pathologische) Abart der Mystik. Und das hellste, klarste, rationalste – Irrlicht wurde Aldous Huxley: ein exakter Mystiker, ein Aufklärer und außerdem noch ein Irrweg.

Er suchte die biochemische Formel des mystischen Zustands, des somatischen Ursprungs der Visionen: des Fastens zum Beispiel, das die Menge verfügbaren Zuckers verringert und einen Vitaminmangel hervorruft, der die Nikotinsäure, Hemmung des visionären Zustands, aus dem Blut entfernt. Auch ist bei ihm viel die Rede von Unterernährung im Mittelalter: Obst, Fleisch, Eier, Butter waren im Winter nicht zu haben und schufen Zustände, deren psychische Reflexe denen ähnelten, welche die Folgen des Fastens waren. Ludwig Feuerbach schrieb: »Der Mensch ist, was er ißt«; weil diese Sentenz keine pure Wahrheit ist, übersah man, daß an ihr etwas ist. Huxley zeigte auch, wie die Flagellanten mit der Geißel die Körper-Chemie und so die Psyche beeinflußten. Es sieht fast so aus, als reduzierte er die Erleuchtungen auf den Metabolismus.

Es sieht nur so aus. Er folgerte: die Techniken (Askese, Geißeln, rituelles Singen, gesteuertes Atmen), die einst visionsreif machten, können heute durch bessere Methoden ersetzt werden: etwa Kohlenoxyd, Stroboskop, Mescalin. Und nicht nur Chemikalien »entrücken« (ein Wort, das auch Meister Eckhart der deutschen Sprache geschenkt hat), auch Gegenstände der Natur, Edelsteine zum Beispiel und manche Werke der Kunst.

Huxley lehnte nur die veraltete Praxis ab; wer sich heute den Prozeduren von damals unterziehe (der Enthaltsamkeit zum Beispiel oder dem Nicht-Schlafen), ähnele jenem vorsintflutlichen Chinesen, der ein Haus niederbrannte, um ein Schwein zu braten. Aber das Ziel, zu dem Hildegard von Bingen und Mechthild von Magdeburg aufgebrochen waren, ist auch sein Ziel: das Entrückt-Werden ins Jenseits der täglichen Erfahrung.

Entrückt werden – wohin? Sein »Himmel« ist nicht der christliche, überhaupt kein Himmel. Seine Transzendenz ist weder begrifflich zu erfassen noch in Anschauungen; ist eher das Reich der fahlen Ideen Husserls, denen die »Wesensschau« eines Künstlers Farben und Kompositionen schenkte. Auch die These des William James: daß das Gehirn ein Sieb ist, welches nur Biologisch-Nützliches ins Bewußtsein läßt von dem All außerhalb... auch die Tiefen-Psychologie schuf an Huxleys mystischer Welt. Sie ist (nach alter Mystiker-Tradition) ohne Gott: ein Nichts, glänzend von leidenschaftlichster Augenlust.

Es ist erstaunlich, daß dieser subtile Denker und Schreiber für seine »andere Welt« die naivsten Beweise gibt. Er beschreibt, wie einst »Säulen rosafarbenen Granits« unter den größten Schwierigkeiten von Assuan nach Palmyra transportiert wurden. Welche Gigantenarbeit! ruft er aus – und zieht die Folgerung: alle diese Mühen wurden unternommen (nicht wegen einer Nützlichkeit, sondern) wegen der offenbaren Ähnlichkeit dieser Schäfte mit Dingen der anderen Welt.

Der kritische Kommentar zu diesem Transport ist nicht schwer. Diejenigen, die sie schleppen mußten, haben es nicht freiwillig getan. Ihrer Mühe lag weder ein praktisches noch ein mystisches Motiv zugrunde. Überhaupt kein Motiv, sondern ein Zwang: sie hatten als Sklaven die Säulen zu befördern. Erforscht man aber den Beweggrund ihrer Herren, die Ursache ihrer Freude an den Säulen von »rosafarbenem Granit«, so braucht man nicht gleich so feine Wurzeln zu finden wie die Verlockung ins Jenseits. Dann könnte man jede Freude eines Babys an einem grellen Gegenstand, jede Freude einer Frau an einem bunten Kleid mystisch motivieren.

Er wurde, trotz seiner großartig-nüchternen Untersuchung der Vehikel zum Trans, ein Schwärmer, der über die Grenze schwärmte, die der große Mystiker Eckhart gezogen hatte. An einem Mai-Morgen des Jahres 1953, um elf Uhr, nahm er vier Zehntelgramm Mescalin auf ein halbes Glas Wasser; es wirkte zehn Stunden lang. Anwesend waren seine Frau, ein Freund und ein Mann, der ihm Fragen stellte; ein Diktaphon bewahrte die Antworten. Die Szene täuschte ein nüchternes Laboratorium vor.

Mescalin wird seit siebzig Jahren wissenschaftlich untersucht. Der deutsche Pharmakologe Ludwig Lewin schrieb 1886 die erste

Arbeit über das Peyote, das seit Jahrhunderten den Indianern Mexikos und des amerikanischen Südwestens bekannt und befreundet ist. Einer der frühesten spanischen Amerika-Reisenden teilte mit: »Sie essen eine Wurzel, die sie peyote nennen und wie eine Gottheit verehren.« Huxley verehrt die zur Gottheit führende Droge; der Genuß des Mescalins, des aktiven Prinzips im Peyote, verändere das Bewußtsein – ins Köstliche.

Er nahm seine Dosis, um dahin zu kommen, wohin die Mystiker seit Hildegard von Bingen ganz ohne Mescalin gelangten: aus der Welt heraus. Kierkegaard hoffte, durch Konzentration auf altbiblische Situationen (etwa die Opferung Isaaks) zu Gott zu finden. Strindberg versuchte, den Glauben zunächst hypothetisch zu setzen und auf diese Weise gläubig zu werden. Huxley (in der Ära des Experiments, in welcher man die Expedition zu Gott vorbereitet wie eine zum Nanga Parbat) nahm Mescalin. Es hatte die Aufgabe, ihn zu begnaden – wie man acht Jahrhunderte lang ganz ohne Mescalin durch Askese und Selbst-Züchtigung begnadet wurde. Er drang mit Hilfe der Chemie »in die andere Welt« ein.

Huxley, der in *Grey Eminence* und *The Devils of Loudun* wesentliche Ereignisse aus der Geschichte der politischen Mystik durchdacht hat, schloß die Augen und wartete. Er erwartete, zu sehen, was vielen vor ihm geschenkt worden war. Die Erwartung erfüllte sich nicht. Er öffnete die Augen. Er blickte auf eine Vase mit einer Rose, einer Nelke und einer Iris. Er sah hinüber zu einem Regal mit Büchern. Er betrachtete einen Stuhl. Und »sah, was Adam am Morgen der Erschaffung gesehen hatte – das Mirakel der nackten Existenz«. Von dem Stuhl heißt es: »Diese Stuhlbeine sind Stuhlbeine, sind St. Michael und alle Engel.«

Es gibt einen billigen Ausweg, mit diesen Schwärmereien fertig zu werden; man schiebt sie als poetische Metaphern beiseite, als ständen sie an Stelle von Floskeln wie »Es war überirdisch schön«, »Es war himmlisch«. Diese Verharmlosung verbietet der Respekt vor einem Schriftsteller, der gerade vor dem Dunkelsten gezeigt hatte, wie sehr er den Willen zur Helle hat. Wenn er von der »sakramentalen Sicht auf die Wirklichkeit« spricht, »vom Ruhm und vom Wunder der reinen Existenz«, von »einer Welt, in der jedes durch sein Inneres Licht schien«, dann hat niemand das Recht, ihn gegen seinen Willen zu retten; als Nur-Poesie abzutun, was auf eine Transzendenz hinzuweisen sich bemüht.

Huxleys mystischer Gott, »Mind at large« genannt, ist ein Weltgeist ohne Logik, ohne Dialektik, ein Platonismus, dessen Ideen nicht Begriffe, sondern Anschauungen sind. Unser Gehirn, ein Auswahl-Organ, wählt, was biologisch und sozial nützlich ist. Mescalin entzieht dem Gehirn den Blutzucker. Die Folge: das Ego, das die Rezeption einschränkt, wird schwach. Die Folge: Raum und Zeit verlieren an Bedeutung. Die Folge: das volle Sein tritt in die Erfahrung ein. Je mehr Ent-Ichung, um so mehr Wahrheit.

Die kritische Frage lautet: wie kann von Erlebnis, Erfahrung, fructio dei gesprochen werden, wenn das Selbst sich auflöst ins »gesegnete Nicht-Ich«? Kann Huxley (unter Mescalin) auf eine Blume blicken, wie Adam sie am Tage seiner Geburt gesehen hat? Er kann es nicht. Adam hat noch nicht geschaut mit Huxleys Augen, die von van Gogh und Seurat und Picasso mitgeschaffen worden sind. Huxley sah in der Unio mit der unverengten Welt mehr als der nüchterne Eckhart... und deshalb weniger, sah nicht, daß der Durchbruch nur bis zum Abgrund geht und nicht weiter, daß noch jeder »Sprung« mißlang.

Die mystische Phänomenologie ist nur zeitgemäßer als das Anschauen von Göttern.

VI.
Nach-mittelalterliches Zwielicht

*Lache über die Philosophen
und du bist ein wahrer Philosoph*
Pascal

Ein alter Gedanke, mit dem der Leser immer wieder vertraut gemacht werden muß: Klassifikationen sind oft nicht mehr als künstliche Ordnungen – aber deshalb noch nicht ohne Nutzen. Die Gliederung: antike, mittelalterliche und moderne Philosophie kann nicht deshalb aufgegeben werden, weil Platon viel »Christliches« vorwegnahm, weil im zwölften Jahrhundert noch viel Antike am Leben war, weil in der Gegenwart das Griechenland des Perikles und das Rom des päpstlichen Souveräns gegenwärtig ist: zusammen mit vielem, was man damals nicht einmal ahnen konnte. Denken ist Ordnung machen; eine Aktivität, die heute mehr als je angezweifelt wird, weil man sie zu lange für eine Passivität hielt: Ordnung abbilden.

Problematischer als die Klassifikation ist eine weniger beachtete Quelle des Irrtums: die Deutung zentraler Worte der Vergangenheit durch Identifikation mit unseren gleichlautenden. Die Vokabel »Ananke«, die wir mit »Notwendigkeit« übersetzen, mag in verschiedenen griechischen Jahrhunderten Verschiedenes bedeutet haben und heute nicht mehr zu entschlüsseln sein. Und es mag sein, daß wir die alltäglichen Situationen in den platonischen Dialogen sehr gut verstehen, jene »Idee« und »Unsterblichkeit« aber nicht. Daß also das Ewige, was die Zeiten verbindet, die Summe der unscheinbaren Episoden ist: wie zwei am Bach liegen und reden, oder wie Sokrates sich die Schenkel reibt, nachdem ihm die drückenden Fesseln abgenommen sind... daß aber, was »ewig« genannt wird, der Mythos und der metaphysische Begriff, so sehr an eine bestimmte Zeit gebunden sind, daß sie nicht mehr vergegenwärtigt werden können. Liest man das Wort »Liebe« in Nonnenbriefen des deutschen zwölften Jahrhunderts – wer weiß, wer eher in die Nähe der richtigen Deutung kommt: der offizielle theologische Interpret damals oder die psychologisch-soziologisch-physiologische Interpretation heute? Die Bestimmung der zentralen Worte wird um so zuverlässiger, je näher sie der Gegenwart sind.

Die Annäherung beginnt mit dem Zeitalter der Wissenschaften, der technischen Errungenschaften, der Entdeckungen, der »Entmythologisierung« christlicher Vorstellungen. Dies moderne Wort ist sehr nützlich, wenn man beachtet, daß es als Negativum nicht eindeutig sein kann; die verschiedenen Entmythologisierer gingen von verschiedenen Mythen aus und verschieden weit in dem Ent..., in der Destruktion.

Auch Abstrakta sollten entmythologisiert und lieber zu eng gefaßt werden als zu weit. So werden hier unter der Bezeichnung: antikes Erbe... nur die ersten begrifflichen Enträtselungen jener Jahrtausend-Fragen verstanden werden: woher stammt die Welt? was in unserem Bewußtsein ist wahr und falsch? wie haben wir uns im Zusammenleben zu verhalten? auf welches Ziel steuert das Dasein des Einzelnen und der Art hin? wie kommen die Friedlosen zum Frieden?

Da sind heute einige Grenzen der Antike zu sichten: daß sie ihre Antworten vor der exakten Erforschung des Irdischen gegeben hat; daß sie die Lösung der Frage nach der idealen Gesellschaftsordnung nur für kleine Siedlungen innerhalb einer sehr begrenzten Welt zu ermitteln brauchte; und daß Aristoteles' Goldene Mitte, die Lehren des »Gartens«, das Ideal: der Mensch ein Fels inmitten eines brandenden Ozeans... nicht ausreichen. Man kann, was wir Übergang zu nennen pflegen, aus sehr vielen Ursprüngen ableiten. Innerhalb der Philosophie ist in den Zeiten der Wende immer auch ein Ungenügen an vergangenen Lösungen und Erlösungen zu entdecken.

Christliches Erbe ist vor allem die Entwicklung von der antiken Lebens-Kunst zum nach-antiken Heil; das Heil ist eine Potenzierung des glücklichen Lebens. Der Himmel, den die griechische Philosophie verödet hatte, wurde wieder bevölkert mit mächtigen Gestalten und Ereignissen. Die Christen schenkten nicht nur den Waisen einen mächtigen Vater, auch dem Fragenden Antworten auf alle Fragen, die in der griechischen Skepsis als hoffnungslos liegengeblieben waren. Obwohl Verbreitung und Dringlichkeit des Drangs nach einer universalen Theorie nicht überschätzt werden darf – er war ein Motor, welcher die Geschichte der Philosophie trieb: der Wille zur umfassenden begrifflichen Ordnung über allen lokalen Ordnungen.

Wenn immer eine Epoche abgelöst wurde, wurden auch alte Errungenschaften zerstört zugunsten von neuen. Mit der Antike ging das freischweifende Spekulieren verloren, und der Welt wurde beschert, was Hellas vergeblich gesucht hatte: ein Kosmos aus Begriffen und eine Geborgenheit für die Rastlosen. Wobei man diese Abkürzung nicht pressen darf: als wäre plötzlich für jeden und alle die Welt ohne Rätsel und heimisch geworden. Das unlösbarste aller Probleme, das die mittelalterliche Philosophie aufgibt, lautet: wie sehr und für wie viele leistete der Weg zum Heil, den Jesus wies, und der thomistische Aufbau des Alls, was sie leisten sollten?

Mit dieser Einschränkung ist zu sagen: daß seit dem Zeitalter der Gelehrsamkeit und der Eroberung unserer Welt nie mehr so viel Vertrauen da war wie vorher. Die Philosophen reagierten auf die neue Unsicherheit in den letzten fünfhundert Jahren, in denen sie sich zunehmend verschärfte, zwiefältig: empfanden sie als Freiheit, von Giordano Bruno bis Nietzsche; und empfanden sie als unerträglich, von Henry Adams und Novalis' *Christenheit oder Europa* bis zur Jammerei in der Gegenwart über den *Verlust der Mitte*.

Es ist leichtsinnig, die fünf Jahrhunderte zwischen Bacon und Bergson unter ein einziges Motto zu stellen. Wenn man es dennoch wagte, könnte man William James' »Es gibt Neues unter der Sonne« wählen. Es drückt auf jeden Fall das eine starke Sentiment dieser Ära aus, das Hochstimmung war, vor allem im Beginn, wo sie in vielen Renaissancen zum Ausdruck kam. Als der Glaube an die Wissenschaft noch kein Aberglaube war, drückte sich der neue Enthusiasmus recht laut in der »Wissenschafts-Religion« aus. Man darf ihre frühen Priester nicht messen an jenen Späten, denen die Wissenschaft dazu dient, sich vor der Philosophie zu drücken. Beobachtung und Experiment waren das Feldgeschrei der Philosophen, wie dann wieder (und abermals gegen das metaphysische Spekulieren) im neunzehnten Jahrhundert.

Es gibt immer Vorläufer. Einer hieß Roger Bacon, einer Lionardo da Vinci, der im *Buche von der Malerei* geschrieben hatte: »Mir scheint, es sei all das Wissen eitel und voller Irrtümer, das nicht von der Sinneserfahrung, der Mutter aller Gewißheit, zur Welt gebracht wird.« Ob sie die »Mutter aller Gewißheit« ist, wurde in den Jahrhunderten nach ihm mehr und mehr fraglich. Wichtig war, daß die Inzucht der Begriffe nie wieder so ungehemmt wurde wie in den Jahrhunderten vor Lionardo ... wenn man einige philosophische Artisten unserer Tage nicht rechnet, deren Sucht, zu verbalisieren, die Zucht, die erst den Denker macht, zerstört hat.

Die angelsächsische Philosophie, von Francis Bacon im sechzehnten Jahrhundert bis zum Pragmatismus im neunzehnten und dem Neo-Positivismus im zwanzigsten, ist von den Deutschen kaum je für voll genommen worden (außer, zum Beispiel, im Wiener Kreis) und wurde oft genug ein Gegenstand der Verachtung. Ohne die Philosophien völkerpsychologisch ordnen zu wollen, darf man vielleicht sagen: daß das wesentlichste Charakteristikum des englisch-amerikanischen Denkens der Empirismus und Pragmatismus war, des französischen ein metaphysischer Rationalismus, des deutschen eine spekulative Mystik. Im sechzehnten und siebzehnten Jahrhundert lebten: der Empiriker und Organisator von Begriffs-Ordnungen, Bacon, der französische Rationalist Descartes und der deutsche Mystiker Jakob Böhme.

Francis Bacon war der zeitgemäßeste unter ihnen: er machte (trotz aller Gebundenheit) am kräftigsten den neuen empirischen und experimentellen Zugang zu den alten Fragen frei. In einer Metapher nahm er die kommende Zusammenarbeit von Spekulation und Forschung voraus: bezeichnete den Positivisten als Ameise, den alles sich aus den Schreib-Fingern saugenden Scholastiker als Spinne – und stellte beiden die Biene entgegen, die verarbeite, was sie vorher aufgenommen hat.

Die sehr bewegte Geschichte seines Lebens hat kaum etwas mit seiner Leistung zu tun. Er war in die Affären des Hofs und des Parlaments verwickelt. Königin Elisabeths Günstling Essex war für ihn, die Herrscherin nicht. Er hatte eine glänzende Laufbahn: wurde 1617 Großsiegelbewahrer, 1618 Lordkanzler, dann wegen Bestechung vor der Peerskammer angeklagt und eingekerkert. Jakob 1. begnadigte ihn. Da zog sich Bacon auf sein Gut zurück und hinterließ in seinem Testament den nicht sehr deutlichen Satz: »Was meinen Namen und mein Gedächtnis angeht, überlasse ich sie der barmherzigen Nachrede der Menschen, ausländischen Nationen und dem kommenden Zeitalter.« Daß er an die Barmherzigkeit appellierte, sieht wie ein Sündenbekenntnis aus. Da er sich aber auch an das Ausland und die Zukunft wandte, hat er sich wohl auch als Märtyrer gefühlt.

Sein Werk war das Zerbrechen traditioneller Fesseln. Er war sich bewußt, was er tat: »Es wäre eine Schande für die Menschheit, wenn die Gebiete der materiellen Welt, die Länder, Meere und Gestirne in unseren Zeiten unermeßlich erweitert und erleuchtet würden, die Grenzen der intellektuellen Welt aber in der Enge des Altertums festgebannt blieben.« Noch die unabhängigsten Geister zitierten damals die Schriftsteller der Antike wie Kirchenväter; und niemand war eine härtere Autorität als Aristoteles. So stellte Bacon, in Abwehr der Idole, besonders eindringlich den Glauben an die Autorität des Aristoteles in Frage.

Die »Autorität« ist die erste der vier Arten von Vorurteilen, gegen die er zu Felde zog (idola theatri). Die zweite (idola fori) sind allgemeine, dem täglichen Verkehr zugrundeliegende Konventionen, die schon die Sophisten zu zersetzen begonnen hatten. Die dritte umfaßt (wie wir heute sagen würden) die Idiosynkrasien des Einzelnen; diese Privat-Ideologien (idola specus) werden immer noch nicht genügend beachtet. Die vierte (idola tribus) richtete sich gegen verhängnisvolle Neigungen, die, wie er glaubte, der Menschen-Natur angehören; zum Beispiel gegen den Hang, das Universum teleologisch zu deuten.

Mit dieser Idola-Entlarvung eröffnete Bacon jene Reihe von Demaskierungen, die durch die Jahrhunderte in der Erkenntnistheorie, in der Psychologie, in der Soziologie gewaltige Entdeckungen zeitigten – und das Ende ist noch nicht abzusehen. Das Studium der Vorurteile und Vor-Urteile, auch der Vor-Gefühle, wie sie dann in der Psychologie der Weltanschauungen herausgestellt wurden, ist zum erstenmal von Bacon systematisch und wirksam angepackt worden. Er ahnte noch nicht, daß man diese Vorurteile und Vor-

Urteile und Vor-Gefühle nicht durch Enthüllung wegblasen könne – und was dann übrigbleibt, wäre das ungetrübte Organ der Erkenntnis.

Erst wenn alle falschen Vorstellungen und alle Stimmungen abgebaut sind, schrieb er, wird die Seele einer reingefegten Tenne ähneln, auf welche die Ernte der Erfahrung geholt werden kann. Eine reingefegte Tenne steht nach Jahrhunderten des Reinfegens immer noch nicht zur Verfügung – was nicht nur an den Fegern liegt, auch an der Tenne.

Auf dieser tabula rasa sollte die Erfahrung bearbeitet werden. Wie? Er stellte zwei Methoden heraus, die in Zukunft zu herrschen haben: Induktion und Experiment. Er überschätzte den Ausgang vom Einzel-Fall nicht; er wußte, daß die allgemeine Aussage auf Grund von noch so vielen Fällen immer erst, wie wir heute sagen, zur Wahrscheinlichkeit führt. Aber er setzte das induktive Verfahren dem Deduzieren aus phantasierten Ober-Sätzen energisch entgegen. Und ersetzte Aristoteles' *Organon* durch ein *Novum Organon* – eine Kodifizierung der neuen, vorsichtigeren Prozeduren. Auch wurde er der erste große Organisator einer wissenschaftlichen Enzyklopädie, eines Globus intellectualis.

Neben der Induktion war die geplante Beobachtung sein bestes Instrument zum Eindringen ins Unbekannte: »Alle wahre Erklärung der Natur besteht im richtigen Experimentieren.« Das ist kein philosophischer Satz – und von außerordentlicher philosophischer Bedeutung; er entzieht das gesamte Gebiet der anorganischen, physischen und psychischen Natur dem spekulativen Denken. Im »Experiment« trat ein wesentliches Charakteristikum der neuen Zeit zutage, fremd der Antike wie dem Mittelalter: Aktivität siegt über Meditation; spätestens seit Fichte sahen sich auch Metaphysiker nicht so sehr als Seher, wie als Exekutive eines geistigen Agens. Das Prinzip des Experimentierens blieb nicht auf die Naturwissenschaften beschränkt; im Experimentieren von Kierkegaard, Strindberg, Baudelaire erweiterte es sein ursprüngliches Feld.

Eine der erfolgreichsten Schriften Bacons hat den Titel *Vom Wert und Wachstum der Wissenschaften*. Der Wert wird in ihrer Bedeutung für die menschliche Gesellschaft erblickt. So früh begann schon, was sich dann in Auguste Comte und Karl Marx und John

Dewey auswirkte. Mag auch Bacons Utopie *Nova Atlantis* vor allem ein technisches Paradies vorweggenommen haben – mit Fernrohr und Telefon und Flugzeug und Unterseeboot und einem guten Teil der modernen Apotheke: seine Verkündung war nicht nur prophetisch im Sinn richtiger Voraussage, auch im prophetischen Pathos, im Enthusiasmus für wissenschaftliches Denken, das ins Paradies führen werde. Brechts letzter Trumpf: »Das ist wissenschaftlich bewiesen« lebte noch in mißtrauischerer Zeit von dem Vertrauen, das mit Bacon begann.

Daß heute die Wissenschaften täglich neue Triumphe feiern – und wir sind dennoch unzufrieden, sagt nichts aus über die Hoffnung, in der einst das von den Wissenschaften produzierte Paradies begeistert an den Horizont gemalt wurde: der Glaube an die Macht des menschlichen Verstands. Heute ist ideologisch der anti-technische Snobismus herrschend. Jeder genießt den Segen der Entdeckungen, die Bacon vorausgesehen hatte; leistet sich aber, sie zu verachten ... ohne sie aufzugeben. So haben unsere Zeitgenossen die Stirn, die überflüssigsten Techniken herzustellen – und zugleich nicht wahrhaben zu wollen, daß die Technik stärker von der Sklaverei befreit hat als irgendein anderer Befreier.

Bacon kannte diesen Hochmut nicht; modelte Gott nach dem Bilde dieses kräftigen, menschenfreundlichen Verstandes: »Es ist leichter, die abenteuerlichsten Fabeln des Korans, des Talmuds und der Legende für wahr zu halten, als zu glauben, daß die Welt ohne Verstand gemacht sei. Wer das Dasein Gottes leugnet, zerstört den Adel der Menschheit.« Verstand, Gott, Adel der Menschheit waren ihm identisch. Das wurde, in vielen Modifikationen, der Gottes-Beweis der ersten nach-scholastischen Aufklärung.

Nur ist das Vorher und Nachher nicht so sauber getrennt, wie man nach Bacons scharfer Kritik des mittelalterlichen Autoritäts-Begriffs, nach seiner Auszeichnung der Methoden nach-scholastischen Denkens annehmen könnte. Sehr deutlich wird seine Grenz-Situation, Existenz zwischen den Zeiten: in seiner Anerkennung der Theologie. Bacon war kein Atheist, auch nicht Agnostiker. Er anerkannte die Theologia naturalis, welche die Existenz Gottes »wissenschaftlich« bewies. Er anerkannte sogar eine Theologia inspirata, auch wenn er sie von der Philosophie schied.

Er figuriert in der Überlieferung als der nüchternste, amusischste philosophische Schriftsteller. Doch stammen von ihm einige der langlebigsten und pointiertesten Aphorismen: nicht nur Gedanken-Späne, sondern Konzentrationen seiner Lehre, wie dies »Wissen ist Macht« oder »Die Natur wird dadurch beherrscht, daß man ihr gehorcht«. Oft variiert wurde bis in unsere Tage seine Wendung »Nichts ist mehr zu fürchten als die Furcht«. Die Vorstellung vom trockenen Räsonneur Bacon ist wohl entstanden vor dem Hintergrund der Dichter-Denker, der pathetischen Figuren unserer Geschichte. Und außerdem wirkte der scholastische Stil noch lange nach, Jahrhunderte über Bacon hinaus.

René Descartes, 1596 geboren, eine Generation jünger als Bacon, fungiert auch in den Geschichten der Philosophie als orientierende Markierung: Beginn des Subjektivismus, Aufbau der Welt nicht vom All, nicht von einem Gott, sondern vom Menschen her – eine Konstruktion, die zweihundert Jahre später in Hegel ihre Vollendung fand. Deshalb blieb kein anderer Descartes-Satz so sehr in der Erinnerung, wie dies »Ich denke, also bin ich«. Das denkende Ich, universal ausgeweitet, wurde am Ende des achtzehnten Jahrhunderts ganz, was es schon bei Descartes im Ansatz war: ein Subjekt, das die zuverlässigste Realität ist – ein Ich, so weit wie Gott und das Universum.

Bacon und Descartes versuchten, im neuen Vertrauen des Ich zu sich, die alten Rätsel der Philosophie durchzudenken: ohne Rückendeckung durch Autoritäten. Und auch darin sind sie Zeitgenossen, daß sie zwar Theologie und Philosophie streng voneinander schieden, aber immer noch die Beweise für die Existenz jenes Gottes, der die erste Ursache alles Seienden ist, anerkannten. Da aber hier nicht so sehr die Elemente herausgestellt werden, mit denen ein Denker noch der schwindenden Tradition verhaftet war, wie sein Neues, so ist die Aufmerksamkeit auf den radikalen Zweifel zu lenken, mit dem er begann! Eine Parallele zu Bacons Reinfegen der Tenne. Und in beiden Fällen war das Neue kein Wissen, sondern eine Operation zur Entfernung der Vorurteile, die im Wege standen.

Der scheinbar radikale Zweifler (de omnibus est dubitandum) stellt alle herrschenden Behauptungen vor die Frage: was ist ihr

Ausweis? Radikaler Zweifel kann in extreme Skepsis führen, die immer gefürchtet wurde als eine Art von philosophischer Pest; ist aber oft nur der Trick auf dem Weg zu einer radikalen Sicherheit gewesen. So bei Descartes.

Er fand sie (wie später, mit ganz anderem Resultat, Schopenhauer) in der Introspektion: in sich, in seinem Denken, in sich als denkendem Wesen, das die eigene Existenz verbürgt. Empiriker wie Bacon sahen in der Sinneswahrnehmung das Unbezweifelbare; Descartes konnte sie nicht als Quelle der Wahrheit anerkennen, weil sie auch Ursprung der Sinnestäuschungen sei. Der Zweifel an den Sinnen als Bürge für Wahrheiten verschloß ihm den Weg Bacons und seiner Nachfolger. Ja, Descartes, der Mathematiker, hielt nicht einmal Sätze wie zwei plus drei gleich fünf für unbezweifelbar. Ein böser Geist könne uns das vorspiegeln. Er könne uns irgend etwas vorspiegeln, so daß alles, was wir denken, falsch sein kann. Aber: »Mag alles von mir Gedachte auch dem Zweifel anheimfallen, gegen jeden Zweifel gefeit bleibt und unmittelbar gewiß ist die Wirklichkeit meiner selbst als denkendes Wesen: cogito, ergo sum.«

Was macht eine Gewißheit zu einer Gewißheit? fragte er in dem *Discours de la méthode*. Und antwortete: Klarheit und Deutlichkeit. Alles, was man sich klar und deutlich (claire et distincte) vorstelle, sei wahr. Sein Zweifel arbeitete weiter. Könnte nicht doch ein »böser Geist«, heißt es in den *Meditationes de prima philosophia*, den Menschen so geschaffen haben, daß Klarheit und Deutlichkeit nicht zur Wahrheit führen? Und dann geht es scholastisch weiter. Ein »deus deceptor« sei ein Widerspruch in sich. Gott müsse wahrhaftig sein. Dieser metaphysische Zweifel ging übrigens nur auf das Klar und Deutlich, nicht auf das »Ich denke, also bin ich«. Aber der Zweifel wurde besiegt. Gott wurde wieder zum Fundament der Gewißheit, daß Wahres von Nicht-Wahrem zu unterscheiden ist. Gott half dem Cogito, das Universum zu schultern.

Dreihundert Jahre nach Descartes ist es nicht schwierig, die Fragwürdigkeit seines Ansatzes zu erkennen. Der Schluß vom Denken aufs Sein ist auch dann mehr als gewagt, wenn, was gedacht wird, nur den Denker zum Inhalt hat. Und was dies »Klar und Distinkt« betrifft – Kategorien, welche jene Zeit faszinierten, so bestritt zweihundert Jahre später der amerikanische Denker Charles

Peirce ihre Zuverlässigkeit in einem Aufsatz *Wie können wir unsere Vorstellungen klären?*. Diese Frage leitete die Geburt des Pragmatismus ein. Peirce untersuchte Descartes' Werkzeug zur Ermittlung der Wahrheit und fand: Klarheit ist in der Regel nichts anderes als »Vertrautheit« und gehört als wissenschaftliches Kriterium ins Kuriositäten-Kabinett. Man darf hinzufügen, daß die Stärke des Irrtums und der Lüge immer auch darin lag, daß sie sehr klar und deutlich gemacht werden konnten. Spinoza ging dann Descartes' Irrweg weiter, mit dem Diktum: »Wer eine wahre Idee hat, weiß gleich, daß er sie hat.« Die psychologische Evidenz bedeutet nichts: Wahrhaftigkeit verbürgt nicht Wahrheit; ein fester Glaube macht vielleicht selig, aber nicht wissen.

Auch wenn Descartes' Klarheit und Deutlichkeit keine Gewißheit schenken können, so bleibt bis zu diesem Tage sein antiautoritärer Ansatz, der dann im Protestantismus kulminierte: »Meine Absicht hat sich nie weiter erstreckt als auf den Versuch, meine eigenen Gedanken zu reformieren und auf einem Grunde zu bauen, der ganz mein eigen ist.« Das war, wie bei Francis Bacon, ein Beginn der Herrschaft unabhängigeren Denkens. Vor den unsichtbaren Abhängigkeiten mußten die sichtbaren, die namentlich bekannten Autoritäten, die formulierten Dogmen beseitigt werden.

Die Bindung an die zeitgenössischen Wissenschaften hat den Philosophen schon ebensoviel Harm zugefügt wie die Ignorierung: Descartes' wissenschaftlicher Aberglaube war sein Enthusiasmus für die mechanistische Interpretation der Natur, der anorganischen und organischen; noch in den Tieren sah er Maschinen. Für die, welche Kulturgeschichtliches interessiert, wird das besondere Gewebe von Bedeutung sein, in welchem Tradition, zeitbedingte Vorurteile und in die Zukunft weisende Gedanken ineinander verwoben sind. Wer um des Selbst-Verständnisses willen zurückblickt, zur Erhellung der aktuellen Situation, wird immer wieder Descartes' Grundlage belichten, die noch nicht Grundlagen-Forschung war, neutrale Erforschung der Grundlagen aller Wissenschaften.

Der Impuls Descartes' kehrte wieder in Kants, Peirces, Husserls Willen zu einer gesicherten Entwicklung der Philosophie; in ihrem Entschluß, nichts Ungeprüftes als Ausgang zuzulassen. Mit dem Fundament, das Descartes als letzte Sicherheit ansetzte: die Existenz des denkenden Ich, Klarheit und Deutlichkeit und ein wahrhaftiger Gott, der den Menschen mit dem natürlichen Licht »Verstand« begabt hat, trat er ein in eine Problematik, die nicht zu einem unproblematischen Beginn geführt hat.

Die Reihe der Philosophen ist bisweilen auch eine Folge von Lehrern und Schülern, deren Abhängigkeit sich verwandelt in eine neue Unabhängigkeit.

Baruch d'Espinosa studierte die Schriften des Descartes, schrieb zur Belehrung eines Schülers *Renati Descartes Principia Philosophiae* – und schuf, fern dem zentralen Interesse des Meisters, sein Hauptwerk *Ethik*: eine fünffache Abhandlung über Gott, die Natur des Geistes und der Affekte und über die Erlösung von Übel und Leid im Denken. Unvergänglich ist der Weg zum Heil, den er fand: das Einverstandensein mit dem, was als unabänderlich erkannt ist. Daß dies Ja, später wiederholt von Nietzsches lauterem Amor fati, nicht eine Zustimmung zur herrschenden Bestialität bedeutete, beweisen Spinozas politische Schriften.

Er wußte (wie dann Schopenhauer), daß die Erlösung durch das Denken ein Heilsweg nur für wenige ist. Die Straße zur Weisheit ist »äußerst schwierig, kann aber doch gefunden werden. Denn schwierig muß das wohl sein, was so selten entdeckt wird. Läge das Heil auf der Hand, wäre es ohne große Mühe auffindbar, wie könnte es dann geschehen, daß fast alle es vernachlässigen?«

Worin bestand die Schwierigkeit? Antwort an Spinoza: weil stärker als der Wille zum Seelen-Frieden der Drang nach Nahrung, sexueller Befriedigung, Macht und Prestige ist. Spinoza hatte wenig von diesem Zwang. Und viel von der Sehnsucht nach der Serenität, welche das Denken schenken kann.

Die ersten sechzehn Jahre seines Daseins waren die letzten des Dreißigjährigen Kriegs. Als Spinoza dreißig war, wurden die christlichsten Christen, einige friedliche Sekten, als »Diener des Teufels« verfolgt. Zwei Jahre später drangen die Pest und der Bischof von Münster in die Niederlande ein. Als er vierzig war, eroberten die Franzosen die wichtigsten Städte des Landes und bedrohten Amsterdam. Krieg, Pestilenz und Wahn regierten seine Heimat in den vierundvierzig Jahren, die er auf Erden weilte.

Man kann jene Zeit und jenes Land auch anders malen. Als Spinoza ein Knabe war, wohnte, wenige Straßen von seinem Haus entfernt, der Maler Rembrandt. Spinoza war ein Zeitgenosse der klassischen holländischen Malerei. Wer die Bilder betrachtet, die damals geschaffen wurden, hat nicht den Eindruck, daß das Leben von apokalyptischen Reitern beschattet wurde. Wer Mennoniten und Kollegiaten liest, die damals Christum predigten, dem klingen sehr menschliche Stimmen ans Ohr. Wer in einige Bücher sieht, die damals in Amsterdam erschienen, erblickt ein recht aufgeklärtes Zeitalter – nicht nur die Ausstoßung Spinozas aus der jüdischen Gemeinde. In dem Buch *Blumengarten* (1668) heißt es: »Buhlschaft oder das Leben mit einer Mätresse ist an sich nichts Böses, obgleich es, wie auch die Vielweiberei, nicht der Sünde wegen, sondern um gewisser nützlicher Zwecke willen vom Gesetz des Landes verboten wird.« Diese Einsicht ist, dreihundert Jahre später, ein Geheimnis, das sehr wenige Eingeweihte ängstlich bewahren.

Spinoza stammte aus einer Emigranten-Familie. Seine Eltern und Freunde lebten zwar in Holland, mehr aber noch in der spanisch-portugiesischen Vergangenheit. Da gab es kaum eine jüdische Familie, deren Angehörige nicht in die Hände der Inquisition gefallen waren. So wurde er, ein Unruhestifter für Jahrhunderte (vor allem mit seinem »Atheismus«), ein sehr vorsichtiger Mann. Den *Kurzgefaßten Traktat*, den er für die Freunde niedergeschrieben hatte, schloß er mit den Worten: »Da Euch die Beschaffenheit des Zeitalters, in welchem wir leben, nicht unbekannt ist, so will ich Euch innigst gebeten haben, ernste Sorge zu tragen hinsichtlich des Mitteilens dieser Dinge an andere.« Und als er mit dem *Theologisch-politischen Traktat* an die Öffentlichkeit trat, nannte er weder sich als Verfasser noch seinen Freund als Verleger noch Amsterdam als Druckort.

Sein Siegelring trug programmatisch das Wort »Vorsicht«. Er lehnte einen Ruf an der Universität Heidelberg ab: »Sie sehen, geehrter Herr, daß nicht die Aussicht auf ein größeres Glück mich schwankend macht, sondern die Liebe zur Ruhe, welche ich mir einigermaßen erhalten zu können glaube, wenn ich mich öffentlicher Vorträge enthalte.« So erreichte er, daß man ihn erst nach seinem Tod als den gewaltigsten Umstürzler verfolgte.

Spinoza hat nur selten sich in seinen Werken erwähnt. Aber in der kurzen Einleitung zu dem *Traktat über die Verbesserung des Menschenverstands* kann man seiner Philosophie ins Herz sehen. Er forschte danach, »ob es etwas gäbe, durch das ich, wenn ich es gefunden habe und erlange, eine vollkommene und beständige Freude genießen könne«. Er philosophierte, weil er es nötig hatte – nicht aus uninteressierter Liebe zur Wissenschaft. »Ich sah nämlich«, heißt es weiter, »daß ich mich in der größten Gefahr befand und deshalb gezwungen war, ein wenn auch ungewisses Heilmittel mit aller Kraft zu suchen. Wie ein Todkranker, der seinen Tod voraussieht, wenn nicht ein Heilmittel angewandt wird, nach diesem wenn auch ungewissen Mittel mit aller Kraft suchen muß, denn auf ihm beruht seine ganze Hoffnung.«

Das Mittel war nicht die Medizin des Augustinus, sondern die Emotions-freie Vernunft, wie sie die königliche Wissenschaft jener Zeit repräsentierte: die Mathematik, die geometrische Methode. Deshalb steckt sein System in dem schweren Panzer von Definitionen, Axiomen und Lehrsätzen; tief unten schlägt ein Herz voll Kummer und Angst, das in der Eis-Region nüchternster Abstraktionen gesunden möchte. Die reine, durch keine Erregung getrübte mathematische Vernunft rückte ihm das Leben der Menschen, Tiere, Pflanzen und Steine in jene Ferne, in der es keine Sorge gibt und keine Angst. Durch die Zeiten war die Mathematik ein Asyl für Flüchtlinge. In seiner Dichtung *Die Gesänge des Maldoror* (1869) ruft Lautréamont ekstatisch: »O strenge Mathematik« und preist ihre »äußerste Kälte, vollendete Vorsicht und unbeirrbare Logik«, die den Verwirrten und Verzweifelten »dem Schoße des Chaos« entreißt. Spinoza war zu leise, um die »heilige Mathematik« anzurufen gegen »die Bosheit des Menschen und die Ungerechtigkeit des Allmächtigen«. Aber auch er machte schon aus der Mathematik einen Gott – wenn auch, in leiserer Trauer, noch nicht einen Gegen-Gott.

Unmittelbar nach Spinozas Tod ging, wie er verfügt hatte, ein Paket mit Handschriften, das in seinem Pult lag, an einen befreundeten Drucker nach Amsterdam. Unter ihnen befand sich die *Ethik*. Sie ist gefüllt bis zum Rand mit Bestimmungen der Substanz und des Modus, der Lust und der Freude. Das Werk ist zum Teil auch ein

Kompendium der Theorien eines verstorbenen Zeitalters. Das Gewicht aber liegt auf dem fünften, abschließenden Buch: über die Macht des Intellekts, frei zu machen. Wer die berühmteste Wendung Spinozas, amor dei intellectualis, verstehen will, muß den Satz in Erinnerung haben: »Wer sich und seine Affekte klar und deutlich erkennt, liebt Gott.« Wobei als selbstverständlich vorausgesetzt wurde, daß die Affekte beherrscht, wer sie erkennt. Sein Gott: das war der Seelenfriede.

Diese Kleinmütigkeit kommt in der *Ethik* zum Ausdruck, in dem Hinweis auf die Schwierigkeit des Weges zur Weisheit; vor allem aber in seinen politischen Schriften, zum Beispiel im *Politischen Traktat* – mit einer Absage und einer Verkündung. Die Absage geht an die vollkommene Gesellschaft. Wer meint, »die Menge oder die in den Geschäften befangenen Staatsmänner könnten zu einem Leben bloß nach den Vorschriften der Vernunft gebracht werden, der träumt von dem goldenen Zeitalter der Dichter oder von Fabeln«. Und die Verkündung ist dem Zeitgeist unserer Tage ebenso diametral entgegengesetzt. Die Freiheit des Geistes und der Charakterstärke ist eine private Tugend, meinte er; die Tugend des Staates aber ist die »Sicherheit«, die sie gibt: eine »bürgerliche Gesellschaft, die möglichst vielen Menschen möglichst große Lebenssicherheit gewährt und damit den Zugang zu einem vollkommenen Leben bietet«. Betont wird, daß die Freiheit des Geistes eine »private« Tugend ist; daß also die Unfreiheit nicht ohne weiteres der bestehenden Gesellschaft (als einem immer vorhandenen Sündenbock) aufgehalst werden kann.

Bis zu Freud wirkte der Glaube, man könne mit Hilfe des klaren Denkens den Affekten begegnen. Spinoza schuf die hoffnungsvollste Theorie: »Der Affekt, eine Leidenschaft der Seele, ist eine verworrene Idee.« Man braucht sie also nur zu entwirren, will man sich von den Leidenschaften befreien. Der großartigste Irrtum der Aufklärung ist hier großartig vorweggenommen. Und, wie bei Freud, waren bei Spinoza Vertrauen zur Macht des klarsehenden Einzelnen und Zweifel an dem Heil durch die heile Gesellschaft eng verbunden.

Da gibt es noch ein Hindernis auf dem Weg zum Seelen-Frieden, das, bis zu diesem Tag, eher verhüllt als eingestanden wird. Es geht nicht nur um die Leidenschaften. Es geht um ein Element, das Spinoza als konstituierend für jedes Sein erkannt hat: »Ein jedes Ding strebt, so weit es an ihm liegt, in seinem Sein zu verharren.« Beim »Ding« Mensch manifestiert sich dies Streben im (sogenannten) Selbsterhaltungstrieb, im Trieb zum Überleben, im Willen zur Macht, der durchaus nicht in erster Linie Macht-Wahn ist.

Ist dies Sich-Wollen aufhebbar, mit Hilfe der Liebe zu Gott? Dann verschwände mit dem beharrenden Individuum auch der Liebende. Und wenn dies Selbst nicht aufhebbar ist, sind dann der wirkenden Vernunft nicht recht enge Grenzen gesetzt: nicht nur in der Wirkung auf die Gesellschaft, auch in der Selbst-Beherrschung – sogar der Spinozas? Ist nicht dies unabdingbare In-seinem-Sein-Verharren der (hochmütig ignorierte) Fels, an dem alle Moralen ihr Bis-hierhin-und-nicht-weiter hatten?

Gottfried Wilhelm Leibniz, Spinozas jüngerer Zeitgenosse, so verwickelt in die Händel der Welt, wie Spinoza fern von ihnen, der einzige deutsche Denker auf internationaler Bühne, kam kaum in die Nähe solch gefährlicher Fragen.

Nichts war Leibniz fremder als die Haltung Spinozas: »Ich betrachte die menschlichen Handlungen mit derselben Unempfindsamkeit wie die Linien und Figuren der Geometrie.« War für Spinoza das Individuum nur eine Negation, eine Enge in Anbetracht der Überfülle, ihre Einschränkung, so fand bei Leibniz dies Individuum seinen Platz im Zentrum des Universums.

Sein Leben begann, als der Dreißigjährige Krieg zu Ende ging; und stand unter dem Motto der Versöhnung, politisch und philosophisch. Er selbst legte seine Philosophie als eine Vermittlung zwischen Demokrit, Aristoteles und Eckhart aus, zwischen Scholastik, moderner Naturwissenschaft und Vernunft-Glauben. Das kann Eklektizismus bedeuten, Zusammenstückelung disparater Elemente. Hier entstand ein neues Gebilde.

In unseren Tagen wird kaum einem zweiten deutschen Denker der ferneren Vergangenheit so viel Aufmerksamkeit wie ihm geschenkt. Und da er eins der wenigen deutschen Universal-Genies der letzten Jahrhunderte war, können viele moderne Theorien ihren

Ursprung auf Leibniz zurückführen: in der Logik und Psychologie, in der Semantik und Jurisprudenz, in der Mathematik und Technik. Als Politiker und Organisator, als Verkünder Europas, als Schöpfer der Preußischen Akademie der Wissenschaften lebt er nach im Gedächtnis der Lebenden. 1926 sprach Paul Valéry in Berlin von einer »Leibnizisation« Europas – vom Wachsen des europäischen Gedankens, den er so sehr genährt hatte.

Es ist verständlich, daß man heute einem Mann, der sowohl das Alte bejahte als auch dem Neuen zum Durchbruch verhalf und so weit in die Zukunft voraus-dachte, voraus-fühlte, sehr verschiedene Gesichter gibt; bisweilen widersprechen die Leibniz-Bilder einander. Sie sind alle zusammen richtig: sowohl die Vorstellung vom »letzten Ritter der Scholastik« als auch die Deutung, die sein Werk »aufgeklärtes Christentum« nennt, als auch die dritte Auslegung, die in ihm den »Prototyp des areligiösen Menschen« sieht.

Der Scholastiker Leibniz nannte Gott allweise und allmächtig; sagte aus, daß er unter allen möglichen Welten die beste ins Dasein gerufen habe, und fand keine Schwierigkeit, Naturnotwendigkeit und den Willen Gottes in Harmonie zu setzen. Die moralische Welt und die natürliche, Freiheit und Kausalität, eine Kluft, vor der dann Kant wieder stand, brachte er zusammen in seiner Konstruktion einer prästabilierten Harmonie. Sie gab ihm die Möglichkeit, über die Freiheit zu sprechen, als wäre sie kein Problem. »Der Kutscher ist Herr über die Pferde, wenn er sie lenkt, wie er soll und kann; es gibt jedoch Gelegenheiten, wo er sich vergißt, und dann muß er für eine Zeit die Zügel fahren lassen. Immer besitzen wir genügend Macht über unseren Willen, aber man denkt nicht immer daran, sie anzuwenden.« Wir seien bei uns Herr: zwar nicht, wie Gott Herr der Welt ist, dessen Wort Schöpfung bedeutete, aber doch so wie ein weiser Fürst Herr in seinem Staat oder ein guter Familienvater in seinem Haus... Als diese Art von Herrsein problematisch wurde, entdeckte man auch die Problematik der Herrschaft über den Willen.

Scholastisch ist auch sein Theologisches: wo abermals aus der Möglichkeit Gottes seine Wirklichkeit deduziert wird. Als Versöhner bewährte er sich in der Verschmelzung verschiedener Theologien: in der Einigung des ontologischen, kosmologischen und teleologischen Gottes-Beweises. Es sind noch hundert Jahre, bis Kant das ganze Unternehmen der Gottesbeweise ad absurdum führen wird. Von 1781 aus gesehen, dem Jahr der *Kritik der reinen Vernunft*, gehört Leibniz noch ins Zeitalter des Thomas von Aquino.

Zu seiner Zeit aber war er ein aufgeklärter Christ. Das ist, nach den Vorstellungen derer, welche diese Wendung geschaffen haben, ein Mann, der auf dem Wege ist, Gott-Vater und die Heils-Wahrheiten umzuwandeln in Wahrheiten der Vernunft. Der Weg endete bei Lessing, Kant und Fichte, nachdem er mit Spinoza begonnen hatte. Gott und Vernunft wurden identisch. Man bezichtigte oft diese aufgeklärten Christen des Atheismus, obwohl ihre Vernunft christlich war.

Leibniz' vernünftiger Gott und göttliche Vernunft unterschied sich darin von manchem Späteren, daß er die Persönlichkeit weder des großen Individuums, Gott, noch des kleinen, Mensch, preisgab. Gott ist die »Ur-Monade«, persönlich und universal zu gleicher Zeit. Das Individuum ist ein »Kraftpunkt«, eine besondere Spiegelung, ein einzigartiger Aspekt der Welt. Man wittere in dieser Perspektiven-Lehre noch nicht zu viel Modernes. Die vielen individuellen Welten unterscheiden sich voneinander vor allem im Grade der Klarheit; hier taucht die Kategorie wieder auf, die schon bei Descartes und Spinoza eine zentrale Bedeutung gehabt hatte. Leibniz' Monadologie hält sich immer noch im Rahmen der Lehre von dem einen Schöpfer und den vielen Geschöpfen, von seiner All-Weisheit und ihren sehr beschränkten, von ihm herrührenden Wahrheiten.

Und doch ist hier schon jene Verdünnung des christlichen Glaubens, den man heute, als wäre es nichts weiter, »Entmythologisierung« nennt. Dieser Prozeß begann mit der Gnosis. Leibniz ist ein gewaltiger Schritt vorwärts in der Richtung auf den Atheismus. Sein Gott war schon nicht viel mehr als: ein Festhalten am Wort »Gott«. Sie haben immer Leibniz' Satz wiederholt: »Christi Lehre ist Geist und Wahrheit; aber viele machen daraus Fleisch und Schatten.« Wenn man aber Christus sein Menschen-Fleisch nimmt, hat man noch viel – nur nicht die Figur der Evangelien. Leibniz wurde zu Neuem getrieben und war nicht imstande, Altes aufzugeben. Das gibt ihm, wie mancher andern Figur an einer Wende der Zeiten, das zwielichtige Gepräge.

So ist auch die Charakterisierung korrekt, die in ihm den »Prototyp des areligiösen Menschen« sieht. Mit »areligiös« ist hier bezeichnet die Aufhebung der Distanz zwischen Himmel und Erde, etwa in dem Satz: »Das Universum hat keinen Mittelpunkt.« Der »Verlust der Mitte« war schon da, wenn auch noch verschleiert durch das Gefesseltsein an Überkommenes, kaum noch Geglaubtes. Leibniz war bereits auf dem Wege zum Pluralismus, der nicht nur die mittelalterliche Welt ablösen sollte, auch noch das achtzehnte Jahrhundert, den Himmel mit dem Gott Vernunft. Allerdings: Leibniz war nur auf dem Weg, der erst heute klar zu erblicken ist. Gott war schon nicht mehr ein Vater, aber immerhin noch ein Logos, wie Aristoteles' Gott. Die vielen individuellen Welten waren immer noch bezogen auf eine über-individuelle Einheit; waren noch nicht (wie bei Nietzsche) ein Haufen von Perspektiven, die nicht mehr Perspektiven auf ein zu erkennendes Objektives sind.

Wesentlich für die nächste Zukunft war der Gegensatz zu Aristoteles: die Wendung vom statischen Schöpfer zum dynamischen, von der »reinen Form« zur »reinen Kraft«, vom Am-Anfang-war-das-Wort zum Am-Anfang-war-die-Energie. Diese Tendenz zeigte dann voll entfaltet der deutsche Idealismus, bis zu Hegel und Schopenhauer. Noch ein anderes Erbe vermachte Leibniz den kommenden zweihundert Jahren. Gott war nicht mehr recht da, aber doch seine Weisheit und Güte. Es strömte eine Welle von Zuversicht aus seinen Schriften in die Zukunft.

Kant wurde der denkwürdigste Zwischen-Fall. Er war ein kräftiger Erbe jener Denker, die sich mehr zurückhielten als vorwärtswagten.

Skepsis, radikal, als System ein Widerspruch in sich, gab es nur selten. Im Altertum ist wohl eine Theorie des kompromißlosen Zweifels ausgebildet worden. Das mag aber auch eine Täuschung sein; von den Lehren der Sophisten, des Pyrrhon von Elis, des Timon von Phlius und des Änesidem ist nur wenig überliefert.

Die klassischen Philosophen waren Sieger über die quälenden Unsicherheiten. So verleiht man jenen Denkern, die gerade sie in den

Mittelpunkt rückten und so verstärkten, kaum den Ehrentitel »Philosoph«. Auch waren diese nicht-philosophischen Philosophen Raritäten in den Jahrhunderten des Reflektierens.

Das Zentrum ihres Zweifels war vor allem die Unzuverlässigkeit der Wahrnehmung, Grundlage allen Wissens. Diogenes Laertius zählte zehn Tropen griechischer Skepsis auf. Es kam immer darauf hinaus: die Erkenntnis der Wirklichkeit und Wahrheit ist unmöglich. Der Pyrrhonismus, wie diese Resignation nach dem bekanntesten Resignierten benannt wurde, beunruhigte und beeinflußte Denker aller Jahrhunderte. Aber nur bis zu einem gewissen Grad. Kant, ein Desillusionist mit Maß, schrieb: »Willkürlich sich in suspensione judicii zu erhalten, zeugt von einem sehr großen Kopf und ist deswegen äußerst schwer, weil die Neigung sich gleich ins Verstandesurteil einmengt.«

Die »Neigung« ist ein Plural: jeder wird aus zahllosen Neigungen getrieben, mehr zu behaupten, als er verantworten kann. Es wäre ein sehr dickes und sehr nützliches Werk über die tausend Verführungen zu unfundierten Urteilen zu schreiben. Die universalste liegt in der Angst vor dem Chaos; Skepsis wird zugeordnet dem ungeordneten Zustand vor Erschaffung der geordneten Welt.

Werden die moralisch-politischen Systeme nur als glorifizierte Konventionen genommen (wie schon von den Sophisten) oder gar als Interessen-bedingte Täuschungen enthüllt, so verlieren sie an Macht. Nur eine eherne Wahrheit, aus denen die kleinen täglichen Wahrheiten abgeleitet werden können, kann das Abbröckeln im Kleinen und im Großen aufhalten.

Es waren auch die wachsenden Erfolge der Wissenschaften, welche die Skeptiker an den Rand des Reichs der Philosophie drängten. Vor allem aber immer wieder die Ängste vor einem Chaos, wenn die Regeln des Verhaltens nicht gebunden werden können an unantastbare Gebote. Alle herrschenden gesellschaftlichen Mächte, rechts und links, waren und sind prinzipiell gegen den dominierenden Zweifel, weil sie den Glauben brauchen. In unserem Teil der Welt bietet sich immer noch der christliche und christlich-marxistische als haltbarster an; doch ist das Glauben noch wichtiger als das Christlich-Glauben.

Die Skepsis war stets der große Feind. Augustinus bekämpfte

nach seiner Bekehrung vor allem die, welche prinzipiell die Möglichkeit einer zuverlässigen Erkenntnis leugneten: selbst wenn ich an allem zweifele (argumentierte er, nach alter Weise), so doch daran nicht, daß ich an allem zweifele. Die Kirche klagte den Mystiker Eckhart nicht wegen irgendeiner abweichenden Lehre an; alle Häresien sind gering vor der endgültigen Abdankung. Selbst Kant, selbstverständlich Marx bauten ihr theoretisches Werk als Wall gegen den Unglauben. Die gefährlichste Ketzerei in der Geschichte der Theologien und Philosophien ist der Unglaube an eine unvergängliche Wahrheit. Hume, Ahnherr der jüngsten Skeptiker, errichtete auch einen Damm gegen den vermeintlichen Abgrund: »Alle Zweifel verschwinden in dem Augenblick, in welchem ich vom Schreibtisch aufstehe und mein Arbeitszimmer verlasse.« Wirklich alle? Und Hamlet? Und Kleist?

Nur selten hat man in der Ohnmacht vor den Rätseln und in der Vergänglichkeit von Ruhe und Ordnung die Zersetzung von Illusionen gesehen – und noch seltener das einzig sichere Fundament der Toleranz. Nur die Einsicht in die Fragwürdigkeit der Gewißheit schwächt die Kreuzzüge für alle Kreuze und verkappteren Religionen. Koexistenzen, die nicht auf Skepsis beruhen, können nicht koexistieren. Schon für zwei weltweite Wahrheiten ist jede Welt, auch die weiteste, zu eng.

Die Renaissance brachte auch eine Wiedergeburt der antiken »Zurückhaltung«: im fünfzehnten, sechzehnten und siebzehnten Jahrhundert; die dann im achtzehnten und neunzehnten vor allem von den deutsch-idealistischen Dogmatikern außer Kraft gesetzt wurde. Nicolaus von Cusa schrieb in der Schrift *De docta ignorantia*: »daß der Mensch nur in der Weise der Vermutung« zu wahren Aussagen gelangen kann. Er lehrte die ignorante Gelehrsamkeit, eine der ersten Erschütterungen des neuen Aberglaubens, der mythischen Vernunft. Agrippa von Nettesheim verfaßte eine *Declamatio de vanitate et incertitudine scientiarum*; ein Wissenschafts-Kater noch vor der Wissenschafts-Trunkenheit der kommenden fünf Jahrhunderte. Montaignes dominierender Satz lautete: Que sais-je?; auf deutsch: ich weiß, wie wenig mein Wissen wert ist – was, nach dem deutsch-idealistischen Rausch, erst Friedrich Schlegel wieder entdeckte. Pierre Bayle erkannte die kritisch-zersetzende

Vernunft an, aber nicht eine schöpferische. Sofern auch die entmythologisierten Hegelianer und Marxisten immer noch den Abbau eines baufälligen Hauses mit einem Neubau verwechseln, haben sie die Lehre des Skeptikers Bayle nicht begriffen.

Doch waren auch er, Agrippa und Cusanus keine Pyrrhonisten. Ihre Zweifel waren eingekapselt: nicht immer von einer Gewißheit geschützt, doch innerhalb einer Tradition stillgelegt. Agrippa von Nettesheim begann zwar, umstürzlerisch: »Lieber Leser, scheint Dir dieses Vorhaben nicht eine kühne und rechtschaffene, freche, ja weit über Herculis Kräfte sich erstreckende Tat zu sein, indem ich mir jetzo vornehme, wider den großen und allgemeinen Riesen-Krieg aller Künste und Wissenschaften die Waffen zu ergreifen.« Aber dann zersetzte seine Skepsis zwar den Anspruch der Wissenschaften, der Philosophie und des einst von ihm selbst propagierten Okkultismus – aber nicht den Anspruch der Offenbarung. Sie blieb ein fester Deich.

Und Montaignes Zweifel, erwachsen aus der Einsicht in den steten Wandel, aus Ekel vor dem Hochmut, der im Menschen den Sinn des Alls feiert – machte dennoch halt vor einer sehr fragwürdigen Sicherheit mit Namen »Natur«. Auch war er, im sechzehnten Jahrhundert, gegen staatliche und kirchliche Reformen, weil diese Bezirke des Daseins nicht so wichtig seien, um eine Zerstörung aller Bindungen zu riskieren. Pierre Bayle, der Dritte im Bunde, forderte: den religiösen Dogmen, die nicht bewiesen werden können, dennoch zu glauben; lehrte, daß ein Gesetz der Sittlichkeit, manifest im Gewissen, dem Menschen angeboren sei.

Philosophische Skepsis war also immer nur: entweder eine methodische Vorsicht oder eine lokale Destruktion innerhalb eines nicht-angetasteten Herkommens oder (wie in der Früh-Romantik) ein kurzes nihilistisches Vorspiel vor einer um so kräftigeren Fraglosigkeit. Der skeptische Radikalismus gedieh noch am ehesten in der Mystik... und endete dann immer mit der Empfehlung, zu schweigen: uneingeschränkte Skepsis läßt eine Aussage nicht zu. Und gründliches moralisch-politisches In-Frage-Stellen scheiterte nicht nur am Mangel an Courage vor den Gewalten der Zeit, sondern auch an dem Umstand, daß es kaum einen Nihilisten gibt, der nicht wertet – und wenn noch so geheim.

Aber diese Gegen-Kräfte haben nie die unausrottbare Wurzel der Skepsis zerstören können. Sie ist da in den vielen Relativismen und Theorien des Nichts aus dem achtzehnten, neunzehnten und zwanzigsten Jahrhundert, bisweilen verachtet – und immer lebendig. Die Metaphysik-Feindschaft, die Weltanschauungs-Psychologie, die Umwandlung der »Ersten Philosophie« in Erkenntnistheorie, Grundlagenforschung, Soziologie und Psychoanalyse ist ein Erbe jener Tradition, die mit Pyrrhon begann: nicht nur ein wissenschaftliches Zögern, sondern ein zunehmendes Resignieren in philosophicis. Wie aber die Naturwissenschaftler, je mehr sie entmetaphysizieren, um so süchtiger die Aberglauben der Zeit einsaugen, so halten sich auch die skeptischen Philosophen schadlos. So daß man, beginnend mit dem »Alleszermalmer« Kant, eine Geschichte der skeptischen Mystagogen im letzten Vierteljahrtausend schreiben könnte.

Der ungezähmte Zweifel, immer als »gottlos« verketzert, wird in unseren Tagen auch noch als »reaktionär« exorziert: zum Beispiel von dem utopischen Marxisten Ernst Bloch. Er interpretiert die uneingeschränkte Skepsis lediglich politisch: als Zerstörung des Wissens, als Schutz des Aberglaubens – und diese Auslegung ist durchaus nicht falsch, wenn der Fall, der ausgelegt wird, sie rechtfertigt. Aber man muß ein Dogmatiker wie Ernst Bloch sein (trotz aller Freiheitskämpfe, in denen er versucht hat, sich loszureißen), um nicht zu sehen: daß die Integrierung des Zweifels als fruchtbare Aufklärung einer der mächtigsten Tranquillizer ist. »Totaler Zweifel«, eifert er, »ist noch denkfeindlicher als der massivste Köhlerglaube.« Dieses Wert-Urteil ist nichts als ein Ukas. Wir leben bereits im totalen Zweifel. Auch Ernst Bloch ist hier angelangt, nachdem er die theoretischen Fundamente des Marxismus mitzerstört hat. Das ist der einzige Vorwurf, den ihm die Seinen machen; ihr Vorwurf ist nicht berechtigt, ihre Feststellung ist es.

Der unerbittliche Zweifel, so sehr er gefürchtet wurde und gefürchtet wird: ist einer der zur Verzweiflung führenden Schwarzen Männern; auch ein uralter Ursprung des Glaubens, der vom Zweifel erlöst; auch der oberste Feind aller Kreuzritter – von Augustinus bis Bloch, der zu seiner nach-marxistischen Einsicht nicht steht. Der radikale Zweifel gilt als ordnungsfeindlich, Konservative und revolutionäre Aktivisten sind sich einig. Nicht nur Diderots *Promenade eines Skeptikers* wurde konfisziert; und wie solchen Büchern erging es ihren Autoren. Deshalb riet Diderot dem Promenierenden: »Geh ins Exil mit deinem Werk und laß die Bigotten toben.« Sie gingen ins Exil – und beruhigten die Bigotten.

Die Frage: ob der Mensch nicht mit ungedämpftem Unglauben leben kann – vielleicht besser leben kann... ist noch nie gestellt worden. Die Enträtseler verhindern sie. Aber auch die, welche die Rätsel leugnen. Camus schrieb: »Es gibt nicht nur keine Lösungen, es gibt auch keine Probleme.« Ist das wahr? Wittgenstein schrieb von den philosophischen Fragen: »Deine Fragen beziehen sich auf Wörter.« Ist das wahr? Die jüngste Erledigung dieser Skepsis ist, über die Zerstörung der Lösungen hinaus, die Leugnung der Rätsel.

Sie sind nicht erst in den sprachlichen Gewändern da. Das Sich-Wundern kann nicht semantisch aus der Welt geräumt werden. Der neueste Kreuzzug gegen die Skepsis ist nur raffinierter (nicht wirksamer) als alles, was gegen sie in jahrhundertealten Anstrengungen aufgeboten worden ist. Das mächtigste Aufgebot war die Verlockung zum Glauben.

Blaise Pascal, ein genialer Psychologe, Bastler, kommerziell denkender Erfinder, mit siebzehn Verfasser eines Werks über Kegelschnitte, dann Forscher im Gebiet der Infinitesimal- und Wahrscheinlichkeits-Rechnung, Experimentator auf dem Weg zu einer Theorie des leeren Raums, Konstrukteur einer Rechenmaschine, außerdem noch Schöpfer einer bürokratischen Lehre vom Menschen mit der hierarchischen Gliederung: les corps, les esprits, le supranaturel... Pascal wurde ein Jahrtausend-Ereignis in seiner revolutionierenden, in den Glauben fliehenden Skepsis. Es war nicht der Glaube, der sich die Skepsis zunutze machte; es war eine skeptische Seele, die es nicht mehr aushielt.

Man sollte die großen Mißtrauischen nach ihrer Herkunft voneinander scheiden: ob sie die Fragwürdigkeit aller Lehrgebäude zur Haltung des Skeptikers trieb oder die Erfahrung, die Pascal beschrieb, als er seine schmalen Tage vor der unendlichen Weite der Räume und Zeiten zu nichts werden sah. Der Zweifel wurde Ver-Zweifelung. Da gingen Leibniz' »notwendige und ewige Wahrheiten« zugrunde und seine sorgfältige Unterscheidung zwischen den »zwei Arten von Wahrheiten, solchen des Verstandesgebrauchs und solchen von Tatsachen«.

Pascal wies die Philosophen und ihren Trost ab, ihren Gott mit den vielen Namen: die erste Ursache, das höchste Wesen, die absolute Idee, das ewige Gesetz, der schlechthinnige Wert. Pascal brannte den Zeitgenossen und den Späteren ein: daß alle diese abstrakten Götter nichts leisten, sobald einem Wesen seine Nichtigkeit aufgeht. Diese Erfahrung ist unverlierbar.

Mit der Demolierung des »Gott der Philosophen« zerstörte er nicht nur Theologien, auch die Metaphysik seiner großen Zeitgenossen, der Rationalisten Descartes, Spinoza und Leibniz; auch (vorwegnehmend) die gewaltigen Konstruktionen des deutsch-philosophischen Idealismus. »Der Gott der Philosophen« ist seit Pascal entthront wie nur irgendein Zeus; Kants Destruktion der Gottesbeweise ist harmlos im Vergleich zu Pascals »Nichts ist so vernünftig wie die Desavouierung der Vernunft«. Søren Kierkegaard hat dann noch einmal mit gleicher Kraft die Götter-Dämmerung der philosophischen Götter demonstriert, zwei Jahrhunderte später.

Pascal ging noch nicht so weit wie er. Sagte zwar (wie Meister Eckhart): »Es liegt nicht in unserer Fähigkeit, zu wissen, was Gott ist, noch, ob er existiert«; setzte aber dem Gott aus Begriffen den lebenden entgegen, den Kierkegaard nur noch ersehnte. Pascal beschrieb die Begegnung viel ausführlicher als Augustinus:

Das Jahr der Gnade 1654.
Montag, 23. November, Tag des heiligen Clemens, Papstes und Märtyrers, und anderer im Martyrologium,
Vigil des heiligen Chrysogonus, Märtyrers, und anderer,
Von ungefähr zehn und einhalb Uhr am Abend bis ungefähr ein halbe Stunde nach Mitternacht,
Feuer.
Gott Abrahams, Gott Isaaks, Gott Jakobs,
nicht der Philosophen und Gelehrten.
Gewißheit. Gewißheit. Empfindung. Freude. Friede.
Gott Jesu Christi.
Deum meum et Deum vestrum.

Dein Gott soll mein Gott sein.
Vergessen der Welt und aller Dinge, ausgenommen Gott.
Er wird nur auf den Wegen gefunden, die im Evangelium gelehrt sind.
Größe der menschlichen Seele.
›Gerechter Vater, die Welt hat Dich nicht erkannt, aber ich habe Dich erkannt.‹
Freude, Freude, Freude, Tränen der Freude.
Ich habe mich von ihm getrennt:
Dereliquerunt me fontem aquae vivae.
›Mein Gott, wirst Du mich verlassen?‹
Möge ich nicht ewig von ihm getrennt werden.
›Dies ist das ewige Leben, daß sie Dich erkennen, den einzigen wahren Gott, und den Du gesandt hast, Jesus Christus‹
Jesus Christus.
Ich habe mich von ihm getrennt; ich bin vor ihm geflohen, ich habe ihn verleugnet, gekreuzigt.
Möge ich nie von ihm getrennt sein.
Er wird nur auf den Wegen bewahrt, die im Evangelium gelehrt sind:
Vollkommene, innige Entsagung.
Vollkommene Unterwerfung unter Jesus Christus und unter meinen geistlichen Führer.
Ewig in der Freude für einen Tag der Plage auf Erden.
›Non obliviscar sermones tuos, Amen.‹

Das Blatt, auf dem dies aufgezeichnet wurde, zeigte oben ein von Strahlen umgebenes Kreuz. Wenige Tage nach dem Tod des Herrn Pascal, heißt es in einem Bericht, merkte ein Diener des Hauses, daß im Rockfutter des Toten etwas stak. Er trennte die Stelle auf und fand ein kleines Pergament, gefaltet und von Herrn Pascals Hand beschrieben; und in diesem Pergament ein von der gleichen Hand beschriebenes Papier, dieses eine getreue Abschrift von jenem. Die beiden Stücke wurden Frau Périer (der Schwester des Toten) übergeben. Sie ließ einige seiner engeren Freunde Einsicht nehmen. Alle kamen überein, daß dies Pergament, mit solcher Sorgfalt und mit so bemerkenswerter Schriftführung beschrieben, eine Art von

Denkschrift darstelle, die er sehr sorgfältig bewahrte, um das Gedächtnis an etwas wachzuhalten, das er alle Zeit seinen Augen und seinem Geiste gegenwärtig wissen wollte, hatte er sich doch seit acht Jahren die Mühe genommen, es einzunähen und herauszunehmen, so oft er die Kleider wechselte... Der Bericht macht sicher, daß das *Memorial* nicht irgendeine Manuskriptseite gewesen ist. Es gibt keine Stelle im Werke Kierkegaards, die dieser Konfession gleichzusetzen wäre.

Ihre Deutung ist abhängig vom Deuter. Heißt er (zum Beispiel) Romano Guardini, wird das Dokument so wörtlich genommen, wie es Pascal vielleicht nahm: ihm erschien der Gott, welcher Jesus Christus gesandt hat. Und nur deshalb pries Pascal die »Größe der menschlichen Seele«, weil solch eine Begegnung möglich war. Wie weit war sein Hymnus entfernt von Sophokles' »Nichts Größeres als der Mensch« und von Schillers Verherrlichung später.

Es gibt eine andere Auslegung: dem Zeugnis Pascals zu glauben, was seine Wahrhaftigkeit betrifft – aber nicht mehr. Augustinus, Pascal und Strindberg begegneten »Gott« ... aber wer war er, dem sie begegneten? Der Retter aus Zweifel und Verzweiflung. Ihr Gott existierte – in der Rettung. »Wir brennen vor Verlangen«, heißt es, »ein festes Beziehungssystem, eine letzte und beständige Grundlage zu finden.« Als Philosoph konnte er den Brand nicht löschen. So wurde ein Gott herbeigezwungen. Eine folgenreiche Tat. Die Geschichte der Imitatio Pascals ist lang; noch Mauriac verdankt diesem Mann die Garantie, daß man, auf der Höhe seiner Zeit, im Kinderglauben an den allmächtigen, liebenden Vater leben kann.

Dieser Prozeß – von der ungezähmten Skepsis zum lebenden Gott – ist besser zu studieren in einer Konversion, die weniger unter Gefühlsstürmen vollzogen wurde und deshalb leichter zu durchschauen ist. Der große Skeptiker Strindberg schrieb: »Ich glaube zum Versuche«; und experimentierte, im Jahrhundert der Experimente, mit dem Glauben. Am Ende seiner *Legenden* heißt es: »Als der Verfasser 1894 prinzipiell seine Skepsis aufgab, die alles intellektuelle Leben zu verwüsten drohte, und er sich experimentierend auf den Standpunkt eines Gläubigen zu stellen begann, erschloß sich ihm das neue Seelenleben, das im *Inferno* und diesen *Legenden* geschildert wird.« Das neue Seelenleben war eine Folge der Begegnung mit Gottvater. Aus dem Experiment, aus der Hypothese, wuchs die transzendente Zusammenkunft zwischen Strindberg und dem Herrn im Himmel.

Dies Zeugnis für die Funktion der Skepsis, »die alles intellektuelle Leben zu zerstören drohte«, erhellt viele Konversionen, ob sie in einem kühleren oder heißeren Klima sich vollzogen. Nicht der methodische Zweifel, der lebendige, der nicht mehr kanalisiert, nicht mehr eingekapselt werden kann, trieb sie in die Arme des lebendigen Gottes. Die milde Skepsis des Agrippa von Nettesheim und des Montaigne und des Pierre Bayle waren folgenlos im Vergleich zu dem Menschen-Beben, welches die Fundamente bersten läßt.

Als Pascal, neununddreißig Jahre alt, starb, hinterließ er das große Problem: wie kann man sowohl ohne den »Gott der Philosophen« leben als auch ohne den lebendigen Gott, der so sehr nicht mehr lebt? Und hinterließ noch eine zweite Frage: woher wußte er, der skeptische Mystiker, so viel über Gottes Geschöpf, und was Gott mit ihm vorhat? Obwohl er doch von ihm gesagt hatte, es sei nicht in unserer Macht, über ihn Aussagen zu machen.

Pascal, Überwinder der philosophischen Glaubenssätze, beschrieb die Natur des Menschen, als hätte Gott persönlich ihm das Schöpfungs-Geheimnis preisgegeben: »Der unendliche Abstand, welcher den Körper vom Geist trennt, versinnbildlicht den unendlich unendlicheren Abstand zwischen dem Geist und der christlichen Liebe; denn sie ist übernatürlich.« Was schon Platons »Seele« offenbarte: die Denker übertrugen das Kasten-System, in dem sie lebten, auf die Psyche. Das Oben, Mitten und Unten des Ich ist parallel zum Oben, Mitte und Unten ihrer Gesellschaft.

Und übertrugen polizeiliche Gewalt auf die Moral. Der wahre Geist der »christlichen Liebe« (caritas) sei der »Geist der Abtötung«; gespiegelt wird hier die Niederhaltung der Hungrigen, Unzufriedenen, Aufbegehrenden. Der lebenslang sieche Pascal schrieb: »Siechtum ist der natürliche Zustand des Christen; denn im Siechtum ist ein Mensch, wie er immer sein sollte – in einem Zustand des Leidens, des Schmerzes, aller Sinnengenüsse beraubt, von allen Leidenschaften ausgenommen.« Pascal war wie geschaffen als konsequentester Zeuge der Religion des Kreuzes.

Radikal auch in dem Mut, zu bekennen, daß »christliche Liebe« nichts mit menschlicher zu tun hat. Er wollte nicht die Anhänglichkeit seiner Mitmenschen. Er müsse sie enttäuschen. Er hätte nichts, womit er ihre Neigung erwidern könne. Alle Liebe, die in ihm war, schenkte er dem Rätselhaften, dem er wohl nur ein einziges Mal begegnen konnte. Aldous Huxley schrieb das Verdikt: »War je eine so durchdringende Intelligenz mit einem so verdrehten Willen vermählt?« Diese Intelligenz, der Scharfsinn eines der gewaltigsten Psychologen, ist immer noch ein Stern über der Enge unserer Tage. Sein »verdrehter Wille« aber war keine Perversion, sondern die eine große Sackgasse auf der Flucht vor der condition humaine.

Huxley wurde so aggressiv, wie er vielleicht nur dies eine Mal geworden ist. »Pascal, das ist klar, war ein gräßlich unmoralischer Mensch. Er sündigte gegen das Leben durch einen konsequenten Exzeß von Heiligkeit, genauso wie Völlerei durch ein konsequentes Übermaß von Eßgier, ein Geizhals durch eine maßlose Habsucht und ein Wüstling durch unablässige Unzucht sündigt.« Diese Verdammung (Nietzsche sagte feindselig kurz »Pascalismus«): »Er sündigte gegen das Leben« ist ungerecht und gerecht. Weshalb darf einem Mann nicht ein Exzeß an Heiligkeit oder Unzucht zugestanden werden? Wer darf es im Namen des »Lebens« verbieten? Im Übermäßigen ist mehr Leben als im Mäßigen.

Die Sünde begann mit dem Einbruch in andere Reiche. Pascals Unmoralisches war nicht sein Leben; es hatte eine Fülle, vor der die Jahre vieler Philosophen mittelmäßig gewesen sind. Daß er aber den Menschen nach seinem Ebenbilde schaffen wollte – das war sündhaft. Das ist der Frevel aller Sinai-Philosophen gewesen.

Auf seiner Gesetzestafel stand auch dieser gern verbreitete Satz: »Die Gegenwart ist nie unser Zweck. Vergangenheit und Gegenwart sind unsere Mittel; die Zukunft allein ist unser Ziel.« Sind Vergangenheit und Gegenwart wirklich nur Mittel? Wo sie nicht mehr sind, gibt es weder Vergangenheit und Gegenwart noch Zukunft.

Zukunft – das war oft genug schon die Ausrede aller, die weder Vergangenheit noch Gegenwart hatten; und auch derer, die Vergangenheit und Gegenwart zu verbergen trachteten.

Das Pathos für die Zukunft ist einer der zwielichtigsten Affekte aller Zeiten.

Die Menschen-Art, die wir Philosophen nennen, haben Einsichten, Gesetze oder auch nur begriffliche Fortifikationen von Verboten in die Welt gebracht und dann auch Vor-Bilder; außerdem Passionen und Tragödien, in denen sie selbst die untergehenden oder auferstehenden Helden waren. Einsichten und Gesetze sind vererbbar; Schüler lernen sie, praktizieren sie, bilden sie weiter. Und Vorbildliches ist ansteckend.

Die Märtyrer sind hingegen in einen isolierenden Kreis gebannt. Augustinus, Pascal, Kierkegaard, Nietzsche waren auch Denker: aber nicht Existentialisten, sondern Existenzen, die sich philosophisch durchsichtig machten. Sie lebten nicht nach ihrer Philosophie, sie erlitten sie; sie brach aus ihrem Leben hervor, das sich in der Philosophie dann erhellte.

Ihr Pathos brachte es nicht nur zu pathetischer Reflexion. Es zog sich zusammen in Ereignissen ihrer Heils- und Unheils-Geschichte. Im Laufe der nach-christlichen Zeiten wandelte sich die glücklich endende Passion Pascals in Nietzsches unversöhnte Tragödie. Weshalb die Registratoren und Deuter dieser Explosionen sich zu frommen und unfrommen Existential-Philosophen formierten. Der eine hat mit den andern soviel und sowenig zu tun wie die christliche Leidensgeschichte und ihre frohe Kunde mit der unversöhnten Tragödie Shakespeares, Kleists und Georg Büchners.

Christi dramatische Stationen waren keine Tragödie, weil der letzte Akt nicht am Karfreitag spielte, sondern am Tage der Auferstehung. Auch Schillers *Räuber* und alle Trauerspiele, die zu guter Letzt noch ihr Ostern hatten, waren säkularisierte Passions-Spiele. Erst Hölderlins *Empedokles* zeigt den tragischen Philosophen.

Pascal lebte noch in einer Vorstellungs- und Gefühls-Welt, die wenigstens eine gewalttätige Bergung ermöglichte, wie sie ihm Augustinus vorgelebt hatte. Wieweit Pascal schon den Nihilisten Tolstoi vorwegnahm, der nicht mehr die Kraft zur Selbst-Erlösung hatte, ist kaum zu entscheiden.

VII.
Aufklärung und Verklärung

Die Ratio selbst ist nicht rational.
Nicolai Hartmann

»Aufklärung« gehört zu jenen zentralen Vokabeln, die ein Zeitalter charakterisieren. Bezeichnend ist immer, wie häufig dies Wort gebraucht, welcher Inhalt ihm gegeben, welcher Ton ihm beigemischt wird. Das Klären, Klarmachen, das Claire et Distincte des Descartes, auch bei Spinoza und Leibniz im Mittelpunkt, wurde im achtzehnten Jahrhundert zum entscheidenden Enthusiasmus.

Auch das Sammeln und Vertreiben von Wissen. Diderot wollte mit der »Enzyklopädie« »Kenntnisse, die über den ganzen Erdball verstreut sind,« hier vereinen; sicher machen, daß Werke vergangener Jahrhunderte nicht ungenützt bleiben, daß besser erzogene Generationen glücklicher werden.

Heute erscheint diese »Aufklärung« vor allem in zwei Zusammenhängen: (erstens) als historische Kategorie; für Deutschland die sieben Jahrzehnte zwischen 1720 und 1790, in denen Mythen, kirchliche Dogmen, Metaphysiken zerstört wurden. Jene Aufklärung war das Jahrhundert gegen den Schwindel der Priester und den Aberglauben der Analphabeten, das enthusiastische Jahrhundert des Glaubens an Akademien, das klassische Jahrhundert des Preises auf das Natürliche Licht, die Vernunft.

Und dann hat »Aufklärung« heute noch den Klang der Verachtung: Aufkläricht. Das begann bereits damals. Voltaire, der Erz-Aufklärer, machte sich lustig über die kleinen Vernünftler, deren Argumente er karikierte: der Herr habe uns Nasen gegeben, damit wir imstande sind, Brillen daraufzusetzen. Die billige Teleologie fand ihren bekanntesten Ausdruck im Werk des populärsten deutschen Aufklärers, Christian Wolff. Er rechtfertigte die Weisheit der Schöpfung: »Das Tageslicht schafft uns großen Nutzen; denn bei demselben können wir unsere Verrichtungen bequem vornehmen, die sich des Abends teils gar nicht oder doch wenigstens nicht so bequem und mit einigen Kosten vornehmen lassen.«

Es ist ein Merkmal unserer Jahre, daß »Aufklärung« vor allem verächtlich oder nur noch in geschichtlichen Hinweisen erscheint (etwa in der Wendung »Zeitalter der Aufklärung«) – obwohl auch das zwanzigste Jahrhundert seine Voltaires hatte: Nietzsche und Sigmund Freud und Bertrand Russell. Was ist nun Aufklärung – jenseits des Namens einer vergangenen Epoche, jenseits des Synonyms für Rechenhaftigkeit und jenseits der Verwandlung der Enzyklopädie des achtzehnten in das Sachbuch des zwanzigsten Jahrhunderts, die alle miteinander weder »besser erzogene Nachkommen« noch glücklichere hervorgebracht haben?

In der ›Deutschen Monatsschrift‹ des Jahres 1790 wurde geklagt: »Man kann sagen, daß das Wort Aufklärung einem willkommenen Gaste gleicht, der in der deutschen Sprachrepublik mit Freuden aufgenommen war, von vielen Leuten geschätzt wird, aber doch bis jetzt noch keinen bestimmten Charakter hat.« Das wurde ein Jahr nach Beginn der Französischen Revolution gedruckt; die Enzyklopädisten Diderot und D'Alembert waren offenbar im idyllischeren Nachbarland noch nicht recht bekannt, obwohl sie recht deutlich gemacht hatten, was ihnen trübe zu sein schien.

Man beschwert sich noch immer, daß diese »Aufklärung« keinen bestimmten Inhalt hat. In einer der jüngsten Enzyklopädien, dem *Schweizer Lexikon*, heißt es: »Eine genaue Begriffsbestimmung gibt auch Kant nicht« – obwohl er gerade das sich zum Ziel gesetzt hatte, in einer seiner berühmtesten Arbeiten. Die kürzeste Definition enthält seine Abhandlung *Was heißt: Sich im Denken orientieren?* Hier steht: »Die Maxime, jederzeit selbst zu denken, ist die Aufklärung.« Kant definierte sie also nicht als eine Summe bestimmter aufklärerischer Theorien, sondern als das Ergebnis der Spontaneität, der Ursprünglichkeit – im Gegensatz zu jeder Abhängigkeit von Autoritäten und Konventionen.

Noch einen Schritt weiter ging er in dem Essay *Die Beantwortung der Frage »Was ist Aufklärung?«* Sie gab eine Psychologie des Aufklärens und Aufgeklärtwerdens und fragte: welche Widerstände sind zu überwinden? Wo sind die stärksten Hemmungen auf dem Wege zum selbständigen Denken? Er fand zwei große Gegner:

Feigheit und Faulheit. Gegen die Feigheit setzte er den Mut (»sapere aude«), gegen die Faulheit die Anstrengung. Es sei so bequem, schrieb er, nicht man selbst zu sein.

Die Moralisten dachten in Kants Tagen noch in Vorstellungen wie: Versäumnisse, Unzulänglichkeiten, Sünden des Einzelnen – und schoben sie nicht auf »die Gesellschaft« ab, heute der Sündenbock für alles und jeden. Kant machte einen tiefen Eingriff mit seiner Zergliederung der Feigheit. Er gab ihr eine Definition, dreifach differenziert: als Mangel an Mut, (erstens) eine eigene Einsicht zu haben, (zweitens) sich zu ihr zu bekennen, (drittens) ihr gemäß zu handeln. In seiner *Anthropologie* unterschied er dann zwischen dem Mut als »Affekt« (Säure im Magen könne einen General kleinmütig machen) und dem Mut, »durch Vernunft erweckt«. In dem durch Vernunft erweckten Mut sah er ein konstituierendes Element des Aufklärers.

Da er kein pompöses Megaphon war, eher ein sehr skrupelhafter Mitbürger, kam er sofort mit den Schwierigkeiten heraus. In einem Brief an Moses Mendelssohn vom 8. April 1766 schrieb er: »Zwar denke ich vieles mit der allerklarsten Überzeugung und zu meiner großen Zufriedenheit, was ich niemals den Mut haben werde zu sagen; niemals aber werde ich etwas sagen, was ich nicht denke.« Er gab also sehr genau an, wieweit das Aufklärerpathos ihn mit sich reißen könne. Und diese Grenze war eine doppelte: die Abneigung gegen jedes Martyrium; und die Angst vor der Anarchie, die (in seinem wie in manchem andern Fall) zu billig interpretiert wird als das Zittern von Feudalen und Bürgern, denen das kommende Gesellschaftsbeben schon in den Knochen liegt.

Es gibt keine existierende und keine utopische Ordnung, die nicht gegen das Chaos sein muß; auch die Anarchisten sind dagegen, sie glauben an eine ordentliche Unordnung. Kants spezifisches Problem war: wie bringt der »Aufklärer« die Bürgerpflicht: Ordnung in Harmonie mit der Menschenpflicht: Aufklärung?

Zur Lösung erfand er die Unterscheidung: »der öffentliche Gebrauch« der Vernunft und der »Privatgebrauch«. Der private, meinte er, »darf öfters sehr enge eingeschränkt« werden. Zum Beispiel: ein Geistlicher ist verbunden, »seinen Katechismusschülern und seiner Gemeinde nach dem Symbol der Kirche, der er dient, seinen Vortrag zu tun. Aber...« Und nun kommt »der öffentliche Gebrauch« ins Spiel. Als »Gelehrter« habe er die uneingeschränkte Freiheit, ja Verpflichtung, seine »sorgfältig geprüfte und wohlmeinende« Ablehnung dessen, was er als Geistlicher verkündete, dem Publikum gedruckt mitzuteilen.

Wenn aber der Staat den »öffentlichen Gebrauch« der Vernunft nicht erlaubt, weil er (vielleicht nicht ganz ohne Grund) der Meinung ist, daß kritische Bücher nicht nur Leser, auch Angestellte rebellisch machen? Dem Aufklärer Kant, der das Zeitalter der Aufklärung »das Jahrhundert Friedrichs« nannte, widerfuhr dies bald nach dem Tod des Königs. Der aufklärende Gelehrte wurde zensuriert. Als man ihn ermahnte, sich vorsichtiger über Religion zu verbreiten, kündigte er an: er werde über dies Thema gar nicht mehr schreiben. Damit war es dann aus: sowohl mit dem »privaten Gebrauch« der Vernunft als auch mit dem »öffentlichen«.

Kants praktische Lösung war also schon zu seiner Zeit unpraktisch. Er hatte das Problem mit berühmter Unerbittlichkeit gestellt: keine Aufklärung ohne Aufklärer; keine Aufklärer ohne die Gefahr, mehr Grundlagen zu zerstören, als die lebende Generation ertragen kann. Da wollte er einen Pakt schließen mit den herrschenden Mächten. Dachte er an eine Art von Ersatz für die mittelalterliche Lösung: Aufklärung auf lateinisch für die ruhigen Gebildeten, Zurückhaltung in der Volkssprache vor den unruhigen Ungebildeten? Jedenfalls bewährte sich der Vorschlag einer gesonderten Praxis der Angestellten- und Gelehrten-Vernunft schon zur Zeit der bürgerlichen Gesellschaft nicht. Er bewährt sich erst recht heute nicht, in der Massengesellschaft – wenn auch aus entgegengesetzten Gründen.

Heute befördert den »Privatgebrauch« der Vernunft, also Ruhe und Ordnung, wer über das Fernsehen und die Illustrierten verfügt. Zwischen ihnen und dem Buch des »Gelehrten« ist eine Kluft, die es ungefährlich macht, und unwirksam. In nicht-diktatorischen Ländern kann von »Gelehrten« auf gelehrt alles gesagt werden – zu niemandes Nutzen. So ist dies der Wandel: in Kants Jahren konnte der Gelehrte nicht aufklären, weil man ihn nicht ließ; zu unserer Zeit nicht, weil man ihn nicht liest... weil er die Massen nicht erreicht.

Kants Vorschlag war nicht brauchbar für seine Zeit und ist nicht brauchbar für unsere: selbst wenn es möglich wäre, daß ein Universitätsprofessor die Konvention lehrt und eine Kritik der Konvention drucken läßt. Aber es lohnt sich, zurückzugehen zu seiner Frage: wie kann der Aufklärer aufklären? Wie kann man mutig sein, ohne ans Kreuz geschlagen zu werden? Und wie verbreitet man Licht, ohne die Wurzeln des Lebens zu zerstören?

Feigheit ist der eine große Gegner der Aufklärung, Faulheit (nach Kant) der andere. Professor C. B. Crane von der University of Wisconsin behauptete: »Die Faulen sind das Salz der Erde.« Das Genie, das zu faul gewesen sei, alle paar Sekunden die Feder in Tinte zu tauchen, habe den Füllfederhalter erfunden. Aber das Erfinden ist eine Aktivität, nicht eine Faulheit. Wenige Worte sind so stark umgewertet worden. Den besonderen Inhalt, den Kant ihr gibt, spricht der Satz aus: »Es ist so bequem, unmündig zu sein.« Kant klagt den »bei weitem größten Teil der Menschen«, darunter »das ganze schöne Geschlecht«, an, auf Bequemlichkeit aus zu sein. Was schlecht ist an der »Unmündigkeit«, wird nicht gesagt. Das Wort selbst ist geladen mit Ablehnung.

Die Romantik schwärmte von der »gottähnlichen Kunst der Faulheit«. Das ist ein semantisch leicht aufzuklärendes Paradox. Der Gegensatz zu der von Friedrich Schlegel gepriesenen »Faulheit« ist nicht Fleiß, sondern Sklaverei. Der Kontrast besteht nicht zwischen dem Arbeitsamen und dem auf der Bärenhaut Liegenden, sondern zwischen dem »Poeten« (in dem weiten Sinne des Wortes, in dem die Romantik diese Kategorie gebrauchte) und dem unpersönlichen Rädchen innerhalb des Arbeitsmechanismus. Die »Faulheit« wird gepriesen wie der »Taugenichts«: welcher sich der alltäglichen Knechtschaft entzieht.

Kant verdammte die »Faulheit«, Schlegel pries sie – um derselben kreativen »Freiheit« willen. Die Romantiker waren »Aufklärer«: in jenem weiten Sinne des Wortes, in dem Kant es definierte. Die Kluft zwischen ihm und ihnen lag lediglich in der rationalistischen Modellierung, die Kant dem Wort »Aufklärung« gab, und die ihm geblieben ist bis zu dem späten Aufklärer Sigmund Freud, mit seinem Diktum: »Es gibt keine Instanz über der Vernunft.« Kant übersetzte Horazens »sapere aude« mit »Habe Mut, dich deines eigenen Verstandes zu bedienen« – und bezeichnete diesen Imperativ als »Wahlspruch der Aufklärung«. Er erläuterte »Unmündigkeit« als das »Unvermögen«, seinen Verstand »ohne Anleitung anderer« zu gebrauchen. Es sieht nicht selten so aus, als sei dieser Verstand das einzige Vermögen, welches den Menschen zum Menschen macht. Sein »Verstand« war noch nicht, was er später wurde: die Rechenmaschine innen. Seine »Vernunft« war noch nicht pragmatistisch. Seine »Aufklärung« war nicht so, wie sie heute höhnisch porträtiert wird. Selbst Nicolai charakterisierte seinen Helden Sebaldus Nothanker mit dem Satz: »Spekulation war die Welt, in der er lebte, und jede Meinung war ihm so wichtig, als kaum manchem eine Handlung.«

Setzt man für »Verstand«, »Vernunft«, »Denken« ein anderes Kantisches Wort, Spontaneität, so läuft man weniger Gefahr, ihn zu rationalistisch zu deuten; das Auseinanderreißen von Aufklärung und Romantik erweist sich als artifiziell. Spontaneität ist auch das entscheidende Merkmal des »Poeten«. »Sapere aude!« ist zu übersetzen: habe den Mut, dich deiner Augen und Ohren, deines Verstandes, deiner Vernunft, deines Denkens und aller anderen Vermögen und Erfahrungen zu bedienen. Romantik ist auch entengte Aufklärung, die bei den größten Aufklärern immer mehr war als Rationalismus.

»Spontaneität« bezeichnet Kants Philosophie auch besser als das Wort »Freiheit«, das zu leicht politisch eingeengt wird. Ganz gewiß war der Liberalismus ein Sektor jener spezifischen Aufklärung, die Kant verkündete. Er schrieb nicht nur gegen die Förderer der Faulheit, welche sich mit der Parole: Selbstdenken sei »beschwerlich« und »gefährlich« ... zu »Vormündern« aufwarfen; auch gegen das faule »Hausvieh«, das seine »Unmündigkeit« »liebgewonnen« hat, dem sie »beinahe zur Natur« geworden ist. Er sah sogar schon, daß die Erziehung zur Faulheit auch eine schlimme Konsequenz für die Erzieher hat: die also Erzogenen zwingen ihre Lehrer unter die Diktatur der Faulheit und machen sie unmündig. Das war ein großartiger Vorblick in das Zeitalter der demagogischen Usurpatoren, der Unfreisten unter den Unfreien, weil sie vom Pöbel abhängen.

Diese Aufklärung darf nicht mit dem Laissez faire aller ökonomischen Liberalismen verwechselt werden. Hinter Kants Mündig und

Unmündig, Frei und Abhängig, hinter seinem Pathos der Aufklärung stand ein Bild vom Menschen, das nicht der Vorstellung vom individuellen wirtschaftlichen Atom entsprach, eher gespiegelt ist in dem Satz: »Aufklärung ist der Ausgang des Menschen aus seiner selbstverschuldeten Unmündigkeit.« Im »selbstverschuldet« steckt ein ethisches, nicht ein intellektuelles Manko ... und letzten Endes so etwas wie der Mythos vom Sündenfall; wie man noch hinter Heideggers Kategorie des »Man« Theologisch-Moralisches wittert. (Der biblische Mythos war doppeldeutig: der Ausgang aus der Unmündigkeit [eritis sicut deus] und der Arbeitsschweiß, mit ihm die Faulheit, wurzeln im selben »Fall«.)

Wenn wir das »selbstverschuldet« beiseite lassen, ist Kants Definition der Aufklärung Ausdruck derselben philosophischen Anthropologie, die in der Gnosis und in der Mystik, in Hegels »Selbstbewußtsein«, in Schopenhauers Heiligem, in Marx' Sieger des »letzten Gefechts«, in Nietzsches Übermensch viele Variationen gehabt hat. Überall ist Freiheit, Spontaneität, Aktivität nicht ein Darf, sondern ein Soll. Der Aufklärer ist ein Missionar. Kant hat Friedrich den Großen gepriesen, weil er »den hochmütigen Namen der Toleranz« ablehnte; weil er es für sein Aufklärertum hielt, nicht für eine Nachgiebigkeit, in »Religionsdingen« nichts vorzuschreiben. Das Wort Freiheit hatte in Kants Aufklärung keinen lieblichen Klang, eher den Charakter eines ehernen Es-muß-Sein. Diese Mission ist bisweilen rationalistischer, bisweilen romantischer ausgestattet worden. Es ist zu beachten, daß auch Nietzsche »Feigheit« und »Trägheit« als die großen Gegner der Aufklärung auszeichnet. Aufklärung und Rationalismus sind nicht identisch.

Aufklärung und Revolution sind auch nicht identisch. Fünf Jahre vor Ausbruch der Französischen Revolution schrieb Kant, die schlimmen Folgen kommender Umwälzungen antizipierend: »Durch eine Revolution wird vielleicht wohl ein Abfall von persönlichem Despotismus und gewinnsüchtiger oder herrschsüchtiger Bedrückung, aber niemals wahre Reform der Denkungsart zustande kommen; sondern neue Vorurteile werden, ebensowohl als die alten, zum Leitbande des gedankenlosen großen Haufens dienen.« Das hat der große Aufklärer Marx nicht vorausgesehen. Kant aber war nicht so Soziologie-fremd, wie die Zeit nach Marx gern annimmt. Er wußte, daß aufgeklärte Gesetze und Institutionen nicht die Spontaneität des Einzelnen ersetzen können; aber auch, daß Gedankenfreiheit gebunden ist an Redefreiheit: »Also kann man sagen, daß diejenige äußere Gewalt, welche die Freiheit, seine Gedanken öffentlich mitzuteilen, den Menschen entreißt, ihnen auch die Freiheit zu denken nehme.« Die artifizielle Entgegenstellung: der aufgeklärte Einzelne – die aufgeklärte Gesellschaft gehört erst einer späteren, weniger aufgeklärten Zeit an.

Man kann von einer »Aufklärung« im engeren Sinne sprechen. Da ist Kant ein begrenztes historisches Ereignis. So sah er »den Hauptpunkt der Aufklärung« in »Religionssachen«: »weil in Ansehung der Künste und Wissenschaften unsere Beherrscher kein Interesse haben.« Das traf zu für seine Zeit, vor allem für sein Land – und war noch die Meinung Burckhardts und Freuds. Im Zeitalter der totalen Propaganda gibt es keinen Bezirk des Daseins, der die »Beherrscher« nicht interessierte. Die Religion hat ihren ehemaligen Vorrang verloren; den Bereich der Sexualität sah Kant überhaupt nicht, weil er hier (wie ein gut Teil der Aufklärer) den ererbten Köhlerglauben noch nicht in Frage stellte – ihn noch verköhlerte.

Aber hinter seinen historisch begrenzten, spezifischen Formulierungen des Dunkels und des Lichts lebte etwas Zeitloseres. Er fragte: »Leben wir in einem aufgeklärten Zeitalter?« Und antwortete: »Nein, aber wohl in einem Zeitalter der Aufklärung.« Er gebrauchte das Wort dynamisch, nicht statisch. Er gab alle aufgeklärten Meinungen seiner Zeit preis – zugunsten der Tendenz, die sich in ihnen ausdrückte: des Willens zur Klärung. So bleibt als letztes, nicht weiter zu ergründendes Element der Kantischen Aufklärung: daß der Mensch ein Wesen ist, welches die Mission hat, einer Richtung zu folgen, in welche ihn die unbekannte Wahrheit zieht. Mehr hat er nicht ausgesagt. Mehr kann vielleicht nicht gesagt werden. Höchstens gefragt: was sind die Folgen der Einsicht, daß niemand weiter kommt als: strebend sich zu bemüh'n?

Hundertfünfzig Jahre nach seinem Tod ist zu bedenken: kann man sich und andere aufklären – nur dadurch, daß man, nicht faul und nicht feig, von seinem Verstand Gebrauch macht? Was liefert der Verstand? Die Gesetze der Logik! Verständig ist auch die rechte Anwendung der Erfahrungen auf den besonderen Fall! Was kann der Verstand nicht? Erfahrungen schaffen, Fakten geben. Aufklärung im allgemeinen (zum Beispiel: die Zerstörung von Dogmen) ersetzt nicht Aufklärung im besonderen (zum Beispiel: die unangetastete Mitteilung eines einmaligen Vorgangs). Die Information ist eine Crux der Aufklärung – heute vielleicht mehr als je, weil jeder mehr hört als je. Das hat Kant so noch nicht erlebt.

In einigen Ländern ist es technisch unmöglich, sich zu informieren; es gibt eine einzige Morgenzeitung für zweihundert Millionen Leser. Unsere Sorge lebt geographisch näher: wie kann die technische Möglichkeit, sich zu informieren, auch noch umgesetzt werden in Information? Der Einzelne, der seinen Abgeordneten wählt, der politische Urteile täglich abgibt, mag gründliche und die besten Grundsätze haben. Hat er ebenso gründliche Informationen und die Zeit, sie sich anzueignen? Sind die Intellektuellen, die, hochgestimmt, Politik machen, auch nicht faul in der Aneignung notwendiger Einzelheiten?

An Stelle von Informationen haben sie Theorien, zum Beispiel: die Lehre von der Sublimierung, die materialistische Dialektik und den göttlichen Wettbewerb. Sie sind die großen Lückenbüßer. Sie ersetzen, was man nicht weiß, durch Ideologien, wenn nicht gar durch Plakate. Aber selbst die feinste Theorie ist vor dem Detail nur eine Möglichkeit. Man verachtet gern und vornehm Propaganda und übersieht, wovon sie lebt: von einer Unterernährung an Wissen um die Vorgänge, zu denen man ja oder nein sagen muß. Kein Oxford und kein Harvard und keine Sorbonne, kein kategorischer Imperativ und keine existentielle Entscheidung, kein Husarenstreich gegen einen gordischen Knoten kann ersetzen, was ich wissen muß, um herauszufinden, was ich in einem besonderen Fall will.

Die Nachkommen der Aufklärer benehmen sich ganz unaufgeklärt: nicht, weil sie nicht die Hundert Großen Bücher gelesen haben, sondern, im Gegenteil, weil sie glauben, es genügt, mit Marx vertraut zu sein, um über Kuba urteilen zu können. Man wird noch nicht dadurch zum Aufklärer, daß man die Geschichte des Priesterbetrugs am kleinen Finger hat. In Tiecks *Gestiefeltem Kater* sagt Gevatter Fischer: »Ich muß wenigstens gestehen, daß ich nie an Hexen und Gespenster habe glauben können.« Das ist löblich. Aber glaubt er vielleicht an sein Morgenblatt mit den nagelneuen, streng

»wissenschaftlichen« Hexen und Gespenstern? Nicht nur vergangener Glaube ist Aberglaube. Kant unterstrich die moralische Leistung des Aufklärers; aber Mut zur Selbständigkeit ist noch nicht genug. Erst echte Information macht Aufklärung möglich. Es genügt noch nicht, dies »sapere aude«: man kann mutig, nicht faul und verständig – die Welt verpfuschen. Ganz gewiß kann man informiert sein und trotzdem ein Bösewicht. Aber man kann nicht aufklären ohne Wissen um die Details. Wer, im Vollbesitz eines soziologischen Konzepts oder auch nur eines Partei-Lineals, die Nachrichten kennt, bevor sie eintreffen, sie nicht mehr ansieht, sondern nur in vorbereitete Schubfächer ablegt, ist unaufgeklärt und vermehrt das Dunkel. Zurückhaltung ist sicher immer nur ein Übergang. Aber wer hinübergeht, ohne das Besondere zu kennen, ist ein totes Produkt – vielleicht des subtilsten Denksystems.

Jede Zeit hat ihre spezifische Aufklärung. Die heute aufzuklären glauben, klären vielleicht gar nicht auf, sondern repetieren nur Hoffnungen von gestern. Gestern sagte man mit Helvétius: »Erziehung kann alles.« Heute noch weiht man jede Schule mit einem Pomp ein, als hätte sich wirklich der Schulmeister als Fackelträger bewährt. Gestern, vor zweihundert Jahren, gründete man Akademien und jubelte voll Vertrauen: laßt uns erst hundert Jahre Akademien haben! Heute, bereits hundert Jahre nach der angegebenen Frist, gründet man immer noch Akademien – und diskutiert dann jahrelang: wozu? Es war einst an der Zeit, den griechischen Jünglingen Dialektik beizubringen. Dialektik ist immer noch an der Zeit. Inzwischen aber hat Schopenhauer die »Eristische Dialektik« entworfen – eine Karte von sechsunddreißig Schlichen und Kniffen, die er »Strategemata« nannte. Es war auch einst an der Zeit, die Feigheit anzuprangern. Es ist immer noch an der Zeit, wenn man es sich so schwer macht wie Kant. Wer vorstürmt, ohne zu wissen, was ist vorn und hinten, ist Teil der Faulen – selbst wenn er sein Leben opfert.

Die Disproportion zwischen den vielen »Wissen Sie schon?«, durch die jeder Zeitgenosse hindurchgeschleust wird, und dem Entscheidenden, das man zwar nicht erfährt – aber munter beurteilt, ist der Kern der Unaufgeklärtheit in dieser Zeit. Die Gespenster von 1750, 1850 und 1950 sind nicht dieselben. Man wird nicht dadurch ein Aufklärer, daß man jahrhundertealte, ehrunwürdige Leichen schändet. Die Königliche Norwegische Sozietät krönte Schopenhauers Antwort auf ihre Frage: »Läßt sich die Freiheit des menschlichen Willens aus dem Selbstbewußtsein beweisen?« Dennoch wollte sie die Arbeit nicht auf norwegisch publik machen. Sie erwog sogar, dem Philosophen aufzuerlegen, die Schrift nur lateinisch herauszubringen, weil sie den Eindruck mache, als stände sie im Widerspruch zum heiligen Glauben. Das war vor hundert Jahren nicht sehr aufgeklärt – und ist heute nichts als ein historisches Faktum. Wer seine Aufgeklärtheit darin zeigt, daß er die norwegische Sozietät dieserhalb angreift, ist nur ein Wichtigtuer.

Hingegen ist es im zwanzigsten Jahrhundert gefährlich unaufgeklärt, die Massen (konstitutionell manipuliert) den Demagogen zuzutreiben. Jede Zeit hat etwas anderes vor allem aufzuklären. Unsere Zeit: das Faktum und die Unaufgeklärtheit vieler Aufklärer. Im zwanzigsten Jahrhundert ist gefährlich unaufgeklärt: wer nicht die Frage »Werden wir richtig informiert?« in den Mittelpunkt rückt oder eine fruchtlose Antwort gibt – zum Beispiel in der Aufzählung aller Interessenten, die vom Zurechtmachen der Ereignisse profitieren. Die ewige Repetition dieser Liste ist fruchtlos, weil sie den einzigen Ausweg unterschlägt. Die französische Dichterin Nathalie Sarraute hat ihn gezeigt: »So widersinnig es auch klingen mag, der eigentlich Verantwortliche für die Wirkung einer Information ist nicht der, welcher informiert, sondern derjenige, der informiert wird.« Sie bringt das Problem dahin zurück, wo es im achtzehnten Jahrhundert liegenblieb. Gegen die Faulheit des kritiklosen Fürwahr-Haltens schützt nur der beste Satz der Aufklärung, der Diderots letzter gewesen sein soll: »Der erste Schritt zur Wahrheit ist der Zweifel.« Er führt (zum Beispiel) zum Vergleich der Darstellungen verschiedener Interessenten.

Auf den Vergleichenden und seine Urteilskraft kommt es an. So wird Aufklärung wiederum nicht zu einer Leistung der Gesellschaft, sondern des Einzelnen, der sich und seine Mitmenschen aufklärt. Eine Institution wird nie produzieren, was jedem aufgegeben ist.

Die Philosophen des Deutschen Idealismus, Kinder des Jahrhunderts der Aufklärung, stammten von Handwerkern ab oder aus dem mittleren Bürgertum. Sie waren sehr oder etwas weniger arm, wurden mit christlichen Vorstellungen genährt und bisweilen von geistlichen Herrn protegiert. Kant kam auf den Rat des frommen Beraters seiner Mutter zur höheren Bildung. Im Königsberger Collegium Fridericianum, das er besuchte, galt immer noch die Verfügung von 1535 und 1690: »Die Präzeptores sollen mit den Discipulis alle Wege lateinisch und nicht deutsch reden, als welches an sich leichtfertig und bei den Kindern ärgerlich und schädlich ist.« Wer das philosophische Deutsch Kants, Fichtes und Hegels bemängelt, vergißt, daß sie die ersten Schritte auf dem Wege zur Ausbildung einer deutsch-philosophischen Sprache machten.

Der Theologie-Student Kant erlebte die Pietisten und vergaß nie »jene Ruhe, jene Heiterkeit, jenen inneren Frieden, die durch keine Leidenschaft beunruhigt wurden. Keine Not, keine Verfolgung setzte sie in Mißmut, keine Streitigkeit war vermögend, sie zum Zorn und zur Feindschaft zu reizen.« Er muß auch böse Erfahrungen mit jenen engherzigen religiösen Eiferern gemacht haben, die später Hölderlin im Tübinger Stift quälten; und klagte sehr über die pedantische Disziplin kirchlicher Fanatiker. Schiller sagte zu Goethe, nachdem er Kants *Anthropologie* gelesen hatte: der »heitere und joviale Geist« zeige die Spuren des »Lebensschmutzes«, durch den er mußte.

Die deutsche Universität war noch nicht die Blüte freien Forschens und Lernens, die sie später in ihren besten Jahrzehnten wurde. Noch 1778 wiederholte man das Edikt, nach dem freie Vorträge, Vorlesungen, die sich nicht an ein vorgeschriebenes Textbuch hielten, verboten waren. Das Ziel der Universität war die Erziehung von preußischen Offizieren und Beamten, nicht von »Revolutionären der Denkungsart«.

Der Mann, welcher dann der »Alleszermalmer« genannt wurde, hatte einen höchst prosaischen Weg aufwärts zu schleichen. Fünfzehn Jahre war er Privatdozent: ein armer Lehrer, der seine Bücher verkaufen mußte, um zu leben; der wöchentlich bis zu sechsunddreißig Stunden zu lehren hatte, auch Mathematik und Physik und physische Geographie und Mineralogie und natürliche Theologie. Der junge Kant ist weniger bekannt als der alte. Herder zeichnete die

Aufklärung und Verklärung

Frühzeit in den *Briefen zur Förderung der Humanität*: »Er war in seinen blühendsten Jahren, hatte die fröhliche Munterkeit eines Jünglings... Scherz und Witz und Laune standen ihm zu Gebot, und sein lehrender Vortrag war der unterhaltendste Umgang.« Das Bild, das viel später der junge Fichte vom alten Lehrer Kant zeichnete, war ungefähr ein Gegen-Bild.

Erst im sechsundvierzigsten Jahr wurde er Professor der Logik und Metaphysik. Als er acht Jahre später eine Berufung nach Halle bekam, auf den begehrtesten philosophischen Lehrstuhl, schrieb er an den Minister (man erinnert sich an Spinozas Ablehnung des Heidelberger Katheders): »Gewinn und Aufsehen auf einer großen Bühne haben, wie Sie wissen, wenig Antrieb für mich. Eine friedliche und gerade meinem Bedürfnis angemessene Situation, abwechselnd mit Arbeit, Spekulation und Umgang besetzt, wo mein sehr leicht affiziertes, aber sonst sorgenfreies Gemüt und mein noch mehr launischer, doch niemals kranker Körper ohne Anstrengung in Beschäftigung erhalten werden, ist alles, was ich gewünscht und erhalten habe. Alle Veränderung macht mir bange, ob sie gleich den größten Anschein zur Verbesserung meines Zustandes gibt, und ich glaube, auf diesen Instinkt meiner Natur achthaben zu müssen, wenn ich anders den Faden, den mir die Parzen sehr dünn und zart spinnen, noch etwas in die Länge ziehen will.«

Er hatte die *Kritik der reinen Vernunft* noch nicht veröffentlicht. Er konnte den Faden noch mehr als ein Viertel-Jahrhundert in die Länge ziehen. Jene Sätze waren sein kürzestes, konzentriertestes Selbst-Porträt; und, ganz unauffällig, auch die beste Charakteristik seines Werks. Da ihm alle Veränderung bange machte, suchte er das Unveränderliche und fand, im Strom der Erfahrungen, die ewigen Aprioris des Denkens, des Moralischen und der Künste. Sie waren sein Halt. Die Angst vor dem Wechsel, im Leben des Einzelnen und der Gesellschaft, trieb die Philosophen zur Erfindung des Ewigen. Es sah immer wieder anders aus und hatte immer wieder dieselbe Funktion: Befriedung derer, die sich (mit Recht) vor der Zukunft fürchteten.

Er hatte in frühen Jahren viele Arbeiten auf vielen Gebieten veröffentlicht. Dann verstummte er. Seine Freunde fragten: »Sind Sie denn der Welt gestorben? Warum schweigen Sie?« Die Intimsten erhielten eine Antwort. Er bleibe bei seinem Vorsatz, sich von keinem »Autorenkitzel verleiten zu lassen, in einem leichteren und beliebteren Felde Ruhm zu suchen«, ehe er den dornigen und harten Boden eben und zur allgemeinen Bearbeitung frei gemacht habe. Oft sei er durch Schwierigkeiten gereizt worden, sich »angenehmeren Materien« zu widmen... Dann wurde er schließlich mit dem Hindernis fertig; was ihn hätte ablenken können, schien ihm zu nichtig. Deutlicher ist nie in Erscheinung getreten, wie ein Denker an ein Problem gefesselt sein kann, das ihn nicht anzog, das er aus Gewissenhaftigkeit nicht umgehen konnte.

Zu den Opfern, die er brachte, gehörte auch der Verzicht auf das charmierende Wort. Er hatte in frühen Jahren so graziös wie Wieland geschrieben. Auch die Briefe verraten, was ihm stilistisch gelingen konnte. Seine Freunde teilten mit, daß er in Gesprächen und Vorlesungen weit geistvoller gewesen sei als in seinen Büchern. Er war sich bewußt, was er aufgab, als er darauf verzichtete, mit der Sprache zu zaubern... die große Verlockung, die einen Forscher vom Wege abbringen kann. In einer Tagebuch-Aufzeichnung heißt es: »Die Methode meines Vortrags hat eine nachteilige Gestalt: sie sieht scholastisch aus, mithin grüblerisch trocken, ja eingeschränkt und weit vom Tone des Genies verschieden.« Er aber habe sie gewählt und der freien Bewegung des Geistes und des Witzes vorgezogen, obwohl er sich klargemacht hatte, daß sie die Leser abschrecken werde. Selbst wenn er »im größten Besitze des Witzes und der Schriftsteller-Reize« wäre, würde er dennoch nicht versucht haben, einzunehmen und zu überreden. Ihm war die Wahrheit lieber als die Schönheit; sie sind keine siamesischen Zwillinge.

Es gehört zu den ergreifendsten Zügen dieses Denkers, daß ihm kein Verzicht zu schwer war vor der Pflicht, zu dem zu stehen, was sich ihm als wahr aufdrängte. Selbst Newton und Leibniz, schrieb der Zweiundzwanzigjährige, müßten vor der obersten Göttin weichen. Und die eigenen Überzeugungen, sosehr sie einem ans Herz gewachsen sind, haben nicht mehr Anspruch als die geliebten Autoritäten. Kant war besessen vom Willen zur Wahrheit, die kein irdisches Interesse verdunkeln dürfe. Er ahnte noch nicht, wie sehr es sich noch gegen den leidenschaftlichsten Wahrheits-Sucher durchsetzen kann.

1781, in Kants siebenundfünfzigstem Jahr, kam das Werk heraus, das in den langen Zeiten des Schweigens entstanden war: *Die Kritik der reinen Vernunft*. Göttinger Professoren charakterisierten ihn als »Dilettant in der Philosophie«. Er selbst sah in seinem Buch eine »Revolution der Denkungsart«. Moses Mendelssohn nannte ihn den »Alleszermalmer«; der Ältere war der repräsentative Philosoph des Zeitalters gewesen, das Kant begrub. Er sah in Mendelssohns *Morgenstunden oder Vorlesungen über das Dasein Gottes* die letzte Blüte der Vernunft-Metaphysik. Die reine Vernunft, die über die Dinge des Himmels und der Erden (vor allem auch des Himmels) spekuliert hatte, wurde von Kant zum Tode verurteilt. Das ist, überaus kurz formuliert, seine bleibende Tat gewesen. Auch sie war ein Sakrifiz, sich abgerungen. »Die Metaphysik, in welche ich das Schicksal habe, verliebt zu sein ...« hatte er geschrieben. Diese Liebe vertrieb er mit den rücksichtslosesten Argumenten. Man kann das mächtige Zerstörungswerk zurückverfolgen bis zum Jahre 1761, als er die Frage der Berliner Akademie der Wissenschaften beantwortete: »Sind die metaphysischen Wissenschaften derselben Evidenz fähig wie die mathematischen?« Kant zweifelte und wies darauf hin, daß sie bisher nicht den »sicheren Gang einer Wissenschaft« gezeigt hätten.

Von zwei Engländern war er auf die Fährte gesetzt worden. Sie hatten es sich zur Aufgabe gemacht, das Organ, das metaphysische Wahrheiten produziert, den Verstand, zu untersuchen. John Locke hatte es in dem *Essay concerning human understanding* unternommen. Er schob die Theorie von den angeborenen Ideen beiseite, stellte die Seele als tabula rasa vor, erkannte als Quellen des Wissens nur Wahrnehmung und Reflexion an und behauptete: es könne nichts im Verstand sein, was nicht vorher von den Sinnen gegeben ist. Innerhalb der Wahrnehmungen unterschied er Primäres (sagen wir Objektives): Ausdehnung, Gestalt, Bewegung, Zahl und Ort. Und Sekundäres (sagen wir Subjektives): Ton, Farbe, Temperatur, Geruch, Geschmack. Die Reflexion, das Sich-zu-sich-selbst-Zurückbeugen, arbeitet (in Operationen wie Sich-Erinnern, Unterscheiden, Vergleichen) mit dem Material, das die Sinne bereitgestellt haben.

Jahrzehnte später ging David Hume noch einen Schritt weiter. Er stellte auch Lockes primäre Qualitäten in Frage – und damit das Fundament für »Objektives«, das der Vorgänger noch unangetastet gelassen hatte. Er interpretierte die »Substanz« als »Substruktion«. Er sah in der Einheit der Seele, des Ich, eine Konvention. Er demaskierte den Kausal-Nexus als zeitliche Abfolge. Er steuerte auf eine radikale Skepsis hin; eine gründlichere Repetition sophistischer Theorien. Das alarmierte Kant. Er konnte sich den Argumenten Humes nicht entziehen – und wollte nicht die Konsequenzen. Die Verteidigung des Kausal-Gesetzes, von Kant bis Planck, war immer auch, im Bewußtsein der Verteidiger, ein Kampf gegen moralisch-politische Gesetzlosigkeit.

Kant hat darauf hingewiesen, was er Hume verdankte: er riß ihn aus dem »dogmatischen Schlummer«. Der Erwachte erkannte zwar die scharfe Kritik am Spekulieren an – baute aber einen Damm, auf daß die (berechtigte) Kritik nicht jede Sicherheit zerstöre. Dieser Wall ist dann mächtig ausgebaut worden, wird aber bis zu diesem Tage von einigen starken Denkern (zum Beispiel Bertrand Russell und dem Wiener Kreis) niedergerissen. Neben den Neu-Kantianern wuchsen die Neu-Humeisten, wenn auch in Deutschland nicht so üppig wie außerhalb.

So leitete Kant zwei mächtige Bewegungen ein: eine kritische und dann noch eine neue Verklärung; die »Wissenschaft von den Grenzen der menschlichen Vernunft« und die neue Vernunft-Metaphysik. Sein »Transzendentalismus« (im Gegensatz zu jeder Transzendenz-Philosophie) lehnte alle Spekulationen über Gott, Seele und Unsterblichkeit ab; die Vernunft könne nicht die dunklen Regionen jenseits der Welt unserer Sinne erleuchten. Was an der »Wirklichkeit« wirklich ist, wüßten wir nicht. Das Letzte, zu dem wir bei der Zergliederung des Gegebenen kommen, sei das unerkennbare »Ding an sich«.

Kant spekulierte nicht über die sogenannten letzten Fragen, sondern untersuchte die Wissenschaften, deren Wahrheitsanspruch er nicht in Frage stellte: vor allem Mathematik und Physik; und holte die grundlegenden Begriffe heraus, auf denen sie errichtet waren. Er fand vierzehn Aprioris, Stammbegriffe, ohne welche Erfahrung gar nicht möglich sei: unter ihnen Raum und Zeit und Kausalität; sie stammen nicht aus der Empirie. Woher denn? Kant antwortete nicht. Aber die Nachfolger holten es nach. Die Aprioris wurden das große Quellgebiet der nach-kantischen Metaphysiken. Es begann schon bei Kant.

Als »Alleszermalmer« wirkte er (zum Beispiel) auf Heinrich von Kleist, der in Kant den Mann sah, welcher der Vernunft Grenzen gesetzt – und so die Blindheit vor den ewigen Fragen bewußt gemacht hat. Kant ist auch ein Ahnherr moderner Resignation. Kant war auch einer der wirksamsten Skeptiker.

Und schuf die *Kritik der praktischen Vernunft*. Hier wurde nicht ein Glaube zerstört, sondern fundiert: der Mensch ist Teil einer geistigen Welt, ein oberstes moralisches Gesetz kann deduziert werden. Der »kategorische Imperativ« lautet in einer seiner Formulierungen: »Handle nur nach derjenigen Maxime, durch die du zugleich wollen kannst, daß sie ein allgemeines Gesetz werde.« Es wurde früh bemerkt, daß dies rein formale Gebot nicht imstande ist, eine Güter-Tafel zu produzieren; und nicht als Maßstab für Gutes und Böses dienen kann. Tatsächlich wurde Kants Ethik gespeist vom Zeitalter des Ideals der Egalité und Toleranz. Seine Moral-Philosophie ist weniger in der Aufforderung: verhalte dich allgemeingültig! – und mehr in jener anderen: »Handle so, daß du die Menschheit sowohl in deiner Person als in der Person eines jeden andern jederzeit zugleich als Zweck, niemals bloß als Mittel brauchst.« Dies Traumbild lebt sowohl in der »Demokratie« als auch in der Vorstellung von der »klassenlosen Gesellschaft«. Neun Tage vor seinem Tod soll der Greis den Satz gesprochen haben, der den Nerv seines Lebens bloßlegt: »Das Gefühl für Humanität hat mich noch nicht verlassen.«

Dieser Humanismus kam in preußisch-kargem Gewand zur Welt: die Pflicht war das Herz, das Herz eine ängstlich bewachte Gefahr. Deshalb schrieb Charlotte von Schiller: »Kant wäre eine der größten Erscheinungen der Menschheit gewesen, hätte er Liebe empfinden können.« Und Herder wendete sich gegen den einförmigen Norm-Begriff, der die bunte Fülle des Lebens, die individuelle Situation, nicht in Betracht zog. Liebe und bunte Fülle sind Straßen zur Gesetzlosigkeit.

Vor allem wendeten sich die größten Zeitgenossen, die ihn verehrten, gegen die große Schwäche des »Alleszermalmers«. Nachdem er die Tugend um ihrer selbst willen gepriesen hatte – und ausgeschlossen, daß sie eigensüchtig motiviert sein dürfe, schrieb er dann doch, daß es Gott geben müsse, weil es unvorstellbar sei, daß der Gute nicht schließlich mit Glück belohnt werde. Kant ließ sich herbei, meinte Schiller, das »morsche Gebäude der Dummheit zu flicken«. Kant habe sich, meinte Goethe, freventlich »mit dem Schandfleck des radikalen Bösen beschlappert, damit doch auch Christen herbeigelockt werden, den Saum zu küssen«.

Am witzigsten traf den Widerspruch zwischen dem kraftvollen, tief verehrten Aufklärer und dem Mann, der dann ein gut Teil Aufklärung wieder zurücknahm: Heinrich Heine. In seinem Buch: *Zur Geschichte der Religion und Philosophie in Deutschland*, dessen Helden Luther, Lessing und Kant sind, karikierte er diesen Streiter, der vor dem eigenen Mut schließlich Angst bekam, in einer großartigen Parodie, in welcher der alte Diener Lampe eine Rolle spielt. Kants Abfall von sich selbst wird ironisiert in Sätzen, die exakter treffen, als die gelehrtesten Kritiker es vermochten. Immanuel Kant hat »den unerbittlichen Philosophen trassiert, er hat den Himmel gestürmt, er hat die ganze Besatzung über die Klinge springen lassen, der Oberherr der Welt schwimmt unbewiesen in seinem Blute, es gibt jetzt keine Allbarmherzigkeit mehr, keine Vatergüte, keine jenseitige Belohnung für diesseitige Enthaltsamkeit, die Unsterblichkeit der Seele liegt in den letzten Zügen – das röchelt, das stöhnt – und der alte Lampe steht dabei mit seinem Regenschirm unter dem Arm, als betrübter Zuschauer. Und Angstschweiß und Tränen rinnen ihm vom Gesicht. Da erbarmt sich Immanuel Kant und zeigt, daß er nicht bloß ein großer Philosoph, sondern auch ein guter Mensch ist, und er überlegt, und halb gutmütig und halb ironisch spricht er: Der alte Lampe muß einen Gott haben, sonst kann der arme Mensch nicht glücklich sein – der Mensch soll aber auf der Welt glücklich sein – das sagt die praktische Vernunft – meinetwegen – so mag auch die praktische Vernunft die Existenz Gottes verbürgen. Infolge dieser Argumente unterscheidet Kant zwischen der theoretischen und der praktischen Vernunft, und mit dieser, wie mit einem Zauberstäbchen, belebte er wieder den Leichnam des Deismus, den die theoretische Vernunft getötet.«

Hier ist enthüllt, was die Tragik großer Aufklärer gewesen ist: daß sie nur zum Teil klärten, zum Teil aber verklärten – eine neue Verklärung schufen. Das nachkantische, Kant folgende Philosophieren setzte an beide Tendenzen an und zeigte Erhellung und Verdunkelung. Beides wurde Manifest in den nach-kantischen Metaphysiken bis zu Schopenhauer und, an der Wende des neunzehnten und zwanzigsten Jahrhunderts, noch einmal in den Neu-Kantianern.

Ganz ohne Verklärung wuchs die Nachfolge Humes – bis zur »Wissenschaftlichen Philosophie«, die keimfrei wurde, sterilisiert: Philosophie-frei.

Herder hatte Kant in seinen frühen Jahren gehört, mit Enthusiasmus. Fichte hörte den alten Mann, enttäuscht; fand die Vorlesungen ziemlich schläfrig, geriet aber sofort in den Bann kantischer Ideen. Und verfaßte in den Jahren, in denen Kants Religionsphilosophie erwartet wurde, den *Versuch einer Kritik aller Offenbarung*. Die Arbeit erschien (wie es heißt: aus Versehen) ohne den Namen des Autors. Man schrieb sie Kant zu. So wurde Fichte durch seinen Erstling berühmt.

Er erhielt einen Ruf an die Universität Jena, Hochburg des Kantianismus und der Früh-Romantik. Hier geriet er in Konflikt mit vielen Mächten; Konflikte wurden der hervorstechende Zug seines Lebens. Er hielt eine leidenschaftliche Vorlesung über den »Beruf des Gelehrten« sonntagsmorgens zwischen neun und zehn, während des Kirchgangs; die Geistlichkeit verübelte es ihm sehr. Er hielt seine Kollegs an den Wochentagen morgens zwischen sechs und sieben, was ihm die Studenten verdachten. Er unterdrückte ihre Verbindungen, sie drangen nachts in sein Haus und zerbrachen die Fenster. Die Fakultät hatte nicht den Mut, ihn zu stützen. Da trat das Ereignis ein, das eine Handhabe bot, sich seiner zu entledigen.

Er gab das *Philosophische Journal* heraus. In ihm erschien eine Abhandlung über *Die Entwicklung der Idee der Religion*. Fichte steuerte einen Aufsatz *Über die Gründe unseres Glaubens an eine göttliche Regierung des Universums* bei, der leicht verkappte Atheismus des deutsch-philosophischen Idealismus: Gott ist keine Person, Gott ist die moralische Welt-Ordnung – so begannen viele semantisch bemäntelte, Theologie-fremde Theologien. Sachsen und alle anderen deutschen Staaten, mit Ausnahme Preußens, verboten die gottlose Zeitschrift. Fichte drohte, er werde zurücktreten, wenn man ihm Vorhaltungen mache. Man benutzte die Drohung, tat so, als sei sie eine Demission – und bewilligte sie.

Er ging nach Berlin, verkehrte mit Schlegel, Tieck, Schleiermacher und floh, nach der Schlacht von Jena und Auerstedt, in den Norden. 1807 kam er nach Berlin zurück und hielt seine *Reden an die deutsche Nation*, die nichts weniger als chauvinistisch waren. In ihnen ist Deutschland nicht das Auserwählte Volk; Fichte stellte ihm die gewaltige Aufgabe, sich zu halten, als wäre es auserwählt. Er schmeichelte den Seinen nicht, sondern bürdete ihnen eine zu große Last auf. Er rief seine Landsleute nicht auf, andere Völker auszubeuten, sondern: ihnen mit leuchtendem Beispiel voranzugehen. Fichtes *Reden an die deutsche Nation* sind neben Nietzsches *Willen zur Macht* das mißverstandenste Buch der deutsch-philosophischen Literatur.

Als die Berliner Universität 1810 wiedereröffnet wurde, wählte man den unerbittlichen Fichte zum ersten Rektor. Bald resignierte er, weil er abermals vergeblich versucht hatte, rauf- und sauf-lustige Studenten zu entbestialisieren. Er war einer der größten deutschen Erzieher – nicht zum Nationalismus (wie mancher Fichte-Bund später glaubte), sondern zu einer weltbürgerlichen Gesellschaft im Sinne Kants.

Der dithyrambische Stil des Redners war nicht pathetisch (im minderen Sinn dieses Adjektivs), sondern glühend (im Feuer eines verehrungswürdigen Glaubens): »Das, was man Tod nennt, kann mein Werk nicht abbrechen; denn mein Werk soll vollendet werden, und es kann in keiner Zeit vollendet werden, mithin ist meinem Denken keine Zeit bestimmt – und ich bin ewig. Ich habe zugleich mit der Übernahme jener großen Aufgabe die Ewigkeit an mich gerissen.«

Diese menschliche und zugleich ewige Person war das Fichtesche »Ich«: sein Gott-Ersatz, von den Romantikern nicht selten als freischwebende Subjektivität mißdeutet. »Gott« wurde nicht so eng wie ein »Ich«, es wurde so weit und so tief wie die Vorstellung von Gott. Mit dem späteren Individualismus und Subjektivismus Stirners, mit dem Existentialismus Kierkegaards, mit Nietzsches Verherrlichung des kreativen Illusionsspenders hat Fichtes Ich-Philosophie nichts gemein. Sie war eher eine Vollendung, eine Objektivierung der Mystik, die Gott im Ich gefunden hatte, als »Fünkchen«. Aus ihm war ein Brand geworden: Gott wuchs mächtig im Menschen, niemand schenkte der göttlichen Menschheit einen so leidenschaftlichen Ausdruck wie Fichte.

Er wurde einer der ersten großen enthusiastischen Sozialisten – in einer deutschen Zeit, in der es dies Wort kaum gab. »Man soll nicht« (schrieb er 1800, im *Geschlossenen Handelsstaat*) »irgend etwas zu Berechnendes dem blinden Zufall ... überlassen, in der Hoffnung, daß er es wohl machen werde.« Und fuhr fort: »Es sollen erst alle satt werden und fest wohnen, ehe einer seine Wohnung verziert, erst alle bequem und warm bekleidet sein, ehe einer sich prächtig kleidet.« Fichte war, in dieser Sehnsucht, mehr als Hegel die Brücke zwischen Kant und Marx. Auch in seinem Missions-Eifer, der noch nicht die blutige Zukunft ahnen ließ; man darf heute, nach 1933, nicht übersehen, daß es auch Missionare gab, die keine Unterdrücker waren.

In der siebenmal umgearbeiteten *Wissenschaftslehre*, dem theoretischen Hauptwerk, das »alles Sein der Erscheinung aus dem Verstande abzuleiten« hatte, ist er, von Kant her gesehen, der erste Schritt rückwärts zu einer neuen spekulativen Phantastik gewesen. Aber innerhalb dieser abstrakten Theogonie sind Begriffe von einer Präzision und Brauchbarkeit entstanden, welche das Studium des sehr anspruchsvollen, sehr schwierigen Werks lohnend machen. Der abtrünnige Kant-Schüler Fichte war der Wegbereiter für den Thomas von Aquino des philosophischen Idealismus: Georg Wilhelm Friedrich Hegel.

Kant hatte nach der Natur des Natürlichen Lichts, des Verstands, gefragt und seine ausschweifende Aktivität (in der Theologie, in der Metaphysik) kritisiert: eine Haltung, die »Kritizismus« genannt wird. Er hatte die Natur des Natürlichen Lichts in der fruchtbaren Nüchternheit gefunden, die sich begnügt, das der Erfahrung Zugängliche zu erhellen; und wurde nun, nicht ohne sein Zutun, Ahnherr der imposanten Ausschweifungen, die mit Fichtes und Schellings Systemen begannen und in Hegel und Schopenhauer, den beiden verwandten Antipoden, ihren Höhepunkt erreichten. Die Erben Kants glaubten, das geheimnisvolle »Ding an sich« beim Namen nennen zu können.

Kant hatte aus der (wissenschaftlich kodifizierten) Erfahrung vierzehn Aprioris herausanalysiert, die auf Erfahrung nicht mehr zurückgeführt werden können. Woher stammen sie? Kant machte vor der Antwort halt. Er hatte zu den vierzehn Stammbegriffen des denkenden Menschen nicht ein großes Ich, eine große Seele hinzugefunden – nicht eine statische und nicht eine dynamische. Jetzt machten Fichte und Schelling und Hegel die unbekannte Quelle bekannt: als Reich des Geistes, ein abstrakter Ausdruck für das Reich Gottes. Er wurde bei Fichte und Hegel ein naturfremder Gott. Sie schufen einen beschränkten Pantheismus, in dem die Natur von der Göttlichkeit ausgeschlossen ist. Hegel schrieb: »Die Natur ist der sich entfremdete Geist«, »Abfall der Idee von sich selbst«. Als der Sechsundzwanzigjährige eine Reise durchs Berner Oberland machte, notierte er im *Tagebuch*: »Das Schauspiel dieser ewig toten Masse gab mir nichts als den monotonen Eindruck und die öde Idee: Es ist so.« Die Natur, gesehen unter der Kategorie des Gegebenen, ist hier, wie alles Gegebene, nichts als ein Widerstand. Das lehrte Fichte. Und Hegel orchestrierte diese Lehre gewaltig.

Im Jahre 1806 erschien eines der schwierigsten, großartigsten und dogmatischsten Bücher, das Haufen von Proselyten zeugte: Hegels *Phänomenologie des Geistes*. Sie geht aus von der alten Einsicht, die jeder Wissenschaft zugrunde liegt und zuletzt von der kantischen Philosophie formuliert wurde: die Welt ist nicht, wie sie dem Gesunden Menschenverstand erscheint. Hegel weist nach, daß dieser Gesunde Menschenverstand nur eine von fünf Relationen zwischen Wirklichkeit und Bewußtsein, daß das Verhältnis zwischen dem Subjekt und der Realität fünffältig ist... und daß erst alle fünf Aspekte zusammen den ganzen Umkreis möglicher Interpretationen der Welt umfassen.

Die *Phänomenologie* zeigt die fünf Manifestationen des Seins; in den späteren, umfassenderen, leben die früheren, primitiveren, weiter. Die Fünf, zwischen dem unmittelbaren Bewußtsein und dem absoluten Wissen, zwischen der »Wirklichkeit« des Säuglings und der »Wirklichkeit«, gedeutet von der Hegelschen Philosophie, lauten: »Sinnliche Gewißheit« (isolierte Wahrnehmungen); »Wahrnehmung« (die Theorie, daß die Welt abgebildet wird, wie sie ist); »Verstand« (das Stadium der wissenschaftlichen Erfassung des Seins); »Selbstbewußtsein« (die Interpretation Kants, die als das eine Element der »Wirklichkeit« den menschlichen Geist entdeckte); und schließlich »Vernunft«, Zentrum des Hegelschen Himmels: die Lehre, daß Welt und Geist zugleich identisch sind und identisch werden.

Schon in der *Phänomenologie* sind diese fünf Auslegungen nicht nur eine Reihe vom Niederen zum Höheren, vom Baby zu Hegel, auch eine welthistorische Abfolge, Charakterisierung der Entwicklung der Menschheit, deren fünf Stadien sich am essentiellsten in ihrer Deutung der »Realität« manifestieren. In Hegels einflußreichstem Werk, den *Vorlesungen über die Philosophie der Geschichte*, welches die »Auslegung des Geistes in der Zeit« beschreibt, stehen die Sätze, die seine Lehre am knappsten und präzisesten konzentrieren: »daß die Vernunft die Welt beherrscht, daß es also auch in der Weltgeschichte vernünftig zugegangen ist«. Das Neue nach Kant ist der Totalitäts-Anspruch der Vernunft und ihre geschichtliche Entfaltung, so daß Geschichtliches nicht an einer überhistorischen, ewig gleichen Vernunft zu messen ist, sondern eine begrenzte Vernunft-Konkretion darstellt. Dieser Gedanke hatte ungeheure Folgen und beherrscht noch diese Tage.

Die menschliche Vernunft ist also nicht nur menschlich, nicht nur eine Eigenschaft von Subjekten, sie wächst unabhängig von ihnen; damit wurde die Subjektivität, die schon mit den Apriioris überwunden war, noch energischer ins Trans-Subjektive gewendet. Ein Motiv, der Aufklärung fern, das schon bei Fichte sich geltend machte, wurde akzentuiert: die Zeitlichkeit der Ewigkeit; Gott bekam eine Historie, die Vernunft wurde eine in die Zukunft wirkende Kraft.

Die Sinngebung der Geschichte (der Terminus »Geschichts-Philosophie« geht auf Voltaire zurück) war noch jung, als Hegel und Marx sie zum Mittelpunkt der Philosophie machten; der Italiener Vico, der Franzose Montesquieu, der Schweizer Wegelin hatten sie entwickelt. In Deutschland hatte die Reihe glänzender Versuche, die Biographie der Menschheit zu schreiben, mit Herder begonnen.

Einer der Kern-Sätze Hegels, welcher wahrscheinlich eine der kräftigsten Illusionen in die Welt gesetzt hat, lautet: daß die »Vernunft« nicht so unmächtig sei, um es nur bis zum Ideal zu bringen; er meinte: um es nicht zur Realisierung des Paradieses zu bringen. Damit war der Idealismus als Lehre vom Ideal, ein Stern hoch über der Wirklichkeit, außer Kraft gesetzt. Damit war der Weg geöffnet zu allen Eschatologien, die aus der Möglichkeit, zu ändern, die ausschweifende Zuversicht schöpften, aus Menschen Adams und Evas vor der Vertreibung zu machen. Die Marxsche Lehre von der Klassenlosen Gesellschaft ist echter Fichteanismus, Hegelianismus. Marx war der legitimste Erbe des deutschen Idealismus... dort, wo er am überschwenglichsten war.

Hegels Weltgeschichte ist nicht nur ein Fortschritt im Bewußtsein von der Freiheit, auch ein Fortschritt in ihrer Realisierung. So wird Ordnung in die offenbare Unordnung der Vergangenheiten gebracht. Die kürzeste Formel, die Hegels Vorstellung vom sinnvollen Gang der Menschheit wiedergab, lautete: »daß die Orientalen nur gewußt haben, daß einer frei sei, die griechische und römische Welt, daß einige frei seien, daß wir aber wissen, daß alle Menschen frei sind, daß der Mensch als Mensch frei ist...« Verkündet in den Jahren der »Heiligen Allianz«. Die Teil-Freiheiten der Epochen manifestieren sich nicht nur im Politischen, auch in den Künsten, den Wissenschaften und Philosophien. Das Wort »Freiheit« hatte im deutschen Idealismus eine Weite, die weit über das Politische hinausging.

Das Wesen der Welt ist die Menschheit, das Wesen der Menschheit der vorwärts dringende Geist. Er wird in Bewegung gehalten von einem Gesetz des Fortschreitens, dem er den alten Namen »Dialektik« gab. Sie ist nicht nur ein Rhythmus des Denk-Prozesses, auch des Universums. Es ist die Negation, die vorwärts treibt. Sie hat eine lange Geschichte und klang nicht immer so abstrakt. Einmal hieß sie der Teufel – er benahm sich wie Mephisto: ein Teil von jener Kraft, die stets das Böse will und stets das Gute schafft. Auch Hegels Negation ist apologetisch, Stück einer Theodizee.

Man nahm schon immer den lieben Gott in Schutz, der so viel den Menschen antut, was gar nicht lieb ist. Von Kants Rechtfertigung des »Antagonismus«, der »Not«, bis zu Toynbees Preis auf die

»challenge« haben Philosophen den Theologen assistiert: in der Verteidigung des Negativen in der Welt. In Kants »Idee zu einer Allgemeinen Geschichte in weltbürgerlicher Absicht« wird das »nomadische Schäferleben« verworfen und der »Natur« gedankt für die »Unvertragsamkeit«. Der Mensch wolle Eintracht; die Natur wisse besser, was für das Menschengeschlecht gut sei: Zwietracht. Ohne sie keine Kultur... selten nur wurde gefragt, was eigentlich an einem arkadischen Schäferleben ohne reale und kostümierte Tragödien, ohne reale und gemalte Kruzifikationen schlecht sei.

Schließlich mündete der ganze Aufwand der blutigen Weltgeschichte bei Hegel in eine ziemlich idyllische Gegenwart, die preußische Mittelklasse und ihren feudal-bourgeoisen Staat. Doch darf man Hegel nicht daran messen, wie sehr er sich über seine Tage täuschte; muß erkennen, was er sah. Er sah klar das Problem Platons, den drohenden Bürgerkrieg – und löste es falsch. Der Staat Preußen, mit dem Monarchen an der Spitze, stehe außerhalb der konkurrierenden Gesellschaft; der Staatsbürger, wenn auch nicht der Konkurrent, lebe in einer klassenlosen Gesellschaft (falls ich diese Wendung vorwegnehmen darf). An diesem Punkt setzte der größte Hegelianer ein: Karl Marx. Er deckte auf, daß Hegel seine Gesellschaft nicht erkannt habe – wohl aber die, auf welche der »Weltgeist« hinauswolle. Marx wurde ein (von den Bindungen an die Feudal-Bourgeoisie) befreiter Hegelianer. Hegels preußischer Staat wurde Marx' internationales Proletariat.

Bevor die Dialektik aufgezeigt wird, die aus der Lehre Hegels die Lehre des opponierenden Schülers hervorbrachte, muß unterstrichen werden, wie sehr Hegel auch schon Marxist war, Verkünder einer gepanzerten Diktatur... wenn auch noch nicht des Proletariats. Der Marx-naheste Hegel-Satz steht in einem Brief an Niethammer vom 5. Juli 1816: »Ich halte mich daran, daß der Weltgeist der Zeit das Kommandowort zu avancieren gegeben hat; solchem Kommando wird pariert: dies Wesen schreitet wie eine gepanzerte, festgeschlossene Phalanx, unwiderstehlich und mit so unmerklicher Bewegung, als die Sonne schreitet, vorwärts, durch dick und dünn; unzählbare leichte Truppen gegen und für dieselbe flankieren drumherum; die meisten wissen gar von nichts, um was es sich handelt, und kriegen nur Stöße durch den Kopf, wie von einer unsichtbaren Hand. Alles verweilerische Geflunkere und weisemacherische Luftstreicherei hilft nichts dagegen, es kann diesen Kolossen bis an die Schuhriemen reichen, ein bißchen Schuhwichse oder Kot daran schmieren, aber vermag dieselben nicht zu lösen.«

Hier war der Lehrer bereits im Fahrwasser seines deutlicher sprechenden Schülers Karl Marx, Verkünder eines militanten Gottes, der mit Erfolg strebend sich bemüht. Es fehlte nur noch die Konskription der irdischen Rekruten.

Man kann das philosophische Jahrhundert, das mit Schopenhauer begann und in Nietzsche seinen Höhepunkt hatte, das anti-hegelsche nennen; so mächtig war Hegel anwesend. Die beiden größten Schüler, die er gegen sich mobilisierte, denen er sein großartiges Handwerkszeug übergeben hat, mit dem sie ihn erfolgreich bekämpften, waren Kierkegaard und Marx. Kierkegaard setzte Hegel entgegen: was existiert, ist immer ein Individuum, der Begriff existiert nicht. Und Marx löste den philosophischen Idealismus mit dem Satz ab: »Die Philosophen haben die Welt nur verschieden *interpretiert*; es kommt aber darauf an, sie zu *verändern*.«

Was mit diesem meist-zitierten Ausspruch gemeint ist, wird erst klar, wenn man erkennt, daß er schon auf den ersten Blick falsch ist. Wollte Fichte die Welt nur interpretieren? In seinem Buch *Die Bestimmung des Menschen* heißt es: »Auch schon in der bloßen Betrachtung der Welt, wie sie ist... äußert sich in meinem Innern der Wunsch, das Sehnen – nein, kein bloßes Sehnen – die absolute Forderung einer besseren Welt... Es ertönt unwiderstehlich in meinem Innern, so kann es unmöglich bleiben wollen, es muß, oh, es muß alles anders und besser werden.« Von Platon bis zu Fichte haben Idealisten die Welt nicht nur verschieden interpretiert. Und – und auch Marx interpretierte. Das Neue in seiner Sentenz war: es ist nicht genug, sich zu sehen, man muß seiner Sehnsucht Beine machen. Der Philosoph wird zum Kriegsdienst eingezogen: als Tyrtäus.

Hegel hat in unseren deutschen Tagen die, welche den Zeitgeist fett machen, mehr am Bändel, als er je irgendwelche Zeitgeistler hatte – und durchaus nicht nur wegen Marx. Der historischdialektische Geist geistert in manchem wolkigem »œuvre« – und täuscht Höheres vor. Wer es (etwa) wagt, die Ideologie der Sexual-Moral zwischen 1800 und diesem Tag en bloc als platonisch-christlich-idealistisch zu charakterisieren, unabhängig von den wechselnden Varianten, wird von Hegelschen Teenagern belehrt: daß die Zeit auch hier durch Thesen und Anti-Thesen vorwärtsschritt; man liebe heute so total anders, daß Alte Herren es sich gar nicht vorstellen können. Der Weltgeist sei doch seit 1800 vorwärtsmarschiert. Das alles hat mit seiner progressiven Spirale der Hegel getan.

Daß es unter der changierenden Oberfläche Unveränderliches gibt: durch Jahrzehnte, Jahrhunderte und Jahrtausende ... ist gegen den lebendigsten Köhlerglauben – oder wenigstens gegen den Comment. Nicht nur »Freitag, der dreizehnte« ist eine Drohung durch die Zeiten; und nicht nur dem »Siebenschläfer« vertraut man, auch wenn am nächsten Tag die Sonne scheint. Der Mensch *wird* – versichern die indoktrinierten Kinder als Allerneustes; und sind stolz auf die Scheuklappen, die ihnen verbergen, daß die Hegelsche Trinität mit ihrer augustinischen Biographie ein bißchen arg weihräuchrig ist.

Niemand belehrt die feschen Knechte des Zeitgeists, daß keine historische Dialektik etwas an dem undialektischen Vorgang geändert hat: die Neugeborenen kommen immer noch zweibeinig, zweiarmig, zweiäugig, zweiohrig und mit einer einzigen Nase zur Welt. Der Leib wird aus tausend Gründen ignoriert, mit der Seele (und gar dem Geist) kann man viel mehr anstellen – und chacun à son goût. Mit dem Sichtbaren kann man nicht so umspringen wie mit dem Unvorstellbaren. Man sollte mehr auf das Greifbare reflektieren – und weniger auf die historisch-soziologischen Zellen, in welche man Tote und Lebende eingeordnet zu sehen gewohnt ist ... vor allem sich selbst. Vor allem sich selbst: das ist der psychologische Ursprung der Verfallenheit an den Hegel für geistig Minderbemittelte. Und das ist ein Beispiel, wie ein großer Philosoph seinen Schatten wirft – nicht nur in die Fachzeitschriften; leider auch in das Leben und Treiben und Schreiben der unteren Ränge. So daß ganze Jahrzehnte schattenhaft werden.

Der fünfundzwanzigjährige Marx schrieb in der *Deutschen Ideologie*: »Ein wackerer Mann bildete sich einmal ein, die Menschen ertränken nur im Wasser, weil sie vom Gedanken der Schwere besessen wären. Schlügen sie sich diese Vorstellung aus dem Kopf, etwa indem sie dieselbe für eine abergläubische Vorstellung erklärten, so seien sie über alle Wassergefahr erhaben.« Marx begann als Aufklärer. Er verjagte zeitgenössische Hirngespinste, zum Beispiel den erträumten Sozialismus.

Hegels Gespinste waren gesellschaftlich solide verankert. Marx ging zum Anker, riß ihn in seiner *Kritik der Hegelschen Rechtsphilosophie* los – und machte schon bei dieser Gelegenheit das Fundament der neuen Lehre sichtbar. Hegel hatte geschrieben: die erste Phase der Freiheit ist Besitz; eine Person hat das Recht, ihren Willen auf irgendein Objekt zu lenken, damit gehört es ihr. Und kam zu dem Satz: »Die Person existiert als Vernunft nur im Besitz«; der große Gegner Schopenhauer sagte es dann ähnlich. Marx antwortete: »Der Proletarier hat keinen Besitz.« Hegel schrieb: »Kunst und Religion und Philosophie machen das Wesen des Menschen aus.« Marx antwortete: »Dann ist der Proletarier kein Mensch«; und modelte Hegels zentrale Begriffe um, Geist und Dialektik. Hegel: die Welt ist die Erscheinung des Geistes. Marx: der Geist ist die Erscheinung der Welt, die ätherische Manifestation jener menschlichen Produktiv-Kräfte, die ihm Nahrung und Wärme schaffen. Und Hegels Umformung des subjektiven Wider-Spruchs in den objektiven Wider-Stand wurde durch Marx gesellschaftlich konkret, ein ganz bestimmter Widerstand: der Ausgebeuteten gegen die Ausbeuter, der versklavten Klasse gegen die versklavende, vom Ur-Kommunismus bis zum industriellen Kapitalismus.

Marx lehnte ausdrücklich den Ruhm ab, die Existenz der Klassen-Gesellschaft und des Klassen-Kampfs entdeckt zu haben. Bürgerliche Historiker vor ihm hätten die Geschichte der Klassen beschrieben, bürgerliche Ökonomen vor ihm ihre Anatomie dargestellt. Was er hinzubrachte, war die Erkenntnis: die menschliche Natur ist nicht fertig, sondern entfaltet sich, und zwar dialektisch (das heißt hier: in Feindschaft): in den realen Zusammenstößen der Klassen und in Richtung auf eine klassenlose Gesellschaft, den ewigen Frieden.

Um dieser teleologischen Tendenz willen sollte der Dialektische Materialismus deutlicher dialektisch-idealistischer Ökonomismus genannt werden. Das idealistische Element herrscht: es geht, wie bei

Aufklärung und Verklärung

Hegel, in der Direktion auf das Reich der Freiheit, das Marx spezifischer (und nicht weniger utopisch) die klassenlose Gesellschaft nennt; sie ist der säkularisierte »absolute Geist«, der bereits eine Säkularisation der civitas dei war. Das Wort »Materialismus« ist nicht viel mehr als eine Trotz-Parole (aus dem Geschlecht jener Wörter, zu denen auch die »Blonde Bestie« gehört). Engels unterschied zwischen dem »alten« demokratischen und dem »neuen« ökonomischen Materialismus. Es machte sich dann noch ein dritter geltend: der biologisch-evolutionär-pantheistische der Naturforscher des ausgehenden neunzehnten Jahrhunderts. Der »Dialektische Materialismus«, ebenso fromm, aber aktivistischer, beschrieb den Weg zu einem der Erde immanenten Gott: von einem weniger göttlichen Vegetieren zu einer göttlicheren Freiheit.

Das Materiellste an diesem Idealismus waren: die Fäuste der Arbeiter, mit denen Gott durchgesetzt werden sollte. In diese Fäuste wurde Gottes Wille gelegt. Solche Militanz ist nur vor dem Hintergrund der Gelehrten Kant, Fichte und Hegel neu. In den Kreuzzügen hielt man sich nicht ans Beten für Christus, war auf das Erobern für Christus aus. Der Marxismus gehört in die Geschichte der vielen heiligen Kriege, die ein Ideal mit den stärkeren Bataillonen durchzusetzen suchten. Zu allen Zeiten gab es drei Wege zum Besseren: zu denken oder zu beten, der Macht des Gedankens oder des Gebets die Zukunft anzuvertrauen; zweitens: für das Ideal zu morden; drittens: da Feuer und Schwert ebensowenig erreichten wie Bücher und Prozessionen, geduldig und ohne zuviel zu erwarten das gerade Erreichbare erreichen. Die philosophische Anthropologie hinter dem bescheidenen Fortschritt, der nur lokal möglich ist, nicht total, steckt in Kants »Der Mensch ist aus krummem Holz gemacht«. Der Imperativ hinter dieser Resignation: zu versuchen, ob er nicht etwas geradegebogen werden kann. Der bescheidene Fortschrittler ist dem Utopisten verhaßter als der Rückschrittler; denn der Utopist segelt mit dem Sturm, den der Fronvogt schafft.

Die neue Philosophie, die das Philosophieren ablehnte – und selbst viel philosophierte, setzte zwei Begriffe in die Welt, ohne welche das zwanzigste Jahrhundert nicht mehr leben kann: »Überbau« und »Entfremdung«. Es steht bei Marx: »Die Gedanken der herrschenden Klasse sind in jeder Epoche die herrschenden Gedanken, das heißt, die Klasse, welche die herrschende Macht der Gesellschaft ist, ist zugleich ihre herrschende geistige Macht. Die Klasse, die die Mittel zur materiellen Produktion zu ihrer Verfügung hat, disponiert damit zugleich über die Mittel zur geistigen Produktion ... Die herrschenden Gedanken sind weiter nichts als der ideelle Ausdruck des herrschenden materiellen Verhältnisses.« In dem »weiter nichts« ist die Crux dieser großartigen Einsicht. Wissenschaft, Philosophie, Kunst, Religion einer Zeit sind »weiter nichts« als Ausdruck einer spezifischen Ausbeutung? Engels sagte (etwas differenzierter) im *Anti-Dühring:* eine moralische Theorie ist »letzten Endes« das Produkt der ökonomischen Situation, welches die Gesellschaft in dieser Epoche erreicht hat. Er war schon weniger eng als mancher Epigone heute; und erkannte, daß zwischen der ökonomischen Situation und der nichtmateriellen Kultur, dem »Überbau«, eine Wechselwirkung besteht, so daß auch Religionen, Philosophien und Wissenschaften ihrerseits die Entwicklung der Wirtschaft beeinflussen können. Aber auch Engels wich nicht von dem Dogma ab, daß »letzten Endes« die Entwicklung der Produktiv-Kräfte die Entwicklung des »Geistes« dirigiert.

Obwohl doch im Werk des Karl Marx das Immaterielle, das Göttliche, das zutiefst Menschliche im Zentrum ist – wenn auch nicht den Vokabeln nach. Denn: weshalb eigentlich ist Exploitation schlecht und Freiheit von jeder Unterdrückung gut? Kants Würde des Menschen lebt im Kern des Marxismus. Und es war Ernst Bloch, der schon vor dreißig Jahren die (von eigensinnigen Materialisten gehaltene) Festung »Überbau« idealistisch-christlich umbaute. Ein Vierteljahrhundert, bevor er als Leipziger Philosophieprofessor in Ungnade fiel, hatte er schon geschrieben: die Ideologie einer Zeit enthält »außer der Verschleierung von Klassenherrschaft einen unzweifelhaften Überschuß«. Ihn pflegten bürgerliche Denker seit je »Das Ewige im Menschen« zu nennen.

Ein zweiter problematischer Glaubens-Artikel ist die »Entfremdung«; ein Terminus, den Marx von Hegel übernommen hat. Daß der Mensch sich selbst fremd geworden ist und den andern als Fremden erlebt, geht (nach Marx) zurück auf das Urböse: die Spaltung der Gesellschaft in Ausbeuter und Ausgebeutete; im Kapitalismus vor allem werde jeder zur Ware. Erst, wenn die Kluft geschlossen sei, erst wenn jeder leistet, was er kann, und erhält, was er braucht... werde der Mensch zu sich selbst zurückkommen und zum Mit-Menschen.

Auch hier ist die alte, fromme Legende herrschend: der historisch bekannte Mensch ist ein (nur noch in dieser Prä-Historie aufgehaltener) Engel. Zum Schutz dieser christlich-idealistisch-philosophischen Anthropologie beschimpft der Marxist alle, die vor dieser schönen Botschaft sich skeptisch verhalten, als Reaktionäre.

Das hat Karl Löwith nicht abgehalten, seine Vorstellung vom »Ewigmenschlichen«, von der conditio naturalis als ewig-nichtengelhaft zu verdeutlichen. Er hält, was »Entfremdung« genannt wird, nicht nur nicht für den »Sündenfall«, für widermenschlich, sondern, im Gegenteil, für das sichtbarste Kennzeichen menschlicher Art – die Art jenes Lebewesens, das imstande ist, sich zu »distanzieren«: von seiner Umwelt und von sich selbst. Das Tier kennt kein Sich-selbst-fremd-Werden... Und Helmut Pleßner zeigte in seiner Göttinger Rektoratsrede *Das Problem der Öffentlichkeit und die Idee der Entfremdung*, daß die Behauptungen des »orthodoxen Marxismus«: »der Entfremdungscharakter dieser Welt beruhe auf ihrer kapitalistischen Wirtschaftsordnung... einem älteren Zustand industrieller Wirtschaft angemessen waren«.

Da »Entfremdung« eins der Hauptworte des zeitgenössischen Vokabulars geworden ist, muß untersucht werden, welche Funktion diese säkularisierte Variante der »Erbsünde« hat. »Erbsünde« ist Verdammnis, schließt jedes Freikommen auf Erden aus. »Entfremdung« hingegen ist ein aktiv gerichtetes Wort; spielt aber eine ähnlich reaktionäre Rolle. Jede Besserung, die nicht auf ein gewaltsam zu erzwingendes Paradies aus ist, wird für schlechter gehalten als eine Verschlechterung; denn die ist eher imstande, »das letzte Gefecht« zu provozieren. Deshalb schreibt Pleßner: »Nichts ist in unserer Lage verhängnisvoller, als den Tröstungen zu vertrauen, welche die Idee der Entfremdung verspricht«; die »marxistische Eschatologie«, die den Menschen »in den Wartestand versetzt«, »fördert die Verdinglichung des Menschen«. Die kürzeste, genaueste Kritik an jeder Utopie (zum Beispiel einer Gesellschaft ohne Ausbeutung) ist Pascals Sentenz: »Der Mensch ist weder ein Engel noch ein Tier. Unglückselig macht man ihn zum Tier, wenn man aus ihm einen Engel machen will.«

Wie das Christentum lehrt, daß die mitgeborene Sünde abgebüßt werden kann durch ein gottgefälliges Leben, so lehrt der Marxismus, daß die »Entfremdung« aufgehoben werden kann durch ein klassenkämpferisches. Doch der Kritiker Pleßner sieht, daß die »Verdinglichung des Menschen« gefördert wird im Kampf gegen diese Verdinglichung, wenn der Kämpfer nur noch Mittel zum Zweck ist. Die Utopie ist der blutigste Tyrann, wie die jüngste Geschichte lehrt. Die Wandlung des theoretischen Marxismus ist lang und nicht sehr ereignisreich, verglichen (etwa) mit der Entfaltung der Lehre Freuds; und bestand wesentlich in taktischen Anpassungen der Dogmatik an wechselnde historische Situationen.

Die Zusammenstöße innerhalb des amtlichen Marxismus wurden besonders sichtbar auf dem Boden der Ästhetik; hier wehrten sich Marxisten am lautesten ihrer nichtmarxistischen Haut. Niedergeschlagene politische Aufstände können als Siege gefeiert, wirtschaftliche Mißerfolge weginterpretiert werden. Auf dem Gebiet der kreuzzüglerischen Künste ist die Niederlage nicht zu vertuschen... nicht einmal für marxistische Künstler.

Deshalb ist keine Kunst-Parole des zwanzigsten Jahrhunderts so aktuell geblieben wie der »Sozialistische Realismus«. Selbst Marxismus-Hörige versagen hier die Gefolgschaft... wenigstens so lange, bis sie gezwungen werden, einzuschwenken. Es ist dieser S-Realismus, der weitesten Kreisen offenbart, daß ein diktatorischer Glaube die Befreiung der Ausgebeuteten erzwingen will: Knechtschaft ist die Voraussetzung der Freiheit, die Produktion am Gängelband macht den Freiheitskampf zur Groteske. »Sozialistischer Realismus« ist eine päpstliche Bulle gegen jede ketzerische Erfahrung der Wirklichkeit.

In einem Briefwechsel zwischen Anna Seghers und Georg Lukács klagte die Genossin, sehr sanft: der »Realismus«-Disput hänge in der Luft; jeder gebrauche das Wort nach seinem Gusto. Doch hat sie in diesem einen Punkt unrecht. Niemand hat exakter als Lukács die ästhetische Zentral-Kategorie des Marxismus aufgehellt. Negativ: dieser Realismus ist nicht die möglichst genaue Beschreibung von Realitäten. Positiv: sondern die idealistisch-ökonomische Metaphysik des Marxismus, auf poetisch. Lukács schrieb: »Die Literatur ist eine besondere Form der Spiegelung der objektiven Wirklichkeit.« Das Adjektiv »objektiv« ist zu beachten; die »objektive« Wirklichkeit ist immer mehr als die Wirklichkeit ohne jede Qualifikation: entweder die wissenschaftliche (nach dem Stand der Gegenwart) oder eine philosophisch-religiöse. Die marxistische »Wirklichkeit« ist gedeutet in der marxistischen Gesellschafts-Metaphysik.

Stolz verkündet Lukács: »In keiner Periode der Weltgeschichte hat die Weltanschauung des Menschen eine so entscheidende praktische Rolle gespielt wie heute in der Sowjetunion.« Wirklich in keiner? Ging es nicht auch einst (zum Beispiel) bei Theateraufführungen um Sein oder Nichtsein? Im Jahre 1322 wurde der Landgraf von Eisenach sterbenskrank, weil in dem *Spiel von den klugen und törichten Jungfrauen* Christus trotz der Fürbitte Marias die fünf törichten Jungfrauen nicht erlöste. Es gab schon vor dem Marxismus eine das Leben beeinflussende, künstlerisch formulierte »Weltanschauung«.

Literatur ist also in der marxistischen Ästhetik die »besondere Spiegelung« der metaphysisch interpretierten Welt, die zweite Spiegelung nach jener ersten, der Metaphysik; ihre Kostümierung ins Bunte. Diese Kunst-Philosophie ist ein Kind der amusischen Aufklärung. Das Wahre ist das rationell Erfaßbare. Das Schöne ist ein Bilderbuch für Kinder, denen man die Wahrheit bunt illustriert.

Das Verhältnis zwischen »objektiver Wirklichkeit«, die erkannt wird, und künstlerischer Ausschmückung, die das Erkannte dekoriert, ist die Grundlage für die Unterweisung des Künstlers. Lukács, Erzieher marxistischer Dichter, baute zwei Stufen zur Höhe des Kunstwerks. Die erste: das »gedankliche Aufdecken« der wirklichen Wirklichkeit. Die zweite: »das künstlerische Zudecken der abstrahiert erarbeiteten Zusammenhänge«, »die Aufhebung der Abstraktion«. Die Kunstfeindlichste Theorie der Kunst. Sie hinkt hinter der Begrifflerei her.

Auch die marxistische Lehre hat also ihren schönen Schein: die Farbigkeit, welche die Monotonie der soziologischen Kreuzzugs-Metaphysik gnädig verdeckt. Literatur-Geschichte und Literatur-Kritik haben den entgegengesetzten Weg zu gehn: decken auf, was hinter dem schönen Schein liegt, die unschöne »objektive Wirklichkeit« des Klasenkampfes; decken hinter den Kunst-Werken auf: daß ein Gedicht, ein Bild entweder progressiv-realistisch ist, den Klassenkampf herausarbeitet zugunsten der Aufsteigenden – oder reaktionär-apologetisch, reaktionär-vertuschend, die Klassenkampf-Situation zugunsten der Herrschenden darstellend.

Diese literaturhistorische Erzählung läuft entlang den geschichtsphilosophischen Vokabeln: Früh-Kapitalismus, Imperialismus, Sozialismus. Die Gewalttätigkeit der Sinngebung stammt von Hegel; sie blieb bei ihm in der Sphäre ideeller Ordnungen und gab oft einen wesentlichen Einblick. Bei den Schülern des Schülers Marx wurde die Polizei mit der Exekution der offiziellen Interpretation betraut. Der Historiker Jacob Burckhardt, geboren im selben Jahre wie Marx, pries die Künste, weil hier die Freiheit herrsche. Der Eroberer Marx, im neunzehnten Jahrhundert noch kaum entdeckt, wurde erst im zwanzigsten wirksam. Romane und Gedichte wurden mit Blumen garnierte Waffen. Die Blumen ließen die Köpfe hängen, die schönen Waffen sind Kinderspielzeug. Gibt es eine leuchtende Geschichte der marxistischen Künste? Heine gehört bestimmt nicht hierher – und noch weniger Picasso.

Das *Kommunistische Manifest* aber wird leben, solange es Ausgebeutete gibt: nicht als Abbild der »objektiven Wirklichkeit«, sondern als der gewaltigste, erhebendste – und pervertierteste Impuls des neunzehnten Jahrhunderts.

VIII.
Nach dem Untergang des Vernunft-Kosmos

> *Der Sinn des Lebens ist ein sinnvolles Wort;*
> *aber es läßt sich nichts Sinnvolles aussagen.*
> Ludwig Marcuse
> »Philosophie des Un-Glücks«

Ein halbes Jahrhundert vor der *Welt als Wille und Vorstellung* erschien Voltaires *Candide oder der Optimismus*. Er wurde hier nicht verflucht, sondern verlacht. Das Satyr-Spiel des Pessimismus ging voraus der philosophischen Tragödie, mit ihrem Haupt-Akteur: dem sinnlosen Drang in Stein, Pflanze, Tier und Mensch.

Die Geschichte des jungen Candide ist die Abenteurerei (vielmehr das Geabenteuertwerden) eines Simplicius, dessen Schicksal es ist, daß alle seine Erfahrungen der Lieblingsidee widersprechen. Sie stammt vom verehrten Lehrer, dem Professor Pangloss aus dem Land der Metaphysiker. Er wird in den Geschichten der Philosophie Leibniz genannt und hat den Schüler Candidus komplett indoktriniert, mit der Gewißheit: »Alles ist aufs beste bestellt.«

Der wackere Anhänger, ein ewiger Emigrant, der unfreiwillig viel in der Welt herumkommt, erlebt: daß weder in Westfalen noch bei den Bulgaren, weder in Lissabon (während des Erdbebens) noch unter den Jesuiten Paraguays, nicht in Paris, nicht in London und auch nicht am Bosporus ... alles aufs beste bestellt ist. Nur im Land Eldorado, wo der Geist der Utopie ganz ungeistig-real niedergekommen ist, wo die Kieselsteine Perlen sind, stimmt die Lehre des Meisters. In allen andern Ländern mußte der Reisende eher den Eindruck gewinnen: es ist alles aufs schlechteste bestellt.

Aber Candidus ist ein echter Mitläufer. Erdbeben, Pest und Syphilis, Verrat und Grausamkeit, alle Erfahrungen sind kraftlos vor dem anerzogenen Wahn. Nur einmal kommt es wenigstens zu einer Frage an die Autorität: »Nun frag' ich dich, mein lieber Pangloss, als man dich hängte, sezierte, mit der Ochsenfessel schlug, als du auf der

Galeere rudern mußtest, warst du da immer noch der Meinung, alles sei zum besten eingerichtet?« »Das ist meine Meinung, und dabei bleibe ich«, antwortete der Meister.

Das Vokabular hat sich geändert – nichts weiter. Es ist nicht schwer, Physiker, Astronomen, Biologen, Historiker, Goethe-Interpreten und neo-marxistische Theosophen vorzuführen, die, nur verklausulierter, das »Dabei bleibe ich« wiederholen. Das Modernste ist ein Optimismus auf Halb-Mast; aus Pangloss ist Halb-und-Halb geworden. Der Leser muß nur ein feines Ohr haben, um aus Äußerungen von Nobelpreisträgern und anderen Koryphäen den eigensinnig-zuversichtlichen Pangloss herauszuhören, etwas decouragiert abgewandelt. Hatte er nicht bereits den zeitgenössischen Enthusiasmus fürs Kollektiv: »Das Unglück des einzelnen macht das Glück der Gemeinschaft; je übler es ihm geht, um so besser steht's im großen ganzen«? Pangloss erlebte eine Nachblüte in der potentesten philosophischen Laudatio auf die Schöpfung: im Werke Hegels. Und dann kam der Mann, der weder Pangloss noch Hegel verdrängte... aber ihnen das Nachleben sauer machte.

Das philosophische Gespräch, das unsere Kriege, Revolutionen, Kalten Kriege, Morde, Selbstmorde und vielfältig maskierten Zusammenbrüche zum Thema hat, wird vor allem von vier Denkern beherrscht: von Kierkegaard, Marx, Nietzsche und Freud. Die Bilder vom Menschen, die sie geformt haben, schweben uns vor.

Schopenhauer ist abwesend. Der Mann, dessen dunkles Gemälde vom Dasein in dem Jahrhundert seit seinem Tod nicht nur bestätigt – übertroffen worden ist... der Erste, der in unserer Epoche die Unruhe, das Ziellose, die Fragwürdigkeit der Kultur, die Zweideutigkeit der Vernunft aufgedeckt hat, wird in den tausend Debatten, die das »Age of anxiety« zum offenen oder geheimen Gegenstand haben, nicht genannt.

Es gab in den letzten Jahrzehnten einen Neu-Kantianismus, eine Hegel-Renaissance, die Auferstehung Kierkegaards im Existentialismus und Neo-Protestantismus, immer neue Deutungen der Gegenwart von der Tiefen-Psychologie her. Schopenhauer wird nur von Geschichtsbüchern und der Schopenhauer-Gesellschaft als berühmte Rarität konserviert. In Amerika, der großen Kolonie deutschen Denkens im neunzehnten Jahrhundert, gibt es eine umfangreiche Darstellung der Philosophie, von Thales bis zur symbolischen Logik, die Schopenhauers Namen nicht erwähnt. Im vorigen Jahrhundert beeinflußte er Richard Wagner und Hebbel, Jacob Burckhardt und Tolstoi, Eduard von Hartmann, Nietzsche und Thomas Mann. In unseren Tagen ist er nur noch anonym da. Das sagt viel über sie.

Das zwanzigste Jahrhundert ist System-feindlich; und Schopenhauer war der letzte große Systematiker. Das zwanzigste Jahrhundert ist mehr als alles: aktivistisch; Schopenhauer huldigte dem interesselosen Schauen. Und Schopenhauer war ein so naiver Reaktionär, daß seine Abhandlung *Zur Rechtslehre und Politik* heute selbst den Reaktionärsten nicht mehr als Ideologie dienen kann. Außerdem lebt er im Gedächtnis der Lebenden vor allem in ulkigen Anekdoten; die großen Figuren der philosophischen Tragödie, welche unsere Phantasie erregten, waren Kierkegaard und Nietzsche.

Das erste Schopenhauer-Bild, das wir haben, ist ein Doppelporträt: Sohn und Mutter, gezeichnet in Briefen der Mutter an den Sohn. Der Fünfzehnjährige ist im Internat eines Geistlichen bei London, die Eltern sind auf einer Reise durch England. Johanna predigt: Du mußt den Leuten ein wenig mehr entgegenkommen, als es Deine Art ist. Zwei Monate auf der Stube und keinen Menschen gesehen, das ist nicht gut, mein Sohn, das betrübt mich; der Mensch soll sich nicht isolieren. Ein Jahrzehnt später heißt es: bist Du noch so oft verdrießlich? Oder nimmst Du mit dieser närrischen Welt vorlieb, weil eben keine bessere zur Hand ist? Johanna nahm vorlieb, wurde ein Roman-Bestseller und enterbte Arthur.

Er wurde der systematischste Insulaner auf der kleinsten Insel: immer auf der Hut vor Feuer, Bakterien und dem gefährlichsten Eindringling: »Der Weisheit Anfang ist die Furcht vor den Menschen.« Auch wurde er der pedantischste Privatier. Der Vater hatte ihm einige bürgerliche Tugenden beigebracht. Gewöhne Dich daran, schön und fließend zu schreiben und korrekt zu rechnen! Geh aufrecht, auf daß Du keinen krummen Rücken bekommst, was scheußlich aussieht, am Schreibpult wie im Speisesaal, wo man Dich sonst für einen verkleideten Schuster oder Schneider halten könnte! Ein guter

Korporal sollte »durch Exercieren den besseren Maintient des Körpers« herstellen! Der Sohn, unter anderm auch ein guter Korporal, exerzierte korrekt sowohl den Maintient des Körpers als auch des Universums; kleidete sich sehr sorgfältig und schuf ein All, das so ordentlich wurde, wie sein Vater die Buchstaben wollte: das ordentlichste aller Chaosse.

Er ist einmal sehr empfänglich für die Schönheiten der blühenden Welt gewesen. Das Tagebuch, das der Fünfzehnjährige auf einer Reise durch die Niederlande, England, Frankreich, die Schweiz und Österreich führte, ist enthusiastisch und nicht ohne fromme Gefühle; »hocherrötend stand die Jungfrau in all ihrer Schönheit« vor dem kleinen Poeten. Er sprach die Sprache seiner Mutter, noch nicht seine Muttersprache. Aber der Sinn für Komik kündigte bereits den kommenden Satiriker an. Höchst amüsant zitierte er aus den Elf Geboten des englischen Badeorts Bath: die Herren zeigen ihre feine Lebensart den Damen, indem sie des Morgens nie in Schlafrock und Nachtmütze vor ihnen erscheinen. Alte Damen und Kinder nehmen mit der zweiten Reihe der Bänke auf den Bällen vorlieb; denn ihre Zeit ist vorüber oder noch nicht gekommen. Die Bälle fangen um sieben Uhr an und hören mit dem Glockenschlag elf auf – und wäre es mitten im Tanz... Ein kleiner Sarkast, der in dieser idyllischen Welt munter lebte.

Damals entdeckte er auch schon die sechstausend Galeerensträflinge in Toulon; er wurde nicht erst im siebzehnten Lebensjahr (wie er später, sich unterschätzend, mitteilte) »vom Jammer des Lebens ergriffen«. Der Fünfzehnjährige schrieb bereits: »Ich fand meine Erwartung nicht erreicht.« Da gab es immer zwei Auswege: die Illusion, welche die Hoffnung hinzaubert; und die andere Illusion, daß alles eitel ist. Schopenhauer, eine der mächtigsten Koexistenzen von Unvereinbarem, errichtete dem alten Alles-ist-eitel – das haltbarste Monument. Es war fertig in seinem achtundzwanzigsten Jahr. Er gehörte zu den seltenen Frühvollendeten, die spät sterben.

Und mit Fünfzehn war auch schon Grobianus da. Der nennt das Theater in Bordeaux einen »Schweinestall«, österreichische »Duodez Wasserfälle«, »kindisch und klein«, niedere Berge in der Nähe von Wien »Felsenlumpen«. Als Student wird er dann in Kollegheften die Vorlesungen seiner Lehrer als »Gewäsch« bezeichnen, den

Professor Schulze als »Rindvieh Schulze« ... und noch ein bißchen später Fichte einen »Windbeutel« und Hegels Lehre »eine philosophische Hanswurstiade«.

Nachdem er Menschen und Städte gesehen hatte, las er auch Platon und Kant – und sagte, was ihm schon vorher gewiß war, in ihrer Sprache, innerhalb der philosophischen Tradition. Er war weniger ein Fortsetzer als ein fremder Zeitgenosse; in Schopenhauer kam eine Unterströmung zum Durchbruch, die bei den Griechen und seit der Renaissance nie mehr als eine Unterströmung gewesen war: die Erfahrung des Tals der Tränen. Sie wurde in seinem Werk zur Dominante. Zwar können Hiob und Kohelet und Innocenz III. und Kants Opus posthumum mit ebenso untröstlichen Lamentationen angeführt werden. Schopenhauer aber schuf noch einen Gott nach dem Bilde dieser Klagen: einen ganz gottlosen Gott. Der letzte große und seltsamste Theologe erfand ein Weltregiment, bei dem es zwar logisch, aber teuflisch zugeht. Ins hellste Licht setzte er die böse Macht, die in den Theodizeen (bis zu Hegel) fest abgeriegelt worden war; die zuließ, daß es Entfremdung gibt, Verrottung, Schmerz und Leid. Schopenhauers Mission war es, Schluß zu machen mit den plumpen, auch mit den subtilsten Vertuschungen. Und er tat, was fast jeder getan hat, der eine verborgene, gar unterdrückte Wahrheit durchsetzen wollte: er übertrieb gewaltig. Allerdings im Rahmen des achtzehnten Jahrhunderts, als es noch nicht möglich war, die Welt-Vernunft völlig zu entthronen. Er lebte immerhin eine Ewigkeit vor dem Zeitalter seiner jüngeren Zeitgenossen Richard Wagner, Burckhardt und Nietzsche.

Ein Klassiker der Hoffnungslosigkeit, war er auch noch ein Seliger unter Unseligen. Jeden Morgen, am Schreibtisch, wandelte er sich in ein klares Auge und durch-schaute in göttlicher Serenität die ungöttliche Welt. War er dessen, was er sah, ganz sicher? Er erzählte folgende Geschichte: »Zwei Chinesen in Europa waren zum erstenmal im Theater. Der eine beschäftigte sich damit, den Mechanismus der Maschinerie zu begreifen; welches ihm auch gelang. Der andere suchte, trotz seiner Unkunde der Sprache, den Sinn des Stücks zu enträtseln. Jenem gleicht der Astronom, diesem der Philosoph.« Soll man den Schluß ziehn, daß er dem Astronomen den Erfolg attestierte, über den Erfolg des Philosophen sich aber in Schweigen hüllte?

Sein Werk zeigt, von solch seltenem Unglauben abgesehen, kaum Skepsis; er hatte die Absicht, auf sein Petschaft eine Sphinx stechen zu lassen, die sich in den Abgrund stürzt. Er entmythologisierte nicht, er schuf das mythologisch-düstere Pendant zur üblichen philosophischen Frohnatur. Er war der intimste Feind Fichtes und Hegels, ihr trübsinnigerer Zwillingsbruder: in dem Optimismus, daß die Welt enträtselt werden kann, in dem Glauben an die List und andere Tüchtigkeiten der Vernunft, in der Inthronisierung einer Dialektik. Nur war dies alles trist abgewandelt.

Die Welt-Vernunft veredelte nicht mehr das unedle Material, an dem sie sich (bei Kant, Fichte und Hegel) glänzend bewährt hatte. Sie hat nun die Aufgabe, das Universum zunichte zu machen. Auch Schopenhauer kannte die »List der Vernunft«, der biologischen, die im Sich-Verlieben die Interessen der Menschen-Rasse betreibt und selbst in der Päderastie noch wirksam ist (von Schopenhauer dennoch spießig beschimpft). Aber diese List der Vernunft steht doch eben letzten Endes im Dienst des Unvernünftigen, Zerstörenswerten. Schopenhauers Gott ohne Sinn und Verstand operierte ebenso logisch wie Hegels blitzgescheiter und sinnvoller.

Das ist nicht sehr überzeugend. Aber auch nicht seltsamer als alles andere, was eh und je im Fundament der großen Denk-Gebäude an Rätseln aufgehäuft war. Die Wirkung der einflußreichen Denker wurde nie davon beeinträchtigt, daß es ganz unten, in der Grundlage ihrer Bauten, nicht recht stimmte; wesentlich wurde immer, daß eine wichtige, wenn auch partielle Wahrheit zur Geltung kam. Zur Geltung kam jetzt, daß man sich sattgesehen hatte an dem von Hegel arrangierten Triumphzug der Menschheit – und plötzlich die Millionen Opfer hörte, die anonym mitzumarschieren hatten, hinter der glänzenden Maske irgendeines Zeitgeistes. Zur Geltung kam jetzt, daß der Einzelne nicht sein Heil findet im Überwältigtwerden von einem pompösen weltgeschichtlichen Spektakel. Zur Geltung kam die tragische Dialektik des Individuums, das sich nur ein bißchen erlösen – und sein Leid nicht auf eine Leidlosigkeit im Endpunkt Omega abschieben kann. Zur Geltung kam, daß es höchstens ein begrenztes, nur in kleinen Kreisen praktikables Heil gegen das große unbegrenzte Unheil gibt: die Pazifizierung des Umgetriebenen im

Schaffen und Genießen von Wahrheit und Schönheit, vor allem im Mitleid.

Schopenhauer wußte, daß auch dies noch nicht das Höchste ist: »Jeder kann Mitleid fühlen, aber zur Mitfreude gehört ein Engel.« Die Mitfreude an der Liebe und Freundschaft, am Enthusiasmus seiner Nächsten und Fernsten kannte er so wenig, daß er sie nicht einmal seinem Ideal, dem Heiligen, zuschrieb. Hier liegt die Quelle seiner Unzulänglichkeiten; er erlaubte seiner Lebenslust nie, zu jubeln und in den Jubel einzustimmen. Aber Schopenhauer ist der größte Befreier von dem Zwang gewesen, freundlich vom Los des Menschen wegsehen zu müssen. Heute ist das Hinsehen zur Routine geworden.

Es ist sichtbar, was ihn außerdem von unseren Tagen trennt. Schopenhauer kennt keine Zeit: keine Vergangenheit (sein Werk enthält keine geistesgeschichtlichen Einsichten), keine Zukunft (aus seiner Philosophie ist keine Richtung zu gewinnen). Er war, am Beginn des Jahrhunderts, welches die Kultur-Diagnose und Kultur-Therapie in den Mittelpunkt rückte, ohne jedes Interesse für die Geschichte der Menschheit, für die spezifische, gegenwärtige Situation, für eine Hoffnung: weil ihm der Unterschied der Epochen unbedeutend schien vor der Gleichförmigkeit – und die Erlösung eine Aufgabe des Einzelnen, nicht der Gesellschaft.

Er war, zwischen den Freiheitskriegen und der Revolution von Achtundvierzig, recht uninteressiert an den politischen Vorgängen. Sein Motto lautete: »Ich danke Gott an jedem Morgen, daß ich nicht brauch' fürs Römische Reich zu sorgen.« Wenn er sich überhaupt sorgte, begünstigte er (wie Hobbes) einen starken Staat, welcher die Bestien, die »Vielzuvielen«, zusammenhalten kann und die Privilegien der Mitbürger schützt, im besonderen der »Führerklasse«, zu der er auch die »Großhändler« rechnete. Er fand es natürlich, daß der Führer es besser hat als der Mann auf der Straße. Sein »Utopien« war angesichts der turbulenten »Fabrikware der Natur« (der Massen) ein platonischer Rassismus: »Vermählung der edelmütigsten Männer mit den klügsten und geistreichsten Weibern« zum Zweck einer »Despotie der Weisen und Edlen«.

Aber das ist erst die halbe Geschichte. Die heute verschlissenste Schopenhauer-Wendung »Tat twam asi‹ (Das bist Du) manifestiert ein Humanum, das weiter ist als die kantische Vernunft, als die Hegelsche Freiheit, als Marx' sozialpolitische Gerechtigkeit. Ich übersetze Tat twam asi mit: Wir-sind-alle-arme-Teufel. Und obwohl wir auch noch anderes sind – ohne den kategorischen Imperativ »Mitleid« ist die menschliche Lage und die höchste Möglichkeit nicht voll erfaßt. Er ist unproblematischer als die Vernunft, aus der Kant nie einen moralischen Inhalt herausspinnen konnte; auch unproblematischer als die politisch-demokratische Freiheit, im Zeitalter der hydraköpfigen Unfreiheit. Und schließlich auch unproblematischer als jener ferne ökonomische Kommunismus, von dem man (weshalb eigentlich?) erwartet, daß er auch alle nichtökonomischen Übel aufheben wird. Dies Wir-sind-alle-arme-Teufel unterscheidet sich allerdings von dem Hinweis auf Vernunft, Freiheit und Gerechtigkeit darin, daß es eine Beleidigung des Nichts-größer-als-der-Mensch ist. Kopernikus, Schopenhauer, Darwin und Freud gehören zusammen, in ihrer Demütigung des Herrn der Welt.

Schopenhauers Lehre ist nicht abzutun als Ideologie des status quo, in der Zeit des deutschen Früh-Kapitalismus. Sie ist mehr als vieles andere, was sie auch ist: das Paradox einer Mischung aus Teufels- und Vernunft-Aberglauben, aus Bruder-Liebe und Angst vor den Mit-Bestien. Das Gewisseste war ihm, dem klassischen Reaktionär, die Gleichheit der Menschen – und ihr Recht auf gleiche Ansprüche: »Obgleich die Kräfte der Menschen ungleich sind, so sind doch ihre Rechte gleich, weil die nicht auf den Kräften beruhen, sondern« auf der gemeinsamen kreatürlichen Beschaffenheit. »Jedoch« – und dies Jedoch existiert in vielen Varianten: in christlicher, Hegelscher und Schopenhauerscher. Er verteidigte seine bürgerliche (von einem kleinen Kapital gesicherte) Position, um nicht weggeschwemmt zu werden von den feindlichen Elementen, die seine Festung drohend umspülten. So geht es denn, nach der Anerkennung des gleichen Rechts, weiter: »Dies gilt jedoch nur vom ursprünglichen und abstrakten Recht, welches der Mensch als Mensch hat.« Nach solch einem »Jedoch« ist es schon gleichgültig, wie einer den nichtbrüderlichen Zustand der Wettbewerb-Gesellschaft sanktioniert. Im Marxismus wird sie als Vorstufe zum Endgültigen zugelassen.

Schopenhauer, der Grobschlächtige und Streitsüchtige, war demütiger als irgendein christlicher Idealist. Nur war er nicht der Mann, diese Demut zu inkarnieren. Zwar kam er mit dem Bekenntnis heraus: »Ich habe gelehrt, was ein Heiliger ist, bin aber selbst kein Heiliger« – doch ohne Bedauern. Léon Bloy schrieb: »Es gibt nur eine Traurigkeit, kein Heiliger zu sein.« Tolstoi, ein Apostel Schopenhauers, war traurig; Schopenhauer nicht. Er brachte es nur bis zur Empörung. Vielleicht rühren uns deshalb seine Klagen nicht an.

Er erzählte der Weimarer Schauspielerin Jagemann eine Geschichte, welche das Gleichnis seines Lebens ist: »Eine Gesellschaft Stachelschweine drängte sich an einem klaren Wintertage recht nah zusammen, um durch die gegenseitige Wärme sich vor dem Erfrieren zu schützen. Jedoch bald empfanden sie die gegenseitigen Stacheln; welches sie dann bald wieder entfernte. Wenn nun das Bedürfnis der Erwärmung sie wieder näher zusammenbrachte, wiederholte sich jenes alte Übel, so daß sie zwischen beiden Leiden hin und her geworfen wurden, bis sie eine mäßige Entfernung herausgefunden hatten, in der sie es am besten aushalten konnten.« Man erinnert sich, wenn man an Schopenhauer denkt, mehr der Stacheln, mit denen er verwundete, und von denen seine Wunden herrührten, als des Drangs zur »Erwärmung«, dem er nur in seinem Hymnus auf das Mit-Leid den hinreißendsten Ausdruck verliehen hat.

In unserem Jahrhundert ist er nur noch ein anonymes Element in Theorien Bergsons und William James' und Freuds. Schopenhauer ist ein toter Klassiker. Man stellt ihn nicht mehr dar. Man legt ihn nicht mehr aus, wie es noch Georg Simmel tat. Man weicht nicht einmal von ihm ab. Seine Legende: ein grotesker Sonderling. Sein Werk: nicht nur a-historisch, sondern anti-historisch, was heute ebensowenig ernst genommen wird wie Anti-Kopernikanisches. Er ist, von den herrschenden Denk-Zwängen her gesehen, vorsintflutlich; nichts lag ihm ferner als die Durchleuchtung der Geschichte des Geistes, der für ihn keine Geschichte hat – und immer nur die eine Funktion: den geistlosen Gott zu durchschauen, um ihn zu entthronen.

Seine Sorge war nicht das Zeitalter und nicht die Gesellschaft.

Seine Sorge war er, jedes Ich; wie Epikur und Marc Aurel und Augustin dachte er an sich (stellvertretend nicht eine Epoche, sondern jedes Du). Er hatte die Sorge aller, die seit Jahrtausenden die Frage nach dem Glück stellten. Die Frage ist unmodern. Die Kunst, zu leben, wird nur noch von Quacksalbern gelehrt. Schopenhauer ist unaktuell; er kannte kaum Gesellschaftskritik, Kulturkritik... die Hauptthemen philosophischer Aktivitäten heute. Die Existenzphilosophen aber machen von ihm wenig Gebrauch, weil sie entweder christlich sind oder nazistisch oder kommunistisch oder akademisch... und auf jeden Fall mit seinem Ideal des Elfenbeinturms und der Askese nichts anfangen können.

Man soll aber nicht denken, er sei außer Mode. Er war nie Mode; deshalb kann er auch nicht außerhalb sein. Und wird nie ein großer Einfluß werden. Er rüttelte am Willen zum Leben. Das wird kaum je auf den Willen Eindruck machen, der seit eh und je regiert. Schopenhauer bleibt ein Denker für Stunden der Niederlagen; für Jünglinge, die zermürbt von zerstörten Illusionen ohnmächtig hochwollen; für Greise, welche die Flucht der letzten, übriggebliebenen Märchen nicht mehr aufhalten können. Er erinnert daran, daß weder der Mensch noch die Menschheit in den Himmel wächst. Die zeitgenössischen Religionen leisten das kaum; sie opfern dem Zeitgeist mehr als irgendeinem anderen Gott.

Schopenhauer ist in den letzten hundert Jahren nicht mit der Zeit gegangen, weil er nie eine Zukunft hatte – nur etwas Ewigkeit. Und sein unverdecktes Deutsch ist schon ganz und gar nicht für die Ohren dieser Zeit, in welcher das philosophische A und O in Konkurrenz mit der milchigsten Lyrik ist; nicht ein Deutsch, das alle Sinne genährt haben, sondern eins, das die pfiffigste Scholastikersprache an Wortklauberei übertrifft, vor allem an unreinen Schwebungen, so daß alles klingt wie ein Nimm-kein-Haar-und-spalte-es.

Doch dürfen die Tugenden und Reize der Schopenhauer-Sprache nicht überschätzt werden. Man maß ihn immer wieder an Kant und Hegel, welche, nach der Herrschaft des Lateins, sich in einem unentwickelten deutschen Philosophen-Idiom versuchten. Aber Schopenhauers Diktion ist gar nicht so entgegenkommend-lockend, wie es von den Vorgängern her aussieht. Er schuf einige sprachliche Knall-Effekte. Doch ist das unentwegte Zitieren der Alten mit Sentenzen, die oft seine viel besseren Prägungen nur abschwächen, störendstes Mittelalter. Und obwohl der Grobianus-Stil in einer Epoche der Leisetreterei als ein kräftiger Gruß aus kräftigeren Tagen zu uns kommt, ist er doch, denkt man an die blühendsten, deutschen Pamphletisten von Hutten und Müntzer und Luther bis zu Lessing, dem *Hessischen Landboten,* Heine und Nietzsche, recht saftlos.

Schopenhauer verträgt, daß man eingesteht, was bereits Staub geworden ist. Er könnte immer noch wirksamer als manch gerühmter Zeitgenosse unter uns leben, wenn die Lehrer der Nation nur wüßten: daß es ihre Aufgabe ist, nicht zu überliefern, sondern herauszubringen, welche der vielen Überlieferungen überliefernswert sind. Schopenhauer hat nicht nur den Aufstand der Massen erlitten (und unzulänglich gegen ihn revoltiert). Er hat auch schon neben der Massen-Kultur den Kult des Massenhaften gesichtet – und gegen ihn den starken Satz geprägt: »Wie man durch zu viele Nahrung den Magen verdirbt und dadurch dem ganzen Leibe schadet, so kann man auch durch zu viele Geistesnahrung den Geist überfüllen und ersticken.« Heute beklagt man unentwegt die Unterernährung; er könnte den Blick lenken auf die übersehenste Frage: wie man zu ernähren hat, wenn man ernähren will? Er könnte wegführen von den ausgetretenen Wegen des Hegelianismus, denen man (dank der abstrakten Blüten, mit denen sie bestreut werden) kaum ansieht, wie öde sie sind.

Als William James aufgefordert wurde, dem Komitee beizutreten, das die Errichtung eines Schopenhauer-Denkmals in Frankfurt am Main vorbereiten sollte, lehnte er ab. Einer der wenigen amerikanischen Denker, die von Schopenhauer nicht unbeeinflußt geblieben sind, schrieb er dennoch: ich kann nicht mitwirken an der Ehrung eines Mannes, der mit Eifer mein Leben und das Leben derer, die mir am Herzen liegen, anspie. Sein schriller Pessimismus ist das Geheul eines Hundes. Es wäre unmoralisch, den Denker öffentlich zu ehren, dessen Schriften, würde man ihnen folgen, alles Wohlwollen zerstörten. Und was würde Schopenhauer selbst zu solch einem Komitee sagen? Wahrscheinlich Drastischeres, als er je hat drucken lassen...

Abgesehen davon, daß Schopenhauer in dieser freimütigen Absage einen Bruder im Mut erkannt hätte, würde er vielleicht auch erwidert haben: erstens habe ich den späten Ruhm sehr genossen und bin gar nicht zimperlich, was die Propaganda meines Nachruhms betrifft. Zweitens, ist es wirklich hündisch, den Menschen mit dem zu vergleichen, dessen Ebenbild zu sein er sich anmaßt – und dabei in Zorn zu geraten? Was ich mir heute, hundert Jahre nach meinem Tod, vorwerfen kann, ist höchstens das Wort: »Die Aktien des alten Juden sinken.« Es war eine schlechte Prophezeiung, zu glauben, daß sein Nirwana Jehovas Gelobtes Land ersetzen wird.

Einer solchen Antwort wäre noch hinzuzufügen, daß, wie es oft zu geschehen pflegt, seine Kritik besser war als seine Doktrin. Er hat nie zugegeben, wie sehr er das Leben auch genoß. So schuf erst sein größter, dem Leben verschworener Jünger, Nietzsche, obwohl er die brennendsten Erfahrungen Schopenhauers teilte, den neuen Pessimismus: die wissende Lust am Leben, die nihilistische Zuwendung zum Leben – zum wahrer, besser und schöner Leben; eine Dialektik, die weder in einen jenseitigen noch diesseitigen Himmel trudelt, sondern weiß, daß sie unaufhebbar ist – und doch nicht zur Verzweiflung führt.

Hegel, Marx, Kierkegaard, Nietzsche und Freud sind mit der Zeit gegangen, konnten verwendet werden: Hegel dient noch manchem, der nicht laut Marx sagen will; Marx dient noch manchem, der nicht laut Sowjetunion sagen will; Kierkegaard wurde Neo-Protestant. Und Freud brachte man, rechts und links, sowohl auf den Weg der Wohlanständigkeit als auch der psychoanalytischen Utopie. Schopenhauer allein blieb zurück. Er war nicht auf Vordermann zu bringen. Einer versuchte es und verhegelte ihn und hatte, mit Recht, keinen Erfolg: Eduard von Hartmann.

Schopenhauer gewann im letzten Jahrzehnt seines Lebens manchen Jünger. Aber erst nach seinem Tod entwickelten Einige zentrale Gedanken weiter... bisweilen von ihm weg, wie Hartmann. Schopenhauer ignorierte die Kultur und ihre Geschichte; das vor allem machte ihn unzeitgemäß. Eduard von Hartmann lieh ihm, was nicht zu ihm gehört: einen Enthusiasmus für die Geschichte der Menschheit und ihre Zielstrebigkeit.

Kultur schenkt, wie Familie und Staat, den Hilflosen ein Geborgensein. Das Tierreich hat bereits Kultur: ein Nest, eine Verständigung miteinander. Schopenhauer zog die Kultur nicht in Betracht, wo sie ein kontinuierliches Wachstum ist: beim Menschen. Eduard von Hartmann erbte die Ablehnung des Daseins – und mobilisierte die geschichtlichen Mächte, um dies Ziel zu erreichen. Er pfropfte Hegel auf Schopenhauer und schuf einen der Kultur zugewandten Pessimismus. Dem »Weltgeist« wurde die Richtung aufs Nichts gegeben. Das ist die seltsamste Aufgabe, die je den Staaten, Wissenschaften und Künsten gestellt worden ist: den Menschen reif zu machen – nicht für sein Sterben, sondern für das Aufhören der Gattung. Hartmanns »Kultur« schützt nicht vor dem Tod, tröstet nicht... sondern will den Todestrieb kräftigen. Der seltsame Optimismus dieses Pessimisten lag im Vertrauen auf den Geschichtsprozeß, die Menschheit höchst kultiviert und en masse (nicht als unkultivierte Schopenhauersche Heilige) sterben zu lassen. Eine philosophische Kateridee.

Drei Jahre nach dem Tode Schopenhauers wurde Hartmann mit dem Werk des Meisters bekannt. In seiner autobiographischen Skizze *Mein Entwicklungsgang* widersprach er der billigen Lehre, daß ein Pessimismus mit den Lebensumständen des Pessimisten zusammenhängen muß; und schuf eine Metaphysik, welche die quietistische Konsequenz der *Welt als Wille und Vorstellung* ausmerzte.

1869 veröffentlichte er einen Essay *Ist der Pessimismus trostlos?* Er wies darauf hin, daß von wissenschaftlicher Seite nichts Stichhaltiges für diesen Vorwurf vorgebracht worden sei, nur hohle Deklamation. »Ist denn wirklich der Quietismus die unvermeidliche Konsequenz des Pessimismus?« fragte er rhetorisch. Und der fragwürdige Schopenhauerianer nahm sich vor, einen Pessimismus zu schaffen, der »zu einer energischeren Betätigung im praktischen Leben als irgendein anderer Standpunkt« führt. Er konstruierte ein gemeinsames Interesse, ein gemeinsames Ziel: die »Solidarität des Erlösungsstrebens und der Erlösungsarbeit für die ganze Menschheit«. Er brachte hinzu, was er bei Schopenhauer vermißte: »eine allweise Vorsehung, die den Weltentwicklungs-Prozeß zum Ziele einer Gesamterlösung führt«, ins Schopenhauersche Nichts. Theologisch gesprochen, die eminenteste Leistung Gottes ist: die Menschheit reif zu machen für ihren Selbstmord.

Eduard von Hartmanns Erstling, *Die Philosophie des Unbewußten. Spekulative Resultate in induktiv-naturwissenschaftlicher Methode,* enthielt den Satz »Mein System ist eine Synthese Hegels und Schopenhauers unter entschiedenem Übergewicht des Ersteren.« Die Kreuzung erwies sich als nicht lebensfähig. Sie ist denkwürdig und vergessen.

Ebenso vergessen wie das Werk seines Freundes und späteren Feindes: Julius Bahnsen, der es nicht verdient hat, nicht einmal in den Geschichten der Philosophie erwähnt zu werden. Er war schopenhauerischer als Schopenhauer, er zog die volle Konsequenz. Er fand in der Welt und im Menschen ein aus Widersprüchen Zusammengesetztes, »die Vereinigung des Wollens mit einem widerspruchsvollen Nichtwollen«, eine Dialektik, die sich nicht zu einer Synthese hinbewegt, eine tragische Dialektik. In seinem zweibändigen Hauptwerk *Der Widerspruch im Wissen und Wesen der Welt. Prinzip und Einzelbewährung der Real-Dialektik* entzog er dem System Schopenhauers, was ihn mit dem philosophischen Idealismus verband: den Glauben an eine Erlösung. Ludwig Klages widmete Julius Bahnsen eine seiner frühesten Arbeiten; Schopenhauer geistert im Buch *Der Geist als Widersacher der Seele* herum: als Gegensatz von Seele und Geist, einem Synonym für Schopenhauers knechtischen Verstand.

Schopenhauer hatte ein Nachleben in vielen Werken der letzten hundert Jahre; seine zentralen Gedanken wurden nicht fortgebildet. Bei Weininger und bei Freud ist er da in der Identifizierung von Vitalität und Sexualität; auch Freud sah »das Endziel der seelischen Tätigkeit« in »Unlustvermeidung«. Aber Schopenhauer war nur noch schwach in denen, die er beeinflußte. Der Basler Philosoph Karl Joel fand Jacob Burckhardts Schopenhauer-Exemplar übersät mit Fragezeichen. Der Historiker teilte mit dem Mann, den er »den Philosophen« nannte, nur noch Stimmungen: »Auf Erden ist das Unsterbliche die Gemeinheit« oder »Schlecht ist der Trost mit einem höheren Weltplan«.

In Theodor Lessing kam Schopenhauers leidenschaftlicher Anti-Historismus zu einem höchst präzisen Ausdruck in dem

Titel eines Buchs, das 1929 erschien: *Geschichte als Sinngebung des Sinnlosen.* Diese Anti-Geschichtsmetaphysik blieb folgenlos, weil der hegelsche Marxismus und der marxistische Hegelianismus einen Sinn der Geschichte brauchte – zur Unterstützung der Kriegführung.

Das Folgenreichste, was aus dem Boden Schopenhauers wuchs, war das Werk Friedrich Nietzsches. Durch ihn ist Schopenhauer noch immer unser Zeitgenosse, wenn auch von Nietzsche verdeckt. Er übernahm Entscheidendes: die Vorstellung vom chaotischen All, von der Abwesenheit einer kosmischen guten Vernunft in Natur und Geschichte, vom sinnlos umgetriebenen Menschen. Er erbte auch Schopenhauers Ideal, das »künstlerische Genie«, Erlöser vom blinden Willen – und gab ihm eine andere Mission. Nietzsche war noch illusionsloser als der Lehrer, glaubte nicht mehr an die Möglichkeit, die absolute Wahrheit erkennen zu können, und schuf nicht mehr ein System.

An seiner Stelle: einen Haufen von kürzeren und längeren Aphorismen, Abbilder des zersplitterten Universums. Er übernahm, wie Eduard von Hartmann, den Pessimismus – und änderte viel radikaler die Richtung: nicht auf eine geschichtlich wachsende, allmähliche Verneinung des Lebens hin, sondern auf ein leidenschaftliches Ja. Das entscheidende Wort seiner Ethik wurde: »Trotzdem«. So begann die große Umwertung.

War Schopenhauer darauf aus gewesen, die Illusionen zu durchschauen und den Desillusionierten die Verführung zum Leben zu nehmen, so pries Nietzsche den Irrtum, die Lüge, den Schein als die großen herrlichen Wohltäter, die allein das Leben erträglich machen. Ibsens *Wildente,* der Hymnus auf die »Lebenslüge«, wurde aus diesem Geist geboren. »Wenn die Wahrheit unbekannt ist«, hatte Pascal geschrieben, »ist es gut, daß es einen gemeinsamen Irrtum gibt, an den sich der Geist des Menschen halten kann.« Nietzsche verkündete den »gemeinsamen Irrtum« als Ausweg aus der Leben tötenden Skepsis.

Kultur ist nicht mehr die Manifestation eines Gottes, einer absoluten Wahrheit, sondern, ganz im Gegenteil, das großartige Verbergen des Grauens, mit dem man nicht leben kann, wenn es nicht reizvoll drapiert wird. Die Einsicht in Sinnlosigkeit und Leid habe Denker und Künstler gezwungen, prächtige Hüllen zu weben, mit denen das Unten lockend verdeckt wurde. Eine seiner leuchtendsten Wendungen lautet: »Jede Art von Kultur beginnt damit, daß eine Menge von Dingen verschleiert werden.«

Solche Verschleierungen können nur von den mächtigsten Geistern geschaffen werden. Sie tun es, ohne zu wissen, was sie tun. Es sind »starke vorbildliche Naturen, in denen sich die Wahnvorstellungen neu erzeugen«. Sie haben eine lebenserhaltende Funktion und wurden gepriesen; weil er die Freude am Leben – trotz allem! – für das summum bonum hielt. Er war Altphilologe, sah Griechenland unter diesem Aspekt – und stellte es dar in seiner ersten großen Schrift: *Die Geburt der Tragödie aus dem Geist der Musik*. »Die Griechen lernten allmählich«, schrieb er, »das Chaos organisieren.« Und glaubte, daß jede Blütezeit den ökonomischen Bedingungen entsprechen müsse, die das Zeitalter des Perikles ermöglicht hatten: »Eine höhere Kultur kann allein dort entstehen, wo es zwei verschiedene Kasten der Gesellschaft gibt.« Selbst wenn das richtig wäre – diese Voraussetzung kann nicht mehr gewollt und nicht mehr geschaffen werden.

Wahrscheinlich spürte Nietzsche, daß die Richtung, in welche seine Gesellschaft vorwärtslebte, nicht zu einer neuen Kasten-Herrschaft führt, sondern zu einer wachsenden Auflösung des Überkommenen. Auch entdeckte er, daß es nicht in Richtung auf eine neue starke Illusion ging, sondern auf eine zunehmende Desillusionierung. Er selbst wurde einer der mächtigsten Führer dahin. Es gibt kaum einen Psychologen, der so weit ging in der Demaskierung menschlicher Triebe. Das Ideal vom künstlerischen Genie zerbrach. Das Ideal einer Sklaven-Gesellschaft, unter der Herrschaft einer mächtigen Phantasie, zerging. Es war das Dramatische seines Lebens, daß der Abfall von seinem Gott einen autobiographischen Charakter hatte.

Das »künstlerische Genie« war auch eine Chiffre für seinen Meister und Freund Richard Wagner gewesen. Es wäre übertrieben, zu sagen, daß es entthront wurde, weil Wagner entthront wurde. Aber dies Verbrennen, was der Jüngling angebetet hatte, vollzog sich in persönlichster Weise. Nietzsche hatte wohl die bedeutendste

Festschrift geschrieben, die je erschienen ist: *Richard Wagner in Bayreuth*. Der hochgestimmte Jünger kam in das moderne Olympia, sah dort Wagner und seine Festspielgäste ... und entdeckte, daß »das künstlerische Genie« und sein Publikum elende Spießer sind. Bayreuth entpuppte sich als ein furchtbarer Irrtum Friedrich Nietzsches. So stürzte er sein Ideal und setzte einen Gegen-Gott auf den Thron: den Aufklärer Voltaire.

Richard Wagner gehört auch in die Geschichte der Philosophie. In dem Jahr 1848, in dem die große bürgerliche Revolution des neunzehnten Jahrhunderts und das *Kommunistische Manifest* das Licht der Welt erblickten, schrieb Wagner einen kurzen Essay mit dem Titel *Die Nibelungen;* auch zwei knappe dramatische Skizzen *Der Nibelungenmythos* und *Siegfried*. Vier Jahre später, 1852, waren die vier Dramen *Der Ring des Nibelungen* beendet; es nahm dann die nächsten zwanzig Jahre, die Musik zu schreiben. Diese Tetralogie war ein philosophisches Szenarium; die potenteste theatralische Metaphysik nach dem *Faust* und den Dramen Hebbels ... nicht ein nationalistischer Germanen-Mythos, sondern Muspilli in der Ära Schopenhauers und Flauberts.

Er hatte lange geschwankt, ob er Siegfried, Jesus oder Apollo zum Träger seines Ideals machen sollte; 1848 hatte er auch eine dramatische Skizze *Jesus von Nazareth* aufgezeichnet. In den Fünfzigern veröffentlichte er vier theoretische Werke: *Die Kunst und die Revolution, Das Kunstwerk der Zukunft, Das Judentum in der Musik, Oper und Drama*.

Die philosophischen Schriften und die Briefe der ersten Exil-Jahre sind voll von wechselnden Stimmungen: Äußerungen der Feindschaft gegen die Revolution wechseln mit höchst militanten Stunden. Weiterkämpfen! Aber für wen? Für ein verlottertes Publikum? Die theoretischen Abhandlungen klagen: schaut ihn euch an, den Käufer unserer Werke! Es ist der Philister, die herzloseste und feigste Geburt der Zivilisation; der eigenwilligste, grausamste und schmutzigste Brotgeber. Das Wesen der modernen Kunst ist die Industrie, ihr moralischer Zweck der Gelderwerb, ihr ästhetischer Vorwand die Unterhaltung der Gelangweilten: mit Börsen auf antiken Säulen, mit Bahnhöfen hinter griechischen Giebelfenstern, mit einer Militärwache im athenischen Parthenon.

Der Ex-Kapellmeister-Emigrant in Zürich sah auf die Welt mit demselben feindlichen Blick wie seine Zeitgenossen: Schopenhauer in Frankfurt am Main, Marx und Engels in Brüssel. Was ist zu tun? Vor dieser Frage gingen die Straßen der unzufriedenen Radikalen auseinander. Nichts ist zu tun, raunzte der Frankfurter Eremit und half mit gegen die Rebellen. Alles ist zu tun, kündeten die jungen Philosophen-Tribunen Marx und Engels. Richard Wagner schwankte zwischen der hegelschen Auslegung der Welt und der nihilistischen. Er machte Welsche und Juden verantwortlich. Satan: das ist ihre versklavende Besitz-Gier.

Wer ist sein Held? Siegfried, ein Jüngling frei von Zittern um den Besitz. Er opfert die »maßlose Angst« für Lust und Liebe. Wagner war schon vor Nietzsche anti-christlich – und (wie er) ein Verehrer des Jesus von Nazareth. In der Schrift *Die Kunst und die Revolution* hatte er dem Christentum vorgeworfen, es rechtfertige »eine ehrlose, unnütze und jämmerliche Existenz des Menschen auf Erden« und habe ihn hier »in einen ekelhaften Kerker eingeschlossen«. Fragte aber zugleich, rhetorisch: ob dies »die Ansicht jenes armen galiläischen Zimmermannssohnes« gewesen ist, »welcher beim Anblick seiner Brüder ausrief: er sei nicht gekommen, um den Frieden in die Welt zu bringen, sondern das Schwert«. Jesus und Siegfried harmonieren: ihre Revolution geht auf ein Reich der Liebe. Hätte er Jesus und Apollo als Dioskuren zur Licht-Figur seines philosophisch-musikalischen Hauptwerks gemacht (wie es eine Weile geplant war), so würde Jesus gezeigt haben: »daß wir alle gleiche Brüder sind; Apollo aber würde diesem großen Bunde das Brudersiegel der Stärke und Schönheit aufgedrückt haben«. Das ist Richard Wagners Interpretation seines Siegfried, einer zweideutigen Figur. Vielleicht hat sie auf Nietzsche stärker gewirkt als Schopenhauers abstrakteres Bild: der Künstler, der Heilige.

»Die Urlust des Scheins« zerging also, als Nietzsche in Bayreuth entdeckte, daß der ersehnte Schein die Unlust zum Erscheinen brachte. Und er demolierte seinen Tempel: vor allem die Götzen Schopenhauer und Wagner. Die neuen Götter waren gegen den

»Traumidealismus«, den er gepriesen hatte; gegen »Menschen, die angebetet werden« (zum Beispiel Richard Wagner). Die neuen Götter waren die Unterdrückten von einst: Sokrates und Voltaire. Der Name, den das neue Vor-Bild erhielt: »Der Freigeist«. Sein Geschäft: die Wissenschaft, die Zerstörung der Mythen, das kausale Denken.

Und dann wurde auch diese zweite Herrlichkeit untergraben: von dem Gedanken, daß sie nicht leisten kann, worauf Nietzsche aus war: Abgründe gnädig zu verdecken und Appetit zu machen aufs Leben, auf ein stärkeres Leben. Die alte Tendenz war geblieben, wenn sie auch nicht durchzuführen war mit Schopenhauer und Wagner. Nietzsches »Gott ist tot« war schon bei Heine (einem der großen Ahnen) auch ein Jubel über die Freiheit des Menschen. Aber dies Jauchzen konnte den Weg ins Chaos, in die Anarchie nicht aufhalten, nachdem das »künstlerische Genie« in der Gestalt Richard Wagners entlarvt worden war. So kam es zur Schöpfung der mißverstandensten Figuren: die »blonde Bestie«, der »Übermensch«. Ihre soziologische Dekouvrierung als Bestialität im Zeitalter des Hochkapitalismus ist keine Enthüllung, sondern Schwachsinn oder Verleumdung. Nietzsche wurde der größte Pechvogel der Philosophie-Geschichte. Er wurde von Analphabeten nicht nur in ihr Deutsch übersetzt, auch in ihre Wirklichkeit. Albert Schweitzer, den man für einen Denker hält, liest ihn immer noch in der Übersetzung Hitlers; und ein Nietzsche-Philologe unserer Tage liest ihn in der Übersetzung von Weimar-Ost, wo nur anders gewertet, nicht anders interpretiert wird. Die Phantasie-Bilder Nietzsches waren aber eine farbigere und sprachlich mißverständlichere Vorwegnahme der zivileren Wendung: »Macht und Geist«, Geist, voll von Leben – mächtig armiert.

Die Nietzsche-Stellen, an denen jene Vorbilder auftauchen, können heute kaum noch zitiert werden, ohne daß Assoziationen sich einstellen, mit denen sie nichts zu tun haben. Nietzsche schuf ein polemisches Vokabular; die Vokabeln sind nur zu verstehen, wenn beachtet wird, gegen wen in welcher historischen Konstellation sie gerichtet waren. Gerichtet war der Preis auf den deutschen Artilleristen und Cesare Borgia gegen den phlegmatischen Spießer seiner Zeit, mit dickem Bauch und goldner Uhr-Kette. Unsere Erinnerung aber ist voll von den Borgias der dreißiger und vierziger Jahre, deren Alltag aus Morden, Quälen und Stehlen bestand. Nietzsche schrieb seinen Hymnus auf die Renaissance-Bestie, um den Morast der Saturiertheit aufzurühren. Im zweiten Drittel des zwanzigsten Jahrhunderts wäre seine Prägung nie entstanden. Und der »Übermensch« sah nicht den Superman der Comic papers voraus. Der Übermensch war eine Projektion in die Zukunft und trägt einige der leuchtendsten Züge des edlen Dulders, der ihn schuf. Die Macht, die diesem Menschlicher-als-der-Mensch gegeben wurde, hat nichts mit Ausbeutung zu tun. Ganz gewiß stand »Der Wille zur Macht« im Zentrum seines Denkens. Aber nur so, daß er zu demonstrieren suchte, was fast immer vertuscht worden war: das Leben dieser Macht noch hinter den frommsten Masken; daß Sehnsüchte, hinter denen nicht eine Macht ist, nichts als Träume sind. Marx und Freud nahmen dieselben Operationen vor, nur nicht in solcher Breite.

Voraussetzung, daß auf seinem fruchtbaren Boden weitergedacht werden kann, ist die Zerstörung der falsch gewordenen Metaphern. Einige haben es versucht, der Erfolg war bisher gering; aber Nietzsche ist (wie Löwith sieht, wie Wein sieht) der vorgeschobenste Posten. Nationalsozialisten und Kommunisten haben in unschönem Einvernehmen ihn als macht-verherrlichenden Verächter des Menschen hingestellt; mit der kleinen Differenz, daß die einen ihn deshalb priesen und die andern als Menschen-Feind Nummer eins verketzerten. Wie tief sich dies falsche Bild eingegraben hat, dafür gibt es kein besseres Beispiel als die Entwicklung Thomas Manns von dem Nietzsche-Bild der *Betrachtungen eines Unpolitischen* zum Nietzsche-Bild aus der *Doktor-Faustus*-Zeit. Da *Doktor Faustus* in seinem Helden auch Nietzsches Art und Episoden seines Lebens abbildet, wird die Parallelisierung der Katastrophe Leverkühns und des Dritten Reichs zum Verdikt gegen Nietzsche. Er ist noch zu befreien von der Verwechselung mit seinen ekelhaftesten Anhängern.

Mit den grellen, zeitgebundenen Personifikationen seiner Sehnsucht muß auch die ebenso grelle Chiffre seines Anti-Ideals als vergängliche, vergangene Hülle preisgegeben werden: sein »Christentum«. Es war für ihn (wie für Heine und Richard Wagner vor ihm) die Apotheose des Kreuzes, der Abtötung des Lebens; man könnte es, nach dem größten Verkünder, das Christentum Pascals nennen. Da Nietzsche im »Christentum« die Religion der Schwächung, der Entkräftung symbolisierte – und da er im Verfall der Götter und ewigen Ideen nichts für dringender hielt als die Stärkung des Körpers und den Mut zum Dasein... zentrierte er seinen Hauptstoß gegen die Armen im Geist und im Fleisch. »Christentum« wurde zum Eigennamen für den größten Gegner: den Feind des Lebens.

Dieses Anti-Christentum hat nichts zu tun mit dem Willen zur Gewalt, die zwischen 1933 und 1945 Leben verheizte, nicht Leben stärkte. Es gibt keinen zweiten Denker, dessen tollkühne Bilder zu Wirklichkeiten wurden, die zwar diesen Bildern glichen, aber nicht dem, was mit ihnen gemeint war. Nietzsche hatte leuchtende Gleichnisse geschaffen und wurde von den schlimmsten Feinden beim Wort genommen, nur beim (vieldeutigen) Wort.

Er wurde populär: das schlimmste Schicksal, das ein Denker haben kann, den nicht einmal das Gros der professionellen Interpreten entziffern kann.

Es wurde einmal gesagt: Nietzsche war eine Sonne – und noch die Größten, die folgten, waren nichts als Strahlen dieses Gestirns: Wilhelm Dilthey, William James, Hans Vaihinger, Georg Simmel, Henri Bergson, Oswald Spengler.

Das will nicht sagen, sie waren nichts außer dem; nicht einmal: sie sind von ihm abhängig gewesen. Nur daß sie alle in den Bereich des Denkens und Fühlens gehören, in dem er die weitaus stärkste, umfassendste Potenz gewesen ist. Man hat einen Namen für diese Gemeinsamkeit geprägt: »Lebensphilosophie«.

Wilhelm Dilthey war elf Jahre älter als Nietzsche und überlebte ihn um elf Jahre. Dilthey wird als »der größte Historiker der Geistesgeschichte« seit Hegel gefeiert; damit ist seine Leistung noch nicht erfaßt. Auf die Frage: was Philosophie sei, definierte er, was Philosophien sind: »Abbreviaturen dessen, was für eine historische Form der Philosophie charakteristisch ist.« So schuf er keine neue Wahrheit, sondern bezeichnete den Ort der Wahrheiten innerhalb der Kulturen ihrer Zeit.

Bei den Orientalen bestand kein Unterschied zwischen Philosophie, Religion und Kunst. Bei den Griechen war Philosophie: Liebe zur Weisheit; aber auch schon: ein theoretisches Welt-Bild. Später, nach Platon und Aristoteles, wurde sie wieder, was sie schon zu Beginn gewesen war – nur konkreter, detaillierter: Lebenskunst, Wegweiser zum Glück. Diese Funktion hatte sie vor allem bei den Römern: Seneca schrieb vor, wie man leben soll. Im Mittelalter hatte sie die Offenbarungen des Christentums zu beweisen; im siebzehnten Jahrhundert die griechischen Systeme zu restaurieren, mit Hilfe der konstruktiv-mathematischen Methode. Im achtzehnten wurde Philosophie vor allem Erkenntnistheorie und (nach einer kurzen Blüte der Metaphysik des Geistes) – metaphysikfeindlich. Hermann Helmholtz stellte ihr die Aufgabe, die ihr schon Kant zugewiesen hatte: »Die Quellen unseres Wissens und den Grad seiner Berechtigung zu untersuchen.«

Von Kant bis Helmholtz verstand man unter »Wissen«: Naturwissenschaft. Dann wurde Philosophie auch »Wissenschaft der inneren Erfahrung«, »Geisteswissenschaft«; in der von der Naturwissenschaft beherrschten Ära: eine »Naturwissenschaft der menschlichen Seele«. Im Kampf gegen diesen Methoden-Monismus suchte Dilthey eine unabhängige »Erfahrungswissenschaft der geistigen Erscheinungen«. Und unterschied eine »beschreibende, zergliedernde und verstehende Psychologie«. »Verstehen« wurde eine seiner Grund-Kategorien.

Rückblickend auf mehr als zwei Jahrtausende fragte er: was haben die Philosophen miteinander gemein? Und antwortete: im Unterschied zu den einzelnen Wissenschaften den Charakter der Universalität. Stimmte das noch? Haben historisch begrenzte Wahrheiten den Charakter der Universalität? Und bezog sich Diltheys »Philosophie« noch auf das Universum?

Er versuchte, die Fülle der Systeme auf wenige zu reduzieren. In seinem Todesjahr erschienen *Die Typen der Weltanschauung und ihre Ausbildung in den metaphysischen Systemen*. Er fand drei: den »materialistisch-naturalistischen Positivismus«, wie er von Demokrit und Archimedes und Ptolemäus und Comte ausgebildet worden war; den »Idealismus der Freiheit«: von Sokrates und Platon und Augustinus und Descartes und Kant und Fichte und Schiller; den monistischen Idealismus Spinozas und Hegels. Dilthey baute um die Entstehung dieser Typologie eine Legende. Nach einem philosophischen Gespräch mit Graf York von Wartenburg habe er, schon müde, Raffaels *Schule von Athen* betrachtet, die über seinem Bett hing. Darauf hätten sich, als er eingeschlafen war, im Traum jene drei Gruppen gebildet.

Seine größte Sorge, die größte Sorge vieler Philosophen war: ist das nicht bare Skepsis? Wenn es drei Lösungen gibt, gibt es keine. Und hatte er nicht geschrieben: »Die letzte Wurzel der Weltanschauung ist das Leben, das sich von jedem Individuum aus seine eigene Welt erschafft«? Widerruft diese Einsicht nicht noch die drei? Ist das nicht wieder Nietzsches »Perspektivismus«? Dilthey hatte nicht Nietzsches Mut, den Relativismus zu bekennen. So sagte er: jede Weltanschauung »drückt in unseren Denkgrenzen eine Seite des Universums aus, jede ist wahr«. Doch ist das eben ein seltsamer Gebrauch des Wortes »wahr«. Wenn es drei gleichgeordnete »absolute« Wahrheiten gibt oder gar so viele wie Menschen – dann ist keine absolut.

Dilthey war nicht bereit, zu resignieren. Er schrieb: »Nicht die Relativität jeder Weltanschauung ist das letzte Wort des Geistes, der sie alle durchlaufen hat, sondern die Souveränität des Geistes gegenüber einer jeden einzelnen von ihnen.« Diese Souveränität liegt allein in der Skepsis. Diltheys Bedeutung liegt nicht in ihrer Verschleierung, sondern in seiner »Erkenntnistheorie, Logik und Methodenlehre der Geisteswissenschaften«, in seiner »Kritik der historischen Vernunft«, in seinen großen Untersuchungen zur Ideen-Geschichte. Eine fruchtbare Schule ging von ihm aus. Die bekanntesten Schüler: Georg Misch, Bernhard Groethuysen, Eduard Spranger.

Wilhelm Dilthey ähnelte in seinem stillen Gelehrten-Dasein und der sanften Diktion Nietzsche recht wenig. William James kann man mit sehr vielem Recht den amerikanischen Nietzsche nennen. Das neue Denken entstand an mehreren Punkten der Erde zu gleicher Zeit; auf deutsch, amerikanisch und französisch erhielt das alte Weltall ein neues Abbild. James nannte es »Polyversum«; der alte Kosmos verlor die Einheit, die Ruhe des Gesetzlichen, die Ordnung. Nietzsche wußte wohl nichts von dem amerikanischen Zeitgenossen – und liebte ihn in James' großem Ahn: Ralph Waldo Emerson.

Die Geschichte Nordamerikas war die Fortsetzung der europäischen, auf kolonialem Boden. Sie ist fast dreiundeinhalb Jahrhunderte alt. In den ersten zwei wurde sie wesentlich mitbestimmt von Vergangenheit und Gegenwart der Alten Welt. In den letzten hundert Jahren wurde sie mitbestimmend für Europa. Das gilt auch für die Geschichte des Denkens auf dem Boden Nordamerikas. Der erste Philosoph, in dem sich, vor dem Hintergrund der europäischen Tradition, Amerikanisches deutlich abzeichnete, war Ralph Waldo Emerson. Nietzsche schrieb von ihm: »Der gedankenreichste Autor dieses Jahrhunderts ist bisher ein Amerikaner gewesen.« Vielleicht war dieser aphoristische Satz ein Nekrolog; Emerson starb im Jahre 1882, fast achtzig Jahre alt, in der ganzen Welt gefeiert als Denker, als Poet, als »unsere intellektuelle Erklärung der Unabhängigkeit«, wie der angesehenste Richter des Landes, Oliver Wendell Holmes, sagte.

Für Deutsche ist interessant, was Nietzsche an Emerson band. Auch er stammte aus einer protestantischen Prediger-Familie. Auch er verlor früh seinen Vater, wurde von Frauen erzogen und war kränklich. Auch er rebellierte gegen den Gott seiner Väter – wenn auch mit Maß. Er legte sein Amt als Geistlicher nieder, weil ihm im Schwärmen fürs Universum die Kirche zu eng war. Aber als eine junge Protestantin bekannte, sie würde im Katholizismus ihr Heil finden, ermutigte er sie zum Übertritt. Er sorgte mehr für die Seelen als für die Seelsorger. Seine Kanzel war das Vortragspult Neu-Englands, dann Europas; auch in seiner Zeitschrift »The Dial« sprach er zu einer mächtig wachsenden Gemeinde, die keinen konfessionellen Namen trug. Er machte Schule; die Schüler wurden in der Geschichte der Philosophie »Transzendentalisten« genannt... obwohl sie besser Transzendente ohne Trans genannt würden.

Nietzsche hängte seinem Preislied auf den »reichsten Amerikaner« die Parenthese an: »Leider durch deutsche Philosophie verdunkelt – Milchglas.« Und war nicht der Einzige, der sich über den reflektierenden Sänger Emerson auch ein bißchen lustig machte. Der Vater von William und Henry James, Emersons Freund, schrieb: er wirke zwar wie ein überirdisches Wesen, mache er aber den Mund auf, so befriedige er einen nicht mehr als ein altes Weib; und Freund Carlyle sagte: »Er gibt uns nicht genug zu beißen.«

Wie kam es, daß Nietzsche, der mit dem Hammer philosophierte, von einem Werk dieses milden Weisen sagte: »Ich habe mich nie in einem Buch so zuhaus und in meinem Hause gefühlt«? Emerson war für ihn die Anti-Dekadenz. Nietzsche liebte »das amerikanische Lachen«; vielleicht, weil er in ihm Erholung fand vom Schopenhauerschen und Wagnerschen Weinen. So enthüllte er in Emerson, was seiner Stimmung verwandt war: »Die Welt ist jung.« Auch war in dem Amerikaner schon etwas von Nietzsches Preis auf das »künstlerische Genie«: »Die Welt ist sehr leer und verdankt alles, was an ihr prächtig erscheint, dem verklärenden und verschönernden Menschengeist.«

Es sieht so aus, als sei Emerson weich eingebettet gewesen in einem christlichen Pantheismus. Seine Porträts von Platon, Montaigne, Michelangelo, Shakespeare und Goethe wirken wie Gottesdienste, zelebriert vor irdischen Sendboten aus höheren Sphären. Aber da ist die nietzschesche Unterströmung: »Seht euch vor, wenn der große Gott einen Denker auf unseren Planeten kommen läßt. Alles ist dann in Gefahr. Es ist, wie wenn in einer großen Stadt eine Feuersbrunst ausgebrochen ist, wo keiner weiß, was eigentlich noch sicher ist und wo es enden wird.« Das war ein Vor-Klang Nietzsches und des William James.

Nietzsche erlebte nicht mehr den Pragmatismus in der Zeit seiner Wirksamkeit; er hatte ihn in denselben Jahren ausgebildet, in denen der Stifter dieser Schule, Peirce, seine ersten Essays schrieb. Nietzsche, der in Aphorismen unter der Überschrift *Theorie und Praxis* ähnlichen Gedanken nachging, wie sie später von William James popularisiert wurden, erlebte nicht mehr das Eindringen dieser Theorie in die europäische Welt; und James erlebte nicht mehr die amerikanische Nietzsche-Diskussion, die erst mit Menckens Buch, kurz vor dem Ersten Weltkrieg, einsetzte.

Aber es war dasselbe Klima, in dem sie beide philosophierten. Könnte nicht Nietzsche James' Sätze geschrieben haben: »Ich will eine weltweite Anarchie«, »Ich hasse alle klassischen, sauberen, präparierten, noblen, festgelegten, ewigen Weltanschauungen«, »Es gibt Neues unter der Sonne«? Man darf zugespitzt sagen: in einer lustvollen Rebellion gegen die Transzendenz in Begriffen kämpften sie beide gegen die Bürokraten der Metaphysik, vor allem gegen die Prächtigen, die in den Religionen mit dem einen Gott und in den Metaphysiken mit dem einen Prinzip seit je ihr Ideal sahen. Von Nietzsche her gesehen war William James ein demokratischerer Vulkan.

Ihre Lebensläufe ähneln einander. James war den größten Teil seines Lebens krank und hielt die Gesundheit (wie der drei Jahre jüngere Nietzsche) für die geliebteste Pflicht. Er rappelte sich hoch (wie Nietzsche) gegen Demoralisierendes, das stark in ihm war. Ihr Leben war ein einziges Liebes-Gedicht an das Auf-der-Welt-Sein. William James war ein Tragiker – im Klima der neuen Welt, ein ganz solider Tragiker, ein sehr ziviler Dionys und ein Gekreuzigter, ganz unpathetisch. Auch sein Zentralwort lautete: »Perspektive«. Das gab es schon bei Leibniz, der gesagt hatte: »Wie ein und dieselbe Stadt, von verschiedenen Seiten betrachtet, uns gleichsam perspektivisch vervielfältigt erscheint...« Doch waren für Leibniz diese Perspektiven: individuelle Sichten auf eine einzige Welt, die gegeben ist und erkannt werden kann. Aber wenn nun diese »einzige« unbekannt ist?

James teilte mit Nietzsche auch die Tafel der Tugenden: Mut, Männlichkeit, Härte, Disziplin; auch er personifizierte sie in der Figur des Soldaten. Heute würde weder James noch Nietzsche diese Metapher benutzen als Ausdruck für den Imperativ, daß man das Leben zu bestehen hat. Als James »kriegerische Tugenden« empfahl, chiffrierte er wie Nietzsche mit dieser heute kompromittiertesten Wendung das Sich-Aufraffen. Courage, Aktivität, Risiko, Heroismus hatten noch nicht die Bedeutung: Heroismus der anderen.

William James war der amerikanische Nietzsche mit seinem Ausbruch von Dankbarkeit für das Leben, mit seinem Hymnus auf die Fülle, mit seinem Perspektivismus, seinem Pluralismus – auch mit seinem Pragmatismus. Der Pragmatist Nietzsche wurde erst spät entdeckt. Als Hans Vaihingers *Philosophie des Als Ob* 1911 erschien, wurde zum erstenmal die Aufmerksamkeit auf den größten Pragmatisten gelenkt, den Deutschland hervorgebracht hatte: Nietzsche. Vaihinger war bereits der zweite, welcher eine Brücke schlug zwischen der amerikanischen und der deutschen nachidealistischen Philosophie.

Der erste war der deutsch-tschechische Philosoph Wilhelm Jerusalem gewesen. Als er 1905 sein Buch *Der kritische Idealismus und die reine Logik. Ein Ruf im Streit* veröffentlichte, fand er besondere Zustimmung unter Engländern und Amerikanern. F. C. Schiller schrieb aus Oxford: der deutsche Autor käme zu ähnlichen Schlüssen wie James und er. Jerusalem übersetzte James' *Pragmatismus* ins Deutsche; machte ihn in Deutschland bekannt und trug die amerikanische Philosophie auf internationalen Philosophen-Kongressen vor.

Im Jahr 1912 zeigte er in Hardens »Zukunft« eine Neuerscheinung unter dem Titel *Logik des Unlogischen* an, die mit größtem Erfolg pragmatische Gedanken in Deutschland verbreiten sollte: Hans Vaihingers *Philosophie des Als Ob. System der theoretischen, praktischen und religiösen Fiktionen der Menschheit*. Dies Buch war in den Sechzigern und Siebzigern konzipiert und niedergeschrieben worden; zu einer Zeit also, als Peirce seine zum Pragmatismus führenden Gedanken gegen die idealistische Vorstellung von der Wahrheit entwickelt hatte und Nietzsche seine Ideen über die Grundbegriffe des Denkens, die er als Werkzeuge im Dienst des Lebens, nicht als Entsprechungen des Seienden charakterisierte. Sagte Vaihinger »Fiktion«, so hatte Nietzsche »Illusion«, »Irrtum«... gesagt und ebenfalls positiv gewertet.

Von Georg Simmel wird der Ausspruch überliefert: »Ich weiß gar nicht, weshalb Nietzsche solch Aufhebens davon macht, daß Gott tot ist. Das wissen wir doch längst.« Er war schon in eine Welt ohne »monistisches Vorurteil« geboren, ohne das Bedürfnis der Anlehnung an eine große Eins. Er rebellierte nicht mehr gegen Theologen, klagte nicht mehr über den Verlust der Gewißheit. Das Wort »Leben«, das nun Gottes Thron einnahm und auch den Thron, auf dem einst das philosophische System als anonymerer Gott regiert hatte, war von Nietzsche geerbt; man sprach es nun aus ohne den

Ton der Verzweiflung, der noch im Jauchzen des Dionysiers hörbar gewesen war.

Simmel betete ganz unekstatisch das Leben an, indem er die »Wunder der vollsinnlichen Wirklichkeit« durchdachte. Seine Denk-Lust manifestierte sich, indem er vom unmittelbar Einzelnen, dem individuell Gegebenen, das Senkblei »in die Schicht der letzten geistigen Bedeutsamkeit« schickte. Er war, wenn man so will, ein verliebter Nominalist. Er war unscholastisch im weitesten Sinne des Wortes: ohne fundamentales Axiom, nicht verhext von den klassischen Alternativen der Philosophie-Geschichte. Einer seiner Sätze lautete: »Wenn die Zeichen nicht trügen, beginnt der ganze philosophische Apparat zu einem Gehäuse zu werden, das vom Leben entleert ist.« Er begann nicht mit den großen traditionellen Worten, sondern (wie Nietzsche) mit dem von der Philosophie noch nicht entdeckten unscheinbaren Detail.

Er glaubte nicht, daß der Mensch, sondern (im Zeitalter des Pluralismus) daß jeder Mensch das Maß aller Dinge ist. Er glaubte nicht an die Geschichte und ihre ameisenhafte Tüchtigkeit ... ganz und gar nicht im Felde der Philosophie – weil der Philosoph heute Problemen gegenüberstehe, die ihn kaum anders ansprechen, als sie schon Platon und Kant angesprochen hatten. Jeder Schöpfer ist, das war seine Meinung, Anfang und Ende.

Georg Simmel zog sich vor der Welt des objektiven Geistes (der Werke und Institutionen) nicht in die Innerlichkeit zurück; Kulturfeindliche Mystik war nicht sein Ausweg. Aber »die Kultur des innersten Lebens« war ihm das Ziel, um dessentwillen allein diese glänzende Anhäufung von Leistungen da ist. Er sah die Tragödie der Kultur: daß der Einzelne den mächtigen Schatz, der da gesammelt ist, nicht mehr aufnehmen kann. Und das ist genau die Sicht, die ihn heute so unzeitgemäß macht; er ist nach dem letzten Krieg nicht wiedergeboren worden. Er blickte nicht so sehr auf Geschichte und Gesellschaft (trotz seiner *Soziologie*, seiner *Philosophie des Geldes*) als auf den Einzelnen. Im großen unvergeßlichen Essay *Der Begriff und die Tragödie der Kultur* gibt er keinen Rat – und sichtet (wie Freud) ein unaufhebbares Verhängnis: der Mensch verödet inmitten seiner üppigsten Produkte.

Obwohl einige von uns in frühen Jahren Georg Simmel so stark erlebten, daß wir ihn nicht vergessen können, muß man heute über ihn schreiben, als holte man aus einer verschütteten Welt den großen Fund ans Licht. Damals, kurz vor dem Ersten Weltkrieg, war er eine der stärksten Leuchten der Berliner Universität. Seine Weltanschauung war, wie sich ein philosophisches Wörterbuch ausdrückt, zunächst extremer, dann gemilderter Relativismus. Die Universität Heidelberg soll ihn 1908 wegen dieser anrüchigen Haltung nicht berufen haben. In einem Brief an Max Weber schrieb der durchgefallene Kandidat: er erkläre sich die ungünstige Einstellung aus dem Gerücht, daß er destruktiv und negativ sei. Er war es, nach den herrschenden Maßstäben. Er hatte eine nicht-respektable Herkunft: Nietzsche... und außerdem noch Abraham.

Ein Jahr nach Simmel wurde der Philosoph geboren, der im Reiche Nietzsches mehr als Dilthey, James, Vaihinger und Simmel der Klassiker dieser Lebensphilosophie wurde: Henri Bergson. Nachdem William James Bergsons »Schöpferische Entwicklung« gelesen hatte, »jubelte« er »verjüngt«: »Er hat das Biest Intellektualismus mausetot geschlagen.« Das hatten sie alle getan; niemand so erfolgreich. Es ist nicht möglich, hier Prioritäten festzstellen. In einem Bericht über den fünften internationalen Psychologen-Kongreß, Rom 1905, hieß es: Bergson verkünde die amerikanische Philosophie; was aber William James vorgetragen habe, stamme von Bergson, von seiner Verkündung des Primats der Aktion. Er antwortete: es gebe hier keine Abhängigkeiten. Er fand sich beglückt in den Büchern William James' wieder.

In jenen Jahren war die Welt, die seit den Tagen des Sokrates vorwiegend vom »Intellektualismus« gedeutet worden war, in neuer Sicht erschienen: Schopenhauer entdeckte den »blinden Willen«, Nietzsche den »Mischkrug, der beständig umgerührt werden muß«, William James: »Es gibt Neues unter der Sonne« und Freud, am Ende des Jahrhunderts, kühler, distanzierter: das brodelnde »Es«. Nur Bergson fand schon im abstempelnden Namen dies Ineinander von Sinnlosigkeit und Seligkeit: »Élan vital«. Das war die Freude an einer Welt, die nie nur ist und immer auch wird – aber nicht, wie bei den idealistischen Philosophen bis zu Marx, zu einem Ziel hin; élan vital ist die Lust des Künstlers, dessen Glück nicht im Planen ist, sondern im Überfließen. Es war der »Evolutionismus« mit élan, ein dionysischer Darwinismus.

Im Jahrzehnt vor dem Ersten Weltkrieg war Bergson, Lehrer am Collège de France, Mitglied des Instituts, der Denker Europas. Im Land des »Erbfeinds«, des Widerstands gegen den Pragmatismus, des epigonalen Neu-Kantianismus mißtraute man ihm. Ein Baron von Brockdorff versprach »die Wahrheit über Bergson« und überschrieb seine Einleitung »H. Bergson, unter der Anklage des Plagiats und der Irreführung«. Nach dem Kriege wurde dann auch in Deutschland von dem »heute einflußreichsten Denker der ganzen Welt« gesprochen. Er wurde, 1927, der zweite Philosoph, der den Nobelpreis erhielt. Mit mehr Recht als der erste: Rudolf Eucken.

Will man genau sein, so sind ihm im neunzehnten Jahrhundert mindestens drei Philosophen (Schelling, Schopenhauer und Nietzsche) im Aufdecken der Unzulänglichkeit logischer und wissenschaftlicher Kategorien für eine begriffliche Nachschöpfung des Alls vorausgegangen. Es waren wohl auch diese Vorgänger, welche (infolge ihrer politischen – wirklichen und scheinbaren – Affinitäten) das zäheste aller modernen Vorurteile in die Welt setzten: daß jeder Anti-Intellektualismus mit einer reaktionären Politik verbunden sein müsse. Und Bergson hatte mindestens einen sehr verdächtigen Schüler: den Syndikalisten Georges Sorel, Autor des Buches *Reflexionen über die Gewalt*, das den Faschisten Gedanken gab, soweit sie solche gebrauchen konnten.

Aber: an ihren Schülern sollt ihr sie nicht erkennen! Wo käme man da hin? Es ist nichts schändlicher und billiger, als – mittels des Vokabulars, das den élan vital enthält und die Intuition – Bergson zusammenzubringen mit den Mördern, die sich auf vital und intuitiv kostümierten. Sie haben doch nur mit dem Irrationalismus schöngetan, in der Propaganda; in Wirklichkeit waren sie höchst rational, auf Gedeih und Verderb verbunden mit den letzten Ergebnissen des wissenschaftlichen Verstandes, wie er sich in ihren schärfsten Waffen und ihrem durchrationalisierten SS-Staat manifestierte. Nicht der Irrationalismus, das ausgekocht rationale Denken hat Gas-Öfen und die anderen Methoden der Ausrottung geschaffen. Die Intuition (welche auch immer) wäre harmlos gewesen, hätte nicht hinter den mystischen Eingebungen die planmäßige Technik gestanden und die rational durch-experimentierte Massen-Psychologie. Die Intuition hat kaum je soviel Unheil angerichtet wie die teuflisch kluge Berechnung.

Es ist eine modische Torheit, ein Ereignis wie Nietzsche, James und Bergson soziologisch zu reduzieren. Bertrand Russell, der so etwas liebte (ohne diese Methode auf seine eigenen Theorien anzuwenden), schrieb einmal den nicht sehr weisen Satz: »Der Haupteffekt von Bergsons Philosophie war konservativ und kann leicht mit der politischen Bewegung in Übereinstimmung gebracht werden, die in Vichy auf den Thron kam.« Allerdings war Russell generös genug, darauf hinzuweisen, daß auch Shaw von Bergson beeinflußt war: zum Beispiel in *Zurück zu Methusalem*. Sorel und Vichy und Shaw: eine ganz schön bunte Reihe von Folgen, die verhindern sollte, Bergson an seinen Folgen erkennen zu wollen. Weshalb nicht lieber an seinen Sätzen?

Er hat viele sehr lichte, sehr schöne geschrieben. Er gehörte zu den besten philosophischen Stilisten. Die idealistische Freiheit: freiwillige Abhängigkeit vom Gesetz... war nicht Nietzsches, James' und Bergsons Freiheit. Sie kannten die Freiheit zum Unausdenkbaren. Daß auch Bergson wie Nietzsche (nach alter Philosophen-Weise) seine Intuition mit der jüngsten, herrschenden Wissenschaft verkoppelte, der Biologie, war seinen Einsichten abträglich. Es hat sich immer gerächt, wenn sich Philosophen von der regierenden Wissenschaft einer Zeit so beherrschen ließen, daß sie deren Stammbegriffe ins Transzendente hoben. Es hat sich auch gerächt, daß Bergson (wie Schopenhauer vor ihm) großartige Einsichten in die Natur des Menschen aufs All projizierte. Er hat versucht, noch einmal eine Metaphysik zu schaffen, obwohl das nur auf dem Boden des Rationalismus möglich ist.

Er war ein sehr subtiler Analytiker in Aufdröslung der Vorstellungen von Zeit und Gedächtnis und Entwicklung; manche Begriffe, die er geschaffen hat, sind sehr am Leben. Und da er ein großer Künstler war, ein Schöpfer von Worten, Wendungen, Anschaulichem, so lebt er weiter, nicht nur anonym, aufgenommen in den Strom des Wissens, sondern als philosophisches Individuum, das Allgemeines einmalig gesagt hat. Der französische Philosoph Jean Wahl teilte mit: sein Freund Bergson habe testamentarisch jede

Veröffentlichung aus dem Nachlaß untersagt; er wollte, daß die Welt ihn nur als den Urheber dessen kenne, was er zu seiner Zufriedenheit habe gestalten können. Der letzte Wille eines Dichters.

Als er starb, im Jahre 1941, herrschte in Frankreich das Hakenkreuz und sein französischer Satrap. Bergson hatte immer an einen Gott geglaubt, der eine ewige Bewegung ist, an einen dynamischen, unvorhersehbaren, der nie war und immer wird; am Ende seines Lebens bekannte er sich, um politisch ganz deutlich zu werden, zum Judentum, von dem er sich seit langem sehr weit entfernt hatte.

Es ist die Gepflogenheit der Académie Française, an dem Donnerstag, welcher dem Tode eines Mitglieds folgt, den Toten durch eine kurze Ansprache zu ehren. Am neunten Januar 1941 hielt Paul Valéry die Trauerrede. Es war ein zwiefacher Nachruf: auf Frankreich, das im Jahre zuvor aufgehört hatte, zu existieren; und auf den Mann, den Valéry im Schlußsatz »le dernier grand nom de l'histoire de l'intelligence européenne« nannte.

Dieser letzte große Mann der europäischen Intelligenz wurde »notwendigerweise« sehr still begraben. Es gab keinen Leichenzug. Reden wurden nicht gehalten. Etwa dreißig scharten sich um die Bahre.

Einer der wesentlichsten Züge des Romantikers Nietzsche war seine (Heine verwandte) Anti-Romantik. Sie wurde am sichtbarsten dort, wo der romantische Pessimismus bis zum Extrem gesteigert zu sein schien, weil ein Buchtitel die Leser auf eine falsche Fährte setzte. Als 1911 der einunddreißigjährige Münchner Mathematiklehrer Oswald Spengler sein Werk begann, ahnten noch nicht viele den Krieg der Zukunft: »um das Erbe der ganzen Welt« – ein Krieg, von dem er damals prophezeite, daß Indien, China, Südafrika, Rußland, der Islam aufgeboten würde. Der berühmte Titel *Der Untergang des Abendlandes*, viel bekannter geworden als diese 1200 Seiten starke Geschichts-Philosophie, hat bis heute verdeckt, worauf dieser Nietzsche-Sproß aus war: auf ein sehr vitales Ideal.

Im Jahre 1921 erschien Spenglers kürzeste, unmißverständlichste, unbekannteste Schrift *Pessimismus?* Sie hatte ein dickes Fragezeichen hinter dem Wort. Mit Recht wies er diese Bezeichnung für sein

Nach dem Untergang des Vernunft-Kosmos 203

Denken ab; schon Nietzsche hatte den leidenschaftlichen Versuch gemacht, den Pessimismus zu überwinden; sein Scheitern war wesentlicher als Spenglers scheinbarer Erfolg. Als dieser Nietzscheaner seine besondere Version der »Lebensphilosophie« fand, lag »der platte Optimismus des darwinistischen Zeitalters über der europäisch-amerikanischen Welt«. Auch er war Optimist; nicht ein platter, sondern ein forscher. Stolz gab er seinem Volk, zwölf Jahre vor 1933, eine Hoffnung (mit Nietzsches Vokabular, aber nicht in Nietzsches Sinn): »Zu einem Goethe werden wir Deutschen es nicht wieder bringen, aber zu einem Cäsar.« Der Übermensch wurde imperialistisch. Spengler, der sich ihn als einen stolzen Römer im Industrie-Zeitalter vorstellte, irrte nur darin: der »Cäsar«, den er dann noch erlebte, schrieb nicht den *Bellum Gallicum*, sondern *Mein Kampf*, baute nicht ein Reich auf, sondern zerstörte es, benötigte nicht einen Spengler, sondern einen Rosenberg.

Spengler fand in den Annalen der Menschheit sechs Hochkulturen: sechs biologisch zu definierende Gebilde mit sechs Seelen. Die Autopsie der fünf Toten – der ägyptischen, chinesischen, indischen, antiken und arabischen Kultur-Leiche – ergab den Befund: sie lebten etwa tausend Jahre und hatten eine Jugend, Jahre der Reife, Alter und Greisentum. Anwendung auf uns, auf die einzige Kultur, die heute am Leben ist: wir Abendländer haben schon einen guten Teil der zugemessenen Frist hinter uns; es ist bereits spät am Abend. Deshalb: gebärden wir uns nicht wie Springinsfelde! Oder, um es mit den pathetischen Worten der letzten Sätze des problematischen Meister-Werks zu sagen: »Wir haben nicht die Freiheit, dies oder jenes zu erreichen... Wer dem Schicksal gehorcht, führt, wer sich gegen das Schicksal wehrt, wird mitgerissen.« Spenglers Variante von Nietzsches amor fati.

Wenn eine Kultur jung ist, lehrte er, produziert sie Mythen, Ritter-Epen, Heldensagen, Legenden, Pyramiden und dorische Säulen. Im Alter exzelliert sie in Wissenschaft, Technik und Organisation. Das ist der Lauf des Kultur-Lebens. Benehmen wir uns wie Erwachsene! Zerlegen wir die Natur, bauen wir Hochhäuser, organisieren wir Massen!

Das Erfrischende des Nietzsche-Jüngers war nicht nur seine üppige wissenschaftliche Phantasie, auch dieses Nein zu jeder

Vergangenheits-Seligkeit: gegen die damals schon grassierende Mythen-Affektiertheit, gegen das archaische Psychologisieren. Als Gegen-Gift hätte Spengler sehr heilsam sein können, wenn man nicht vor allem beleidigt gewesen wäre. Man konnte ihm nicht vergessen, daß er (wie Kopernikus, Darwin und Freud) den Menschen herabsetzte – nun auch noch vom letzten Thron, den er hatte: die ewige Kultur. Der Kultur-Tod, den er diagnostizierte, machte auf Zeitgenossen und Nachfahren einen größeren Eindruck als der Tod des Einzelnen. Daß er jeder Kultur nur ein begrenztes Leben gab, erschütterte die Ideologen mehr als die individuelle Endlichkeit.

Was er geerbt hatte, war Nietzsches Perspektivismus und die plastische Kraft der Darstellung. Was ihm fehlte, war Nietzsches leuchtendes Vor-Bild, das (hinter dem ruinierten Namen Über-Mensch) lebendig ist. Spenglers Cäsar war nicht mehr der Mensch, von dem Nietzsche gesagt hatte: er sei ein Seil zwischen Tier und Übermensch, eine Brücke und nicht ein Ziel. Dieser Cäsar war der zeitgenössische Industrie-Kapitän, der die Zügel fest in der Faust hält, der Administrator, der rücksichtslos verwaltet; im besten Fall ein tüchtiger Funktionär, der nichts hat außer der Kraft, eine bestehende Ordnung aufrechtzuerhalten. Spengler war der Lieblings-Philosoph des großindustriellen Langnam-Vereins. Die hier versammelten Cäsaren oder ihre Standesgenossen lieferten dem Führer die Macht aus. So ist er verachtet per Renommé.

Wer aber erinnert sich seiner kopernikanischen Tat? Er war der Erste, der die Europa-zentrierte Geschichts-Schau wirkungsvoll zerstörte.

Eins der großen Themen, das Nietzsche dem zwanzigsten Jahrhundert vererbte, war die Idee einer herrschenden Elite, die weder eine Plutokratie ist noch eine gewalttätige Bürokratie. Dies Problem ist nicht schon erledigt, nur weil der Zeitgeist die Nase rümpft über das belastete Wort »Elite« und mit ihm verdrängt, was, unterhalb der Schimpf-Vokabel »reaktionär«, der Lösung harrt. Selbst in Amerika ist gesehen worden, daß Demokratie und Elite einander nicht ausschließen: nicht nur von Mencken, auch vom jungen Theodore Dreiser.

Ortega y Gasset versuchte 1930, in seinem Buch *Der Aufstand der*

Massen, Nietzsches Übermenschen gesellschaftlich anzusiedeln und zu demokratisieren. Der Ausgangspunkt war eine Statistik: vom Beginn der Geschichte des Westens im sechsten Jahrhundert bis 1800 hatte Europa nie mehr als hundertachtzig Millionen Einwohner. Dann stieg die Zahl in weniger als einem Jahrhundert auf vierhundertsechzig. Das Zeitalter der Massen begann.

Ortega gab eine qualitative Definition: »Masse ist jeder, der sich nicht selbst aus besonderen Gründen – im Guten oder im Bösen – einen besonderen Wert beimißt, sondern sich schlechtweg für Durchschnitt hält, und den doch nicht schaudert, der sich in seiner Haut wohlfühlt, wenn er merkt, daß er ist wie jedermann.« In dieser Bedeutung des Worts hielt er »die Vorherrschaft der Masse und des Gewöhnlichen selbst in den Gruppen von exklusiver Tradition« für »ein Merkmal unserer Zeit«. Ein Merkmal, das heute am häßlichsten jene Kulturkritiker zeigen, die nicht erlauben, vom Individuum noch zu reden.

Mit jener Bestimmung demonstrierte Ortega, daß Elite für ihn (wie für Nietzsche) kein Synonym für Privilegierte war: keine Oligarchie. Es war Mißverständnis oder böser Wille, in seinen Attacken auf die »Hyperdemokratie«, den »Triumphator des Jahrhunderts«, einen reaktionär-antidemokratischen Widerstand zu sehen. Welche politischen Parolen auch solche sprachlichen Prägungen hergeben mögen... sie müssen im Licht jener klassischen Philosophie gelesen werden, die zu Freiheit, Spontaneität, Ursprünglichkeit aufrief.

»Die Herrschaft, welche die gebildete Plebs heute im öffentlichen Leben ausübt«, provozierte sein Verdikt: »daß die gewöhnliche Seele sich über ihre Gewöhnlichkeit klar ist, aber die Unverfrorenheit besitzt, für das Recht der Gewöhnlichkeit einzutreten und es überall durchzusetzen«. Von den Tagen der Frühromantik an war der Philister und seine spezifische Variante, der Bildungsphilister, die Gegen-Figur des »Poeten«, des Künstlers, des Genies. Ortega sah, wie die Macht der »gewöhnlichen Seele« mit der Verbilligung einer Kultur wuchs, die zuvor nur einer schmalen Schicht vorbehalten war. Ortega sah nicht, daß nicht die Massen, nur die hochmütigen Bildungsphilister »unverfroren« wurden... in ihrer Verachtung der Massen.

Er kam deshalb nicht weiter als die Früh-Romantik mit ihrem Haß auf den Spießer, als Schopenhauer mit seiner Verhöhnung der Vielzuvielen, als Nietzsche, der (schon differenzierter) einen David Friedrich Strauß seziert hatte. Ortega dachte realistischer, mehr in politischen Kategorien als seine Vorgänger. Er hielt die liberale Demokratie, die Schützerin der Minoritäten, für »die höchste der bis jetzt bekannten Formen des öffentlichen Lebens«, für die »edelste Lösung, die auf dem Planeten erklungen ist« – und hielt ihr zugleich ihre Sünden vor: »Unter der Maske einer großzügigen Zukunftsbezogenheit tut der Fortschritt nichts für den kommenden Tag.« 1927 hatte Julien Benda *La trahison des clercs* veröffentlicht. 1930 heißt es bei Ortega: »Es ist die Fahnenflucht der Geistigen, die immer die Kehrseite zum Aufstand der Massen darstellt.« Drei Jahre später war der Aufstand da. Kein Jahrzehnt illustrierte »die Fahnenflucht« besser als das dritte deutsche Jahrzehnt des zwanzigsten Jahrhunderts. Oder scheint es nur so? Wer die Elite genauer betrachtet, findet den Ausdruck »Fahnenflucht« noch zu freundlich. Unter welcher Fahne lebten vor 1933 Gerhart Hauptmann, Richard Strauß, Max Planck, C. G. Jung, Gottfried Benn – so daß sie bei Ausbruch des Dritten Reichs die Fahne im Stich gelassen hätten? Die Elite lebte unter derselben Fahne wie die »gewöhnliche Seele«.

Die Kluft, die zwischen ihr und den großen Talenten (fälschlich Elite genannt) aufgerissen wird, verdeckt ihr Gemeinsames jenseits der spezifischen Begabung. Es kann einer ein großer Physiker sein – und zugleich »eine gewöhnliche Seele«: in seiner Vorstellung vom Sinn des Daseins, vom Körper und seiner Seele, von der Gesellschaft, in welcher er lebt. Die »Elite« ist eine Summe von »gewöhnlichen Seelen« mit ungewöhnlichem Können plus Weltruf.

Es ist immer die Leistung, die bestimmt, wer zur Elite zählt. Aber die nicht-»gewöhnliche Seele« ist auch unter Analphabeten zu finden. Die nicht-»gewöhnliche Seele« Spinozas, Hölderlins und Novalis' ist nur deshalb weithin sichtbar in Erscheinung getreten, weil ungewöhnliche spezifische Fähigkeiten die Öffentlichkeit aufmerksam gemacht haben. Die nicht-»gewöhnliche Seele« ist nicht eine Fähigkeit, sondern eine Art.

Wie können diese über die Erde verstreuten, zum guten Teil unsichtbaren nicht-»gewöhnlichen Seelen« (unsichtbar, weil nur

Talente sichtbar machen) zur Elite geeint werden? Es ist erst recht hoffnungslos, die Elite zur Herrschaft zu bringen, wie schon Platon erfuhr. Er gab ihr den Namen »Philosophen-Könige«, meinte, daß die Natur sie produziert, daß die richtige Gesellschafts-Organisation sie zur Macht bringen kann... und scheiterte. Denn: wer bringt die regierungswürdige Gruppe zur Macht? Die Herrschaft der Elite ist ein technisches (vielleicht unlösbares) Problem. Man löst es nicht damit, daß man sie mit einer Kapitalisten- oder Funktionärs-Herrschaft identifiziert.

Heinrich Mann – skeptischer und deshalb weniger konkret als Platon – verflüchtigte das Memorandum *Der Staat* zur abstrakteren Forderung: dem Geist die Macht. Wie sieht das in der Praxis aus? Ein kleiner, nicht untalentierter arroganter Terrorist, eine »gewöhnliche Seele«, wirft sich als Geist auf und ernennt seinen Freundchen-Kreis zur Elite, die diktiert, was die Massen wollen sollen.

Die Geschichte zeigt und die Erfahrung lehrt, daß es immer eine klare Vorstellung von der nicht-gewöhnlichen Seele gab; vielleicht ist das historische Urbild des Mythos Jesus von Nazareth ein Beispiel. Zu dieser Elite können recht Unscheinbare gehören, deren Wirkung vielleicht nicht weiter reicht als ihr Familien-Kreis. Aber: so gewiß diese Elite existierte und existiert, so fraglich ist es, ob sie organisiert werden und zur Macht kommen kann. Das Höchste, was wohl zu erhoffen ist (eine ferne Hoffnung), ist eine Regierung aus kundigen Thebanern, die ihren Schutzbefohlenen gönnen, daß sie genießen; und dafür sorgen, daß sie nicht versklaven.

Darauf wollte Ortega hinaus, als er einen aktivistischen Liberalismus forderte – und mit dem überschwenglichen Wort Elite benannte. Wenige Jahre später gab er auf. In einem Essay *Reform der Intelligenz*, der 1934 in Deutschland erschien, forderte er die »Intelligenz« auf, sich zurückzuziehen und den Herrschafts-Anspruch über die Masse aufzugeben. Das war recht zeitgemäß. Dichter und Denker waren bereits zurückgezogen worden; Ortegas Forderung war bereits erfüllt, als sie erhoben wurde. Er stellte fest, daß sie dort, wo sie gesellschaftlich angesiedelt sein müßte – nicht existiert. Elite war auch bei ihm nicht ein reaktionärer Begriff, sondern ein utopischer. Seit Platon ist vergeblich versucht worden, die Herrschaft der Besten zu organisieren; es lag nie daran, daß es diese Besten nicht gab – sondern, daß es sie nicht dort gab, wo man sie suchte: unter den Talentiertesten.

Wie die Elite, muß auch die »gewöhnliche Seele« durchleuchtet werden. Es heißt bei Ortega: »Alles ist merkwürdig und wunderbar für ein paar wohlgeöffnete Augen. Dies aber, dies Sichwundern, ist eine Götterfreude, die dem Fußballspieler versagt ist.« Ortega dachte bestimmt nicht daran, daß dem Fußballspieler eine »Götterfreude« beschieden ist, die Ortega versagt war. Gibt es eine Hierarchie der Götterfreuden?

Ortega glaubte es – und verachtete (zum Beispiel) die Freuden des Theaters und des Stierkampfs. Ich besuchte ihn 1923 in Madrid. Am Abend zuvor hatte ich den *Kaufmann von Venedig* gesehen. Wieder war ich verstimmt, als Porzia ihren dirty trick ausspielte – und freute mich auf den Beginn des nächsten Akts: »Der Mond scheint hell...« Die Madrider Nacht war anders. Das Theater wurde verdunkelt. Der fünfte Akt fand nicht statt.

Ich fragte Ortega nach dem Grund. Er war unangenehm berührt. Die spanischen Theatertruppen wurden vom Hauptdarsteller zusammengestellt; da Shylock nach der großen Szene nicht mehr auftritt, wurde der fünfte Akt gestrichen. Der Professor sprach angeekelt vom Theater, einer Pöbel-Kunst. Was vermochte ein Mime im erborgten Flitter gegen die Phantasie, die ein Einbildungskräftiger unter der Leselampe entfaltet? Und als die Rede auf den Stierkampf kam und die Götterfreuden, die ich als Zuschauer einer leidenschaftlichen Menge mit eigenen Augen gesehen hatte, schwieg er mich in Grund und Boden.

Die philosophische Frage zu seiner Verachtung lautet: welche Freude stammt von den Göttern – und wie geht es dann abwärts zum weniger und weniger Göttlichen bis zum Verächtlichsten? Nach welchem Maßstab werden die Freuden miteinander verglichen? Sind die, welche die Sinne spenden, weniger göttlich als die Freuden aus anderen Quellen? Ist die Elite nach der Intensität zu bewerten, mit der sie sich an »Kulturwerten« delektiert?

Nietzsche war demokratischer als jeder, der nur einer spezifischen Freude zugetan war, von Platon bis zu Ortega. Nietzsches »Glück« war so wenig exklusiv, daß er nicht die Ursprünge begrenzte, die es haben kann. Epikur war der große Beginn gewesen. Der Epikureismus Nietzsches ist auch von den erlauchtesten Nietzscheanern noch nicht entdeckt.

IX.
Kierkegaards Jahrhundert

> *Aber, Madame, gibt es Christen?*
> *Ich habe nie welche gesehen.*
> Diderot
> an die Marschallin von Broglie

Unter den Denkern des neunzehnten Jahrhunderts, die das zwanzigste denken lehrten, ist kein anderer Nietzsche so verwandt wie Søren Kierkegaard: die andere große Tragödie.

Auch seine Sätze sind nicht abzulösen von seinem Leben. Es waren vier Ereignisse, die von den Schriften immer wieder ausphilosophiert wurden: das Verhältnis zum Vater, die Trennung von der Braut, die Karikaturen, die ein liberales Witzblatt Kopenhagens von ihm schuf, und sein Kampf gegen die dänische Staats-Kirche.

Der Vater, Michael Petersen, geboren in einem Dorf Westjütlands, wurde eines Tages, als er Kühe hütete – einsam, frierend, hungrig – in einem Hiob-artigen Aufruhr rebellisch. Er stieg auf einen Stein wie auf die Kanzel und fluchte Gott. Er erwartete, bestraft zu werden. Das Gegenteil trat ein. Er prosperierte außerordentlich; und interpretierte dies im Lichte seines Sündenbewußtseins: er sei aufgespart für eine Katastrophe. Theoretiker der Tragödie sprechen von »Fallhöhe«; der Held wird so hoch erhoben, damit er um so tiefer hinunter gestürzt werden kann. So mag sich Vater Kierkegaard die Erfolge seines Lebens gedeutet haben. Die vielen Todesfälle in der Familie wurden ihm die Bestätigung seiner schlimmsten Ahnungen.

Zwischen dem Vater, der zur Zeit von Sørens Geburt sechsundfünfzig war, und dem Sohn bestand eine unausgesprochene Abmachung: der Junge wird die Last, die der Alte auf sich geladen hat, weitertragen. Søren glaubte nicht an die Erbsünde. Aber der Vater, den er über alles liebte und verehrte, gewöhnte ihn daran, ein Leben im Dunkel zu führen. Die Verdüsterung manifestierte sich in der Geschichte seiner Entlobung. Regine Olsen war vierzehn, als Søren

Kierkegaard in einer Liebe entbrannte, die bis zum letzten Tag währte. Drei Jahre, nachdem er sie kennengelernt hatte, verlobte er sich mit ihr. Zwei Tage später hatte er nur noch einen Gedanken, die Verbindung zu lösen. Er hatte unbegrenztes Vertrauen zu sich. Er war sich der Kraft seiner Phantasie und seiner dialektischen Begabung bewußt. Man könne alles, was man wolle, schrieb er – und fügte hinzu: nur eins nicht, man kann sich nicht losreißen von schwermütigen Grübeleien. Und er schloß: ein solcher Mann darf nicht heiraten. Er verglich sich mit Hamlet, der sich Ophelia nicht offenbaren konnte. Er fragte: darf ein Grenzwächter verheiratet sein, ein äußerster Vorposten, der, ob auch nicht mit Tataren und Skythen, so doch Tag und Nacht mit den Anfällen einer angeborenen Schwermut zu kämpfen hat?

Er suchte die Verlobung zu lösen, ohne die Braut zu verletzen. Seine Taktik war: sich so schlecht zu benehmen, daß sie ihn für unwürdig hielt, ihr Mann zu werden. Er war ein enthusiastischer Versteller. Nach dem Vorbild der Romantiker steckte er den Autor Kierkegaard in die Gewänder vieler Pseudonyme. Und nicht nur der Bücherschreiber verstellte sich. Er spielte in der damaligen Kleinstadt Kopenhagen den Dandy – und verbarg sich hinter der Maske des luxuriösen Müßiggängers. Nun spielte er den unwürdigen Bräutigam.

Zuerst glaubte sie, er habe von ihr genug, dann erkannte sie sein Leid und stellte sich, eine Zeitgenossin Sentas, zur Aufgabe, ihn vom Fluch zu erlösen. Da brach er schroff die Beziehung ab – und ging unmittelbar danach ins Theater, damit sie sehe, wie wenig sie verliere. Sie wurde so krank, daß man ihn holen mußte.

Das dritte große Ereignis seines Lebens zeigt dasselbe Ausgeschlossensein. Es kam an den Tag in seinem qualvollen Zwist mit der sehr populären und witzigen liberalen Zeitschrift »Der Korsar«. Sie war sehr eingenommen von dem Verfasser des glänzenden Buches *Entweder – Oder* gewesen. Man hatte ihn »eine mächtige Seele« genannt, »einen Aristokraten des Geistes«. Da erklärte der also Gepriesene in aller Öffentlichkeit: es wäre ihm lieber, hier angegriffen zu werden.

Die Bitte wurde erfüllt, weit über Erwarten. Man machte ihn lächerlich, in einer Reihe von Karikaturen. Er sah schon in jungen

Jahren uralt aus, war verwachsen, hatte tiefliegende Augen und ein eckiges Gesicht. Besonders hatte man es mit seinen spindeldürren Beinen, die nicht gleich lang zu sein schienen. Kopenhagen war ein Nest, Kierkegaard eine stadtbekannte Figur: er konnte nicht mehr über die Straße gehen, ohne daß die Kinder »Herr Entweder – Oder« hinter ihm herschrien.

Weshalb hatte der Mann, der mit groß und klein befreundet gewesen war, mit den einfachen Leuten ausgezeichnet stand und von der Gesellschaft respektiert wurde, ein Martyrium provoziert? Es war bereits derselbe Drang, der ihn, ein Jahrzehnt später, zwang, mit seiner wütenden Attacke auf die dänische Staatskirche sich unmöglich zu machen. Er war ein Apostel. Er hielt es für seine Pflicht, sich verhöhnen zu lassen; er hielt das Untertauchen für die große Sünde, sich zu exponieren für die große Tugend. In den Begriff »Der Einzelne« rettete er, was er für den wesentlichsten Zug des Menschen hielt: seine unabdingbare Ursprünglichkeit, die er auch Freiheit nannte. Sie wird heute von Vulgär- und Fein-Marxisten als Schwindel in der durch-industrialisierten Welt verhöhnt.

Im letzten Jahr seines kurzen Lebens ging er in den schwersten Kampf. Er veröffentlichte neun Flugblätter unter dem Titel *Der Augenblick*. Er hielt den Augenblick für gekommen, mit märtyrerhafter Rücksichtslosigkeit den Kampf auf die dänische Staatskirche, den Kampf auf das herrschende Christentum zu eröffnen. Es war der Augenblick, in dem der verehrte Primas des Landes, Mynster, hochbetagt gestorben war. Auf diesen Augenblick hatte Kierkegaard gewartet; er hatte den ehrwürdigen Greis nicht kränken wollen. Aber den Tagebüchern hatte er schon lange anvertraut: Mynster ist ein Fürst, ein Großer der Welt, ein Parlamentarier – nur nicht, was er am Sonntag verkündet: ein Christ in Armut und Demut.

Mynster war tot. Sein Nachfolger, Martensen, der von Kierkegaard verachtete Professor der Theologie, der dänische Verkünder des Erzfeindes Hegel... dieser Martensen hatte am Grabe seinen Vorgänger als »Wahrheitszeugen« gefeiert. Da brach Kierkegaard los. Der Refrain der »Neun Pamphlete« lautete: eine Million Dänen ernähren tausend Beamte des Christentums. Die Masse macht's. Es kommt nicht darauf an, was für ein Christ man ist – nur, daß es möglichst viele Christen gibt, »Titular-Christen«. Er schrieb nicht fein. Unter dem Titel »Nimm ein Brechmittel« fragte er: wozu? Und antwortete: Du kommst mit dir darüber ins reine, daß das Ganze faul ist, ekelhaft ist. (Nietzsche schrieb dann gleichlautend: »Es ist unanständig, heute Christ zu sein. Und hier beginnt mein Ekel.«) Kierkegaard, angeekelt, ging über zum Angriff auf die beiden Bischöfe, den toten und den lebenden, auf ihre Kirche, auf die zeitgenössische Christenheit: »Luther hatte 95 Thesen; ich hätte nur eine: das Christentum ist nicht vorhanden.«

Ein neuer Luther, der eine Reform an Haupt und Gliedern wollte? Kierkegaard ging an die Wurzel. Er unternahm es, den sogenannten Frommen zu zeigen, was Glaube ist: viel mehr als ein Spekulieren über Endlichkeit und Unendlichkeit; auch viel mehr als ein erhebendes Gefühl. Er selbst wußte es – und bekannte, immer wieder, daß er selbst nicht fähig sei, zu glauben: »Ja, wäre ich, der ich leider fast nur ein Dichter bin, viel mehr ein starker ethischer, religiöser Charakter...« Er war, wie er sich in seinem Buch *Der Begriff der Angst* beschrieb, ein Mann, der erkannt hatte, daß Freiheit (wo sie nicht nur politisch ist: die Negation einer Unterdrückung) mit Angst verbunden ist. Freiheit ist nicht nur Freiheit von Unterdrückern, auch Freiheit von Protektoren, Garanten und Helfern: die Schwindel verursachende Freiheit von den Autoritäten Gott, Bibel und Vernunft. »Der Einzelne« hat niemand und nichts zur Seite: vor den großen Entscheidungen, vor dem Tod. »Freiheit« war im deutsch-philosophischen Idealismus: sich freiwillig abhängig machen vom Gesetz der Vernunft. Aber wenn es ein solches Gesetz nicht gibt?

Kierkegaard war einer der großen Ursprünge der Lehren, die im zwanzigsten Jahrhundert auf den Namen Existential-Philosophie getauft wurden. Er schrieb: »Alles wesentliche Erkennen betrifft die Existenz, oder nur das Erkennen, das sich wesentlich zur Existenz verhält, ist wesentliches Erkennen.« Nur das ethische und religiöse Erkennen ist wesentliches Erkennen. Innerhalb der Philosophie trat das Bemühen um eine Theorie vom Universum in den Hintergrund... wie einst zur Zeit des Epikur, der allerdings noch nicht in die Unendlichkeit ausgestoßen war.

Mit Kierkegaards Bestimmung: was »wesentliches Erkennen« ist, kam einer der stärksten philosophischen Impulse der Gegenwart zum Durchbruch. Seine eigene Existenz bildete er ab unter dem Namen des Ästheten. Er ist der melancholische Romantiker anno *Lucinde*. Sein zentralster Gedanke: »Der entsetzlichste Sinn ist für mich nicht so entsetzlich wie die Sinnlosigkeit ... Es ist kein Sinn in meinem Leben ... Wie der Fisch, wenn er auf dem Strand liegt, vergebens nach Wasser schnappt, worin er allein atmen kann, so schnappe ich vergebens nach Sinn.« Der »Fluch der Langeweile«, der Ennui Flauberts, die Leere des Prinzen Leonce wurde in der Existenz des »Ästheten« ausphilosophiert. Seine Stimmung: Schwermut; sein Bewußtsein: das Wissen um die Sinnlosigkeit; sein Gewissen: die Abwesenheit jedes Ziels; die gesellschaftliche Situation: Einsamkeit.

Kierkegaard, wie Nietzsche ein »Ästhet«, der das Ästhetische überwinden wollte, rechnete mit sich ab: mit seiner Unfähigkeit, »vor lauter Beobachten« zu leben, mit seiner »träumerischen, hellseherischen Liebestrunkenheit«; mit der »krankhaften Neugier« des Psychologen, mit dem (heute würde er sagen: beckettschen) Gehabe des Clowns, der mit seinen Bewegungen und Drehungen alle Gesetze menschlichen Daseins aufhebt; mit seiner in vielen Lyrismen schillernden Melancholie; mit der Intensivierung des Augenblicks und der Ohnmacht, die Gegenwart zu halten; mit seiner Genuß-Technik; mit der Fähigkeit des Sophisten, alles zu beweisen; mit dem rauschhaften Wunsch der Eroberung; mit der hochmütigen Ironie der aalglatten Dialektik, der zermalmenden Verzweiflung. In einem Satz: »Schwermut ist die Sünde, nicht tief und innerlich zu wollen, und das ist die Mutter aller Sünden.« Viele Ästheten entgehen heute dieser Selbst-Diagnose, indem sie sich, lauter oder versteckt, als militante Kultur-Kritiker verkleiden.

Kierkegaard sah nur eine Möglichkeit, dies Unglück zu wenden: im Glauben. Und schuf eine Phänomenologie des Glaubens, als ob er, mittels intensiver Durchleuchtung der großen Gläubigen, selbst gläubig werden könne. Sie nützten ihm nichts, alle diese großartigen Studien über Jakob und Isaak und andere klassische Helden der Zuversicht. Er sprach, in sagenhafter Aufrichtigkeit, immer wieder aus, daß er selbst nicht religiös sei, »sondern das Religiöse mit dem Interesse des Beobachters experimentierend zu verstehen suche«: »Wie ich wohl weiß, hat es zu jeder Zeit und so auch zu meiner Zeit solche Menschen gegeben, die Anspruch darauf machten, Christen im strengeren Sinne zu sein. Ich habe mich ihnen nicht anschließen können.« Das Entscheidende in seinem Leben war nicht, daß er den Christen vorhielt, sie seien keine (das taten auch andere vor und nach ihm) – sondern daß er, trotz aller Anstrengungen, immer wieder bekannte: »Eine religiöse Bewegung kann ich nicht machen, das ist gegen meine Natur.« So kam er zu drei Resultaten: »daß die Christenheit ein ungeheuerlicher Sinnentrug ist«; daß man ohne Glauben nicht leben könne; und daß er nicht glauben konnte. Er war, wie er noch am Ende seines Lebens schrieb, »ins Produzieren verliebt«. Er sang einen großen Hymnus auf das »Instrument« seiner Seele: das Schreiben. Aber er kam nicht zur Existenz – die er ohne Glauben nicht für möglich hielt. Seine Größe war, daß er, voll Sehnsucht nach dem Heiland, nicht zu Kreuze kroch; daß er sich nicht einen Glauben leistete, den er nicht hatte.

Nietzsche zerbrach, nur lauter, an demselben Unvermögen, das schwächere Romantiker nicht ausgetragen hatten. Es war das Vorbildliche Nietzsches und Kierkegaards: daß sie das Gläubigsein nicht imitierten und sich jeder Geborgenheit als einer Unwahrheit verweigerten. Kierkegaard nahm die Ära der schwächlichen Entmythologisierungen vorweg, der Übersetzung des Glaubens ins Zumutbare (während er gerade das Nicht-Zumutbare ist), der liberalisierenden Oster-Leitartikel, die jedem ermöglichen, sich für einen Gläubigen zu halten – und sagte: Nein. Kierkegaard hat, unverlierbar, auf das Ungewöhnliche des Glaubens hingewiesen, seine Verdünnungen als Betrug abgewiesen und sich nicht geleistet, eine religiöse Erfahrung vorzugeben, die er nicht hatte. Wären die Geschlechter nach ihm dem verehrenswertesten Stern gefolgt, so hätten sie das Opfer auf sich genommen, vom Himmel Abschied zu nehmen. Sie aber versuchten, den größten Nicht-Christen posthum zu christianisieren. Es gab einige Ausnahmen.

Martin Heidegger, in seinem Buch *Sein und Zeit*, systematisierte Kierkegaard. Der philosophische Ausbruch einer Persönlichkeit wurde entpersönlicht, objektiviert, akademisch. Diese Leistung wurde später verdeckt von Untaten, philosophischen Unzulänglichkeiten und stilistischer Firlefanzerei.

Im Jahre 1933 stellte Heidegger, Rektor der Freiburger Universität, die »Unkraft des Wissens« der »Übermacht des Schicksals« entgegen. Definierte das »Wesen des Seins« als des Volkes »Macht der tiefsten Bewahrung seiner erd- und bluthaften Kräfte, als Macht der innersten Erregung und weitesten Erschütterung seines Daseins«. 1933 »überantwortete« er seine Studenten dem »Wissensdienst« – und erläuterte, was das für eine Dienstbarkeit ist: »Nicht Lehrsätze und Ideen seien die Regeln eures Seins. Der Führer selbst und allein ist die heutige und künftige Wirklichkeit und ihr Gesetz.« Dies Ja zu Hitler muß nicht nur deshalb aufbewahrt werden, weil er es nie korrigiert hat; auch weil es eine augenfällige Einführung in die Problematik existentialphilosophischer Ethiken ist.

Es darf aber dies Versagen (ebensowenig wie vieles Verdeckende, was er in den Jahrzehnten danach geschrieben hat – zum Beispiel die Hölderlin- und Trakl-Orphika, zum Beispiel die kleine Schrift *Was ist das – die Philosophie?*) das bedeutende, einflußreiche Werk von einst nicht verdecken. Es ist nichts leichter, als Heidegger mit Hilfe von Heidegger auszuschalten; es ist zu billig. *Sein und Zeit* ist einer der wichtigsten Beiträge zur philosophischen Anthropologie gewesen.

Mühsam muß für diese Einsicht Platz gemacht werden. Man schaltet Leben und Werk betrügerisch gleich: je nachdem, ob man einen verteidigen oder treffen will. Will man Benn schützen, so sieht man, was er 1933 sagte, im Lichte seiner besten Gedichte. Will man Heidegger angreifen, so sieht man *Sein und Zeit* im Lichte seiner Rede von 1933 und viel Gerede danach.

Wer aber seiner Absicht nicht erlaubt, seine Einsicht zu vergewaltigen, wird Hamsuns politische Aktivitäten und seine Romane nicht gleichschalten. Es ist nicht zu beweisen, aber ich behaupte: wäre Hamsun ein Widerstandskämpfer gewesen, so hätte man in seinen Werken einen Freien, Unabhängigen, Aufbegehrenden entdeckt. Wäre Heidegger nicht 1933 Rektor, sondern 1944 ein Mann des Zwanzigsten Juli geworden, so würden schuldige Philosophie-Professoren und törichte Dichter sich nicht über eins der bedeutendsten Werke aus der Nachfolge Kierkegaards mehr bösartig oder mehr albern hermachen.

Der Biograph soll sich, in der Darstellung eines Lebens, nicht einschüchtern lassen von dem Ausmaß der Leistung. Und: wer sie untersucht, darf sich nicht einschüchtern lassen von dem persönlichen Versagen dessen, der sie hervorbrachte. Ich sehe in Heideggers Haltung eine der schlimmsten Sünden der deutschen Elite (weshalb nennt man immer nur ihn?) – und studiere sein bedeutendes Buch, ohne mich von dummen oder raffinierten oder ebenso schuldigen Hetzern beirren zu lassen.

Weder Heidegger noch die große Schar seiner Jünger hat es unternommen, sein Leben darzustellen. Einige Briefstellen aus den Jahren 1920 und 1921 machen begreiflich, weshalb er damals ein Ereignis wurde: damals, als er dem akademisch-bürokratisierten Neu-Kantianismus eine philosophische Haltung entgegensetzte, die von Kierkegaard und Nietzsche bestimmt war... verwandt der Früh-Romantik und dem zeitgenössischen Expressionismus.

Heidegger, der Jesuiten-Zögling, wurzelnd in der Scholastik, von Husserl als Nachfolger auf den Freiburger Lehrstuhl gebracht, löste Kierkegaards existentielles Denken aus der spezifischen Situation, löste es ab von Kierkegaards Sehnsucht nach den Figuren des jüdisch-christlichen Himmels, sprach seine unausgesprochenen Kategorien aus... und versachlichte sie so. Der Kierkegaard-Schüler Heidegger setzte Descartes' »Ich denke, also bin ich« den Satz entgegen: »Die Substanz des Menschen ist die Existenz«. Zum Unterschiede von anderen Gebilden des Seins nannte er das menschliche Sein »Dasein« und schuf seine »Analytik«.

Sie präparierte sechs Merkmale heraus, die er »Existentiale« nannte. Das erste ist das »Man«: das Nicht-Authentische, das Verschwommene. Der alte Gegensatz zwischen dem Ebenbild Gottes und dem gefallenen Menschen, zwischen dem »Genius« und der »Fabrikware der Natur« (Schopenhauer), zwischen dem Ursprünglichen und der »Entfremdung« (Hegel, Marx), oder wie immer derselbe Kontrast formuliert wurde, wird mit dem Wort-Paar »authentisch« und »man« neu benannt und als nicht-theologische, philosophisch-anthropologische »Grundbefindlichkeit« subtil beschrieben: »In der Alltäglichkeit des Daseins wird das meiste durch das, von dem wir sagen müssen, es war keiner.« Dieser Zustand zeige sich in »Gerede, Neugier und Zweideutigkeit«.

Er ist die »Flucht des Daseins vor sich selbst«, die »falsche

Beruhigung«. Das entscheidende Motiv der Flucht ist Angst vor dem Tod. »Das ›Man‹«, heißt es, »läßt den Mut zur Angst vor dem Tod nicht aufkommen.« Man könnte Heidegger sagen lassen: Philosophieren ist erkennen – in Angst, im Angesicht des Todes. In der Philosophie, die in Kierkegaard ihren Ausgang hatte, wird die Consolatio philosophiae abgelehnt. Heideggers Wendung von dem »Mut zur Todesangst« ist eine der kühnsten und großartigsten Prägungen, die er gefunden hat. Er veranschaulicht, was hier gemeint ist, mit dem Pascal-Zitat: »Wenn ich die kurze Dauer meines Lebens bedenke, eingeschluckt in die Ewigkeit vorher und nachher, das bißchen Raum, das ich fülle und sogar sehen kann, eingeengt in die Unendlichkeit des Raums, den ich nicht kenne und der mich nicht kennt, bin ich in Schrecken und frage mich, warum bin ich gerade hier und nicht dort, warum jetzt und nicht zu einer anderen Zeit.« Vielleicht war, unter allen Repressionen, die Abdrängung dieser Frage am verheerendsten. Sie ist heute eingemauert: mehr in den »Verkappten Religionen« als in den offiziellen.

Das dritte Existential, das Heidegger neben dem »Man« und der »Angst vor dem Tod« ins Zentrum rückte, war die »Zeitlichkeit«. Kierkegaard definierte Existenz: »daß man in der Zeit ist«. Heidegger untersuchte die drei Erstreckungen der Zeit. Er verrät seine romantische Herkunft in der Sentenz: »Höher als die Gegenwart steht die Möglichkeit.« Und kam (wie Kierkegaard) zur »Sorge« als Konsequenz dieser Zeitlichkeit.

Die beiden Existentiale, welche auf die Sphäre der Moral hinweisen, sind: »Freiheit vor dem Tod« und »Entschlossenheit«. Läßt sich aus ihnen eine Ethik spinnen? Seine Freiheit vor dem Tod und seine Entschlossenheit zeigte sich, als er sich »frei« für Hitler entschloß. Heidegger schrieb: »Fragen heißt: hören auf das, was sich einem zuspricht.« Aber: was spricht sich nicht alles einem zu? Es heißt bei ihm: »Wir versuchen, auf die Stimme des Seins zu hören.« Diese Stimme, die so sehr Schule machte, ist die Stimme des Bauchredners.

Die »existentiale Analytik des Daseins«, die er in »Sein und Zeit« gab, als Einleitung zu einer kommenden Ontologie, war sein hervorragender, wahrscheinlich endgültiger Beitrag zur Philosophie; sie offenbarte auch, eine solche »Analytik« kann nicht eine

Anleitung zum Handeln fundieren und nicht eine Ontologie. Die Frage aller Fragen: »Warum ist überhaupt Seiendes und nicht vielmehr Nichts?« kann nicht abgewiesen werden. Darf aber auch nicht gestellt werden ohne die Anmerkung, daß jede Antwort ebenso rätselhaft sein muß wie die Frage. Die Frage ist notwendig und vergeblich, jede Antwort nur vorgetäuscht.

Heideggers »Sein« und Jaspers' Zentralbegriff »Das Umgreifende« sind aus derselben Vokabel-Familie, die dem Rätselhaften den Anschein gibt, als sei durch ein Zauber-Wort etwas enträtselt. Der Versuch (aus politischen Motiven), die Distanz zwischen den beiden Denkern so groß wie möglich erscheinen zu lassen, blendet das Gemeinsame in ihrer philosophischen Haltung weg, das viel wesentlicher ist.

Auf dem fünfhundertsten Band der Sammlung Göschen, der vor dem Ersten Weltkrieg erschien, stand: Georg Simmel *Hauptprobleme der Philosophie*. Der tausendste, der zwei Jahre vor 1933 erschien, hieß: Karl Jaspers *Die geistige Situation der Zeit*. Simmel hatte noch, in souveräner Distanz zum Tag, die ewigen Kategorien des Seins ohne Beziehung zum Tag zergliedert. Jaspers suchte, zwanzig Jahre später, in die Kämpfe des Tages gerissen, Verworrenes zu entwirren. Liest man die beiden Schriften hintereinander, so erkennt man, wie dringend Philosophie geworden war: zur Klärung einer bestimmten Stunde.

Daß gerade Jaspers dies unternahm, war in Ordnung. Der junge Heidelberger Philosoph hatte mit seiner *Psychologie der Weltanschauungen* bewiesen, daß er Ordnung in die schwer durchschaubare Geschichte der Philosophie bringen konnte. Er war nicht nur ein Ordner. Kierkegaard hatte ihn gelehrt, immer die zentrale Frage zu stellen: wo hat einer seinen Halt? Sie ermöglichte ihm, die geistige Situation der Zeit aus dem Mittelpunkt zu verstehen. Gelang es?

Das Bild jener Jahre, das Jasper gab, ist kaum umstritten und noch das bekannte Bild unserer Tage: enormer Bevölkerungszuwachs, Blüte der Technik, Herrschaft des Apparats, Druck der Masse. Die Kritik, die Jaspers übte: am Glauben, am Sport, am Willen zur Unbewußtheit, an den verkappten Religionen »Marxismus«, »Psychoanalyse« und »Rassismus« – wollte zum Ausdruck bringen: daß die »Massenordnung in Daseinsfürsorge« nicht das höchste Ziel sein kann.

Welches ist höher? Er lehnte den Bolschewismus ab und den Faschismus. Was wollte er, 1931? Daß »das soziale Staatsempfinden übergriffen« wird »von dem staatlichen Schicksalsbewußtsein«. Er sagte, recht gefährlich: »Im Kriege als der faktischen Ausführung der Gewalt spricht das Schicksal auf dem Wege über vorbedachte politische Entschlüsse durch physische Entscheidung.« Wenn man damals den Jaspersschen »Krieg« mit dem Ersten Welt-Krieg konfrontierte, so wich er aus: 1914, das ist nur ein Interessenkampf gewesen; aber zum Beispiel der Krieg der Griechen gegen die Perser, der Römer gegen die Karthager – das waren echte Kriege. Mysteriös und ahnungslos fügte er, 1931, hinzu: wer »den Weg der Wehrhaftigkeit findet, den die andern mit ihm gehen können, der wäre der Schöpfer der menschlichen Substanz, welche die Zukunft trägt«. Zwei Jahre später fand Hitler den Weg der Wehrhaftigkeit, den die andern mit ihm gehen konnten – und den Jaspers gewiß nicht meinte.

In den dreißig Jahren, die seit dem Erscheinen des Buchs *Die geistige Situation der Zeit* vergangen sind, hat Jaspers manches deutliche Wort gesagt zur geistigen Situation späterer Zeiten – deutlicher als jeder deutsche Philosoph vor ihm. Er hat Stellung genommen zu den schwersten Sorgen nach 1945: zur »Schuldfrage«, zur »Atombombe«, zum zweigeteilten Deutschland. Ein Vergleich mit der Schrift von 1931 zeigt, daß Jaspers erkannt hat, wie notwendig es für die Philosophen ist, zum Detail zu kommen, soll die Kluft zwischen den abstraktesten Kategorien und ihrer Anwendung auf die lebende Wirklichkeit überbrückt werden.

Eine andere Frage ist, ob sein umfangreiches philosophisches Werk (die dreibändige *Philosophie*, das Buch *Von der Wahrheit*) dieselbe Entwicklung zeigt. Es begann und ging fort mit Jaspers' energischem Nein zu den theologischen und metaphysischen Dogmatiken. Seine Schriften durchzieht die Abneigung gegen Abgeschlossenes, Endgültiges, Nicht-mehr-Offenes. Sein kategorischer Imperativ lautet: »Herr unserer Gedanken werden, uns keiner Gestalt abschließenden Wissens unterwerfen, an keinen Standpunkt und keinen -ismus uns binden!«

Aber schließlich brachte er eben doch eine »allerdings zarte« »Weltanschauung« hervor, die zwar nicht die Umriß-Härte eines Systems hat, doch eine sehr massive Wahrheit verkündet: »Wenn alles versinkt, Gott bleibt. Es ist genug, daß Transzendenz ist.« Weshalb ist das genug? Philosophie war immer darauf aus, dieser »Transzendenz« einen Inhalt zu geben. Daß »Transzendenz« ist, war noch nie genug. »Der philosophische Glaube«, den Jaspers bekennt, ist der Glaube an die bare »Transzendenz«, an das, was er »Das Umgreifende« nennt: daß alle Schichten des Seins hinweisen auf etwas, was noch jenseits liegt, was sie transzendiert. Das ist ein leerer Himmel. Eingekesselt zwischen den dogmatischen Theismen und Atheismen beruhigt sich Jaspers bei Worten wie »Transzendenz« und dem Lieblings-Terminus »Das Umgreifende« – Fragezeichen, wenn man will: fromme Fragezeichen; auf das Wort »Gott« wird nicht verzichtet.

Man reißt gern eine Kluft auf zwischen ihm und Heidegger – vielleicht, weil Jaspers' Hymnus auf die »Kommunikation« ihn zum demokratischen Philosophen par excellence erhoben hat. Man sollte jedoch die politischen Antipoden nicht verwechseln mit den beiden einander sehr verwandten Philosophemen: sie bestehen aus einem wortreichen Bekränzen des »Abgrunds« der Mystiker.

Nach dem Zweiten Weltkrieg prägte Jaspers das Wort: »Der sogenannte Existentialismus«. Und wies darauf hin, daß Zeitschriften und Zeitungen, meist außerhalb Deutschlands, voll von ihm sind; daß er eine Begeisterung und Ablehnung, eine Sensation, eine Welt-Mode ist; daß Dramen, Romane und Essays, deren Verfasser sich auf Philosophisches beziehen, einen Welterfolg haben. Im Mittelpunkt stände der Franzose Jean-Paul Sartre. Er sei »rücksichtslos in Darstellung des Ekligen, Klebrigen, des Übelerregenden dieses Daseins. Eine Stimmung der Verzweiflung, die standhält vor dem Nichts, aber sich der Freiheit des Menschen in dieser Lage bewußt ist, begründet einen radikalen Atheismus. Weil alles auf den Menschen und seine freien Entscheidungen ankommt, nennt sich diese Haltung einen Humanismus«.

Er ist fern von dem, was ihn einst auszeichnete: die Vorstellung von einem gemeinsam Menschlichen, Gotteskindschaft, dann Vernunft genannt; und vom Erfolg dieser Vernunft. Das Düstere, »Schreckenerregende, Sinnlose und im Sinnlosen Beängstigende« ist stets als Charakteristikum dieses Existentialismus herausgehoben worden. Sartre wird als der »nihilistische Existentialist« gebrandmarkt. Ist er aber nicht gerade darin ein Nachfahr Meister Eckharts, Pascals, Schopenhauers, Kierkegaards und Heideggers, die es nur nicht zu Sartres Schlamm-Vokabular bringen konnten, weil sie immer noch, zwar nicht als kirchliche Christen, aber doch in der Sphäre des Christentums lebten, fühlten und dachten?

Im Mittelpunkt von Sartres Philosophie thront seine »Freiheit«; eine absolute, radikale. Der Freie »schafft« »Werte«; und »schafft sich«, »indem er seine Moral wählt«. »Alles ist erlaubt«: »Das Gute ist nichts als eine Illusion«. Es gibt »keinen anderen Gesetzgeber als den Menschen«. Das klingt lax – und ist, sehr nietzschesch, »die größte Anstrengung der Moral«. Sehr nietzschesch heißt es: »Der Mensch ist zur Freiheit verurteilt.« Jeder hat die Verantwortung für sein Schicksal und das Schicksal seiner Gesellschaft zu übernehmen: »Das Reich des Menschen ist angebrochen.« Es ist das Heideggersche Existential »Entschlossenheit«, das hier wiederkehrt; umwittert von derselben Bürgerkriegs-Stimmung. Sartres Moralist spricht und handelt nicht im Namen des Guten, im Namen der Menschheit – nur auf eigene Verantwortung. Das hört sich großartig an: kein Verstecken mehr. Wie sieht es in der Praxis aus?

Sartre, der dem langen Kapitel: Der Philosoph und die Politik... einen neuen Abschnitt hinzugefügt hat, stellt sich und seine existentialistische Moral unter Beweis in seinen konkreten Aktionen; zum Beispiel in seiner philosophischen Propaganda für Fidel Castro. Auch hier wurde deutlich (wie in Heideggers »Entschlossenheit« für Hitler, zu dem er entschlossen gewesen war) die Großspurigkeit der Sentenz: »Der Mensch ist nichts anderes, als was er selber aus sich macht.«

Denkt man an Sartres philosophische Konstruktion des Seins im allgemeinen und der menschlichen Freiheit im besonderen, so kann man sie vollkommen vergessen, wenn man zu seinen (philosophisch untermalten) politischen Aktivitäten kommt; abgesehen davon, daß irgendein Mitbürger, der dieselben (bekannten) wechselnden Sympathien und Antipathien für die Sowjetunion und ihre Alliierten hegt, nicht solche intellektuellen Verrenkungen machen würde wie Sartre – etwa im Zusammenhang mit der Castro-Armee: »Diese Armee löst sich auf und richtet sich ein. Sie richtet sich ein, indem sie sich auflöst; sie löst sich auf, indem sie sich installiert«; und der philosophische Politiker kommt zu dem Resultat, daß die Castro-Armee eine »Anti-Armee« ist.

Die Castro-Bärte: »Die meisten regulären Armeen befehlen ihren Leuten, sich gut zu rasieren, und es ist kein Zufall, daß diese Armeen unfähig sind, einen Volkskrieg zu gewinnen. In der Sierra besiegten die Haare die glattrasierten Kinnpartien, und die militärische Kunst wurde lächerlich gemacht.« Wenn Sartre nicht gerade ein wilhelminischer Hofreporter am kubanischen Hofe und ähnlichen Höfen ist, ist er einer der besten lebenden philosophischen Essayisten.

Hat Heideggers Ja zu Hitler, Jaspers' Ja zur Bonner Republik, Sartres Ja zu Stalin und Castro, Unamunos Ja zu Franco... etwas zu tun mit dem Existentialismus? Viel hat mit ihm zu tun die atheistische Konsequenz, die in Kierkegaard angelegt war, in Heidegger sichtbarer wurde und in Sartre offenbar geworden ist: »Es gibt keine menschliche Wesensart, weil es keinen Gott gibt, der sie geschaffen hat.«

Den leidenschaftlichsten Nachfahr Kierkegaards, Miguel de Unamuno, hat im Jahre 1957, zwanzig Jahre nach seinem Tod, die vatikanische »oberste geheiligte Kongregation des heiligen Offiziums« mit zwei Werken auf den Index librorum prohibitorum gesetzt: *Das tragische Lebensgefühl* (1912) und *Die Agonie des Christentums* (1925). Der Bischof der Kanarischen Inseln bezeichnete ihn in einem Hirtenbrief als den »größten Irrlehrer und Meister der Häresie«. Diese Proklamation bringt das Antichristliche des Existentialismus besser an den Tag als der fromme Atheismus Jaspers' und Heideggers.

Als Primo de Rivera 1923 an die Macht kam, warnte Unamuno, Professor des Griechischen, Rektor von Salamanca, im Auditorium maximum vor dem Tyrannen, wurde seines Amtes enthoben und auf die Insel Fuerteventura verbannt. Romain Rolland protestierte. Selbst d'Annunzio protestierte; es ist nicht gefährlich, gegen den Herrn eines anderen Landes zu rebellieren. Unamuno floh nach

Paris. 1926 fand in Polensa, auf der Insel Mallorca, ein Autodafé statt: Unamunos Bücher wurden verbrannt. Hundertfünfzig Mönche assistierten. Die frommen Zuschauer bekreuzigten sich.

Vier Jahre später, kurz nach dem Sturz des Diktators, erwarteten fünftausend Landsleute den Exilierten an der Brücke des Grenzflüßchens Bidassoa, welches das französische Hendaye vom spanischen Irun trennt. In seiner Vaterstadt Bilbao fand ein festlicher Empfang statt. Glücklich, die Baskenmütze auf dem weißen Haar, ging er durch die Stadt, deren Rektor er einst gewesen war. Der Diktator hatte ihm seinen Lehrstuhl, Gehalt und Pension genommen; jetzt forderten Professoren und Studenten den Unterrichtsminister Herzog von Alba auf, das Unrecht wiedergutzumachen. Unamuno ruhte nicht auf seinen Lorbeeren aus. Er kämpfte gegen den König, dem er die volle Verantwortung für die sieben Jahre Generaldiktatur zuschrieb.

Im Jahre 1936 fragte ein Korrespondent des »Petit Parisien« den Rektor von Salamanca, das inzwischen an die Faschisten gefallen war: »Wie kommt es, daß Sie, Herr Unamuno, der Sie ein Heiliger der Linken sind, mit General Franco gemeinsame Sache machen?« Unamuno, erklärter Gegner des Schriftstellers Azana, der 1936 Ministerpräsident geworden war, erwiderte: »Franco gegen Azana, das ist die Zivilisation gegen die Barbarei.« »Stimmt es«, fragte der Journalist, »daß Sie den Franco-Leuten fünftausend Peseten gegeben haben?« Unamuno: »Man muß die Zivilisation retten.« Der Existentialist Heidegger sagte »Entschlossenheit« – und entschloß sich für Hitler. Der Existentialist Sartre sagte, »Freiheit« bestehe darin, daß der Freie »seine Moralität wählt« – und wählte Stalin und Castro. Der Existentialist Unamuno wählte gegen Primo de Rivera und dann für Franco und dann gegen ihn...

1946 erhielt ich einen Brief von einem Augenzeugen seiner letzten Monate: »Am Tage der Fiesta de La Racia 1936 hielt Unamuno im Auditorium der Universität von Salamanca eine Rede, in Gegenwart der Militär- und Zivilbehörden, in der er darauf hinwies, daß die Dinge nicht so weitergehen könnten. Mitten in der Rede erhob sich der Führer der Fremdenlegionäre, General Millan Astray, gegen den Redner mit dem Ruf: ›Abajo los Intellectuales.‹ Junge Offiziere drangen mit gezogener Pistole auf Unamuno ein, und nur die

Tatsache, daß sich seine Frau zwischen ihn und die Offiziere stellte, rettete ihn vor dem Erschossenwerden. Seit dem Tage hatte er keine Ruhe mehr. Als er den nächsten Tag zum Kasino kam, dem ich selber als Mitglied angehörte, dessen Zusammensetzung jedoch zum größten Teil faschistisch war, empfing man ihn mit dem Ruf: ›Fuera Unamuno‹. Auf den Arm seines Sohnes gestützt, verließ er den Raum. Eine ständige Wache war auf seinen Fersen. Er hatte Hausarrest und durfte sein Haus nicht mehr verlassen. Er starb am Anfang des Jahres 1937. Ob er eines natürlichen Todes gestorben ist oder nicht, ist nicht bekannt. Der Gerüchte waren genug in Salamanca, die von einem gewaltsamen Tod wissen wollten. Meine Frau sah sein Begräbnis. Nur ein paar Freunde waren anwesend außer seiner Familie.«

Wie war sein Existentialismus mit dem politischen Hin und Her verbunden? Er porträtierte sich: »Ich bin eine Mönchsnatur, stehe früh auf und gehe früh schlafen, ich habe sozusagen keine künstlichen Bedürfnisse. Vier glatte Wände und ein Bretterdach genügen mir.« Der asketische Professor war ein vom Mittelalter umwitterter Fortschrittler. Er war – hart, intolerant, fanatisch – sehr stolz auf den anderen Basken, Ignatius von Loyola. Selbst der sehr westliche Ortega schrieb einmal: »Spanien gedeiht nicht in der Atmosphäre, die Amerika bekömmlich ist, Spaniens große Zeit war das Mittelalter.« Und Unamuno sprach zu Don Quijote: »Es ist Barcelona, wo Dein Geist am meisten gelästert wird.« Barcelona war am meisten: Industrie, Nicht-Mittelalter. Die Chiffre »Mittelalter« steht hier, wie bei Novalis und Ortega, nicht für mittelalterlichen Aberglauben und Unterdrückung. Diese Gleichung setzte die dicksten Nebel in die Welt der Begriffe.

Unamuno war intolerant gegen viele schlechte spanische Wirklichkeiten. Die geistige Wiedergeburt des Landes wird von den Tagen datiert, da Spanien seine letzten amerikanischen Kolonien verlor. Damals erschien sein Buch *En torno al Casticismo*, eine Art von Reden an die spanische Nation. Er war sehr streng mit seinen Landsleuten. Er klagte seinem Schutzheiligen: »Oh, wenn Du wüßtest, wie ich leide, mein Don Quijote, wie ich unter diesen Deinen Mitbürgern leide, deren ganzen Vorrat an heroischer Narrheit Du an Dich gerissen und aufgezehrt hast, indem Du ihnen nichts zurückließest als jene anmaßende Eitelkeit, die Dich zugrunde richtete.« Er verurteilte die orthodoxe Kirche, den tyrannischen Staat, den scholastischen Wissenschaftsbetrieb, die großen Latifundienbesitzer. Er ermunterte sein armes, ausgepowertes Volk, die »Gebieter mit Geißelhieben von den Feldern« zu treiben oder sie zu nötigen, mit ihm »zusammen zu säen und zu pflügen«.

Wie viele dieser revolutionären Sätze, die an Georg Büchners mächtiges Pamphlet *Der hessische Landbote* anklingen, bei dem deutschen Dichter verbunden waren mit einer fatalistisch-nihilistischen Philosophie, so lebten sie auch bei Unamuno zusammen mit einer Verzweiflung, einem trüben Bild von der menschlichen Existenz. Woraus zu lernen ist, daß eine sehr progressive Politik nicht siamesisch-zwillingshaft mit einer Metaphysik der Progression verwachsen sein muß. Der katholische Ketzer Unamuno ähnelte eher Pascal als den radikalsten Sozialisten seiner Zeit – deren Forderungen er an Spanien richtete. Zwar war er, wie Marx, gegen »Opium« – aber wofür, an seiner Statt? »Man muß nicht Opium nehmen, man soll Essig und Salz in die Wunden streuen.« Da trennten sich die Wege. Sein Heiliger war Don Quijote... und darin ähnelte er Kierkegaard mehr als irgendein anderer. Aber, was können die Zeitgenossen anfangen mit einem Don Miguel Unamuno, der kein ordentlicher Christ ist (und es unentwegt unterstreicht), kein Humanist, nicht einmal ein atheistischer Utopist?

Sondern ein Einzelner! Wie aber verjagt man als »Einzelner« die Latifundienbesitzer? »Wir Spanier«, heißt es, »sind ganz sicher, daß das Ziel des Universums – das Individuum ist.« Er meint nicht das historische Ziel des Universums; er redet von jedem Lebenden. Aber können leidenschaftliche Einzelne, können Don Quijotes die Welt ändern in der Richtung, in der Unamuno sein Spanien geändert haben wollte? Er war ein großes Beispiel für den Konflikt zwischen dem politischen Akteur, der bessern will, und dem, der nicht um die Zukunft, der um den Tag besorgt ist.

In dieser Sorge gehörte er zu den Seltenen (man darf hier ausnahmsweise Kierkegaard, Stirner, Nietzsche und den Ibsen des Epilogs *Wenn wir Toten erwachen* zusammen nennen), welche religiöse Dogmen und philosophische Theorien, die dem Einzelnen im Namen der Gesellschaft oder der Kultur-Werke sein Leben wegeskamotieren, radikal ausräumten. Eines Tages sprach er zu einem Bauern, dem er die Hypothese vorlegte: »Vielleicht gibt es einen Gott, der Himmel und Erde regiert, oder ein universales Bewußtsein; dennoch aber mag die Seele des Einzelnen nicht unsterblich sein, im üblichen konkreten Sinne des Wortes.« Der Bauer erwiderte: »Wozu dann Gott?« Unamuno wiederholte, enthusiastisch zustimmend: »Wozu dann Gott?«

Er entthronte, lange nach Pascal, nicht nur den Gott der Philosophen und Theologen – auch noch den lebenden Gott des Augustin und Pascal, dem er nie begegnete, der ihm nie eine Unamuno-Ewigkeit garantierte. Und lehnte es ab, diese Trostlosigkeit mit einer Schar der abstraktesten Mythen zu verhüllen ... wie es alle tun, welche das Christentum so modern machen, daß es schließlich nur noch aus elf Buchstaben besteht. Der Mythos von der Entmythologisierung, der letzte Stand vor der Offenbarung des Unglaubens, war nichts für Unamuno, den aufrechtesten aller Kierkegaard-Erben.

So verwarf er mit verächtlicher Gebärde dies quasi-tröstliche Fortleben in den Kindern, in den Werken, im Weltgeist. Er hatte den Mut zum unbeschwichtigten Leben. Er vernichtete das universale Keep-smiling mit dem erlösenden Satz: »Niemand hat bewiesen, daß der Mensch von Natur heiter ist.« Er war ein Lehrer für Schwindelfreie.

In einem Essay aus dem Nachlaß, *Ibsen und Kierkegaard*, heißt es: »Einsamkeit ist die Lieblingslösung in Ibsens Drama. Einsamkeit ist die Zuflucht jener stolzen und kraftvollen Seelen, die weiterfahrend das tote Meer der Massen durchschneiden.« Das ist wahr – und mißverständlich. Einsamkeit ist, wie Kierkegaard in Erinnerung gerufen hat, dasselbe wie Einzelheit. Aber Ibsen durchbrach diese Einsamkeit in der Gesellschafts-Kritik; Kierkegaard in seinem Angriff auf das dänische Christentum; Unamuno – sowohl in der literarischen Züchtigung spanischer Fronvögte als auch in seinen Konflikten mit Primo de Rivera und, am Ende des Lebens, mit der Gefolgschaft Francos. Alle Interpretationen (auch Selbst-Interpretationen), welche die Philosophie der Politik gleichschalteten oder die Politik der Philosophie, schufen jene zahlreichen Irrtümer, die unsere Jahre beherrschen.

Es gibt keine progressive Wahrheit; nur eine progressive Politik, die sich nicht selten die dazugehörige Philosophie beibiegt. Vielleicht ist sie zwar dazugehörig – aber nicht wahr. Vielleicht ist sie weder dazugehörig noch wahr, macht aber einen Mann, der geehrt werden soll, respektabel.

So steht es, ein aktuelles Beispiel, um die Christianisierung Brechts; und auch noch, die Höhe der Komik, im Zeichen Kierkegaards. Da solch philosophische »Rettung« ein Herumfingern ist, das Usus wird, gehört der Fall des Kierkegaardschen »Christen« Brecht in die Geschichte der philosophischen Taktiken; ein nicht-uninteressantes, gänzlich ignoriertes Kapitel der Philosophie-Geschichte... im Speziellen der Verwertung Kierkegaards.

Die Christianisierung Brechts läuft seit Jahren auf Hochtouren. Selbst wenn ich gelegentlich einen Artikel *Brecht für verrottete Christen?* zitiere, meine ich doch, allgemeiner, die schon ehrwürdige Tradition, nach welcher er in die Kompanie Christi eingereiht wird: als »verhinderter Christ«, dessen »politischer Radikalismus« im »Urchristentum« wurzelt. So ist er nicht nur ein Soldat Christi, er ist bereits ein General... insofern Urchristentum eine höhere Charge anzeigt als Christentum. Wer diesen Vorgang verstehen will, muß durch vier Fragen hindurch: was tut das Adjektiv »christlich« für Brecht? Wer tut es für ihn – und weshalb? Wie wird es getan?

Ich kann mich nicht entsinnen, irgendeinen Satz gelesen zu haben, der Brecht im tadelnden Sinne »christlich« nennt. Dies Eigenschaftswort erscheint stets als schöne Eigenschaft... besser: als Orden, als Avancement, von der bezwungenen Nachwelt verliehen. Brecht wird respektabel. Ich weiß nicht, ob er schon in bayrischen Schulbüchern zu finden ist. Er hat alle Chancen.

Wer gibt sie ihm – und weshalb? Viele haben beim Einnehmen seiner Produkte Schluckbeschwerden. Er war ein Hetzer, höhnisch, ein Kommunist, ein Atheist – und niemals schrieb er: »Wer immer strebend sich bemüht...«, niemals ordnete er sich, wie der Revolutionär Karl Moor, den anonym herrschenden Gesetzen unter – immer nur der gewalttätigen Partei. Da hat es mancher schwer, zum Jasager Ja zu sagen.

Aber dieser Brecht rückte im letzten Jahrzehnt ins Zentrum der

Welt-Literatur. Zwar gibt es in den Literatur-Geschichten und Literatur-Stunden auf dem Pennal, in der Universität auch noch die Merseburger Zaubersprüche und Homer und Goethe und Thomas Mann. Aber wer diskutiert schon das Weltbild Shakespeares, legt es aus, ist dafür, ist dagegen? Man hat es höchstens mit den Übersetzern. Brecht hingegen ist morgens da und abends. Da gibt es erprobte Mittel, wie man sich arrangieren kann: in einem Pakt mit dem Teufel, der nur stille zu halten braucht... und das ist schon dem Lebenden nicht schwergefallen. Mittel Nummer eins: man nobilitiert Satanas, indem man ihn zum Poeten erklärt. Reservatio mentalis: ich liebe natürlich nicht den *ganzen* Brecht. Ein bißchen ganzer verschönert ihn, wer ihn auch noch als Humanist auszeichnet. Reservatio mentalis: es ist natürlich nicht die beste Sorte von Humanismus. Nächster Schritt: Brecht wird religiös. Da braucht man nicht einmal mehr eine reservatio: wer war nicht schon alles religiös, von den Schamanen bis zu Billy Graham und den Zen-Buddhisten!

Nach diesen drei Stufen erreicht man den Gipfel. Religiös sind schließlich auch Mohammedaner und viele Varianten von Ketzern. War Meister Eckhart, der Abtrünnigste, der nur wegen Todesfall nicht verbrannt wurde, nicht religiös? Aber richtig religiös ist man in unseren Breiten erst als Christ. Wie aber verwandelt man den armen Doppel-B in einen Christen – obwohl Pascal und Kierkegaard solches unmöglich gemacht haben?

Die Geschichte ist auch ein Arsenal prächtiger Tricks. Vor vielen hundert Jahren wurden die antiken Philosophen zu vorchristlichen Christen ernannt – wenn den Alten natürlich auch das Letzte fehlte. Der Philosoph Psellus entdeckte im Werk Homers die Dreieinigkeit; größere Schwierigkeiten wird Brecht auch nicht machen. Die Marxisten nennen so etwas Kulturerbe. Auch ist das Wort »Umfunktionieren« heute sehr beliebt. Brecht wird von christlichen Kapitalisten beerbt, umfunktioniert.

Die Heiden waren auch christlich, die Christen auch unchristlich, so sind sich die Gelehrten oft nicht einig: wohin einen tun? Wie steht es mit den frommen A-Theisten Kant und Fichte, die wegen Mangel an rechter Christlichkeit (man könnte sagen: wegen zuviel Entmythologisieren) verfolgt wurden? Und wie steht es mit Hegel, der die

Trinität entmythologisierte und Dialektik nannte? Man braucht sich nur zu bedienen: sie waren Christen, und sie waren Gottlose, je nach Bedarf des Beschauers. Umfunktionierte aller Länder: vereinigt euch gegen das Umfunktioniertwerden! Gerade das suchten Pascal und Kierkegaard zu verhindern, die in diesem (noch nicht »umfunktionieren« genannten) Umfunktionieren ganz simpel eine Fälschung sahen.

Ganz gewiß ist Brecht ein noch unverdaulicherer Brocken. Aber: wenn wir ihn katechisieren, wird er auch nicht schlechter bestehen als Kant, Fichte und Hegel... natürlich auch nicht besser:

hat Brecht an einen persönlichen Gott geglaubt?

und an den Sohn Gottes, der an einem bestimmten Tag, in einem bestimmten Ort von bestimmten Eltern zur Welt kam und etwa dreißig Jahre alt wurde?

dann zum Vater zurückkehrte, ein Teil der Dreieinigkeit?

Wenn aber das alles weg-interpretiert wird – was dann ist Christentum, das man sich nicht auch bei Platon, Spinoza und Atheisten aller Schattierungen (inklusive der Buddhisten) zusammensuchen kann? Christus hat nicht die Expropriation der Expropriateure gefordert. Auch hat er nie gelacht (um ein großartiges Wort zu zitieren). Während Brecht viel lachte... und durchaus nicht immer böse.

Wozu Kierkegaard nicht alles gut ist! Nun auch noch zu einem Vergleich mit Brecht, mit dem er rein gar nichts gemein hat. Daß beide die Scheinchristen attackierten, einigt sie mit Böll, vielen Zeugen Jehovas und Szczesny.

Kierkegaard war einer der gewaltigsten Lichtbringer der letzten hundertundfünfzig Jahre. Er schrieb noch einmal und noch einmal: er könne ohne Glauben nicht leben, versuchte immer wieder, die Helden des Glaubens zu imitieren (zum Beispiel Abraham, der willens war, Isaak zu opfern) – und gestand immer wieder, in hinreißender Aufrichtigkeit: er schaffe es nicht. Kierkegaard war kein Christ, sondern strengte sich vergeblich an, einer zu werden.

Vor diesem großen Versagen sind die erfolgreichsten Christen und Atheisten gleich arm.

X.
Das Idol: Wissenschaftliche Philosophie

> *Die Ergebnisse der Philosophie*
> *sind die Entdeckung irgendeines schlichten Unsinns*
> *und Beulen, die sich der Verstand beim Anrennen*
> *an die Grenze der Sprache geholt hat.*
> *Sie lassen uns den Wert*
> *jener Entdeckung erkennen.*
>
> Ludwig Wittgenstein

Die letzten hundert Jahre können als die Jahrzehnte Kierkegaards, Nietzsches und Freuds dargestellt werden: als das nachchristliche und nach-idealistische Selbst-Porträt dieser Zeit im Begriff. Pascals Hierarchie der Seele, Goethes Lehr- und Wanderjahre bildeten noch ein solides Gefüge ab. Mit der Anschauung von dem einen Gott und der einen Humanitas schwand auch die Möglichkeit, den Einzelnen als Einheit sichtbar zu machen.

Die letzten hundert Jahre Philosophie können aber auch dargestellt werden: als das Unternehmen, die Bemühungen Lockes, Humes und des Erkenntnistheoretikers Kant fortzusetzen, auf der Suche nach einer Theorie naturwissenschaftlicher und geisteswissenschaftlicher Grundbegriffe. Philosophie war eine Magd der Offenbarung gewesen. Dann wurde sie eine Magd der Wissenschaft. In der Wendung »Wissenschaftliche Philosophie« ist das Adjektiv stärker als das Substantiv, das nur noch, nach alter Gewohnheit, mitgeschleppt wird. Der Mangel an Mut zeigt sich auch darin, daß eine Entwöhnung von Worten wie Glaube, Christentum, Philosophie... nicht zu erreichen ist. Selbst die Philosophie-feindlichen Wissenschaftlichen Philosophen hängen am Firmen-Namen Philosophie.

»Wissenschaft« ist die jüngste Welt-Religion, die erste, die wirklich die ganze Welt umfaßt. Ihr Verkünder, Auguste Comte, starb vor einem Jahrhundert; und schenkte mit seinem Titel *Cours de la philosophie positive* der Wissenschaftlichen Philosophie ihren spezifischen Namen: Positivismus. Er war vor allem eine Absage.

Noch am Ende des achtzehnten Jahrhunderts belehrte ein protestantischer Universitätspräsident von Harvard seine Studenten: Astronomie, Physik und andere Wissenschaften entsprächen biblischen Aussagen. Dann triumphierte die Wissenschaft so sehr, daß sie sich Religion und Philosophie einverleibte. Auguste Comte setzte die Wissenschaft nicht in Gegensatz zu ihnen, sondern auf den Thron, zu dem sie nur Stufen gewesen seien: »Gemäß der wahren Natur des menschlichen Intellekts muß jedes Gebiet unseres Wissens notwendigerweise im Verlauf seiner fortschreitenden Entwicklung drei verschiedene theoretische Stadien durchlaufen: das theologische oder fiktionale, das metaphysische oder abstrakte, endlich das wissenschaftliche oder positive.«

Die Lehre von diesem Gesetz des Fortschritts machte Schule. Ein amerikanischer Geschichtsphilosoph stellte fest, es passe genau zur amerikanischen Geschichte: dem theologischen siebzehnten, dem metaphysischen achtzehnten und dem wissenschaftlichen neunzehnten Jahrhundert der Neuen Welt. Die theologische Denk-Art nannte Comte »phantastisch« und »mythologisch«. In der metaphysischen fand er das Mythologische wieder: nur farbloser; der Schöpfer ist durch die Natur ersetzt, der persönliche Wille Gottes durch ein unpersönliches Gesetz. Die Metaphysik ist ein Übergang zur Wissenschaft; eine Schutzfarbe, unter der sich das Endgültige langsam entwickeln konnte.

Comte war kein Szientist – im neutralen Sinn des Worts. Der Autor der *Philosophie positive* war kein Positivist, der Fakten sammelte. Als Comte, ein leidenschaftlicher Mathematiker, einundzwanzig war, schrieb er: »Ich würde wenig von der Wissenschaft halten, wäre sie nicht dem Menschengeschlecht von Nutzen.« Diesen Nutzen bezeichnete er mit einem Wort, das sich eingebürgert hat: »Humanität«. Die Wissenschaft, auf die er vor allem aus war, nannte er »soziale Physik«, die Krone in der Hierarchie des Wissens. Sie erhielt von ihm noch einen zweiten Namen, der Karriere machte: »Soziologie«. Sie war also von Beginn an militant, ein Schlachtruf.

Comtes Werk, entstanden zwischen der Juli-Revolution von 1830 und dem März 1848, wurde die Bibel des Glaubens an eine wissenschaftlich herzustellende, menschliche Menschheit. Im selben Jahr 1848 entstand *Das kommunistische Manifest* und Comtes Streitschrift mit dem Motto »Ordnung und Fortschritt«. Er glaubte an ein ordentliches Fortschreiten mit Hilfe der Soziologie. »Können moralische und soziale Tatsachen genauso studiert werden wie Erscheinungen der Natur?« Sie können. Und er folgerte voreilig: also können wissenschaftlich korrekte »öffentliche Vorurteile« den Strafkodex überflüssig machen. Er war ein streitbarer Soziologe, der an die Macht des wissenschaftlichen Denkens glaubte: eins mit Sokrates, der Aufklärung und Hegel.

Als man vor einiger Zeit in England die Liste für eine Serie »Lebendige Philosophen« aufstellte und Comte aufnahm, fragte ein prominenter Mann aus Oxford: »Kann man Comte wirklich einen Philosophen nennen?« Das hängt von der Definition ab. Auf jeden Fall war er ein Ursprung der wesentlichsten modernen Problematik: der Zusammengehörigkeit und des Zwists von Philosophie, Wissenschaft und Humanisierung der Gesellschaft. In Deutschland begann der Positivismus mit der wissenschaftlichen – Metaphysik.

Zwischen den großen Spekulationen um die Wende des achtzehnten und neunzehnten Jahrhunderts und der Wendung zum Ausbau der (von »Weltanschauung« weitgehend unabhängigen) philosophischen Disziplinen wurde, in der Mitte des vorigen Jahrhunderts, eine Reihe von Büchern veröffentlicht, die zwischen Metaphysik und exakter Wissenschaft zu vermitteln suchten. Die Denker jener Jahrzehnte kamen nicht mehr aus dem theologischen Bezirk, sondern von den Naturwissenschaften: Ernst Haeckel, Gustav Theodor Fechner, Rudolph Hermann Lotze, Wilhelm Wundt...

Deutschland war nicht mehr im Zentrum philosophischer Entdeckungen, wie zwischen 1780 und 1830. Es gab in der zweiten Hälfte des neunzehnten Jahrhunderts (mit Ausnahme Nietzsches, dessen Wirkung sich erst später geltend machte) keinen deutschen Philosophen, der an Bedeutung Bergson oder dem amerikanischen Pragmatismus gleichkam. Man versuchte, der naturwissenschaftlichen Forschung gerecht zu werden – und sie mit irgendeinem Spiritualismus zu mischen. Ernst Haeckel, Professor der Zoologie in Jena, schuf einen animistischen Materialismus, auf der Basis Darwins; er übte einen weiten Einfluß aus (zum Beispiel auch auf die Brüder Carl und Gerhart Hauptmann). »Nach meiner Überzeugung«, schrieb Haeckel, »ist das, was man die Seele nennt, in Wahrheit eine Naturerscheinung.« Der Mensch besitze »keine einzige Geistestätigkeit, welche ihm ausschließlich eigentümlich ist; sein ganzes Seelenleben ist von demjenigen der nächstverwandten Säugetiere nur dem Grad, nicht der Art nach, nur quantitativ, nicht qualitativ verschieden«. Damals aufsehenerregend und wirksam.

Haeckels biologischer Monismus war verschmolzen sowohl mit einem emotionalen Pantheismus als auch mit einem derben, primitiven Anti-Klerikalismus. Die römischen Päpste sind »die größten Gaukler der Weltgeschichte«. »Viele Gläubige behaupten, daß die Mutter der Jungfrau Maria ebenso durch den heiligen Geist befruchtet worden sei wie diese selbst«; »demnach würde dieser seltsame Gott sowohl zur Mutter als zur Tochter in den intimsten Beziehungen gestanden haben, er müßte mithin sein eigener Schwiegervater sein«. Der gewaltige Erfolg des ersten deutschen philosophischen Bestsellers, *Die Welträtsel*, von dem zwischen Jahrhundertbeginn und 1933 410 000 Exemplare abgesetzt wurden, erklärt sich wohl daraus, daß er drei Bedürfnisse befriedigte: das Bedürfnis nach Weltanschauung – in einer Zeit, in der die klassischen Metaphysiken nur noch Scherben-Haufen waren; das Bedürfnis nach einem gefühlvollen Materialismus; und das Bedürfnis, à la Offenbach, die Mythen zu verulken, an die man nicht mehr glaubte – und die man noch nicht verstand. Der ernstere Atheismus des zwanzigsten Jahrhunderts wird immer noch haeckelsch maskiert, um ihn veralbern zu können.

Auch Gustav Theodor Fechner, Professor der Physik und Philosophie, suchte wissenschaftliche Experimente mit einer (romantischen) Natur-Mystik zu verschmelzen; und kam zu jenem hölzernen Eisen, das (bis zum heutigen Tag) der Ausweg aller ist, die, in Angst vor der Metaphysik – auf dem Wege zu ihr sind: zur »induktiven Metaphysik«. Dem Studium nach Mediziner, der sich der Experimentalphysik zuwandte, einer der wenigen deutschen Philosophen, der (unter dem Namen Mises) witzige Feuilletons schrieb – wie: *Vergleichende Anatomie der Engel* oder *Warum wird die Wurst schief durchschnitten*, der religiösen Tradition entfremdet, bewegte er sich dennoch in eine Richtung, die schließlich zu einer Erde führte, welche ein beseelter Organismus ist. Vor der alten Philosophen-Frage: Mechanismus oder teleologisches Gebilde... kam er zu der Lösung, die schon eine lange Geschichte hatte: Sowohl-Als auch; von der einen Seite gesehen: Natur, von der anderen: Geist. »Die Tagesansicht gegenüber der Nachtansicht« war der Sieg einer poetischen Theologie über das Reich wissenschaftlicher Kausalität, dem ein Reservat zugewiesen wurde.

Und ein anderer einflußreicher Denker jener Jahrzehnte, Rudolph Hermann Lotze, Mediziner und Fach-Philosoph, verschmolz die Theorie des Mechanismus mit einem theistischen Idealismus. Das dreibändige Werk *Mikrokosmos, Ideen der Naturgeschichte und Geschichte der Menschheit* zeigt in seiner Weise die charakteristische Tendenz deutscher Philosophie in jener Zeit, die heute wieder sehr aktuell ist: Wissenschaft und Metaphysik, kausale Forschung und eine Art von Religion in Harmonie zu bringen. Indem die mechanistische Deutung für wahr erklärt – aber der teleologischen untergeordnet wird, die wiederum eine Gott-Persönlichkeit impliziere, befriedigt sich hier die offenbar unabweisbare Sehnsucht der Theologen, Philosophen und Wissenschaftler: die Versöhnung von Herz und Hirn. Sie wurde nie mehr als ein frommer oder bequemer Betrug. Der gefeiertste Friedensstifter dieser Tage heißt Teilhard de Chardin.

Zurückhaltender suchte dann noch einmal Wilhelm Wundt, dessen offizieller Titel »Professor für induktive Philosophie« war, ein induktiv gewonnenes »System« aufzubauen. Er war auf die Konstruktion eines logisch einwandfreien Begriffs-Baus aus, der alles spezielle Wissen seiner Zeit in einem großen Zusammenhang einigen sollte. Eine spezielle Funktion hat die Philosophie nicht mehr, neben der Koordinierung einzelwissenschaftlicher Ergebnisse. Wundt drückte es so aus: Philosophie sei »die allgemeine Wissenschaft, welche die durch die Einzelwissenschaften vermittelten allgemeinen Erkenntnisse zu einem widerspruchslosen System vereinigt«. Er selbst erkannte, wohl wider Willen, daß »Philosophie immer mehr sein muß«. Um die Einheit, auf die er bedacht war, herzustellen, nahm er Ergänzungen vor: mit Hilfe seines »Animismus«, einer puren Spekulation. So zeigte sich gerade in Wundt, daß eine »wissenschaftliche Philosophie« nicht möglich ist. Eine Lektion, die bis zu diesem Tage noch nicht gelernt worden ist.

»Wissenschaftlich« kann nur eine Philosophie sein, die darauf verzichtet, »Philosophie« zu sein – und einige (ehemals) philosophische Disziplinen in den Rang von Sonder-Wissenschaften erhebt. Da stellt sich die praktische Frage: ob diese Grundlagen-Untersuchungen nicht aus dem Verband der Philosophie gelöst werden sollten, wie das schon mancher andern Wissenschaft vorher geschah, die auch im Bereich der Philosophie zur Welt kam.

Auf eine umfassende Theorie der Erkenntnis und der in den verschiedenen Wissenschaften verwendeten spezifischen Grundbegriffe war der Neu-Kantianismus aus, der Pragmatismus, der Neo-Positivismus und die Phänomenologie. Trotz vieler Verflechtungen mit anderen philosophischen Tendenzen heben sich diese Schulen sehr deutlich von jenen Bemühungen ab, die in den letzten Absätzen geschildert worden sind; obwohl die harte Trennung, die hier vorgenommen wird, artifiziell ist, nur aus pädagogischen Gründen zu rechtfertigen.

Nicht nur der Neu-Kantianismus, auch (erklärtermaßen) der Pragmatismus und (sehr polemisch) der Neo-Positivismus gingen vom Kant der *Kritik* aus. Der Neu-Kantianismus, entstanden im letzten Jahrzehnt des vorigen Jahrhunderts, am Ende nach dem Ersten Weltkrieg, entstammte der Einsicht: daß nicht nur die großen nach-kantischen Systeme in eine Sackgasse geführt hatten, auch die Epigonen, die versuchten, exakte Wissenschaften und luftige Spekulationen zu mischen. Man ging zurück bis zu dem Punkt, von dem aus man in die Irre gegangen war: zur *Kritik der reinen Vernunft*. Und blieb dort nicht stehen. Wilhelm Windelband sagte: »Kant verstehen heißt, über ihn hinausgehen.« Und ein anderer führender Neu-Kantianer, Paul Natorp, schrieb: »Man soll den Leib der kantischen Philosophie begraben, auf daß ihr Geist lebe.«

Die Schwierigkeit war nur, daß verschiedene Kantianer Verschiedenes für den sterblichen Leib und den unsterblichen Geist hielten; daß verschiedene Neu-Kantianer in verschiedenen Richtungen über ihn hinausgingen. Da Kant in zentralen Thesen seiner Lehre sich in Widersprüche verstrickt hatte (die erste und zweite Auflage der

Kritik, 1781 und 1787, harmonieren nicht), war es leicht, von weit auseinanderliegenden Konsequenzen her sich auf Kant zu berufen; so daß es müßig ist, zu fragen, welche von den kantischen Schulen wirklich kantisch gewesen ist. Das aber war kurz vor dem Ersten Weltkrieg der große Streit, der das philosophische Deutschland spaltete. Heute ist er nebensächlich geworden vor der Frage: was diese Interpretationen, was diese Weiterbildungen der kantischen Lehre geleistet haben.

Der Ausgangspunkt der Neu-Kantianer war das Apriori. Was ist es? Etwas Psychologisches, sagte Jacob Friedrich Fries. Eine physiologische Disposition, sagte der Physiker und Physiologe Hermann Helmholtz. Hermann Cohen, der in Marburg lehrte und eine große Schule hervorbrachte, die »Marburger« (Paul Natorp, Nicolai Hartmann, Ernst Cassirer), nahm das Apriori als ein von der Erfahrung unabhängiges Element, nicht psychologischer und nicht physiologischer Art. Für ihn (wie für Platon und Kant) war das Paradigma allen Wissens die Mathematik, das »methodische Symbol der Wissenschaft«. Dann ging er über Kant hinaus – in Richtung Fichte, indem das Denken als Hervorbringen des Gegenstandes bezeichnet wurde. Einer der zentralen Sätze lautete: »Nur das Denken kann erzeugen, was als Sein gelten darf«; das »Ding an sich« sei ein Gespenst. Charakteristisch war für den Neu-Kantianismus, obwohl er sich abermals einer idealistischen Metaphysik näherte: daß es nicht mehr mit der Naivität der großen nachkantischen Idealisten geschah, nur mit größter Zurückhaltung.

Dasselbe gilt für den sogenannten südwestdeutschen Neu-Kantianismus, dessen Residenzen Heidelberg und Freiburg waren. Wie die Marburger vor allem die mathematisch-naturwissenschaftlichen Kategorien in den Mittelpunkt rückten, so suchten die Südwestdeutschen das sogenannte historische Apriori, das heißt: die von der Erfahrung unabhängigen Begriffe (historische Persönlichkeit, Epoche), welche die Wissenschaft von der Geschichte konstituieren. Die Geschichts-Wissenschaft war noch jung, erst recht das Nachdenken über sie. Einer der frühesten Geschichtsphilosophen war der Italiener Giambattista Vico gewesen. Er wußte, daß die Kultur und ihre Entwicklung besser zu verstehen sei als die Natur; sie wurde von Gott geschaffen, die Kultur hingegen sei zum guten Teil

Erzeugnis der Menschen. In der Geschichte lernen wir uns kennen. Vico pries die Kulturwissenschaft als die »Scienza nuova«. Und dann schufen die Deutschen eine immer umfassendere Auslegung der Entfaltung dieser Kultur.

Nach dem Zusammenbruch des Hegelschen Systems, auch seiner Geschichtsphilosophie, ein Gipfel der Spekulation, machte sich – in der Ära des Triumphs vieler Naturwissenschaften – eine Deutung der Geschichte geltend, welche in ihr (wie es am krassesten in Amerika gesagt wurde) »Mumpitz« sah. Die oberste These hieß: die Geschichte hat keinen Sinn; Schopenhauer war ihr lautester Verkünder. Eine alte Vorstellung kam wieder, die in Babylon, im Griechenland des Empedokles, Heraklit und Platon selbstverständlich gewesen war: daß es keine Geschichte gibt; daß sie nur ein Wechsel ist, also nicht von Bedeutung.

Neben diesen beiden großen Interpretationen Hegels und Schopenhauers war eine Geschichts-Philosophie entstanden, die (wie Jacob Burckhardt) nur Strukturen untersuchte, partiale Sinn-Zusammenhänge. Die Aufgabe, welche sich die südwestdeutschen Neu-Kantianer stellten, war noch bescheidener; sie zergliederten die tragenden Begriffe, mit denen die großen Historiker gearbeitet hatten. Die erprobten naturwissenschaftlichen Methoden, die auch auf die Geschichts-Wissenschaft angewandt worden waren, wurden als Übergriffe abgelehnt. Das klassische Buch dieser Abwehr war Heinrich Rickerts *Die Grenzen der naturwissenschaftlichen Begriffsbildung:* »Die logische Theorie steht hier im Dienste der Bekampfung des Naturalismus und der Begründung einer an der Geschichte orientierten idealistischen Philosophie.«

Der neue, nüchternere Idealismus (Metaphysik-feindlich, aber die Metaphysik zurückhaltend-heimlich wieder einführend) lautete: »Der Philosophie bleibt, nachdem sie das ganze Gebiet des empirischen Seins den Spezialwissenschaften zur Erforschung überlassen und auf eine Erfassung des metaphysischen Seins der Welt verzichten muß, das Reich der Werte als ihr eigentliches Gebiet.« Dieses »Reich der Werte« war eine höchst formale Klassifizierung der Kulturbezirke: Wissenschaft, Kunst und Staat. Das Wort »Werte« symbolisierte die Entkräftung dessen, was einmal »Idee« und »Geist« genannt worden war. »Wert« wurde definiert: »Ein von den

Menschen gefühlsmäßig als übergeordnet Anerkanntes, zu dem man sich anschauend, anerkennend, verehrend verhalten kann.« Danach waren also Goethes »Persönlichkeit«, Kants »Ewiger Friede« und Hitlers »Reine Rasse« – »Werte«. Im geheimen nahm man in das System der Werte auf, was man selbst für wertvoll hielt.

Wie sehr die Ideale Kants und Fichtes ohnmächtig geworden waren im akademisch-epigonalen »Idealismus«, kam ans Licht, als er sich mit dem Dritten Reich zu messen hatte. Da heißt es, in Rickerts Schrift *Die Heidelberger Tradition:* »Was wir Deutsche heute und morgen zu wollen und zu tun haben, und was insofern den Sinn unseres gegenwärtigen Lebens ausmacht, hängt von ganz anderen als philosophischen Überlegungen ab. Deshalb sollte kein Deutscher... sich gegen das Vorwiegen der nationalpolitischen Kulturziele auflehnen. Falls seine außerwissenschaftliche Weltanschauung mit dem, was Forderung des Tages ist, nicht übereinstimmt, sondern ihren Schwerpunkt in anderen Kulturgütern als im nationalen Staate sieht, hat er seine Ansichten über den Sinn des gegenwärtigen Lebens der historischen Situation anzupassen.« Mit dieser Anpassung endete Heinrich Rickert, Sohn des bekannten freisinnigen Abgeordneten, Haupt einer einst florierenden kantischen Schule, Verkünder des »Reichs der Werte«. Der Neu-Kantianismus starb nicht so sehr daran, daß aus den Aprioris und dem Ding an sich nichts mehr herauszuanalysieren war, sondern daran, daß der Humanismus, der die philosophische Tätigkeit Kants gespeist hatte, nur noch eine akademische Vokabel war, als er vor der Barbarei kapitulierte... zum Beispiel auch in Eduard Sprangers »charismatischem Führer«, den er in der Preußischen Akademie der Wissenschaften 1933 verkündete.

Im Jahre 1911 erschien in einer der besten kulturphilosophischen Zeitschriften, im »Logos«, der Aufsatz *Philosophie als strenge Wissenschaft* von Edmund Husserl. Sie war, nach dem Mittelalter, der Traum vieler Denker gewesen; seit Kant war dieser Wille zur Wissenschaftlichkeit der Philosophie Metaphysik-feindlich. So wendet sich auch Husserl nicht nur gegen jede »Weltanschauung«, vor allem die geschichtsphilosophische, auch gegen die »Philosophische Anthropologie«. In seiner antihistorischen, platonischen Tendenz hatte er viel mit dem Expressionismus gemein; seine Dramen waren ort- und zeitlos und frei von Individuellem: wie Husserls »Wesen«. Die Wirkung dieses Denkers war am stärksten um die Zeit des Ersten Weltkriegs und in den Jahren danach. Seine Lehre, die »Phänomenologie«, löste den Neu-Kantianismus ab, mit dem sie die Metaphysik-Feindschaft und den Glauben an Apriaris teilte. Wie Descartes begann: mit der Herausstellung unangreifbarer Wahrheiten – begann Husserl: »in Absicht auf die Herausstellung einer absoluten, zweifellosen Seins-Sphäre«.

Er schuf einen neuen, vorsichtigeren Platonismus. Er sagte nicht, daß, was man das Wirkliche nennt, nicht wirklich wirklich sei, nur ein Schatten. Er erfand eine vorsichtigere Behandlung der Realität: sie wurde »ausgeklammert«. Das heißt: ihn kümmerte nicht das Problem, wieweit Phänomene wirklich sind (was immer dies »Wirklich« bedeuten mag); nur das andere: was sie sind, unabhängig von ihrer Wirklichkeit oder Nichtwirklichkeit. Im Gegensatz zum Physiker, der eine Wahrnehmung als Schwingung interpretiert, im Gegensatz zum Psychologen, der sie als Empfindung deutet, interessierte sich Husserl nicht für die Ursache der Wahrnehmung und nicht für den Wahrnehmenden – nur für das, was das Wahrgenommene »als solches« ist. Er ersetzte Seins-Forschung durch Bedeutungs-Forschung. Er definierte seine »Phänomenologie« als »eine rein deskriptive, das Feld transzendentalen reinen Bewußtseins in der puren Intuition durchforschenden Diszplin«, als »Wesenswissenschaft«.

Auch für ihn war (wie für alle Empiriker) der Ausgangspunkt die Erfahrung: nur schaltete Husserl das Realitäts-Problem aus. Gegenstand der Philosophie ist nicht das den Sinnen Gegebene, sondern die besondere Essenz jedes Gegebenen. Sie ist keine physische und keine psychische und keine psychophysische Erfahrung. Husserl kam von der Mathematik her; ein Beispiel aus der Geometrie illustriert am besten, was er unter »Wesen« verstand: der mathematische Kreis wird in jedem sinnlich aufnehmbaren als »Wesen« angeschaut.

Mit welchem Organ? Die Hauptvokabeln sind: »Anschauung«, »Wesensschau«. Die »Intuition« ist von Platon und den Mystikern bis zu Schopenhauer und Bergson als das eigentliche Organ der Erkenntnis bezeichnet worden, Quelle aller Evidenz. Es gibt nichts Mystisches in Husserls Lehre. Das Subjekt ist »das reine Bewußtsein

Das Idol: Wissenschaftliche Philosophie

mit seinem Weltmeinen«, »Bewußtsein von etwas«, »intentional«. Näher geht er an das »Ding an sich« nicht heran. Neben den Marburgern und den Südwestdeutschen war Husserl der schärfste Gegner des »Psychologismus«; der Lehre, welche alle Vorstellungen, die nicht aus der Wahrnehmung stammen, psychologisch herzuleiten suchte. Er war, viel radikaler als die Neu-Kantianer, auf eine »apriorische Theorie der Gegenstände als solcher« aus.

Das Wort »Phänomenologie«, die Lehre von der Erscheinung, wurde hier nicht gebraucht im Sinne Kants, der das Phänomen in Gegensatz setzte zum Ding an sich; auch nicht im Sinne Schopenhauers, der das Phänomen gleichsetzte mit Schein; eher im Sinne von Hegels *Phänomenologie*, der Husserls Definition des Phänomens: das, was sich selbst zeigt... akzeptiert hätte. Mit dem Unterschied, daß Hegels Metaphysik die Transzendenz dessen, was sich in der Erscheinung zeigt, sichtbar machte, während Husserl, in Metaphysik-ängstlicher Zeit, jede Antwort auf die Frage nach dem Trans ablehnte. Aus Husserls *Ideen zu einer reinen Phänomenologie* und den Arbeiten seiner Schüler (Scheler, Heidegger) wuchs eine bedeutende philosophische Literatur, deren ärgster Mangel die Verwechslung von ewigem »Wesen« und zeitlich beschränkter Einsicht war.

Zwar traute sich diese »Intuition« nicht zu, bis zu Gott und seinem Leben in der Zeit vorzustoßen; oder bis zu einer Urkraft, wie sie Schopenhauer im »Willen« intuitiv erfaßte. Aber die Phänomenologen erschauten Rot-an-sich und Reue-an-sich... alle Abstrakta, alle Allgemeinbegriffe werden zu platonischen Ideen, zu einer überempirischen Welt, der nur die Qualität »Realität« vorenthalten wird.

Wie viele expressionistische Figuren keinen Eigennamen hatten, so haben die Phänomene, für die sich die »Phänomenologie« interessierte, nichts Individuelles. Wie das »Ich bin...«, mit dem Hasenclevers *Sohn* beginnt, kein Ich ist, sondern nur ein Sohn-ansich, so ist vor der Phänomenologie jedes Ich, Er, Sie und Es nichts, was fotografisch, psychologisch und soziologisch zu erfassen wäre. Was denn? Ein Schweben zwischen Himmel und Erde. Der Kampf der expressionistischen Dramaturgie gegen die Psychologie (besonders scharf von dem Dramatiker Paul Kornfeld formuliert) war der Kampf der Phänomenologie gegen den Psychologismus.

Die ewigen Phänomene, zu denen die Anhänger der Husserlschen Doktrin durch die Oberfläche der unwissenschaftlichen und wissenschaftlichen Erfahrung durchzustoßen glaubten, waren »ewig« vielleicht nur im Gebiet der Mathematik, in dem die Anschauung des nicht-realen gleichschenkligen Dreiecks unabhängig ist vom zufälligen Subjekt. Alle anderen Ideen sind wohl so bedingt durch den Betrachter wie – sagen wir: das Wesen »Der See«, dessen Abhängigkeit von der Kultur, der Epoche die Geschichte der Malerei lehrt. Was dieser »See« als ewige »Idee« sein kann, für die phänomenologische Intuition, ist höchstens ein ärmliches Destillat aus einer Fülle von Seen. Kommt man gar zu den moralischen Phänomenen, in welche Max Scheler glänzend eingedrungen ist, so wird ganz offenbar, wie das Zeitlose, das er herausgestellt hat, seine Zeitlichkeit großartig widerspiegelt.

»Wissenschaftliche Philosophie« ist in allen Variationen ein Idol; war immer der Versuch einer exakten Darstellung der Transzendenz, also immer eine Art von Theologie. Die platonischen und auch die Husserlschen Ideen könnte man als die Scharen der Engel um den unsichtbaren Herrn bezeichnen. Das Unternehmen »Wissenschaftliche Philosophie«, in der Mitte zwischen der anspruchsvolleren Scholastik und der anspruchslos zurückhaltenden Wissenschaft, ist ein Nicht-Fisch-noch-Fleisch; der Name eines Zwitters. Das alte überschwengliche Wort »Philosophie« wird mit schlechtem Gewissen nicht aufgegeben.

Einer der energischsten Kritiker des Neu-Kantianismus und der Phänomenologie war Nicolai Hartmann. Er denunzierte ihre Flucht vor der Metaphysik »als Illusion, da das Erkenntnisproblem selbst ein metaphysisches« ist. Der Sicherheit, in der sich »Marburger« und »Süddeutsche« wiegten – in dem Glauben, die Problematik transzendenter Themen ausgeschaltet zu haben, setzte er am Anfang seiner *Grundzüge einer Metaphysik der Erkenntnis* entgegen: »daß Erkenntnis nicht ein Erschaffen, Erzeugen oder Hervorbringen des Gegenstands ist, wie der Idealismus alten und neuen Fahrwassers uns belehren will, sondern ein Erfassen von etwas, das auch vor aller Erkenntnis unabhängig von ihr vorhanden ist«.

Hartmann sah die »Preisgabe der kritischen Position« in der

Das Idol: Wissenschaftliche Philosophie 243

Manipulation des »Ding an sich«, welches »das eigentliche kritische Motiv in der kritischen Philosophie« sei. Denker, die diesen Grenzbegriff wegeskamotieren oder auch nur ignorieren, sind unkritisch. Die Metaphysik ist nicht so leicht zu umgehen; die Transzendenz des Erkenntnisgegenstands gehört mit zum Phänomen; »der Phänomenologe, sofern er bei der Intention stehen bleibt, sieht nur die Hälfte des Phänomens – und zwar die unmetaphysische«. Neu-Kantianismus und Phänomenologie werden als heimliche Metaphysik entlarvt, die den alten philosophischen Idealismus als neuen, scheinbar wissenschaftlichen einschmuggeln.

Emil Lask, ein anderer Neu-Kantianer der zweiten Generation, durchschaute nicht weniger die fragwürdige Wissenschaftlichkeit. Ihn und Hartmann verband die Einsicht: »Die Ratio selbst ist nicht rational«. Lask bemerkte, daß die Mühlen des Verstandes um so glänzender mahlen, je weniger gemahlen wird. Sein Hauptwerk brachte die Zitadelle des eigenen Lagers zu Fall: er wies die Irrationalität des Apriori nach – in einer Sprache, die mehr nach Novalis als nach Kant klang.

Bei dieser Enthüllung blieb es aber nicht. Nicolai Hartmann schuf eine neue Hülle. Es blieb nicht bei dem bescheidenen Satz: man löst metaphysische Fragen nicht, »man behandelt sie nur«. Auch Hartmann löste. Was er ein »Minimum an Metaphysik« nennt, ist ebensosehr ein Maximum (weil es diesen Unterschied hier nicht gibt): »Erkenntniskategorien und Seinskategorien sind identisch«; »Das Bewußtsein ist derjenige Punkt im Sein, in dem sich das Sein in sich selbst reflektiert«.

Nichts ist denkwürdiger, als der hoffnungslose Versuch der Entmetaphysizierer: Aussagen über die Transzendenz zu eliminieren – und doch eben nicht ganz; frappant ist die Parallele zwischen diesen entmythologisierenden Philosophen und den entmythologisierenden Theologen des zwanzigsten Jahrhunderts. Wie die Gottesgelehrten Gott preisgeben – bis zu einem gewissen Punkt, so haben die Philosophen das »Ding an sich« ausgeklammert – bis zu einem gewissen Punkt. Beide halten es nicht aus beim totalen Agnostizismus, der verbietet, Worten wie »Gott« und »Ding an sich« einen Inhalt zu geben. Diese Ambivalenz ist das große Signum der Zeit.

Zwar verkündete Hartmann »nicht so sehr ein Lösen von Problemen als ein Aufdecken von Wundern« und »die Ehrfurcht vor der ewig unerschöpften Tiefe der Dinge«. Das »Pathos der Philosophen« setzte diese Verkündung aber (es ist kaum zu fassen) immer wieder in Gegensatz »zu aller Skepsis und allem philosophischen Verzicht«. Auch Nicolai Hartmann ringt sich nicht durch zu der Freiheit, zu der er sich in seiner klaren Sprache durchgerungen hat.

Der Kritiker des Neu-Kantianismus und der Phänomenologie, dieser verstohlenere Mythen-Schöpfer, ist nicht weniger als die kritisierte, verkappte Metaphysik ein Paradigma für das herrschende philosophisch-theologische Zwielicht, das man am besten mit dem Unding Skeptische Dogmatik bezeichnete.

Die Lehrer der deutschen Philosophie (meist unter dem Einfluß des griechisch-christlich-deutschphilosophischen Idealismus) haben den Materialismus, die Skepsis, den Epikureismus und den Pragmatismus kaum beachtet – oder mit Unbehagen. Deshalb wird der Pragmatismus hier ausgiebig dargestellt.

Das Wort »pragmatisch« hat in verschiedenen Wendungen verschiedene Bedeutungen gehabt. Die »Pragmatische Sanktion« stammt aus dem Codex Justinianus, war der Titel für jede Entscheidung, die sich nicht auf Privatpersonen bezog, und wurde die Bezeichnung für Willenskundgebungen der Monarchen – speziell für Manifeste, welche die Thron-Nachfolge regelten. Von der allgemeinen Bedeutung, die das griechische Wort hatte, bis zu diesem sehr speziellen Sinn war ein weiter Weg.

In »pragmatisch« steckt das griechische »pragma«: die Praxis, das Handeln. Auch der philosophische »Pragmatismus« sagt viel mehr aus: daß die Theorie der Praxis, das Denken dem Handeln untergeordnet ist. Die Geschichte dieser philosophischen Lehre ist eine Erhellung und Differenzierung jenes zwielichtigen, grobschlächtigen Satzes.

William James berichtete in seinen Vorlesungen: der »Pragmatismus« sei durch den Mathematiker und Philosophen Charles Sanders Peirce in die Philosophie gekommen – und zwar in einem Aufsatz, der Januar 1878 in der Monats-Schrift ›Popular Science Monthly‹ erschien, mit dem Titel: *Wie wir unsere Ideen klar machen können.*

Der Geburtsort des Pragmatismus (oder, wie Peirce schrieb, »Pragmatizismus«) war ein »Metaphysiker-Klub«, der zu Beginn der siebziger Jahre des neunzehnten Jahrhunderts alle vierzehn Tage in Boston tagte. Das Wort »Metaphysik« im Namen des Klubs hatte einen »halb ironischen, halb trotzigen Unterton«. »Ironisch«: denn man lebte auch in Amerika zur Zeit des zusammengebrochenen Hegelianismus. »Trotzig«: weil die sehr kompromittierte »Metaphysik« unter Beibehaltung des Worts in eine ernste Wissenschaft verwandelt werden sollte.

Der Klub hatte nicht viel mehr als ein halb Dutzend Mitglieder: unter ihnen die Harvard-Leute Peirce, William James, den Juristen Oliver Wendell Holmes jr. und John Fiske, dessen *Einführung in eine Philosophie des Kosmos* Darwin und Spencer in Amerika popularisierte. Darwins *Abstammung der Arten*, Lyells *Geologie*, Spencers *Grundsätze der synthetischen Auffassung der Dinge* (First Principles) standen im Mittelpunkt der Diskussion. Evolution war das große Thema. Der Kantianer Peirce, der sich rühmte, »als Säugling mit kantischer Milch genährt worden zu sein«, zersetzte den Transzendentalismus evolutionistisch.

Dieser Pragmatismus blühte zwanzig Jahre im Verborgenen, im Schatten des neukantischen Idealismus, bis William James die Theorie in systematischer Form vorlegte und im populärsten seiner Bücher auf die Religion anwandte: *Die Mannigfaltigkeit der religiösen Erfahrung*. Der Siegeszug begann mit der frohen Botschaft des gläubigen James: die Zersetzung des Wahrheitsbegriffs und der sogenannten absoluten Werte sei nicht das Ende der Religion. Peirce und James waren Theisten. Auch Amerika hatte es nicht besser, obwohl es keine morschen Schlösser hatte.

Die junge Bewegung entdeckte, daß sie zwar jung, aber nicht neu sei. Zu ihren Ahnen rechneten sie; Sokrates, Locke, Berkeley, Hume – allgemeiner: Empirismus, Nominalismus, Utilitarismus und Positivismus. Die Späteren fügten noch andere Vorfahren hinzu. Für Max Scheler war Hobbes »der eigentliche Großvater des Pragmatismus«. Und als sich die Pragmatisten zu Beginn des zwanzigsten Jahrhunderts umsahen, entdeckten sie, daß sie auch in der Gegenwart nicht allein waren. Da gab es F. C. Schiller in England, Milhaud, Poincaré und Bergson in Frankreich, Papini in Italien.

Die deutschen Verwandten, Wilhelm Ostwald und Wilhelm Jerusalem, standen mit James in Korrespondenz. Zur Zeit des Ersten Weltkriegs war der Pragmatismus eine weltweite Bewegung.

Er nahm immer mehr verwandte Tendenzen unter das zu eng gewordene Dach der Vokabel Pragmatismus. James sagte auch »Pluralismus«, F. C. Schiller »Humanismus«, Dewey »Instrumentalismus«, Simmel »Perspektivismus«. Gemeinsam war allen: eine Methode und ein Dogma.

James lehrte: Pragmatismus ist kein Resultat, nur ein Weg, zu Resultaten zu kommen, eine Methode. Papini schrieb in demselben Sinn: der Pragmatismus liege in der Mitte aller Theorien, gleich einem Hotel-Korridor. Das Bild ist nicht schlecht: in einem Korridor wohnt man nicht, er ist nur ein Gang zu den Wohnungen hin. Die Methode schrieb vor, wie man zu definieren hat. Man expliziert nicht eine »Idee«, ein »Wesen«, eine »Essenz« (allem Platonismus wurde der Kampf angesagt), sondern die Wirkung dessen, was im Zu-Definierenden gemeint ist. Peirce fragte: »Was ist Sinn und Bedeutung eines Gedankens?« und antwortete: »die Handlungsweise«, die er hervorruft. James kommentierte: um »vollkommene Klarheit in unseren Gedanken über einen Gegenstand zu bringen, müssen wir nur erwägen, welche praktischen Wirkungen dieser Gegenstand in sich enthält, was für Wahrnehmungen wir zu erwarten, welche Reaktionen wir vorzubereiten haben. Unsere Vorstellung von diesen Wirkungen, mögen sie unmittelbare oder mittelbare sein, macht dann für uns die ganze Vorstellung des Gegenstandes aus, insofern diese Vorstellung überhaupt eine positive Bedeutung hat.«

Als Methode ist der Pragmatismus unproblematisch – und ohne philosophische Konsequenzen. Man kann in jede Definition reale oder potentielle Wirkungen des Definierten hineinnehmen. Es blieb nicht beim Methodischen; schon bei William James nicht, obwohl er einen weltanschaulichen Pragmatismus ausdrücklich ablehnte. Die erste Aufgabe, die der Methode gestellt wurde, ging sofort über ihre Kraft und zeigte, daß hier von Beginn an mehr war. Man wollte, wie man sagte, metaphysische Probleme zur Lösung bringen. Die »Lösung« bestand darin, daß man die Probleme bagatellisierte. Falls eine Lösung keine praktischen Folgen habe, sei sie ohne Bedeutung. Auch sei ohne Bedeutung, ob die eine oder die andere »Lösung« wahr sei, wenn die praktischen Folgen gleich sind. Schon John Stuart Mill hatte gelehrt: »Setzet oder setzet nicht das Dasein einer materiellen Substanz unabhängig von unseren möglichen Erfahrungen und Empfindungen; es wird sich so oder so nichts ändern. Also ist die Annahme einer solchen Substanz überflüssig, kann nichts ändern, hat keinen Sinn.« Der Wille zum Ändern entphilosophierte auch im Pragmatismus das Philosophieren.

Charles S. Peirce ist einer der unbekanntesten, mächtigsten und zukunftsreichsten Logiker der letzten hundert Jahre. Im Zeitalter des Experiments schlug er vor, die Begriffe, mit denen wir operieren, auszuprobieren: auf daß sich zeige, was in ihnen steckt. Was ist »Kraft«? Die Summe ihrer Effekte. Verallgemeinert: unsere Vorstellung von den Folgen ist alles, was wir uns unter einem Gegenstand vorstellen. Man könnte sagen: das Experiment, das diese Folgen provoziert, bringt es an den Tag.

Peirce versuchte, was vor ihm Descartes und Kant angestrebt hatten, was nach ihm Husserl unternahm: er war aus auf einen Ansatz ohne philosophische Mythen. Experimentieren war ein Kernwort der Zeit, eine zentrale intellektuelle Aktivität – nicht nur der Naturforscher. Strindberg experimentierte: sowohl mit Gläsern und Drähten als auch mit Weltanschauungen. Kierkegaard experimentierte mit biblischen Figuren. Zola schuf den »Roman expérimental«. Es experimentierten Maler und Lyriker. Paul Valéry schildert im Buch über Degas den Künstler im Mal-Laboratorium: einen streng in Weiß gekleideten Mann mit Gummihandschuhen. Und es experimentierte, wie er es in den *Problemen der Lyrik* beschrieb, Gottfried Benn: legt »die Inspiration unter ein Mikroskop, prüft sie, färbt sie, sucht nach pathologischen Stellen«. Der Pragmatismus nutzte das Experiment im philosophischen Bezirk zur Ausmerzung von phantastischen Vorstellungen. Peirce war auf eine Methode aus, welche die Metaphysiker zwingen sollte, ihre großen Worte auszuweisen. Wie sehen sie aus, wenn man sie beim Wort nimmt und in der Erfahrung manifest werden läßt – wenn man sie auf die Probe stellt?

In einem Dialog läßt er jemand fragen: »Was ist die Existenzberechtigung Ihres Pragmatismus? Was versprechen Sie sich von ihm?« Und antwortet: »Er will nachweisen, daß jedes Urteil der ontologischen Metaphysiker sinnloses Zeug ist; fegt man allen diesen Plunder beiseite, dann bleibt von der Philosophie nur noch dies übrig: eine Reihe von Fragen, die man einer Beobachtung im Sinne der exakten Wissenschaft unterwerfen kann.« In dem Willen zur Zerstörung theologischer und metaphysischer Vorstellungen im Bereich der Philosophie steht er nicht nur in einer Reihe mit den Versuchen der Neu-Kantianer, mehr noch neben dem Neo-Positivismus und Husserl. Mit ihnen (und dem Marxismus) teilte er eine recht unphilosophische Genügsamkeit; suchte die Fragen, die immer zu Aussagen über ein Trans geführt haben, damit zu erledigen, daß er nachwies: die Antworten haben kein Äquivalent in der Erfahrung. Das hatte schon Kant festgestellt. Daß aber alle Fragen, die zu sinnlosen Antworten führten, »sinnlos« sind, dieser moderne Aberglaube wurde die Achillesferse – nicht nur des Pragmatismus.

Er war, von Beginn an, Metaphysik-Feindschaft – und, wie es oft geht, eine geheime Metaphysik. James formulierte: man »sieht fort von ersten Dingen, Prinzipien, Kategorien und vorgegebenen Notwendigkeiten« und sieht hin auf letzte Dinge, Früchte, Konsequenzen und Fakten. Als Hermeneutik ist das Prinzip brauchbar. Es sollte mehr werden: eine Todesanzeige für alle Philosophie. Die pragmatische Methode camouflierte eine Metaphysik: Wahrheit gleich Wissenschaft. Dies Dogma teilte man mit vielen anderen Philosophien um die Jahrhundertwende.

Zum Beispiel mit Ernst Mach, dem Ursprung des Neo-Positivismus. Er lehnte alle Fragen, die sich nicht auf (die der Wissenschaft zugängliche) Erfahrung bezogen, als »sinnlos« ab; Probleme müssen entweder als lösbar nachgewiesen oder als sinnlos aufgegeben werden. Wilhelm Ostwald, Chemiker und Philosoph, schrieb in einem Brief an James: »Ich pflege in meinen Vorlesungen die Frage zu stellen: in welcher Beziehung wäre die Welt anders, wenn diese oder jene Alternative wahr wäre? Wenn ich nichts finden kann, das anders wäre, dann hat die Alternative keinen Sinn.« William James sagte: Sätze wie »Die Materie und ihre Bewegung ist der Urgrund aller Dinge« und »Gott ist der Ursprung aller Dinge« seien nur in Worten verschieden; beide Sätze können kein Gegenstand der

Erfahrung werden. Von dieser Äußerung führt eine direkte Linie zu jener Semantik, die glaubt, daß sie ein Problem los ist, wenn sie ein Wort los ist. Da war Kant, der große Beginn, vorsichtiger gewesen. Auch er hatte betont, daß Sätze über Transzendentes von der Wissenschaft weder verifiziert noch widerlegt werden können. Aber das war auch alles, was er behauptet hatte. Er hatte nicht als sinnlos oder gleichgültig erklärt, was von Experimenten nicht erreicht werden kann. Er hatte nicht gelehrt: eine Frage, die nicht beantwortet werden kann, ist keine. Hinter der Pragmatisten-Methode verbirgt sich das Dogma: unerkennbar gleich nicht-existent.

Sie sahen nicht, daß die Geschichte der Philosophie nicht nur eine Folge von überholten Lösungen ist, auch von nicht überholten Rätseln. Sie sahen keine Fragen jenseits des Zauns, mit dem die Wissenschaft das ewig Fragliche ausschließt. James lehnte dogmatisch ab (als ob Ablehnen hier einen Sinn hätte): »unabhängige Wahrheit; Wahrheit, die nur gegeben ist; Wahrheit, die nicht mehr menschlichen Bedürfnissen angepaßt werden kann; Wahrheit, die nicht geändert werden kann«. Und Dewey setzte Philosophie gleich Apologetik und Propaganda. Seine dogmatische Präferenz wird sehr deutlich: »Der Drang des Denkens, etwas zu erreichen jenseits des Denkens, ist bedeutungsvoller als das Denken um des Denkens willen.« In dem »bedeutungsvoller« schlägt nicht nur das Herz des Pragmatismus.

Die Pragmatisten unterschieden sich darin von vielen Mitstreitern im Kampf gegen alle Gespenster innerhalb der Wissenschaften, daß sie meinten: es gäbe eine Grenze der Ablösung der Wissenschaft – vom Menschen; die Wissenschaft bleibe immer menschlich, ein Instrument. Der Mensch sei in erster Linie ein handelndes Wesen, erst in zweiter ein theoretisches; er denke, um zu handeln. Dewey schrieb in einem Brief an den deutschen Psychologen Carl Stumpf, »daß es keine Wahrheit gibt ohne Interesse«; die Wurzel aller Wissenschaft sei der Wille zum Herrschen; der Kausalzusammenhang, das Herzstück aller Wissenschaft, sei so wichtig, weil nur durch ihn die Welt beherrschbar sei. Die Theorie ist nicht neu. Bacon hatte der Wissenschaft das Ziel gesetzt, Macht über die Natur zu erlangen. Auguste Comte hatte gefordert: »Voir pour prévoir«. Neu waren die Details, welche die Pragmatisten fanden: für den biologischen Ursprung des Wahrheitsbegriffs, für die Geburt des Erkenntnis-Triebs aus dem Selbsterhaltungs-Trieb, für die aktivistische Funktion des Denkens.

Auch trugen sie im Bezirk moralischer Urteile dazu bei, das falsche Ewige abzutragen: den Herd vieles Unmoralischen. Dewey enthüllte hinter vielen Idealen: Apologetisches. Der Anti-Rationalist war auch Anti-Rousseauist: »Natürliche Rechte und natürliche Freiheit existieren nur in der mythologischen Zoologie.« Die Absage an das Naturrecht machte sie nicht zu Dunkelmännern. Nicht jeder, der die Allmacht der Vernunft in Frage stellt, ist für das Trübe – und für das, was man in ihm fischen kann. Dewey war ein Aufklärer des zwanzigsten Jahrhunderts, ein Fortschrittler ohne Vernunft-Metaphysik. Einer seiner schönsten, pathetischsten Sätze, der zynisch gelesen werden kann – aber nicht gelesen werden darf, lautet: »Man wird niemals seine Feinde lieben, bis man keine mehr hat.« Der Idealismus dieses Anti-Idealisten war groß – und unterschied sich darin von dem deutschen, in dessen Welt auch er aufgewachsen war: daß er jede Ableitung der Moral aus einer ewigen Logik ablehnte.

Der Pragmatismus gehört zu den großen aufklärenden Bewegungen der letzten hundert Jahre: in der Zerstörung der scholastischen Wahrheit: »Adaequatio intellectus cum re«, in der Denunzierung der Abbildungstheorie des Wissens als unnötige »Weltverdoppelung«; in der Säuberung der Wissenschaften von unwissenschaftlichen Elementen; im Exponieren der Forschung als ein Mittel der Praxis; in der Ausschaltung spitzfindiger Probleme, welche die Geschichte der Metaphysik mitschleppt; in der Herabholung der moralischen Sterne vom Himmel, auf daß sie die Hütten etwas lichter machen. Noch Camus' Tagebuch-Notiz: »Um sich selbst zu erkennen, muß man handeln« ist eine Frucht dieses Bodens. Bleiben fünf Fragwürdigkeiten, die auch verwandte Theorien in Frage stellen.

Fragwürdig ist die Weitherzigkeit, mit der das Wort »wahr« gebraucht wird. In William James' Vorlesungen heißt es: »Wenn theologische Ideen zeigen, daß sie einen Wert fürs konkrete Leben haben, sind sie wahr, in dem Sinn, daß sie soweit gut sind.« Hier changiert das Wort »wahr« nicht weniger als dreimal; dies »in dem

Sinn« und das »soweit« sind die sprachlichen Manifestationen. Einfacher und deutlicher hieße es: theologische Ideen sind bisweilen zwar nicht wahr, aber höchst nützlich. In dem Mangel an Kontur, den ihr »wahr« zeigt, steckt eine Gleichgültigkeit gegen den Sachverhalt, den dies Wort deckt. Pragmatisten gingen wohl deshalb so fahrlässig mit dem »wahr« um, weil es für sie nicht zentral war.

Fragwürdig ist auch die präzisere Gleichsetzung von Wahrheit und Wissenschaft. Peirce nennt die Wahrheit eine »öffentliche Wahrheit«, sie wird »schließlich einmal von allen anerkannt werden«; das ist ein Charakteristikum der Wissenschaft. Außerhalb gäbe es keine Wahrheit; keine unbeweisbare. Es gibt aber Fragen (nicht nur denkbare, sondern denknotwendige), die nicht beantwortet werden können. Sie produzieren seit Jahrtausenden Philosophen. Es gibt (vielleicht) Wahrheiten, die nur möglich sind – und (vielleicht) verborgene, die man deshalb nicht als mögliche bezeichnen kann, weil sie sich selbst der Vorwegnahme in der Möglichkeit entziehen. Auch die Möglichkeiten sind möglicherweise nur anthropomorph. Die ungebrochene Kraft der Mystik liegt in ihrem Gravitieren nach der unerkennbaren, unvorstellbaren, unfühlbaren Wahrheit hin.

Die pragmatische (auch jede nicht-pragmatische) Einsperrung der Wahrheit in die Grenzen möglicher Wissenschaft läßt eine Wahrheit nicht zu, die vom Menschen unabhängig ist. Auch sie ist ein Menschen-Gedanke, aber ein denknotwendiger. In ihm allein wird das Denken legitim transzendiert. Die Technik (auch die organisatorische) hat die Wissenschaften größenwahnsinnig gemacht und ihnen vorgespiegelt, daß sie der einzige Ort der Wahrheit sind – obwohl auch sie (von ihrer Brauchbarkeit abgesehen) rätselhaft bleiben. Der deutsche Philosoph Erich Unger schrieb: »Das bekannte Universum ist, weil eingebettet ins Unbekannte, weitgehend unbekannt.« Der Pragmatismus gehört noch in die Epoche der Vergottung des Wissenschaftlichen, die man lieber eine Vergottung der (naturwissenschaftlich und sozialwissenschaftlich) zurechtgemachten Welt nennen sollte.

Weniger abergläubische, zugänglichere Pragmatisten ließen sich von der Identifizierung: Wahrheit gleich Wissenschaft abbringen. Nur wandten sie ein: die Wahrheit, die gefunden, aber nicht bewiesen werden kann, die ewig nur mögliche Wahrheit ist ohne Bedeutung; und schon ganz und gar die ewig verborgene. Hinter dem »ohne Bedeutung« steckt wiederum nichts als: ohne Bedeutung für die Änderung der Welt. Und ist das so? Die Vorstellung von der ewig verborgenen Wahrheit ist wahrscheinlich das entscheidendste Wissen seit den Tagen der Romantik. Man kann zugespitzt sagen: die absolute Wahrheit, die nicht gefunden werden kann, mag einflußreicher sein und einflußreicher werden, als je irgendeine geglaubte Wahrheit der Vergangenheit einflußreich gewesen ist.

Fragwürdig ist, viertens, die berühmte Definition des ersten Logikers, den der Pragmatismus gehabt hat. Der englische Mathematiker Boole schrieb: der »Sinn« eines Satzes ist identisch mit seinen möglichen praktischen Folgen hinsichtlich einer möglichen Veränderung der Welt. Die möglichen praktischen Folgen eines Hammers sind, daß ich jemand mit ihm erschlage. Ist das sein Sinn? Die möglichen praktischen Folgen von Stalins Tod waren Diadochen-Kämpfe. War das sein Sinn? Der Sinn eines Satzes mag auch gelegentlich einmal identisch sein mit den praktischen Folgen. Zu untersuchen wäre: in welchen Fällen? Oder das Wort Sinn wird sinnlos.

Verschiedene Sätze (vielleicht sogar gegensätzliche) können die gleichen praktischen Folgen haben, ohne daß gesagt werden kann, sie haben denselben Sinn. Zwei nehmen sich das Leben – der eine, weil er an keinen persönlichen Gott glauben kann, der andere, weil er an einen persönlichen Gott glaubt und nicht erträgt, daß Gott weiß, wie es in ihm aussieht. Nach dem Pragmatismus hätte der Atheismus des ersten und der Theismus des zweiten denselben Sinn. Die Logik sagt: mit der Folge ist der Grund nicht eindeutig gesetzt.

Ein deutscher Pragmatist hat den Schluß von der Folge auf den Grund zu rechtfertigen versucht: Leverrier habe aus den Störungen in der Bahn des Uranus auf deren Grund geschlossen und so die Entdeckung des Planeten Neptun herbeigeführt. Ein solcher Schluß ist zwar möglich, aber nie sicher; Grund und Folge, Ursache und Wirkung, Motiv und Tat, Wissen und Handeln sind nicht eindeutig miteinander verknüpft. Der deutsche Pragmatist behauptet: ein (erkenntnistheoretischer) Idealist, der nicht an die Existenz der Welt glaubt, muß sich ihr gegenüber genauso benehmen wie der Realist, der an sie glaubt; somit sei der ganze Streit für den Pragmatisten wert- und bedeutungslos. Weshalb muß er? Er kann, braucht aber nicht.

Fragwürdig ist schließlich die Gleichung: wahr und falsch gleich fruchtbar und unfruchtbar. Fruchtbar – für wen oder was? Für das »Leben«! Also: der »Sinn« eines Satzes sind seine Folgen; »wahr« aber sind nur fruchtbare Folgen. Fruchtbar ist dasselbe wie nützlich; nützlich ist dasselbe wie lebenfördernd. Als obersten Richter über ihre Wahrheit erfand man jenes »Leben« – den glanzvollsten Begriff der letzten hundert Jahre: den biologisch verkleideten Pantheismus der Ära, die in Deutschland etwa mit Heine begann und in Nietzsche kulminierte. Was kann nicht alles fruchtbar sein? Eine Lüge, ein Irrtum, eine Fiktion, eine Illusion – sogar eine Wahrheit. Dies »Fruchtbar« kann für die Theorie der Wahrheit nichts leisten.

Eine Variante ist die »logische Fruchtbarkeit«. Eine Theorie ist fruchtbar, wenn die Einheit des Systems gefördert wird, wenn Widersprüche ausgeschaltet werden, wenn sie eine Wünschelrute zur Auffindung neuer Tatsachen ist. Bleibt da nicht die Logik selbst außerhalb der Frage: fruchtbar oder nicht fruchtbar? Werden ihre Gesetze (Satz der Identität, des Widerspruchs) nicht vorausgesetzt?

Der amerikanische Philosoph R. B. Perry nennt den Pragmatismus eine »biozentrische« Philosophie. Sie teilt mit allen Deutungen, die das »Leben« ins Zentrum setzen, vor allem die Schwierigkeit: daß jenseits der biologischen Kategorien nicht klar wird, was mit »Leben« gemeint ist.

Die Wirkung des Pragmatismus auf Deutschland kann am besten am Leben und Werk des deutsch-tschechischen Philosophen Wilhelm Jerusalem abgelesen werden. Die stärkste Hilfe gab er den Pragmatisten mit dem Versuch, sie freundlich zu korrigieren – dort, wo sie zu sehr ins Banale abgerutscht waren. Die Kategorie der Nützlichkeit dürfe nicht so wörtlich genommen werden, als bedeute sie unmittelbare Nützlichkeit. Allzu oft, meinte Jerusalem, hätten die Amerikaner »die Unentbehrlichkeit des theoretischen Wahrheitsbegriffs« für die Wissenschaft nicht erkannt »und sich deshalb viel unnütze Streitigkeiten zugezogen«. Er unterstrich, daß die Wahrheit zwar als Funktion des Lebens entstanden sei, nun sich aber frei gemacht habe; daß es eine »Wahrheit um ihrer selbst willen«

gebe. Er forderte »eine bisher nicht vorhandene Soziologie des Wissens«, die den Prozeß von der dienenden zur unabhängigen Wissenschaft studieren solle.

Es sieht aber nur so aus, als habe sich Jerusalem mit seiner Kritik am Pragmatismus von ihm geschieden. Er nennt die Wissenschaft »eine Art von Vorratskammer für künftige Verwertungen«, nennt wissenschaftliches Urteilen »auf Vorrat urteilen«, stimmt mit F. C. Schiller überein, daß »Wissen« »Mittel und Vermittlung« ist und bleibt (trotz seiner »Wahrheit um ihrer selbst willen«) ein vollblütiger Pragmatist: »In letzter Linie zielt alles Urteilen und somit die ganze Wissenschaft auf Verwertung ab.«

In dem Aufsatz *Erkenntnis und Arbeit* weist Max Scheler darauf hin, daß Nietzsches Pragmatismus sich vom amerikanischen darin unterscheide, daß Nietzsche die alte kontemplative Wahrheitsidee festhalte. Auch er, der Schopenhauerianer, entlarvte die Denk-Kategorien als Werkzeuge des menschlichen Willens zum Beherrschen. Und mit Leidenschaft denunzierte er die Idee der Wahrheit als eine Form des »asketischen Ideals«. Er fragte aber nicht: Gibt es Wahrheit? Nur: »Ist die Wahrheit erstrebenswert?«

Und antwortete, wie der Pragmatismus: nicht um ihrer selbst, um des Lebens willen. Aber da ist noch eine größere Kluft als die von Scheler aufgedeckte zwischen Nietzsche und den Amerikanern: Im Inhalt dieses »Lebens«. Der Übermensch ist eine Utopie. Auch bei Dewey geht es um mehr als einen bourgeoisen Utilitarismus, um ein Vor-Bild: nur um ein zivileres – sagen wir, um ein Volk von lauter Jeffersons. Der dionysische Pragmatismus Nietzsches ist aber sogar noch fühlbar bei einem so verhaltenen Denker wie Georg Simmel, dem überschwenglichsten Akademiker. Im zweiten Kapitel seines *Goethe,* in dem Kapitel, das *Wahrheit* überschrieben ist, heißt es: »Und so erst wird das Wahre ganz verständlich, daß ein solches nur gemeint ist, insofern es fruchtbar ist. Nicht die Fruchtbarkeit ist gemeint, die in der Sphäre des bloßen Erkennens besteht – andere Inhalte aus sich entwickeln läßt, zu der Bildung neuer logisch-sachlich anregt; sondern die sozusagen dynamische Fruchtbarkeit, mit der Vorstellungen, jetzt selbst als Leben betrachtet, in dem Leben ihres Trägers wirken.«

Man kann pragmatische Tendenzen in Deutschland schon vor

Nietzsche finden. Der deutsch-philosophische Idealismus von Kant bis zu Schopenhauer und Marx war bereits pragmatisch. Kant entdeckte den höchst aktiven Verstand, welcher der Natur »seine Gesetze vorschreibt«, aus dem »Chaos« eine Ordnung macht. Die Marburger Kantianer lehrten, daß es die Methode ist, die den Gegenstand schafft. Die südwestdeutsche Kant-Schule um Windelband und Rickert hätte mindestens den einen zentralen Satz des Pragmatisten Schiller unterschrieben: »Wahrheit ist ein Wert.« Den Super-Idealisten Fichte, der in der Welt vor allem das »Material der Pflicht« sah, nannte Scheler »einen idealistischen Pragmatisten«. Der Logiker Christoph Sigwart folgte, indem er das Kausalgesetz und andere oberste Prinzipien der wissenschaftlichen Welterklärung weder als Erfahrungssätze noch als Apriorisanerkannte, sondern als »Postulate unseres freien sittlichen Willens zur Erklärung der Dinge.«

Man kam – in vorpragmatischer Zeit – dem Pragmatismus noch näher. Schopenhauer zeigte in seiner Charakterisierung des »Intellekts« als einer Waffe des blinden Willens ein wesentliches pragmatisches Motiv, das Nietzsche, Jerusalem, Vaihinger, Simmel und alle, die ihm in Deutschland folgten, in die Nähe der Pragmatisten rückte. Marx schrieb Hegel aktivistisch um. John Dewey, der auch vom deutschen Idealismus herkam, wie der Titel seiner Autobiographie *Vom Absolutismus zum Glauben ans Experiment* deutlich macht, hätte den berühmten Marx-Satz formulieren können: »Die Philosophen haben die Welt nur verschieden *interpretiert*; es kommt aber darauf an, sie zu *verändern*.« Der Pragmatismus ist nicht ein Produkt Amerikas, wie die Amerikaner selbst feststellten. Vielleicht aber kann man dennoch sagen, daß in ihm amerikanische Art besonders deutlich zum Ausdruck kam.

Dewey legte das Spezifische des amerikanischen Pragmatismus soziologisch aus, vor dem Hintergrund des deutschen Idealismus. Jeder metaphysische Idealismus beruhe auf der platonischen Vorstellung: die Idee ist realer als die Wirklichkeit; ihn führte Dewey zurück auf die »sozial bedingte Trennung« von Leuten, die denken, und Leuten, die handeln. Ewige Ideen entsprächen der trügerischen Sicherheit sozialer Verfestigung. So wird der Pragmatismus zur antifeudalen, demokratischen Philosophie Amerikas: zur »Philosophie des Mannes auf der Straße«. In der echten Demokratie werde es keine philosophischen Idealisten geben, wie es keine Höflinge in Republiken gibt. Und dieser »demokratische« Pragmatismus ist in Amerika verschmolzen mit dem Enthusiasmus für eine Walt-Whitmansche Anarchie. So fand auch Bertrand Russell in dieser Philosophie vor allem die »Abneigungen gegen Reglementierung«. »Besser Chaos für immer«, heißt es bei James. Aber auch die soziologische Methode ist nur so weit eine Methode, wie sie nicht eine verschämte Metaphysik ist. Der Pragmatismus ist vielerlei: ein Anti-Feudalismus; eine kleinbürgerliche Ideologie, die immer fragt: was wirft es ab?; die Weltanschauung des Glaubens an die Propaganda. Das sind einige Aspekte. Zeichnet man einen aus, so entsteht eine Torheit.

Ist der Pragmatismus noch am Leben? Ist er untergegangen mit dem großen Gegner, den er in einem mächtigen Allianz-Krieg vernichtete: mit dem metaphysischen Rationalismus? Vielleicht ist die Antwort: der Pragmatismus hat einen großen Beitrag geliefert, bevor auch er starb – sowohl den Tod der heimlichen Metaphysiken als auch den Tod der unheimlichen Resignation.

Auf den Grabstein sollte man das tiefste Wort setzen, das in dieser Gedankenwelt ans Licht kam: Nietzsches »Ob die Wahrheit euch oder mir nützt und schadet – was geht's mich an! Laßt uns Menschen schaffen, denen die Wahrheit nützt!«.

Seit Occam ist England das klassische Land des Anti-Idealismus. Und heute wieder ist ein Engländer sein Exponent: Bertrand Russell. Auch sein Werk zeigt die beiden großen Tendenzen des Pragmatismus: Entmetaphysizierung der Philosophie und Gesellschafts-Kritik.

Seine bêtes noires sind Platon und die deutsche klassische Philosophie, gegen die er Humes Lehre verteidigt und entwickelt hat. Russell liebt groteske Torheiten. Er stellt den Platon des *Staats* neben den englischen Faschisten-Führer Mosley, die Staats-Verherrlichung Hegels neben Hitlers Staats-Vergötzung. Er führt Platons Prestige auf einen welthistorischen Snobismus zurück und Hitler auf die Transzendental-Philosophie. Englische und deutsche Neo-Positivisten leisteten es sich bisweilen, mit der Historie umzugehen wie Offenbach mit dem Mythos – nur nicht so amüsant.

Russell gibt den Anspruch auf eine spezielle philosophische Methode auf, setzt Philosophie und Wissenschaft gleich, unterschieden nur durch die Allgemeinheit der philosophischen Probleme. Er lehnt jede »Verlautbarung über das Universum als Ganzes« ab: darin strenger als William James, der nicht ganz so enthaltsam war – aber Russells »Kraut-und-Rüben-Welt« mit ihm teilte.

Der Aufklärer Russell klärte oft auf, in seinen unakademischwitzigen Berichten über die Sexual-Moral und Christlichkeit dieser Zeit; und tat es bisweilen den vulgärsten Vernünftlern gleich, wenn er schrieb: »Es ist wahr, daß die Welt momentan eine Menge Pessimisten hat. Es gab davon immer viele, wenn es viele gab, deren Einkommen sank.« Vor fünfundzwanzig Jahren schrieb er in einem Nachruf auf sich: »Er war der letzte Überlebende einer versunkenen Epoche.« Bezieht man diese Sentenz auf seine Position zwischen Spezialistentum (*Principia Mathematica*) und Tages-Schriftstellerei..., dann stimmt sie genau.

Denkt man aber an sein Schwanken zwischen Pazifismus und Gewaltanwendung..., so ist seine Epoche noch nicht versunken. In einem Essay *Der Weg zum Weltstaat* heißt es: »Mehr als die Hälfte aller Amerikaner ist nach einer Umfrage des Gallup-Instituts der Meinung, daß eine Weltregierung wünschenswert ist. Aber sie denken dabei an etwas, was auf dem Wege friedlicher Verhandlungen vereinbart wird, und schrecken vor dem Gedanken an Gewaltanwendung zurück. In dieser Hinsicht sind sie, glaube ich, im Irrtum. Ich hoffe, daß es genügen wird, mit Gewaltmaßnahmen zu drohen; im anderen Fall aber sollte wirklich Gewalt angewandt werden.« Stellt man neben dies Statement seinen radikalen Pazifismus, der bereit ist, auch die Sicherheit der Nation um des »Friedens« willen preiszugeben, so meldet sich die alte Neugierde: wie weit waren die Philosophen gut als Politiker? Wenn sie doch wenigstens den »Frieden«, den sie meinen, konkret definieren würden!

Bertrand Russell bemerkte, daß die gesellschaftliche Bedeutung der Philosophie und der Philosophen seit dem Mittelalter immer mehr gesunken ist. William von Occam hat für den Kaiser Pamphlete verfaßt, gegen den Papst. Locke ist einer der Schöpfer der Verfassungen des achtzehnten Jahrhunderts gewesen. Heute gibt es nur noch in Rußland ein amtliches, politisch wirksames Denk-

System; und nur noch in Tibet war, bis vor kurzem, ein »Chefmetaphysiker« der zweitwichtigste Beamte. Freut ihn dieser Zustand der Dinge – oder ganz und gar nicht? Beides! Er tat sein Bestes, um die Ideen-Paläste der Philosophen zu unterminieren – und versucht, große Politik zu machen, wie kaum ein anderer lebender Philosoph, ohne die Philosophie hinter seiner Politik zu explizieren.

Deutschland hat keine positivistische Tradition wie die angelsächsische Welt. Aber um die Mitte des vorigen Jahrhunderts, nach dem Zusammenbruch der mächtigsten Metaphysik, der hegelschen, begann auch hier die Säkularisierung des Welt-Bildes. Einer der Ursprünge dessen, was damals »Empirio-Kritizismus« genannt wurde, war der Satz des Physikers Gustav Robert Kirchhoff: es wäre die Aufgabe wissenschaftlicher Theorien, »die in der Natur vor sich gehenden Bewegungen zu beschreiben, und zwar vollständig und auf die einfachste Weise«. Ernst Mach und Richard Avenarius schritten auf diesem Wege weiter; ein »natürlicher Weltbegriff« war ihr Ziel. Ein Schüler von Avenarius, Josef Petzold, gründete die Zeitschrift ›Annalen‹, Vorläufer der ›Erkenntnis‹. Sie leiteten über zu dem deutschen Neo-Positivismus, der, von Bertrand Russell und dem Theoretiker der Physik (nicht dem Spinozisten) Albert Einstein beeinflußt, als Parole »die Wendung« zur wissenschaftlichen Weltanschauung proklamierte. Das Journal ›Die Erkenntnis‹ wurde abgelöst von dem ›Journal of unified science‹. Eine Serie von internationalen Kongressen folgte, eine *Encyclopedia* entstand. In England gab es seit 1933 die Zeitschrift ›Analysis‹. Die bekanntesten deutschen Vertreter waren zusammengeschlossen im »Wiener Kreis«.

Er war hervorgegangen aus dem Seminar von Moritz Schlick, der auch in metaphysischen Fragen »sinnlose« Fragen sah. Er schilderte sein Programm in dem Pamphlet *Wissenschaftliche Weltanschauung – der Wiener Kreis*; und arbeitete zusammen mit dem Klub »Ernst Mach«. Ein zentraler Satz lautet: »Der Wiener Kreis vertritt einen metaphysikfreien Monismus und schafft so die Einheitswissenschaft des Physikalismus«. Als ob im »Monismus« nicht schon wieder Metaphysik wäre! Auch in diesem Kreis wurde gelehrt: es kann keine Probleme geben, die nicht gelöst werden können; entweder sie sind (nur) noch nicht gelöst oder Scheinprobleme. Zwei Herausgeber der Zeitschrift ›Die Erkenntnis‹ wurden die bekanntesten Träger des deutschen Neo-Positivismus. Sie emigrierten nach Amerika und übten dort einen großen Einfluß aus: Rudolf Carnap und Hans Reichenbach.

Reichenbach formulierte in einem populär-aggressiven Buch, das 1951 in Amerika herauskam, *The Rise of Scientific Philosophy*, die Kampf-Stellung des Neo-Positivismus: gegen »philosophische Spekulation«, gegen alles »Wissen jenseits der Wissenschaft«, gegen jeden »Rationalismus«. Die Philosophie sei fortgeschritten von der Spekulation zum Wissen. »Die psychologischen Wurzeln« der Philosophen lägen in »geistigen Bedürfnissen«, jenseits des »Bereichs der Logik«. Philosophie ist heute »ein Gegenstand der Verachtung, von welcher der Wissenschafter sich fernhalten möchte«; »ein Opfer der Suche nach Allgemeinheit und Sicherheit«.

Reichenbach machte vier Ursprünge philosophischer Schein-Erklärungen sichtbar: »Generalisation«, »Analogie«, »Verwandlung der Abstrakta in Gegenstände« und »die bildhafte Sprache«. Gegen sie mobilisierte der Neo-Positivismus die Semantik, die in Leibniz' »allgemeiner Charakteristik« als Postulat vorweggenommen war; »in der«, wie er in einem Brief schrieb, »alle Wahrheiten auf einen bestimmten Kalkül zurückgeführt würden. Es könnte das gleichzeitig eine Art universeller Sprache oder Schrift sein, welche aber von all denen, die man bisher vorgebracht hat, unendlich verschieden sei; denn die Charaktere und die Worte selbst würden hier der Vernunft zum Leitfaden über Tatsachen dienen«. Leibniz' Idee dieser »Mathesis universalis«, eine »Ars combinatoria«, sollte die komplexen Begriffe in wenige einfache zerlegen (gleichsam als deren Alphabet) und durch Kombination wieder zusammenbringen. Er forderte eine an Exaktheit der Mathematik gleiche »Symbolische Logik«. Dies Programm sucht der Neo-Positivismus zu erfüllen, um die Märchen, die mit den üblichen sprachlichen Wendungen eindringen, auszuschalten.

Das umfangreiche, scharfsinnige Pamphlet, das Reichenbach schrieb, hat durch Überspitzung die Tendenz des Neo-Positivismus ins Licht gesetzt. Er versuchte eine radikale Abwertung der klassischen Philosophien. Von Spinoza heißt es: »Seine Reputation geht mehr auf die Bedeutung seiner Persönlichkeit, als auf seine Philosophie zurück.« Von Kant: »Uns, die wir Zeugen der Physik Einsteins und Bohrs sind, hat seine Philosophie nichts zu sagen.« Und Reichenbach faßte sein Verdikt zusammen in den Sätzen: »Die Geschichte der spekulativen Philosophie ist die Geschichte menschlicher Irrtümer«; »im besten Fall haben philosophische Systeme den Stand der Wissenschaft ihrer Zeit widergespiegelt; aber sie haben nicht beigetragen zur Entwicklung der Wissenschaft.« Die »wissenschaftliche Philosophie« aber habe »die Fragen zu beantworten, welche die Gründer der großen Philosophenschulen nicht beantworten konnten; oft muß man allerdings die Frage so umbilden, daß sie beantwortet werden kann.«

Sie verschwand unter der Umbildung. Die antiphilosophischen Philosophen haben vieles geschaffen – was sie, in alter Anhänglichkeit, in alter Abhängigkeit von der Magie eines Worts, immer noch »Philosophie« nennen, die allerdings durch das Beiwort »wissenschaftlich« nobilitiert wird. Unsemantische Semantik!

XI.
Die vierte Antwort auf die Frage: Wer oder was ist der Mensch?

> »Mensch« bedeutet »Denker«:
> da steckt die Verrücktheit.
> Friedrich Nietzsche

Niemand weiß, wie alt die Frage ist. Die bekannten Antworten sind nicht nur ehrwürdig. Mit der Zeit ist die zeitlose Frage auf den Hund gekommen – auf die rhetorische Frage, eine Art von Achselzucken. Daneben gibt es auch noch die religiös-philosophischen Bestseller, vor allem in Amerika. Sie wissen es ganz genau.

Die seriöse post-theologische und post-metaphysische Antwort kennt kein klipp und klares Das-ist-der-Mensch... und ist reeller; weniger Auflösung des Rätsels und mehr Orientierungs-Expedition ins Labyrinth. Obwohl es humanistische, christliche und existentialistische Erkundungen gibt, ist ihnen allen doch gemein: kein Ende des Umherirrens ist abzusehen. Kein Anthropos mit klaren Umrissen zeigt sich, wie ihn Platon sah und noch Schopenhauer. Überall ist man beim Zusammensetzen eines Mosaiks, das nicht zum Bilde wird. »Philosophische Anthropologie« ist nicht eine Lehre vom Menschen, sondern ein Stollenbauen durch einen Berg von Data, um den Gesuchten zu erreichen.

Ernst Cassirer, gestorben 1945 als deutscher Emigrant und gefeierter amerikanischer Professor, ist auch während der Kriege, die er durchlebte, in der Tradition des philosophischen deutschen Idealismus geblieben. Sein letztes Buch *Was ist der Mensch?* gibt auf der letzten Seite die Antwort: »Die menschliche Kultur als Ganzes kann als der Prozeß der Selbstbefreiung des Menschen verstanden werden.« Schon der Titel *Was ist der Mensch?* scheint eine so kompakte Lösung vorzubereiten; aber er ist nicht der ursprüngliche, der, zurückhaltender, *Essay on man* hieß, als der Flüchtling sein Buch »in einer Sprache schreiben mußte, die nicht meine Muttersprache ist«.

Weder der (etwas billige) Titel noch der zitierte Satz am Ende eines mehr informativen als spekulativen Buchs ist charakteristisch. Cassirer, Neu-Kantianer, neben Cohen und Natorp der undogmatisch Jüngere, war einer jener großen Lehrer, die nie bestachen und unvergeßlich belehrten – unvergeßlich seinen Studenten in Berlin und Hamburg und Göteborg und New York und Princeton. Hermann Bahr sagte: Cassirer zeichne eine »still betrachtende Vernunft« aus. Sie durchwaltet auch sein letztes Buch. Es ist eine Variante der (mehr als ein Vierteljahrhundert zuvor erschienenen) dreibändigen *Philosophie der symbolischen Formen*: kürzer, nicht populärer; aber doch zusammengefaßt für den Nichtfachmann.

Sie gibt einen knappen, sehr instruktiven Abriß der Bilder vom Menschen seit Platon und dem Christentum und schließt mit dem Scheler-Zitat: »Zu keiner Zeit ist sich der Mensch so problematisch geworden wie in der Gegenwart.« Aus dem Labyrinth der vielen Deutungen will Cassirer an seinem »Ariadnefaden« herausführen. Der führt auf folgenden Weg: Platon meinte, man studiert den Menschen am besten dort, wo er, wie es heißt, »großgeschrieben« zu finden ist: in seiner gesellschaftlichen Wirklichkeit. Cassirer schreitet diesen Weg zu Ende. Er sucht eine »kulturphilosophische Bestimmung des Menschen«, wie er in seinen großen Objektivierungen erscheint: im Mythos, in der Religion, in Kunst und Wissenschaft. Sie sind, wie er sagt, die sichtbarsten Symbole des »animal symbolicum«.

Was ein Symbol ist, wird am klarsten in der Gegensetzung zum Signal: das ist ein Ereignis, es gehört zum Sein, während ein Symbol Bedeutung und immer nur auf den menschlichen Geist Bezug hat. Damit glaubte Cassirer den Unterschied zwischen dem Menschen und jedem anderen Lebewesen bezeichnet zu haben. Das »animal symbolicum« ist der vorsichtigere, Metaphysik-freiere, weniger rationalistische Nachfolger des »animal rationale«.

Cassirers Zusammenfassung der modernen Forschungen auf den vier Kulturgebieten ist sehr instruktiv. Aber dies Vorgehen hat seine Grenze; ist diktiert von der Skepsis gegen »eine rein introspektive Methode« – die doch im Werke Montaignes und Pascals und der Frühromantiker und Kierkegaards und Nietzsches mehr Einsichten über die Art Mensch zutage gefördert hat als jede Untersuchung der Struktur von Sprache und Kunst. Es ist die Reaktion auf solch ein ätherisch-humanistisches Bild vom Menschen gewesen, die dann Heideggers *Sein und Zeit*, Max Schelers *Formalismus in der Ethik und die materiale Wert-Ethik* hervorgebracht hat.

Auch Scheler gibt eine Antwort auf »Was ist der Mensch?« – eine reiche und höchst problematische; eindeutig nur in der Anti-These gegen jenes Bild, das die klassische deutsche Philosophie und Dichtung geschaffen hatte. Er kann nur in Anführungsstrichen als »christlicher« Denker katalogisiert werden; man nennt ihn besser »anti-humanistisch« – in dem Sinn, in dem die anti-Schillersche Romantik es bereits war. »Christlich« war dort und hier zuoberst eine Polemik gegen die Aufklärung: ihren Glauben an die Vernunft-Metaphysik, ihre Ignorierung der irrationalen Wurzeln der Ratio.

Marx hat von Hegel gesagt: er gebe »sehr oft innerhalb der spekulativen Darstellung eine wirkliche, die Sache selbst ergreifende Darstellung«. Mit Hilfe dieser Unterscheidung kann man Schelers christlich-mystische Spekulationen ablösen von seinen echten Einsichten. Er bediente sich einer poetischen Theologie, in Sätzen wie: »Jede Liebe ist eine noch unvollendete, oft einschlafende oder sich vergaffende, auf ihrem Wege gleichsam rastende Liebe zu Gott«. Solche Metaphern verunzieren nur seine großen Funde.

Man muß die fruchtbare Negation eines Denkers separieren von seiner unfruchtbaren Position. Schelers »christliche« Attitüde war nicht viel mehr als eine Anti-These gegen die formalistische Ethik Kants und die relativistische der Lebensphilosophie, die vergeblich versucht hatten, aus den Ersatzgöttern »Vernunft« und »Leben« so etwas wie einen Dekalog zu deduzieren. Scheler traf haarscharf die Vergeblichkeit dieser Bemühungen. Und setzte, in ebenso vergeblicher Opposition, dem kantischen Chaos der Gefühle seine These von den Sinn-Gesetzen des emotionalen Lebens entgegen. Ersetzte Kants Gesinnungs-Subjektivismus, mit dem formalen guten Willen, durch einen Wert-Objektivismus, dessen subjektives Korrelat die Wert-Erlebnisse seien. Ersetzte das kantische Ideal vom Handeln aus Pflicht, diesem nur negativen Nicht-aus-Neigung-Handeln, durch die positive, aber recht vage Sentenz: »Wer am wenigsten Widerstand gegen das Gute hat, der ist der Beste.« Ersetzte Kants ethische Person, die personifizierte Vernunft, durch den Träger des transzendenten, hierarchisch geordneten Solls. In Pascal sah er den Ahnherrn. Seinen »ordre du coeur«, seine »logique du coeur«, sein viel zitiertes Diktum »Le coeur a ses raisons« übersetzte Scheler ins Detail.

Diese unkritische (unhistorische, unpsychologische, Soziologie-fremde und darin Husserl verwandte) Erfindung des »Ewigen im Menschen« war ein Rückschritt. Aber innerhalb der großen Illusion, Ewiges zu finden, wo (mit Sicherheit) höchstens Langlebiges gefunden werden kann, ist in seinen Büchern eine außerordentliche Fülle von Einsichten, die, in den rechten Rahmen gesetzt, zu den wesentlichsten philosophischen Ergebnissen des Jahrhunderts gehören. Seine Durchleuchtung von Phänomenen wie Tun, Demut, Ehrfurcht, Ressentiment, Gesinnung, Ziel, Wille, Wunsch, Zweck, Täuschung, Pflicht, Mitleid... haben viel aufgehellt. Das darf nicht verdunkelt werden von dem Dunkel, das er auch geschaffen hat.

Scheler war bisweilen polemisch im häßlichsten Sinne des Wortes. Wo er ablehnte (Aufklärung, Demokratie, Parlamentarismus, Marxismus), lehnte er eine schlechte Wirklichkeit ab; wo er anerkannte (Konservatismus, Traditionalismus, Christentum), erkannte er ein Ideal an, das kaum je verwirklicht worden war. Das Unrecht lag (wie immer) in der schiefen Gegenüberstellung. Die miserable Realisierung einer großen Idee (sagen wir: Demokratie) wird konfrontiert – nicht mit einer andern Wirklichkeit, sondern – sagen wir: einem Christentum, wie Schelers Enthusiasmus es ausmalte.

Es war noch schlimmer. Er pries (in seinen Büchern *Der Genius des Krieges und der deutsche Krieg* und *Die Ursachen des Deutschen-Hasses*) den Ersten Weltkrieg genauso primitiv wie nur irgendein anderer Kriegs-Trunkener. Zum Beispiel: »Der deutsche Obrigkeitsstaat ist im Prinzip das System, in dem Deutschland regiert sein will; mit jenem tieferen Willen will, der über der Summe der Parteiwillen erhaben ist.« Aber: in dem nachgelassenen Fragment *Der Held* heißt es: »Jede Überordnung des Machtwertes über das Gute, Rechte, die geistigen Werte, das Heilige ist grober Irrtum... Am Anfang war nicht die Tat, sondern das Wort. Die Übertreibung des dynamischen Charakters der Welt ist eine Eigenart des germanischen Geistes (Kraftbegriff, Voluntarismus, übertriebener Heldenkult: Treitschke).« Scheler wurde hin- und hergerissen zwischen dem deutschen Krieg, dem sexuellen Drang und dem christlichen Gott seiner Sehnsucht; und kann leicht von simplifizierenden Parteigängern als militaristischer »Reaktionär« abgetan werden.

Er schrieb (wie Nietzsche) mißverständlich, für Ohren nach 1933. In dem Fragment *Vorbild und Führer*, zwischen 1911 und 1921 abgefaßt, steht der Satz, der heute mit seinen ersten Worten sofort auf Widerstand stößt, aber zu Ende gelesen werden muß. »Es ist eine beispiellose Sehnsucht nach Führerschaft allüberall lebendig, so groß und mächtig, daß sie auch die verkehrtesten, windigsten und groteskesten Ausdrucksformen nicht verschmäht.« Diese Erkenntnis ist nicht falscher geworden, weil ein (viel mehr als verkehrter, windiger und grotesker) »Führer« die Sehnsucht, von der hier gesprochen wird, im Bewußtsein unserer Zeit unanständig gemacht hat. Wie Scheler dann aber die Führer-Auslese zurückführt auf die Vorbilder, die sie bestimmen – das ist aufklärend im großen Sinne des Wortes; und deckt Fragen auf, denen man heute ausweicht. »Nichts gibt es auf Erden«, heißt es da, »was so ursprünglich und was so unmittelbar und was notwendig eine Person selbst gut werden läßt« als die Anschauung »einer guten Person in ihrer Güte«. Davon haben viele scharfsinnig-hämische, tiefstapelnde Kultur-Diagnostiker heute nicht das geringste Wissen. Scheler dachte recht unabhängig vom »Zeitgeist«, obwohl er ihm, in den schlimmsten Stunden, schreckliche Opfer brachte.

Es sieht fast so aus, als sei neben Heideggers und Schelers Antwort auf die Frage: »Was ist der Mensch?« auch noch eine dritte antihumanistisch; es sieht nur so aus. Sie bringt allerdings ein (bis dahin nie in diesem Umfang gesichtetes) Chaos der Triebe ins Bild – und nicht nur, um sie mit Hilfe des Lumen naturale zu durchleuchten und zu zähmen. Dies Menschen-Bild, human und so fern dem Humanismus, schuf Sigmund Freud. Es gibt innerhalb der Profession Widerstände, ihm einen Platz im Reich der Philosophie einzuräumen. Man kann ihn selbst, den deklarierten Feind der Philosophie, für diese Widerstände zitieren. Es ändert nichts daran, daß er innerhalb der »Philosophischen Anthropologie« einen hervorragenden Platz hat.

Schon in den Jugendjahren wurde das Bedürfnis »übermächtig«, das Rätsel »Welt« zu enträtseln. In einem Brief heißt es: »Ich habe als junger Mann keine andere Sehnsucht gekannt als die nach philosophischer Erkenntnis... Therapeut bin ich wider Willen geworden.« Er war schließlich nicht so sehr auf eine Erklärung der Neurosen und Träume und Fehlleistungen aus – die Themen der ersten Jahrzehnte, als auf sein »Anfangsziel«, das Ziel von allem Anfang her: »Philosophie«; »das wollte ich ursprünglich, als mir noch gar nicht klar war, wozu ich auf der Welt bin«. Immer noch steht seine Therapie im Vordergund der Diskussion; die tiefere und breitere Wirkung auf Anhänger und Feinde hatte seine Philosophie, sein Bild vom Menschen: die Zukunft einer Desillusion.

Er hatte Philosophie nicht gelernt. Von 1872 an brauchten Medizin-Studenten der Universität Wien keine philosophischen Kollegs zu hören. Freud wohnte ein paar Brentano-Vorlesungen bei: über Logik, über Aristoteles – viel mehr hatte er mit der philosophischen Tradition nicht zu tun. Erst seine Leser machten ihn darauf aufmerksam, welchen großen Denkern er gefolgt war. Havelock Ellis bemerkte, daß schon Platon die Hysterie auf Sexualität zurückgeführt habe. »Sehr spät im Leben« las er Schopenhauer – und war erstaunt, »unversehens« in den »Hafen« dieses Mannes eingelaufen zu sein.

Wenn er in späten Jahren Klassiker der Philosophie erwähnte, stellte er ihnen die Frage: was haben sie beigesteuert zur Analyse? »Der ›Eros‹ des Philosophen Platon«, fand er, »zeigt in seiner Herkunft, Leistung und Beziehung zur Geschlechtsliebe eine vollkommene Deckung mit der Liebeskraft, der Libido der Psychoanalyse.« Die Mystik definierte er als »die dunkle Selbstwahrnehmung des Reichs außerhalb des Ich, des Es«. Der kantische Satz, daß Raum und Zeit notwendige Formen unseres Denkens sind, »könnte heute infolge gewisser psychoanalytischer Erkenntnisse einer Diskussion unterworfen werden«. Doch bekämpfte er, im Zeitalter der militanten Wissenschaft ein glühender Anhänger der »Wissenschaftsreligion«, die Metaphysiker. Lange mied er Nietzsche, »dessen Annahmen und Einsichten«, wie er später herausfand, »sich oft in der erstaunlichsten Weise mit den mühsamen Ergebnissen der Psychoanalyse decken«.

Je intensiver er zu philosophieren begann, um so ängstlicher riegelte er sich gegen die »Philosophie« ab, die ihm, wie den meisten Naturwissenschaftlern der zweiten Hälfte des neunzehnten Jahrhunderts, bare Phantastik war. Als Professor Putnam von Harvard auf dem ersten psychoanalytischen Kongreß eine Arbeit über »Die Wichtigkeit der Philosophie für die weitere Entwicklung der Psychoanalyse« vorgelesen hatte, machte Freud die Bemerkung: Putnams Philosophie erinnere ihn an »ein dekoratives Schaustück; jeder bewundert es, niemand faßt es an.« Und in der *Selbstdarstellung* steht ein Satz, der jede Absicht, ihn als Philosophen darzustellen, zunichte zu machen scheint: »Auch wo ich mich von der Beobachtung entfernte, habe ich die Annäherung an die eigentliche Philosophie sorgfältig vermieden.« Hätte er dies Wort am Ende seines Lebens wiederholen können? War nicht Empedokles, den er zum Zeugen für das ewige Duell zwischen Leben und Tod anrief, ein eigentlicher Philosoph? War Aristophanes' Theorie der Liebe in Platons *Gastmahl*, auf die Freud sich berief, nicht »eigentliche Philosophie«?

Freud schrieb: »Konstitutionelle Unfähigkeit hat mir solche Enthaltung sehr erleichtert.« Enthaltung wovon? Vom System! Freud war illusionslos. Ihn trennte von der »eigentlichen Philosophie« nur ihr übermäßiger Anspruch. Er war ein Nachgeborener, in metaphysikloser Zeit. Seine »konstitutionelle Unfähigkeit« zur »eigentlichen Philosophie« war das Schicksal einer Generation, die alle Kinderglauben überlebt hatte.

Doch setzte er die philosophische Tradition fort: in einem sehr konkreten Aufbau des Menschen, dem er sein Emotionales gab wie sein Rationales. Was Schopenhauer grämlich den »blinden Willen« genannt hatte, Nietzsche in verliebter Verzückung »Leben«, Bergson heiter »élan vital« – nannte Freud in kühler Distanz das »Es«. Er war kein ausschweifender Dithyrambiker. Er war nie so intim mit dem sinnlosen Gewühl wie mit den sehr sinnvollen Zensoren, welche die Dämonen der Unterwelt nicht heraußlassen wollten – oder doch nur stark denaturiert. Er war mehr Erheller der Nacht als ihr Hymniker. Freud öffnete dem Irrationalen Tür und Tor, in einer bis dahin unerhörten Breite – und schenkte ihm die Helle der Ratio.

Er sah die Tragödie, die sich an der Grenze zwischen Unterbewußtem und Bewußtem stündlich abspielt: die notwendige Niederhaltung des Giganten. Er war ein echter Tragödien-Dichter: für den Helden – und auch für seinen Untergang. Freud feierte den Sieg der Kultur über das unterirdische Gesindel – und freute sich nicht sehr daran. Seine Ethik wurde ein Abglanz dieser Zwiespältigkeit: einer der pflichtgetreusten preußischen Wiener war ein heimlicher Verkünder der Lust.

Was stellte Schopenhauer dem »blinden Willen zum Leben«, was stellte Freud der »Libido« als ebenbürtige Macht entgegen? Den Drang zum Tod! Schopenhauer war optimistisch: der Tod war das Liebes-Geleit ins Nichts. Freuds Tragödie kannte kein gutes Ende; er sah im Tod nicht eine »selige Rückkehr«, sondern eine unselige: ins Anorganische. Das Leben des Einzelnen ist ein Schlachtfeld, auf dem die Gegner ihre Kämpfe nie endgültig austragen. Ich und Trieb bilden, unbeschadet ihres Konflikts, die Bundesgenossenschaft »Eros«. Dagegen steht die Macht, die sie beide gefährdet: Destruktion.

Thanatos gegen Eros: das war das Herrschende in Freuds (gar nicht sophokleischer und gar nicht schillerscher) Vorstellung vom Menschen.

Es gab drei scharfumrissene Menschen-Bilder: das theologisch-idealistische, das zoologische und das soziologische: der Mensch als Ebenbild Gottes und der göttlichen Kultur, als Ebenbild des Affen, als Ebenbild der Gesellschaft. Der Mensch ist aber kein Ebenbild. Er ist in Bewegung: zu alten Sehnsüchten, ohne Garantie des Ankommens. Er hat gelernt, alle Zeitlichkeit zu relativieren und so über ihr zu sein; der Ort, in dem er da ist, ist keiner. Er hat gelernt, zwischen seinen beiden größten Erfindungen, dem Engel und der Bestie, ein umrißloses, vieldeutiges Leben zu führen. Lichtenberg sprach von der »fragmentarischen Natur des Menschen«.

Hegel sagte: das Ganze ist die Wahrheit. Da es aber nicht zusammenzubringen ist, war das Ganze immer die Unwahrheit: als Theologie und Ontologie. Nach allen Entzauberungen kann nur noch ataktisch nebeneinander gesetzt werden, was an Fragmenten eines nicht vorstellbaren Ganzen vorgefunden wird. Im vierten Bild des Menschen wird das Vorgefundene nicht mehr zueinandergezwungen, in Überordnung und Unterordnung und Ableitung.

Am auffallendsten wird der Drang zum Leben und Überleben ignoriert: wenn es nicht gerade um die Klasse oder die Nation geht; »Egoismus« ist ein Wort, das aus den philosophischen Essays verschwunden ist. Spinozas Kernsatz »Ein jedes Ding strebt, soweit es an ihm liegt, in seinem Sein zu beharren« wird von Moral-Theologen, Moral-Philosophen und Kultur-Diagnostikern als »Sünde« oder »Selbstentfremdung« mäkelnd interpretiert; obwohl das Selbst sich nicht »entfremdet«, sondern zu sich steht, wenn es sich will ... in der ganzen Weite dieses Ich. Selbstbehauptung und Expansion wird nicht recht beachtet, weil es Usus geworden ist, den konkreten Menschen nicht in Betracht zu ziehen, wie sich im degradierenden Wort »privat« manifestiert. Wer aber dem Einzelnen das Private nimmt, enteinzelt ihn; reduziert ihn soziologisch oder christlich-idealistisch, neuerdings in einer Theorie des nouveau roman. Der Einzelne selbst interpretiert sich heute so und lebt nur mit schlechtem Gewissen das Leben eines Wesens, das etwas mehr oder weniger als hundertsechzig Pfund wiegt und um eins fünfundsechzig lang ist. Nur die christliche Praxis und die Psycho-Therapie behandeln noch Patienten, wo nicht schon wieder die Gruppen-Therapie hier wie dort alles zuschanden macht.

Viele Ideologien arbeiten an der Leugnung des Individuums; es ist vielleicht nicht unteilbar (wie der Name sagt), aber mit Leib und Seele existent vor jeder Zugehörigkeit zu etwas. Die Marxisten können den ewigen Drang zum Überleben nicht gebrauchen, weil jede Konstante die völlige Plastizität des Menschen leugnet und so das Vertrauen zum letzten Gefecht für ein total anderes Menschenwesen schwächt; der Eigen-Sinn des Nicht-aus-der-Welt-Wollens wird als konterrevolutionär verdammt. Verschämtere Marx-Jünger, in schwierigerer Lage, müssen vor dem Factum brutum in den dünnen Äther hochpotenzierter Abstraktionen ausweichen und Begriffe schnitzen, die nichts mehr greifen; es lohnte sich, eine Kollektion jener feinen Wendungen anzulegen, in die sich die alten soliden Worte »Egoismus«, »Selbstbehauptung« ... verflüchtigt haben.

Jene altmodischen Termini haben ihre Fülle im Gestaltwandel, durch den sie gegangen sind: von Aretinos großherziger Offenheit bis zu Stirners aggressiver; von Platons Oligarchie der freien

Sklavenhalter bis zur Oligarchie der amerikanischen (und nicht nur amerikanischen) Räuber-Barone und der freien sowjetischen Bürokraten im Nacken des Proletariats. In der Vielfalt immer dasselbe: das Nicht-aus-der-Welt-Wollen, Verteidigung noch in der Expansion, der Wille zum Aufstieg in sonnigere Sphären. Es gibt eine bunte Serie von Egoismen; sie können so eng sein wie die Eitelkeit eines Philosophie-Professors, der die Eitelkeit als Emanation des Geistes preist – und so umfänglich wie ein philosophischer Hymnus auf die weiße Rasse.

Daß dies Sich-ans-Leben-Klammern das Factum brutum ist, kann dem Einzelnen heute leicht ausgeredet werden, weil er noch nie in diesem Umfange seiner Abhängigkeit gewahr wurde, noch nie ein so winziger Bruchteil der Gesamtheit war. Man fotografiert ihn, zusammen mit Millionen und vor den gigantischen Maschinen – aus der Welt heraus; so überwältigend nichtig sah er einst nicht einmal neben Gott aus. Der Einzelne fühlt sich täglich weniger und vergißt, daß er der einzige Beziehungspunkt für groß und klein ist, das Maß aller Apparate und Ideen und großmächtigen Gefühle. Daß der Hunger und der Schmerz noch des Nächsten nicht dieselbe Sinnes-Einprägsamkeit hat wie der eigene (will nicht sagen: nicht dieselbe Wichtigkeit, vielleicht eine noch größere), ist ein überhistorisches Faktum. Es fundiert den ewigen Willen zu sich, der in jedem konkreten Fall sehr zeitliche Züge hat. Es fundiert auch die Heuchelei, die das leugnet: Ursprung aller Heucheleien. Jeder ist mehr in sich eingemauert, als er zugeben darf – und deshalb: als er weiß.

Dies Factissimum ist durch die Zeiten ver-wertet worden, abgewertet und hintenherum aufgewertet: in der (verdammenden) Aufmachung als Alter Adam, als Bourgeois – oder im Preis auf den Heiligen Egoismus irgendeines Kollektivs. Hier und da wurde die Ur-Tatsache Ich (die auch als Serie von Ichen eine unreduzierbare Gegebenheit ist) zum Verschwinden verurteilt oder ignoriert. Der Erfolg war enorm. Wer wagt noch, Ich zu sagen? Und wer wagt es, Ich zu sagen: nicht aus Macht, sondern aus Ohnmacht? Die Philosophen verbegrifflichten diese Kleinmütigkeit; vor allem mit der Verachtung, noch mehr mit philosophisch hochnäsiger Ignorierung des Leibes. Nur selten einmal ließen ein Dichter, Tecchi, und ein Philosoph, Mauriac, die Wahrheit durch: »Was für Einsamkeiten sind doch alle diese menschlichen Leiber« ...innerste Festungen gegen die Auflösung des Menschen in die Menschheit.

Neben dem Factum brutum (auf dem Neben liegt der Akzent): das Humanum. Das Verbindende ist die Faktizität; in keinem der beiden Worte liegt Tadel oder Lob. Man hat an diesem Humanum zwei Eingriffe vorgenommen; es wurde als Höheres aufgedonnert oder als Illusion verärmlicht. Die Schönheits- und Häßlichkeits-Operationen haben in gleicher Weise entstellt. Die erste ist abgelöst worden von der zweiten; ihre Kunstfehler beherrschen noch die »Aufklärer« unserer Tage. Sie versuchen noch immer, die Herrlichkeiten, einst über Gebühr besungen, als Nebenprodukte zu entlarven. Weil Erdbeeren mit Mist gedüngt werden, definieren sie die Erdbeere als Mist. Aber: daß Mit-Gefühle keine starken vitalen Wurzeln zu haben pflegen, sagt nichts über ihre Herkunft, der man so eifrig nachgegangen ist. Man kann eine kleine Strecke zurückleuchten; wer aber den Ursprung anzugeben wagt, betrügt sich oder andere.

Nachdem das erste Buch Mose, die zoologische Anthropologie und die Lehre vom Einzelnen als Abklatsch der Gesellschaft viel zur Erhellung beigetragen haben, wird das vierte Bild jene übersehenen Züge eintragen, die erst durch die Versenkung in das Ebenbild eines entmythologisierten Gotts zu gewinnen sind: eines Ebenbilds also, dessen Ur-Bild nicht bekannt ist. In theologisch und metaphysisch verfärbten Phänomenen wie Sünde, Scham, Reue, Demut ist Menschliches enthalten, das nur selten aus der Umklammerung moralisch-politischer Sehnsüchte, unmoralisch-verhüllter Interessen gelöst worden ist. Viel Menschliches ist entdeckt worden, seitdem die zu engen Rahmen gesprengt worden sind. Der Preis: Verzicht einer runden Antwort auf dies: Was ist der Mensch?

»Die ganze Wildheit der Erde aus Urzeiten geht immer weiter«, heißt es bei Ernst Fuhrmann. Aber seit Urzeiten geht auch weiter die Beschwichtigung dieser Wildheit in den Versuchen, die im Wort »Kultur« addiert worden sind. Wie wird die Wildheit mit der Beschwichtigung fertig und die Beschwichtigung mit der Wildheit? Welche Nöte haben die Mythen, die Wissenschaften von Gott, die Künste und Begriffe hervorgetrieben? Was leisten sie dem, der zwischen Geburt und Tod bei ihnen Hilfe sucht? Jene Werke kamen zur Welt, um ein Wesen auf zwei Beinen, das recht hilflos ist, zu trösten, um das Trostlose zu verdecken.

»Der Mensch ist...« war immer der Beginn eines Fehl-Urteils. Es muß heißen: der Mensch ist auch... zum Beispiel eine von Glück berstende Lerche; zum Beispiel ein bedrängtes Wesen, das sich in den Frieden flüchten will. Die jüngsten Therapien suchten ihn auf zwei Wegen zu befriedigen. Manche Apotheken verkauften »das letzte Gefecht«, auf daß die große Seelen-Heiterkeit erscheine. Andere boten die »Glückspille« an. Sie hat noch eher Chancen, weil sie wenigstens für lebende Patienten (nicht für den Tag des Jüngsten Gerichts) hergestellt wird; und vielleicht ein paar Stunden friedlich stimmt.

Einst versuchten Religionen und Philosophien und Künste zu pazifizieren. Der Eskapismus, das Davon-Rennen (abgesehen davon, daß es ein Sich-Drücken sein kann) ist ein unabdingbares Menschenrecht. Es ist Menschen-feindlich, Ferien von der Realität zu verdammen. Weil dies Recht auf Trost von den strengsten klassischen Idealisten und ihren marxistischen Epigonen nicht anerkannt wurde, überlebten soviel Unternehmen, die nur vorgeben, zu trösten. Die Kirchen werden nicht blühen, solange die Verwalter der Kultur sie als Pflicht verabreichen – statt als Not-Ausgang empfehlen; dann aber werden sie eine Priesterschaft haben, wie es sie vielleicht noch nie gegeben hat: den Orden der mitleidend-hilfsbereiten Skeptiker!

Trost ist Kompensation für einen Druck, der nicht aufzuheben ist, eine Ab-Lenkung; ob man nun würfelt oder einen klassischen, einen avantgardistischen, einen Illustrierten-Roman liest oder einen Vers schreibt, um eine ungestillte Sehnsucht zu überwinden. Auch ein Essay kann es tun. Kant meinte: wo der Poet ein Gedicht macht, um Herr seines Herzens zu werden, verfaßt der Philosoph ein Traktat. Religions-Stifter wie Circenses-Besucher halfen sich mit Ab-wechslungen, die zum Teil der Kultur zugerechnet werden, zum Teil dem Vergnügen und zum Teil dem Zeit-Vertreib. Wo sind die Grenzen? Die vielfältigen Tranquillizer, aus der Substanz Phantasie hergestellt, von einem kleineren Konflikt oder einem größeren oder einem ganz großen hervorgereizt, rangieren zwischen Meisterwerken und Gesellschafts-Spielen.

Dies Resultat darf nicht so mißverstanden werden: als hätten alle Gebilde zwischen den großen Symphonien und dem Münchner Oktoberfest einen einzigen Ursprung. Nicht nur Verzweiflung, auch seliges Überströmen schafft Bilder; auch Begabungen, Angewohnheiten, kommerzielle Spekulationen, Kapricen, Prestige-Süchte... sind Triebfedern zur Schaffung von Werken der Kultur (oder Unkultur). Nur ist in diesem Moment wichtig, die ewige Trost-Bedürftigkeit ins hellste Licht zu stellen und auf der Einsicht zu bestehen: eine unerträgliche Grausamkeit liegt in der offiziellen Diskriminierung jeder Flucht.

Sie hat ihr sprachliches Monument in der Phrase vom Elfenbeinturm erhalten.

Es gibt manchen prominenten Turm, zum Beispiel den von Babel. Die Söhne Noahs bauten ihn in der Ebene von Mesopotamien. Er ist berühmt dafür, daß er in den Himmel wachsen wollte; die Juden waren offenbar ebenso voll Hybris wie dann die Griechen, mit dem gleichen Erfolg; der Gott ließ sich das nicht gefallen. Der Bau blieb unvollendet und endete mit einer Sprachverwirrung, die noch nicht behoben ist.

Es gibt weiterhin den Schiefen Turm von Pisa, dessen bei mehr humoristischen Anlässen gedacht wird. Sehr populär ist auch der Londoner Tower; seine Erwähnung weckt eher blutige Assoziationen, auch hochliterarische.

Keine Spezies von Türmen hat so viel Aufmerksamkeit erregt wie die elfenbeinernen; heute ist nur noch ein einziger von Ruhm beglänzt – und der ist ein Schlagwort: der Elfenbeinturm, in dem der feige oder fortschrittsfeindliche Zeitgenosse windgeschützt sitzt. Die Namensvettern gehören nur noch zu den ehrwürdigsten Antiquitäten. An der Spitze: der Turm des *Canticum Canticorum*, der einem Verliebten als enthusiastischer Vergleich diente: »Dein Hals ist wie ein Turm aus Elfenbein.« Das altjüdische Hochzeitslied, in dem diese poetische Imagination Wort wurde, war die Perle einer Sammlung von Epithalamien, die vielleicht aus dem siebenten oder sechsten vorchristlichen Jahrhundert stammen; man schrieb sie dem König Salomon zu, wohl um die Aufnahme in den Kanon zu ermöglichen.

Die Rabbiner legten diesen Gesang vor dem Brautgemach fromm aus: als Liebe Gottes zum Erwählten Volk, als Sehnsucht der beiden Reiche, Israel und Juda, miteinander zu verschmelzen. Christliche Kirchenväter setzten die gottesfürchtige Gelehrsamkeit auf ihre Weise fort. Origenes sah im Bräutigam des biblischen Liebes-Duetts: Christus; in der Braut: seine Kirche. Mystische Nonnen des dreizehnten Jahrhunderts füllten das theologische Schema mit den poetischen Strömen ihrer Sehnsucht.

Das biblische Gedicht, in dem (vielleicht) die Metapher Elfenbeinturm zur Welt kam, blieb sogar dann noch ein Gegenstand hintergründiger Tüftelei, als schon weltliche Auslegungen sich geltend machten. Luther übersetzte *Canticum Canticorum: Das Hohe Lied,* »weil es von den höchsten und wichtigsten Dingen handelt; nämlich von der Obrigkeit«.

Der bedeutungsträchtige Elfenbeinturm existierte nicht nur im Bezirk der Sprache, auch im Reich der symbolischen Geräte – bei Juden und Christen. Eine jüdische Überlieferung berichtet, daß die heiligen Gegenstände in eine Höhle beim Sinai gebracht wurden, als man ins Exil zog; und in einem turmartigen Behälter versteckt wurden. War es die Stelle im *Hohen Lied* und ihre rabbinische Ausdeutung, die den Turm zur sakralen Form des sakralen Gefäßes machte? Und vielleicht hing es mit der christlichen Deutung des elfenbeinturmartigen Halses zusammen, daß man im Mittelalter die Hostien in kleinen Elfenbeintürmen bewahrte.

Der Turm, dessen Funktion es war, herannahende Feinde zu sichten und vor ihnen zu schützen, war immer schon mit der Vorstellung von Schutz und Weitsicht verbunden. In diesem Sinn sprach Montaigne von seiner Bibliothek, die in einem Turm lag. Mein »Turm«, mein »Königreich« hatte schon denselben Klang wie dann »my castle«. Und noch Heinrich Mann schrieb: Goethe, »vom feierlichen Turm seiner Erkenntnisse...« Im feierlichen Turm war Lynkeus, nicht ein ängstlicher Bourgeois.

Dieser Leuchtturm war der Nachkomme des »Heiligen Hains«, der Tonne des Diogenes, der Höhle des Eremiten, die auch nicht ein Versteck war – und wurde bezeichnet nach dem Material, das man in allen Ländern ohne Elefanten mit der Vorstellung von Erlesenheit verband. Seit den Tagen Karls des Großen kam der seltene Stoff in

Wer oder was ist der Mensch?

größeren Mengen aus dem Reich Harun Al Raschids nach dem Norden. Trotzdem blieb Elfenbein teuer. Elfenbein, Luxus, Exklusivität sind identisch, bis zu unserem Schlagwort!

Es gibt Schlagworte und Schlag-Worte. Zur ersten Klasse gehört (nach einer Wendung Thomas Manns) das »wohlfeile, abgenutzte und ungefähr über das Leben hinhuschende Wort«. Es ist einmal farbig gewesen und hat, nach häufigem Gebrauch, seine Farbe verloren: »Das Jahrhundert des Kindes«, »Der Untergang des Abendlandes«, »Das Zeitalter der Angst«. Diese Wendungen belehren niemand mehr, halten eher den Prozeß des Denkens auf; sie sind Wärme-Hallen, Unterschlupf vor den Unbilden der Problematik.

Und dann gibt es diese Schlag-Worte; ihre Verehrer haben sie stolz mit Schlag-Waffen verglichen. Jean-Paul Sartre nannte das Wort einen geladenen Revolver; er macht schon keinen Unterschied mehr zwischen Wort und Schlag-Wort, obwohl sein Wort auch viel mehr ist: Einsicht, Aussicht.

Von jener schlagenden Sorte gibt es zwei Abarten: eine primitivere und eine subtilere. Zur gröberen gehört: »Strolch«, »Lump«, »Schuft«. Zur feineren: »Materialismus«, »Atheismus«, »Amerikanismus« ... und jenes beliebte Verdikt, das einem böse zuruft, er säße im »Elfenbeinturm«.

Selbst Fach-Vokabulare, vor allem philosophische, haben ihren Schimpfwörter-Bezirk. Um die Zeit des Ersten Weltkrieges war unter deutsch-idealistischen Epigonen »Psychologismus« eine (kultivierte) Anrempelung, auch »Relativismus«, »Empirismus« und »Pragmatismus«. So sahen damals die Flüche der Philosophen aus. Heute ist der »Nihilismus« sehr beliebt, auch der »Zynismus«, auch »das unreflektierte Denken«, das mit dem »undialektischen« abwechselt.

Das ordinäre Sich-Luft-Machen in kräftigen Artikulationen hat eins für sich: man weiß, woran man ist; sie drücken klipp und klar den Haß, den Zorn, die Verachtung, die Ablehnung, das Besserwissen aus. Gebildete Varianten (wie »Elfenbeinturm«) sind komplizierter, weniger durchschaubar, gefährlicher, weil sie eine Einsicht vortäuschen, wo oft nur ein lange mitgeschlepptes, emotional geladenes Vorurteil vorliegt. Dieser Gefahr unterliegt der, welcher an der Ideologie einer Zeit mitwebt, mehr als der Mann auf der

Straße. Heine hatte recht, auch noch in einem anderen Sinn, als er meinte:

> Gedankenfreiheit genoß das Volk,
> Sie war für die großen Massen,
> Beschränkung traf die g'ringe Zahl
> Derjenigen, die drucken lassen.

Diejenigen, die drucken lassen, sind auf »Prunk-Worte« (wie Nietzsche sie nannte) und auf zuschlagende mehr angewiesen als »die großen Massen«, die im Konkreten verbleiben, wenn man ihnen nicht den Kopf verdreht, vom Faßbaren weg-dreht.

Zu den elegant-aggressiven Rollkommandos der Sprache gehört dieser »Elfenbeinturm«. Es sollte aber jede Generation sich genau ansehen, welches Wort-Arsenal sie geerbt hat; und ausscheiden, was nicht mehr brauchbar ist. Der »Elfenbeinturm« ist nicht mehr brauchbar. Er hat nahe Verwandte wie »l'art pour l'art«, »L'art pur«, nicht-engagierte Kunst; und ist immer noch am meisten in Zirkulation.

Vor wenigen Jahren mußte sich Camus gegen den Vorwurf wehren, ein reaktionärer Idealist zu sein. Da schrieb er in den ›Temps modernes‹ einen Offenen Brief an den Herausgeber Sartre: man werfe ihm, Camus, vor, im »Elfenbeinturm« zu sitzen, »wo Träumer meiner Sorte kontemplieren, ohne jedes Interesse für die unsühnbaren, nicht gutzumachenden Verbrechen der Bourgeoisie«. Damit wurde sehr exakt beschrieben, was die attackierende Wendung »Im-Elfenbeinturm-Sitzen« meint: Du hast für die Nöte deiner Mitmenschen nichts übrig.

Dies Schlagwort schoß, im Laufe der letzten dreizehn Jahrzehnte, immer üppiger ins Kraut: schlug Dichter, die nicht auf die Freiheit Gedichte machten, sondern auf Fräulein Venus (was Marx Heine vorwarf, zu Beginn ihrer Freundschaft); schlug Philosophen, die über Jahrtausend-Fragen nachdachten anstatt über Denken und Dichten im Zeitalter des Monopol-Kapitalismus; schlug Maler, die nicht das Gesicht der herrschenden Klasse oder die Friedenstaube malten, sondern eine Birne und einen Baum. Sie alle und noch viele mehr (zum Beispiel die, welche »Privates« wichtig nehmen) wurden in den »Elfenbeinturm« gesperrt; es hat den Anschein, als sei er das einzige Gefängnis, das schlechthin entehrend ist. Wie kam es in die Welt?

Im Jahrhundert der Industrialisierung, der englischen, amerikanischen und russischen, wurde die Vita meditativa zur Faulheit degradiert und die Aktivität ausgezeichnet. Sogar die Intellektuellen, Nachfolger der Mönche, meditierten nur noch mit schlechtem Gewissen. Man könnte die Geschichte der säkularisierten Kleriker schreiben: in ihrer Entwicklung vom brotlosen zum einträglichen Geist, auch vom Abenteurer zum Angestellten; vor allem aber: vom Lynkeus zum Politiker. In der Romantik gab es einen letzten Aufstand gegen die Tüchtigkeit des Bürgers, der den, dem Gott will rechte Gunst erweisen, einen »Taugenichts« nannte. Der junge Friedrich Schlegel sang der »Faulheit«, der produktiven Muße, den Schwanengesang. Dann erschien auf der Sprachbühne unser »Elfenbeinturm«: ein Fanal der Rührigkeit gegen den Turm Montaignes, dem man die Bestimmung »köstliche Abgeschiedenheit« ließ – um sie aktivistisch zu verleumden.

Dieser heute populärste Turm, eins der großen Zeugnisse einer immer noch anhaltenden Sprachverwirrung, ist nicht vor dem Jahre 1837 nachzuweisen. Da wurde die alte Turris eburnea als Tour d'ivoire wiedergeboren... und war kaum wiederzuerkennen. Sainte-Beuve gab ihm das moderne Gepräge in den *Pensées d'août* – einem langen Poem, das unter anderem auch einen Abriß der jüngsten französischen Literatur enthielt. Hier kommt es zu einer sehr plastischen Konfrontierung: auf der einen Seite Victor Hugo, der harte Partisane, der schwer gerüstete Poet, der das Banner hochhält und voranträgt – auf der anderen Alfred de Vigny, der, zurückhaltender (plus secret), sich »vor dem Mittag«, vor der Scheitelhöhe des Lebens, wie in seinen Elfenbeinturm zurückzog (comme en sa tour d'ivoire rentrait)... Dieses Asyl, in das von nun an die Helden unter den Schriftstellern ihre stilleren Kollegen einsperrten, ist einundeinviertel Jahrhundert alt.

Man darf Sainte-Beuve nicht ohne Einschränkung den Schöpfer des modernsten, gehaßtesten Elfenbeinturms nennen. Hat er die neutönende »Tour d'ivoire« erfunden? Man kann Gott und die Welt fragen, es ist nicht zu ermitteln. Ein französischer Professor schrieb mir in einem Brief, er habe eine Theorie. Der Beginn des Beginns sei der berühmte Porzellan-Turm der chinesischen Kaiser in Nanking. Im sechzehnten Jahrhundert glaubte man, diese Türme seien aus Glas gewesen; das französische Wort war »voirre«. In Louys le Roys' *Exhortations aux François* (1570) heißt es: die Könige von Frankreich sind nicht »enclos en une tour de fin voirre comme le grand Cham de Cathay« (gemeint ist der chinesische Kaiser).

Hier ist schon die Assoziation da, die wir mit dem »Elfenbeinturm« verbinden: Frankreich ist Sainte-Beuves Victor Hugo, le grand Cham de Cathay – de Vigny. Der abenteuernde Etymologe spekulierte nun: ein Ahnungsloser, der nicht mehr mittelalterliches Französisch lesen konnte, machte aus der »tour de fin voirre« die »tour d'ivoire« – in Erinnerung an die biblische turris eburnea. Eine phantastische, nicht unwahrscheinliche Ableitung, die noch zu zeigen hat: wer war jener Glückliche, der falsch las und so unsere hochberühmte tour d'ivoire in die Welt brachte? (Ähnlich soll aus »junge Frau« die »Jungfrau« des Neuen Testaments entstanden sein.)

Sollte Sainte-Beuve auf diese Weise geerbt haben, so erhielt die Metapher bei ihm eher eine Abschwächung. Erstens schloß er nur Alfred de Vigny in diesen Turm ein und erlebte noch nicht die Loslösung des Gleichnisses von dem Dichter, für den es erfunden worden war. Vor allem aber gebrauchte er den Elfenbeinturm nicht als polemische Vokabel; er charakterisierte neben der militanten Haltung die meditative... und kritisierte sie nicht. Er umfaßte das Paar Hugo – de Vigny, in ihrer Gegensätzlichkeit, mit gleicher Sympathie. Und noch in Henry James' nachgelassenem Roman-Fragment *The Ivory Tower*, das 1917 herauskam, ist der Titel die unpolemische Bezeichnung für eine Gruppe introvertierter Charaktere.

Fünfzig Jahre nach Sainte-Beuve konnte der Elfenbeinturm sogar noch als ein Symbol der Sehnsucht fungieren. Oscar Wilde schrieb 1895: »Ich sehnte mich nach dem Elfenbeinturm, war begierig, mich in selbstischer Seligkeit einzuschließen.« Ja, das lebensträchtige Wort-Bild wurde als geistiger Aussichtsturm gefeiert. So heißt es 1900 bei Ruben Dario, dem Poeten von Nicaragua, im Buch *Portico*: »Der Poet, der sich in den Elfenbeinturm zurückgezogen hat, nach seinem Wunsch, ähnelt dem Lynkeus in einem Leuchtturm.« Und Lynkeus hatte gejubelt: »Zum Sehen geboren, zum Schauen bestellt.« Der Elfenbeinturm hatte also noch eine Weile nach seiner jüngsten Geburt die Chance, eine Art Feldherrnhügel zu werden. Dann wurde er, im Bewußtsein der Zeit, nicht die erhöhte Position, welche Fernsicht, sondern die Upperclass-Position, welche Privilegien schenkt: ein Luxus-Sanatorium für Verse-Macher und andere »geistige Lakaien«.

Weshalb setzte sich die eine Möglichkeit der Sinngebung durch – und nicht die andere? Weil Parteilichkeit wichtiger wurde als die Freiheit von Scheuklappen; weil man die Elite mit der Klassen-Gesellschaft ausschüttete, wobei die Ungleichheit blieb und das Meisterliche ging. Der Elfenbeinturm wurde das Schibboleth aller, die Tyrtäus auf den Schild hoben. Er stand am Anfang der Littérature engagée; schrieb Kriegsgedichte, Marschlieder und Poesien ethisch-politischen Inhalts. Amüsant ist, daß eine der Überlieferungen ihn als dummen Schulmeister schildert.

Das zwanzigste Jahrhundert sieht in den Tyrtäussen eher die ansteckende Begeisterung des Fahnenträgers. Der Elfenbeinturm wurde der Gegensatz zum Wagemut: »Brüder, laßt uns unsere Elfenbeintürme vergessen. Laßt uns in unseren Gesängen kühn sein«, schrieb der französische Schriftsteller Jules de Gaultier. Die Verdammung setzte sich durch. Und heute würde niemand wagen, triumphierend mitzuteilen, daß er sich in den Elfenbeinturm zurückgezogen hat. Man zieht sich dorthin nicht zurück – man wird dorthin verbannt. Und alle zeigen, wie sehr sie diese Verbannung fürchten. Robbe-Grillet war bisher unter wenigen der letzte, der diese Furcht verspottet hat. Eine bunte Schar wurde in den letzten hundert Jahren hier eingesperrt: Leute, die hingehören – und nicht hingehören; an denen der unverschämteste Ostrazismus der literarischen Welt einen Charaktermord sondergleichen vorgenommen hat.

Jede geistige Haltung hat ihren lebenden Kern und ihre verwesende Peripherie. Nichts ist ordinärer, als die Peripheren beim Namen zu nennen und im geheimen auf den Kern zu zielen. Da sitzen (zum Beispiel) die sehr sichtbaren Positivisten, deren matter Glaube La Science pour la Science ist. Sie sind viel verhöhnt worden; es ist nicht anstrengend, noch einmal einen Stein auf sie zu werfen. Aber sie repräsentieren nicht, wie man sagt, die Ideologie der bourgeoisen Wissenschaft: nur eine elende Praxis, die das Reich gleichgültigen Wissens vergrößert, weil Doktoranden eine Dissertation und Professoren Bücher aufweisen müssen. Die positivistische Aufschwemmung des Wissens stammt nicht aus einer politisch verruchten, sondern aus einer schwitzenden Betätigung; weil es Laboratorien gibt, muß mit Reagenzgläsern hantiert werden.

Indem man diesen faden »Positivismus« billig attackiert, wird verschleiert, daß in ihm eine sehr ernste Haltung eine sehr ärmliche Karikatur erhalten hat. Die »Wissenschaftsreligion«, die sich seit Comte Positivismus nannte, hatte den prägnantesten Ausdruck bereits in einem Satz des Spinoza gefunden: »Ich habe mich redlich bemüht, die Handlungen der Menschen nicht zu verlachen, nicht zu beklagen, nicht zu verabscheuen; ich habe versucht, sie zu begreifen.« Die Furcht vor Ansteckung mit Bazillen aus dem religiös-metaphysisch-moralisch-politischen Bereich gehört zum Pathos der Distanz, das stets den echten Forscher ausgezeichnet hat; es lebt heute nur noch im geheimen. In publico fühlt auch er sich gehalten, über die Atombombe, das Christentum und die Demokratie ein maßgebliches Interview zu geben, das meist nicht aufklärend, sondern (im besten Fall) abgedroschen ist. Die Einschüchterung, welche die Drohung, in den Elfenbeinturm gesperrt zu werden, hervorgebracht hat, ist so inquisitorisch geworden, daß die bedeutendsten Denker sich verpflichtet fühlen, die schlechtesten Marschierer zu werden: auf dem Weg zu Gott, zur Metaphysik und zur Politik... in Hunderten von Statements und Unterschriften.

Neben »La Science pour la Science« sitzt, im Gefängnis Elfenbeinturm, die mehr beachtete »L'art pour l'art«. Sehr grell werden die »manikürten Pfoten« beleuchtet, die sich, gemäß der Klassenkampf-Reimerei, die Hände verbrennen an den »Roten«. Von Caligula bis zur Chrysantheme im Knopfloch haben Zerrbilder dargestellt, was immer nur eine pathologische Abart gewesen ist. Soziologen behaupten: es habe vor der Bourgeoisie nicht den Ästheten gegeben; er sei eine Gift-Blüte ihrer Dekadenz. Tatsächlich hat er im Feudalismus nur deshalb nicht existiert, weil vor dem neunzehnten Jahrhundert die Leistung des Poeten und Gelehrten noch nicht an der Brauchbarkeit für die politische Schlagzeile der Zeitung gemessen wurde. Wie man die verkümmerten Bücherwürmer verhöhnt – und die echten Forscher trifft, weil der Unterschied zwischen produktivem und sterilem Fernsein von der Praxis ignoriert wird: so ahnt man auch nicht, was L'art pour l'art einmal war, bevor es ein Schimpfwort im Mund der schreibenden, malenden und komponierenden Söldner wurde.

L'art pour l'art kam ebensowenig als Schlag-Waffe ins Vokabular wie Sainte-Beuves Elfenbeinturm. Der Autor des Romans *Adolphe*, Benjamin Constant, trug im Jahre 1804, auf einer Reise in Weimar, folgendes in sein *Journal intime* ein: »Besuch von Schiller. Er weiß viel über seine Kunst, ist aber fast ausschließlich Poet. Es stimmt, daß die deutsche Poesie, so sehr dem Zugriff entzogen, eine ganz andere Tiefe hat als unsere... Gespräch mit Robinson, einem Schelling-Schüler. Seine Arbeit über Kants Ästhetik ist sehr ausgesprochen. L'art pour l'art, ohne Ziel; denn jedes Ziel nimmt der Kunst ihr Wesen. Die Kunst erreicht etwas, was sie nicht beabsichtigt.« Da war es, zum erstenmal, das L'art pour l'art. In diesem Milieu kam es zur Welt. An der Wiege jener Prägung standen Kant und Schiller.

Ein Kant und ein Schiller, die wenig zum viel plakatierten kategorisch-preußischen Imperativ und kategorisch-schwäbischen Vaterlandismus passen. Die Ahnen der nicht-engagierten Kunst waren die hochverehrten Sänger der Freiheit. Kants zentrale ästhetische Kategorie hieß: »interesseloses Wohlgefallen«, Schillers zentrale ästhetische Kategorie: »Vergnügen«. Im Essay *Über den Grund unseres Vergnügens an tragischen Gegenständen* schrieb er, gegen die Verfasser von Lehrstücken: »Wie sehr auch einige neuere Ästhetiker sich's zum Geschäft machen, die Künste der Phantasie und Empfindungen gegen den allgemeinen Glauben, daß sie auf Vergnügen abzwecken, wie gegen einen herabsetzenden Glauben zu verteidigen, so wird dieser Glaube dennoch, nach wie vor, auf seinem festen Grunde bestehen, und die schönen Künste werden ihren althergebrachten unabstreitbaren und wohltätigen Beruf nicht gern mit einem neuen vertauschen, zu welchem man sie großmütig erhöhen will.« Wozu wollte man sie großmütig erhöhen? Zur Lehre! Zur offiziell revolutionären Wahrheit! Heute würde man sagen: zur Demokratie, mit und ohne die Vor-Silbe »Volk«.

Gegen wen war Schillers Plädoyer für das »Vergnügen« am Kunstwerk gerichtet? Man könnte eine lange Liste unserer Zeitgenossen hersetzen; um sie zu schonen, nennen wir einen ihrer Vorfahren, den Professor, der ein durch Kränklichkeit verhinderter Kanzelredner war und der »Hofmeister Deutschlands« genannt wurde: den Professor Christian Fürchtegott Gellert. Eine seiner Fabeln *Die Biene und die Henne* enthält seine unsterbliche Ästhetik. Die Henne wirft der Biene vor, daß sie eine Müßiggängerin ist, auf nichts aus, als Blüten zu exploitieren. Die Biene kontert: sie sauge die Blüten nur aus, um für den Menschen Honig zu sammeln. Und nun geht's von der Biene zur Poesie: »Die Dichtkunst ist die stille Biene« – also sehr nützlich.

> Du fragst, was nützt die Poesie?
> Sie lehrt und unterrichtet nie.
> Allein, wie kannst Du doch so fragen?
> Du siehst an Dir, wozu sie nützt:
> Dem, der nicht viel Verstand besitzt,
> Die Wahrheit durch ein Bild zu sagen.

Die Dichtung ist also die Lösung des Problems: Wie sag ich's meinem Geistig-Minderbemittelten, dem ich die Subtilitäten der Dialektik nicht unverdünnt einflößen kann? Seit den Jesuiten und Gellert stand »L'art« im Dienste der Pädagogik. L'art pour l'art wurde zur Ästhetik der Dunkelmänner degradiert.

Ist aber, als die Wendung geboren wurde, eine Befreiung gewesen! Benjamin Constant definierte L'art pour l'art: »ohne Ziel« – nicht: ohne Funktion; denn er schrieb sofort: »Die Kunst erreicht etwas.« Die Funktion wurde benannt: »Wohlgefallen«, »Vergnügen«. Schiller sagte schon recht deutlich, was für ein Wohlgefallen, was für ein Vergnügen: Aufatmen im Spiel. Dann erhellte Théophile Gautier dies »Vergnügen« in der Vorrede zu *Mademoiselle Maupin*, Nietzsche in hundert strahlenden Sätzen, schließlich Freud. Sein L'art könnte man übersetzen: Kunst ist das Glück, verborgene, weil verbotene Freuden durchzulassen und ungefährdet zu genießen. L'art pour l'art ist das Glück: Träume, Ideale, Sehnsüchte scheinrealisieren zu dürfen; was viel menschlicher ist, als dies zu verwehren –

unter dem Befehl, daß man sie erst zur Zeit des Messias, des Jüngsten Gerichts und der klassenlosen Gesellschaft verwirklichen und genießen darf. Der Elfenbeinturm wurde eine der finstersten Bastillen.

Worte haben vier Funktionen: Kommunikation, Erhellung, Expression und Mobilisierung. Die ersten drei verkümmerten auf Kosten der einen, die ein sehr üppiges Leben führt – wenigstens in der Angeberei. Die Drohung »Elfenbeinturm«, das Ghetto, in das die L'art-pour-l'art-Bekenner verbannt wurden, genügt, niemand vergessen zu lassen, daß er sich am Jüngsten Tag auszuweisen hat, wie stramm er marschierte – wenn auch meist nur auf der Stelle, nirgendwohin. Das In tyrannos wird großmäulig propagiert: von den Tyrtäussen der schreibenden Etappe, den Drückebergern vor der alltäglichen Partei-Arbeit.

L'art pour l'art ist, sprachlich betrachtet, ein groteskes Gebilde. L'art kann es nur geben... pour l'homme. Es war einmal eine Kampfvokabel und muß in ihrer Militanz wieder zu Ehren gebracht werden: als Freiheit im »Vergnügen« (Schiller), als temporäre »Versöhnung« (Gautier), als imaginäre »Wunschbefriedigung« (Freud). Im Altertum gab es die Literatur-Gattung Consolatio. Heute ist »Trost« zu einer konterrevolutionären Vokabel geworden: in dem Schimpfwort Opium... und eine berühmte, großartig-halbwahre Sentenz klingt an. Man denke aber, nach Erledigung der unvermeidlichen Reminiszenz, darüber nach: was ist schlecht am Opium? Es lindert Schmerzen. Trost leistet dasselbe, insofern ist die Gleichsetzung berechtigt. Um aber den Trost zu diffamieren, setzt man ihn gleich mit Betrug. Dies Zeitalter hat nicht die politische Kunst erfunden; sie gibt es in Deutschland mindestens seit Walther von der Vogelweide. Erfunden hat man das Verbot: sich zu trösten und trösten zu lassen.

Verboten hat man auch die Lust, mit Worten zu tirilieren, just aus Lust. Wie es, im siebzehnten Jahrhundert, Johann Beer tat: »Was ich schreib', schreib' ich zur Lust. Denn es juckt mich immerzu eine lustige Caprizzen zwischen den Ohren.« Ein Vierteljahrtausend später schrieb Alfred Döblin zu seinem siebzigsten Geburtstag an seine Freunde: »Was wollen meine Bücher? Ich erinnere mich noch. Ich, der ich mich noch als ›Ich‹ fühle, wollte nichts von ihnen. Es wurde nichts mit ihnen bezweckt, gewollt, beabsichtigt.« Sein Schreibtisch war ein Hafen. Von dort gingen seine Zauberschiffe los, Richtung ins Blaue... Er war einer der mitreißendsten Elfenbeintürmler. Und wieviel Leser rannten aus der Klasse, in der sie unterworfen werden sollten – und folgten Candides Signor Pococurante: »Ich les' für mich selbst; mir gefällt, was mir paßt.« Die Ästhetik gegen den Elfenbeinturm ist die Ästhetik der permanenten Fron.

Es ist nicht möglich, die ganze Einwohnerschaft des Turms zu registrieren. Doch muß eine Gruppe erwähnt werden, die niemand hier vermutet. Sie besteht aus Soldaten: mit Feder, Pinsel – und nach Noten. Sie schufen das »Schatzkästlein« der »geistigen« Offiziere. Die eingetragenen Aktivisten unterschreiben chronisch: Proteste und Aufrufe und Vorschläge... oder was gerade der Tag bringt. Sie verfassen National-Hymnen, singen Utopien, halten sich für Kämpfer, dispensieren sich deshalb bisweilen oder total von Wahrheit und Schönheit... und leben dennoch, ganz mühelos, im »Elfenbeinturm«, dicht neben Oscar Wilde, in »selbstischer Seligkeit«. Sie marschieren – auf dem Papier.

Sie reden sich ein, daß sie Tyrtäus sind, der altgriechische Vor-Sänger vor Bataillonen, oder Karl Marx; aber sie haben keine flammende Sprache. Sie sind ganz durchschnittliche Angestellte: ihr Stil verrät's, ihre Militär-Musik verrät's. Da sitzen sie im Elfenbeinturm und schreiben lärmend gegen ihn: vor sich das Marx-Engels-Zitaten-Buch oder die Declaration of Independence... und schneiden Coupons ab von Werten, die echte Aktivisten geschaffen haben. Diese rasanten Elfenbeintürmler werden heute am besten plaziert als Hofdichter der militanten Astronauten.

Aber das ist erst die halbe Geschichte. Dort, im Elfenbeinturm, gibt es echte Denker, die mit schlechtem Gewissen nachdenken; echte Künstler, die mit schlechtem Gewissen eine Schönheit schaffen inmitten der realen Häßlichkeiten. Sie können nicht vergessen, daß sie im Meditieren und Gestalten sich von einer Wirklichkeit distanzieren, in die sie eingreifen müßten. So modeln sie, selbstbetrügerisch, die Distanz zum Eingriff um. Sie kämpfen (so beruhigen sie ihr Gewissen) zwar nicht für eine Lohn-Erhöhung, aber doch für die klassenlose Gesellschaft, das Paradies, den heilen Menschen, das unbeschädigte Leben. Sie bringen zwar nicht den konkreten Fall konkret zur Sprache, um aufzureizen gegen ein mit Händen greifbares Unrecht. Sie üben Kulturkritik an Tendenzen, am liebsten an sprachlichen Wendungen – und trösten sich, daß sie damit ihr Scherflein beigetragen haben zur Vernichtung der schlechten Wirklichkeit. Das Dogma der geschütztesten Aktivisten lautet: Durchdenken vernichtet, Aus-sprechen vernichtet, Sprach-Kritik vernichtet den herzlosen Boß. Das ist immer noch jener Hegel, der lehrte, daß die Idee eine schlechte Wirklichkeit vernichten, daß das Nichts (alias: das Negative) eine gute gebären kann. Das schützt den Politiker im Elfenbeinturm vor dem rauhen Klima der politischen Welt – und gibt ihm dennoch das beruhigende Gefühl, sie zum Bessern zu wenden. Und die, welche diese philosophischen und künstlerischen Turm-Aktivisten lesen, glauben ihrerseits, mit solcher Lektüre etwas für ein schöneres Morgen zu tun.

Das schlechte Gewissen der Intellektuellen, nicht im harten Material des Tages zu arbeiten, mag besänftigt werden durch ihren stellvertretenden Aufruf zum Guten, durch ihre schriftstellerischen Entlarvungen, die nur sehr selten konkret sind. Aber ist dies dialektische Herumfingern, das (im Gegensatz zu Hegel) nicht im Traum an die Identität des Gedanken-Prozesses und einer Real-Dialektik zu einem glücklichen Ende glaubt... ist diese Aktivität aktivistisch? Und ist die philosophisch vermummte Revolution, viele Lichtjahre entfernt vom Tag, zu erspähen nur für Schriftgelehrte und bei ihnen keinen Impuls auslösend, ein Sich-Delektieren an einer hochgradig verfremdeten Sprache – ist sie revolutionierend? Oder wird hier beides verfehlt: zugleich die Freiheit zur Wahrheit und die reale Befreiung, weil beides zusammengezwängt wird und einander paralysiert?

Das beliebteste Amalgam aus Elfenbeinturm und letztem Gefecht ist heute die Leidenschaft für die unbefleckte Sprache: als Vor-Stufe zur unbefleckten Gesellschaft. Es werden im literarischen Bereich eher Sätze verurteilt als Schuldige; ja, ein Schuldiger kann als Alibi für alle Sünden auf seine von Sprach-Sünden freien Sätze hinweisen. Avant enfants... mit der Sprach-Kritik gegen eine heillose Welt. Es ist gut, gut zu schreiben. Aber das allein macht noch keinen Guten. Die Fähigkeit, zu schreiben, ist heute weit größer als die Kraft, zu denken und zu erzählen. Die Formulierungs-Talente müssen scharf inspiziert werden. Da ist nicht nur zu bemerken, daß brillante Sentenzen noch nicht wesentliche Einsichten zu sein brauchen; Brillanz verdeckt nicht selten die Abwesenheit einer Erkenntnis, poliert das Konventionelle auf Original. Und es gibt heute, neben den »Brillanten«, die sprachliche Attraktion des Unscheinbaren; sie besteht, rein negativ, in der Abwesenheit von Geplapper. Diese negative Tugend (formuliert in Weyrauchs Kahlschlag-Theorie) muß einer Reihe von schreibenden Zeitgenossen zugebilligt werden. Aber sie ist, wenn auch nicht zu verachten, eine powere Leistung.

Die ehrenwerte Flucht vor dem abgelebten Deutsch zeugt (wenn ein Mangel an Sprachvermögen dazukommt) ein artifizielles Kauderwelsch. Das Alte wird gemieden; eine neue Sprache muß man machen, weil sie sich nicht bietet. Daher die Liebe zum Wort »Machen« in der Poesie; man macht aus der Not eine neue Poetik. Die Mache, wo nicht betrügerisch, ist eine ehrenwerte Scheu vor dem nichts mehr ausdrückenden Ausdruck. Aber Scham allein schafft noch keine Heldenkinder, höchstens eine eingebildete Schwangerschaft. Es gibt eine impotente Reinheit; von ihr stammen diese Sprachen, die unverständlich oder (aus derselben Wurzel) frisierter Kindermund sind. Nicht nur das Genie, auch die Ohnmacht erzeugt eine Isolation; und sie ist gar nicht splendid. Nach alter Weise bewundern auch heute Preziöse wie Analphabeten im Unverständlichen oder im Fibel-Deutsch das Höhere. Vielleicht aber kann es nur in Deutschland passieren, daß Berichterstatter in Verzückung ausbrechen, weil sie den Mann auf dem Podium da oben nicht verstanden haben.

Wir haben es hier mit der sehenswürdigsten, unabgeleuchtetsten Nische im Elfenbeinturm zu tun. Welche Bedeutung hat die gegenwärtige Infatuation der deutschen Literaten mit der deutschen Sprache? Die Erinnerung an Flaubert führt in die Irre. Bei ihm hatte der Satz die Funktion, die er später wieder bei Benn bekam: eine isola bella im häßlichen Nihil zu sein. Die geforderte sprachliche Makellosigkeit aber, die keine Schönheit ist, nennt man besser eine Nicht-Unschönheit, vermählt mit einem Aktivismus, der nichts ist als: keine Passivität. So kompliziert ist die Wirklichkeit hinter dem Wort »Elfenbeinturm«.

Die fruchtbarere Verbindung der beiden Vitae, die nicht von einem Entweder-Oder verkrüppelt wird, wäre ein Meditieren, Schauen und Hören, nicht gefesselt an ein politisches Soll; und ein Vorwärts, unabhängig von unbrauchbaren oder störenden Wahrheiten. Das große Vorbild ist Heine, der ein Leben lang zwischen Elfenbeinturm und Front umgetrieben wurde. Er vergewaltigte nicht seine Einsicht, gestattete ihr aber auch nicht seine Absicht zu lähmen. Unsere Zeit ist gegen dies souveräne Nebeneinander des Unvereinbaren.

Die studierenswerteste Illustration ist der Halb-Marxist Ernst Bloch. Er stand so weit unter dem Druck der Wahrheit, daß er schon vor grauen Zeiten die halbe Lehre abschwor: den Aberglauben, daß Kunst und Philosophie nichts ist als »die propagandistische Magd« der herrschenden Interessen. Seit je sichtete er einen »Überschuß« über »die zeitgenössische Ideologie«: Aber er legte diesen (recht unhistorischen) »Überschuß« an die Kette der Utopie: das Ewige im Zeitlichen ist die Vorwegnahme der Endlösung Aurora. Es gibt das Ewige im Menschen; aber zugelassen zur Ewigkeit ist nur das Hoffen. Den Seinen ist das schon zuviel Elfenbeinturm.

Die beiden großen Industrie-Mächte des zwanzigsten Jahrhunderts, das Zwillings-Paar Amerika und Rußland, verkündeten das Ändern der Welt. »Ich glaube«, schrieb Tocqueville, »daß man in keinem andern Land der Philosophie weniger Beachtung schenkt als in den Vereinigten Staaten.« Und als man sie dann beachtete, war es vor allem die Folge, die aus dem deutsch-philosophischen Idealismus im amerikanischen »Transzendentalismus« praktisch gezogen wurde: für Kirche, Schule und andere Institutionen. »Die europäische Philosophie«, schreibt man heute in Amerika, »ist zum guten Teil Schreibtisch- – ja, Kloster-Philosophie« (Kloster ist nur ein anderer Ausdruck für Elfenbeinturm): »die amerikanische ist ganz offensichtlich im Freien entstanden«; zum Beispiel beim Roden der Wälder und in Wild-West-Aktivitäten. Mit gutem Grund wurde Hemingway, der große Anti-Meditative, der repräsentative Dichter der Staaten, mit Flinte, Jagdhunden und Büffeln fotografiert. Und was in Amerika Kloster-Philosophie heißt, wird in der Sowjet-Union Formalismus genannt; ein anderes Synonym für Elfenbeinturm. Auch Europa brach aus dem Kloster aus. Schopenhauer und Marx, Nietzsche und Freud entdeckten die wahre Trieb-Feder (wie die deutsche Sprache klar sagt) – hinter der Ideen-Feder (wenn man diese Wort-Parallele erfinden darf).

Mit der historischen, psychologischen, soziologischen Reduktion ist das Meditieren zur »Ideologie« geworden: zur beabsichtigten oder nicht-beabsichtigten, oberflächlichen oder gründlichen Verhüllung von Tendenzen und Aktivitäten. Die Einsicht ist eine kaschierte Absicht; der Elfenbeinturm eine Weberei, die den Hunger, den Paarungstrieb, den Willen zum Überleben und zur Macht farbenreich kleidet. Die Weber im Elfenbeinturm wurden die Diener des handelnden Menschen. Wer der schlechten Sache diente, wurde als Elfenbeintürmler denunziert. Wer die gute Sache förderte, als Engagierter anerkannt. Wer denkt daran, daß es auch schlechtes Engagement gibt?

In den Notizen zum *Mann ohne Eigenschaften* heißt es: »Der wahre Mensch ist nur der Handelnde – das übrige in uns ist nie als ›wahr‹ zu erkennen, man nimmt es niemals scharf genug wahr.« Zwar sagte Musil nicht: nur im Handeln ist die Wahrheit; lediglich: nur im Handeln wird sie zuverlässig sichtbar; zeigt aber doch das ungeheure Mißtrauen gegen die geistigen Hervorbringungen. Deshalb versuchten Poeten und Philosophen wenigstens stellvertretend zu handeln: in einer politisierenden Philosophie und politischen Kunst. Das *Real-Lexikon der deutschen Literaturgeschichte* definiert sie als »Zeugnisse, welche irgendeinen Wandel der öffentlichen Verhältnisse vorbereitend heraufführen helfen bzw. ihn zustimmend oder ablehnend begleiten«. Zum Gegen-Bild wurde der Elfenbeinturm, in dem die sitzen, die einen solchen Wandel nicht heraufführen helfen – als stünde auf ihrem Banner der berühmte Vers Emanuel Geibels:

> Der Dichter steht auf einer höhern Warte
> Als auf den Zinnen der Partei.

Diese »höhere Warte« ist als »Ewigkeit« verherrlicht worden – die dann oft genug nur ein Jahrzehnt alt wurde; und auch ein paar Jahrhunderte sind erst eine langlebige Vergänglichkeit. Die Ewigkeit wurde als Kurzsichtigkeit des Sehers entlarvt, wenn nicht gar als ein schönes Adorieren sehr unschöner Interessen.

Dieser berechtigte Einbruch der Zeitlichen in den Himmel der Ewigen pervertierte, östlich und westlich, in den Einbruch der Moral- und Politik-Rollkommandos in die Welt des ungeplanten Geistes. Constant hatte sich dagegen gewehrt mit der Kampf-Parole: L'art pour l'art. Flaubert mußte sich dagegen wehren im Bovary-Prozeß. Im Zusammenhang mit ihm schrieb Baudelaire: »Es ist schmerzlich, festzustellen, daß wir in zwei entgegengesetzten Schulen die gleichen Irrtümer finden: in der bürgerlichen und sozialistischen Schule. Moral! Moral! schreien sie alle beide im Missionsfieber.« Baudelaire saß in einem Elfenbeinturm, den die bourgeois-sozialistische Zernierungs-Armee umzingelt hatte. Das »Missionsfieber« der Wildenbruch und Johannes R. Becher wurde ebenso versklavend wie Geibels »höhere Warte«.

Die wechselseitigen Anklagen sind seit hundert Jahren dieselben, lauter alte Bekannte aus dem intellektuellen Schimpf-Wörterbuch: wer in der »Ewigkeit« lebt, nennt den andern einen Werbe-Kleckser, der wiederum Drückeberger zurückruft. Oft sind die Anrempelungen piekfein... und meinen dasselbe.

Tatsächlich sind nicht selten die Elfenbeintürmler feine Spießer und die Propagandisten Mikrozephalen. Aber immer verdeckt der Konflikt zwischen den Abarten die echte Antinomie. Die Distanz zur Wirklichkeit, Voraussetzung der geistigen Haltung, und das Umwandeln der Wirklichkeit sind in natürlichem Zwist. Wer schaut, kämpft nicht. Wer manövriert, meditiert nicht. Eins der großen Hebbel-Worte lautet: hätte Napoleon zu den Sternen aufgesehen, so wäre ihm das Eroberer-Schwert aus der Hand gefallen. Es ist kein Zufall, daß der stärkste lebende Aktivismus, der Marxismus, im Aufsehen-zu-den-Sternen, in der gesamten Sphäre der ungeplanten Künste und Reflexionen, Feindliches sieht, Reaktion.

Das war noch nicht so bei den Griechen, die in der Kalokagathia Schön, Gut und Wahr gleichgeschaltet hatten. Das war noch nicht in der Societas Jesu, als die Metaphysik aktivistisch und die Militanz metaphysisch war. Loyola war ebenso authentisch als Mystiker wie als Administrator. Vielleicht ist es das wesentlichste Signum der nach-christlichen und nach-metaphysischen Zeit, daß Einsicht und

Absicht nicht mehr miteinander harmonieren und die Harmonie durch Unterdrückung der altera pars erzwungen werden soll.

In der Antwort Camus' auf Sartres Kritik an dem Buch *L'Homme Revolté* taucht ein aufreizender Satz auf, der zu jenen großartig verwirrenden Äußerungen gehört, die ein falsches Denken durch eine verblüffende Wendung glücklich in Unordnung bringen: »Wenn ich fände, daß die Wahrheit auf der Rechten ist, wäre ich rechts.«

Mit der Vorstellung von den guten und schlechten Wahrheiten wird hier aufgeräumt. Das Erkennen wird befreit von jeder moralisch-politischen Implikation. Sein Satz macht denen Mut, die sich im Forschen nicht vom Schimpfwort »reaktionär« einschüchtern lassen. Die Einsicht wird, der Möglichkeit nach, geschieden von der Absicht. Um dieser sehr notwendigen Scheidung willen muß beobachtet werden, wie eng sie bisher in den Bildern vom Menschen als gute Wahrheit zusammenlebten: sowohl im Mythos von der Gotteskindschaft als auch im Mythos von der zielstrebigen ideellen, biologischen, ökonomischen Evolution.

Die post-theologische und post-metaphysische Ära ist immer noch beherrscht von beruhigenden Theologien und Ontologien. Mit vielen hilflosen Worten wird immer noch das Alte praktiziert: die höchsten Absichten des Menschen werden in irgendeinem Gott oder einer abstrakten Gottheit rückversichert. Aber es gibt, aus der ersten Hälfte des neunzehnten Jahrhunderts, ein außerordentliches Beispiel für das Aushalten der Spannung zwischen Einsicht und Absicht: Georg Büchner war leidenschaftlicher Sozialist (in Aufruf und Praxis) und vollendeter Nihilist (seiner Einsicht nach). Unverbunden stehen nebeneinander: die hoffnungslose Interpretation der Revolution, das trostlose Märchen von der toten Welt, das die Großmutter im *Woyzeck* erzählt – und der *Hessische Landbote*. Der fragwürdige Revolutionär Danton ist ein genaues Abbild des fragwürdigen Aktivisten Büchner, der 1833 schrieb: »Ich studierte die Geschichte der Revolution. Ich fühlte mich wie vernichtet unter dem gräßlichen Fatalismus der Geschichte. Ich finde in der Menschen-Natur eine entsetzliche Gleichheit, in den menschlichen Verhältnissen eine unabwendbare Gewalt, allen und keinem verliehen. Der einzelne nur ein Schaum auf der Welle, die Größe ein bloßer Zufall, die Herrschaft des Genies ein Puppenspiel, ein lächerliches Ringen gegen ein ehernes Gesetz, es zu erkennen das Höchste, es zu beherrschen unmöglich.« Er schuf keine gute Philosophie, um die gute Praxis zu polstern. Er lebte mit einer Einsicht, die er seiner Absicht nicht unterwarf. Er war angefüllt mit Ennui; und überwältigt von dem Verlangen, tatkräftig die Misere zu enden.

Wie sehr Marschieren und Einsicht nicht in Harmonie sind, zeigte noch ausgesprochener Ferdinand Lassalles Deutung seiner Tragödie *Franz von Sickingen*. In der Selbst-Interpretation *Die tragische Idee*, die er für Marx und Engels schrieb, erklärte er, daß er den »dialektischen Widerspruch« in der Situation Sickingens darstellen wollte. Er meinte aber nicht jene Anti-Thesis, die Hegel und Hebbel und Marx mit dem Begriff »dialektischer Widerspruch« bezeichnet hatten: das Gesetz in der Abfolge der historischen Epochen – den Widerspruch, der immer wieder in eine Versöhnung einmündet: eine vorläufige zwar, aber in Richtung auf eine endgültige. Lassalle fand einen ganz andern »dialektischen Widerspruch«: einen un-hegelschen, un-hebbelschen, un-marxistischen. Er fand »den tiefen dialektischen Widerspruch in der Natur alles Handelns«. Sein »Widerspruch« ist nicht aufhebbar, nicht auf Versöhnung angelegt. Die Dialektik ist ins Individuum verlegt, in ein zerspaltenes, auf keine Harmonie tendierendes. Der Philosoph der in den Einzelnen verlegten, hoffnungslosen Dialektik, ein Zeitgenosse, den Lassalle kaum kannte, hieß Julius Bahnsen.

Lassalle beschreibt den Widerspruch in der Natur allen Handelns recht konkret. Es ist der Gegensatz zwischen Utopie und Wirklichkeit, Begeisterung und Diplomatie – zwischen dem Vor-Bild vom Menschen, das dem großen Handelnden vor-schwebt, und der Karikatur, zu der es wird, sobald es nicht mehr schwebt. Lassalle wollte »die tragische Kollision der revolutionären Situation« darstellen – nicht eine bestimmte, nicht eine versöhnbare. Mit dieser Absicht trat er aus dem Kreis der christlich-idealistischen Tragödie heraus, die bis zu Marx hin sich entfaltet hatte.

Mit dieser Absicht trat er ein in den Kreis jener tragischen Deutung, welche nicht kennt: die christlich-idealistische Überhöhung des irdischen Geschehens durch einen Gott, der seinen Sohn zur Erde geschickt hat; durch eine moralische Welt-Ordnung, die sich schließlich durchsetzt; durch einen Weltgeist, der alle Dissonanzen zur Konsonanz führt; durch einen materialistisch-dialektischen Fortschritt, der alles Elend rechtfertigt.

Der Gegensatz von Einsicht und Absicht entschärfte sich, als die avancierende Skepsis auch Büchners fatalistisches Dogma entschärfte – wie jedes zuvor; aber der Glaube an die selbstverständliche Einstimmigkeit war verloren. In seiner Nobelpreis-Rede sprach Camus, einer der ungefesseltsten Zeitgenossen, von dem »doppelten Auftrag«, den jeder Schriftsteller auf sich zu nehmen habe: »den Dienst an der Wahrheit und den Dienst an der Freiheit«. Das sind also zwei Dienste; sie mögen im einzelnen harmonieren oder dissonieren oder überhaupt nicht aufeinander bezogen sein. Jeder Dienst kann ohne Rücksicht auf den andern geleistet werden. So wird der Forscher offen für alle Erfahrungen; und vielleicht kommt eine Zeit, wo man weder einen lieben Gott noch eine liebe Natur noch eine liebe Vernunft noch eine liebe Dialektik noch die liebe prinzipielle Hoffnung braucht, um seiner Menschlichkeit sicher zu sein. Hinter dem Ringen mit der Sphinx steckt dann keine Geheimlenkung mehr: weder von seiten einer Autorität noch einer Utopie.

Das (durch Skepsis) befreite Sein ist dann nicht mehr in einer (weder den höchsten Absichten gefälligen noch ihnen radikal widersprechenden) Welt-Anschauung formulierbar. Denn jede (nicht nur diese und jene) zerfiel: aus der Welt wurden Welten, aus der Welt-Anschauung Welten-Anschauungen. Die Eins wurde die große Unwahrheit. Dem Monotheismus folgte der Mono-Methodismus ins Grab. Vielleicht erglänzte nie zuvor das Universum in soviel Splittern: nun »Multiversum« genannt. Es ist diese Befreiung vom Einheits-Zwang, die Nietzsche und William James und Bergson und Georg Simmel und viele Denker und Dichter der letzten hundert Jahre verbindet; sie hat bisweilen Jubel über die Ungebundenheit hervorgerufen, öfter Klagen über die verlorengegangene (falsche) Einheit.

Hofmannsthal beschrieb, was diese Situation für den Dichter bedeutet: »Niemals wieder wird eine erwachte Zeit von den Dichtern... ihren erschöpfenden rhetorischen Ausdruck, ihre in begriffliche Formeln gezogene Summe verlangen. Dazu hat das Jahrhundert, dem wir uns entwinden, uns die Phänomene zu stark gemacht.« In diesem Frei-Sehen waren die Dichter erfolgreicher als die Philosophen – weshalb das Wissen vom Menschen eher in den Werken der Künstler als in Theorien niedergelegt ist. Das Element der schweifenden Phantasie, in dem die Poeten legal leben, spricht sie frei davon, streng beim Wort genommen zu werden, während die Philosophen immer verantwortlich gemacht und manchmal vergiftet, verbrannt worden sind; Sokrates wurde zum Tode verurteilt, weil er sich, ohne Poet zu sein, dichterische Freiheiten erlaubt hatte. Die Philosophen waren immer enger an der Kette der Staats-, Kirchen- und Familien-Raison; immer wurden ihre Einsichten mit der Verantwortung sowohl für das Nützliche als auch für das Gute beladen.

Sie sollten im Elfenbeinturm ihrer alten Pflicht genügen, auf Wahrheiten aus zu sein; und im Alltag nicht mehr Stimme haben als irgendein Mitbürger. Das schützt davor, Dichtern und Denkern Kredit in einem Bezirk einzuräumen, den sie sich nicht hier erworben haben. Es kann einer ein gewaltiger Musiker sein – und als Tyrtäus eine Katastrophe. Die Geschichte der Schiffbrüche politisierender Geistes-Heroen ist leider nie geschrieben worden.

Man blicke auf alle die Richard Wagner, die, zum Unglück der Menschheit, den Elfenbeinturm verlassen haben.

XII.
Kultur-Pessimismus
und
Kultur-Masse

> *Ich hielt die Worte für die*
> *Quintessenz aller Dinge.*
> Jean-Paul Sartre, 1964

Das Wort »Kulturpessimismus« ist besonders arm; in ihm haben sich zwei Armuten miteinander verbunden, zwei hochpotenzierte Abstrakta. Wieviel Wohers und Wohins stecken in dieser Verbindung! Sie ist kaum noch ein Begriff, weil kein Griff mehr das Durcheinander von Bildern und Theorien zusammenhalten kann, das assoziiert wird.

Vor solch nebelhaften Gebilden gibt es nur einen Ausweg: zunächst einmal alle Interpretationen auszuklammern und auf die Elemente zurückzugehen, um die sie kristallisierten. Dann ist Kultur (cultura: Ackerbau) die Summe menschlicher Hervorbringungen: das Feuer, die Gesellschaft, der Ackerbau, der Dom, die Eisenbahn, die Neunte Symphonie und alles, was auf der letzten Buchmesse ausgestellt wurde. Hinter der deutschen Unterscheidung von Kultur und Zivilisation steckt bereits eine ausgewachsene Metaphysik.

Es gibt eine ebenso radikale Methode, den Pessimismus von hundert theologisch-metaphysischen, biologischen, psychologischen, soziologischen Deutungen frei zu machen. Die psychosomatische Erklärung lautete: »Die ›Pessimisten‹ sind kluge Leute mit verdorbenem Magen; sie rächen sich mit ihrem Kopf für ihre schlechte Verdauung.« Aber Nietzsche, der dies hinschrieb, setzte das Wort ›Pessimisten‹ in Anführungsstriche und sprach von seiner »Weiterentwicklung des Pessimismus.«

In ihm haben wir eine Konstante: zwischen Hiob, Hesiod, dem Prediger Salomon, Papst Innocenz II., Leopardi und Schopenhauer,

Die Welt als Wille und Vorstellung ist zwar immer die erste Assoziation; aber auch nicht trüber als manche Klage zuvor, nur systematischer und aggressiver in der Schwarzmalerei. Schopenhauer klagte besonders gründlich; mit Hilfe einer strengen Ordnung von Begriffen, die in tiefer Trauer gingen. Die Ursprünge des Pessimismus waren seit je: die Hinfälligkeit des Körpers in Schmerz, Siechtum und Tod; die unerfüllte Sehnsucht nach Liebe (das heißt: Geborgenheit plus Anerkennung); und die unerfüllte Sehnsucht nach der Wahrheit über allen Wahrheiten (das heißt: Geborgenheit plus Herrschaft). In Religionen und Philosophien, welche die schmerzlichsten Erfahrungen sehr laut machten, wurde der menschliche Kummer aufs All projiziert. Hiob und Baudelaire und Lautréamont erfanden einen bösartigen Gott.

Sie waren keine Kultur-Pessimisten. Die »Kultur«, dieses irdische Jenseits, dieser letzte Gott im Gestaltwandel der Götter, dieser letzte Trost im Wandel der Tröstungen, ist eine Erfindung der westlichen Moderne gewesen. Der Kultur-Pessimismus konnte erst entstehen, nachdem die Vorstellung »Kultur« sich gebildet hatte – und so göttlich geworden war, daß es für viele keinen Gott mehr gab neben ihr. Der Kultur-Pessimismus war die Reaktion auf die letzte Vergottung: ist die letzte Entgötterung.

Sie entstand im Gefolge des strahlenden Gemäldes vom Siegeszug der Menschheit: von Herder bis Hegel besonders eindrucksvoll gemalt. Und klagte nicht allgemein (wie noch das Barock des Gryphius) über die Welt als »Schauplatz der Eitelkeiten«, als »Jammertal«, als »Folter reiner Herzen« – sondern, spezifischer, über das Zwielichtigwerden des letzten Himmels, der vom »Jammertal« abgelenkt hatte: über die Kultur-Dämmerung.

Und klagt noch in unserer Zeit, heute in einem sehr gemäßigten Klima. Uns fehlen die »Zentnerworte« des Barock. Leibniz ist so leise geworden wie Heisenberg, Schopenhauer so leise wie Freud. Heisenberg erklärte: »Leibniz hat einmal gesagt: ›Diese Welt ist die beste aller Welten.‹ Ich selbst glaube nicht so recht daran, aber sie scheint die einfachste aller Welten zu sein.« Das sehr bescheidene, enorme Vertrauen der Naturwissenschaftler. Ihnen entsprechen in unseren Tagen die entpathetisierten Schopenhauer. Sie haben den Kultur-Pessimismus zur Kultur-Gleichgültigkeit ermäßigt. Die farbigeren Gestalten der Vergangenheit sollen hier der Hintergrund sein für die farbloseren Tendenzen unserer Jahre.

Der Kultur-Pessimismus kam, abgekürzt gesagt, 1750 zur Welt. Die Académie Française hatte gefragt: »Hat die Wiedergeburt der Künste und Wissenschaften die Moral verbessert?« Und Jean Jacques Rousseau hatte den Preis gewonnen, mit der Antwort: nicht verbessert, verschlechtert: »Wir sind in dem Maß korrumpiert worden, in dem Künste und Wissenschaften zur Blüte gelangten.« Schön und gut, klug und gut ist nicht dasselbe. Die Konfrontierung von Leistung und Menschlichkeit, von Können und Sein, so unbeliebt heute, war an der Wurzel der Feindschaft gegen die Kultur. Der objektive Geist tarnt gnädig den subjektiven Ungeist.

»Die Moral ist die Ursache des Pessimismus«, schrieb Nietzsche. Das Messen der herrschenden Unmenschlichkeit am Bilde der Sehnsucht hat immer Bitterkeit, Verachtung, Verzweiflung hervorgerufen. Aber erst in den letzten zweihundert Jahren wurde der Glanz der hohen Werke mit der Armseligkeit der Lebenden konfrontiert: was einer vermag, mit dem, was er ist.

Niemand wurde so sehr gehört wie Rousseau. Er rächte die Zwerge: indem er die Giganten der Kultur, die Meisterwerke, Bilder und Bücher, verteufelte; indem er Künste und Wissenschaften zum Sündenbock machte. Da er in provokativem Pathos schrieb, also chiffriert, machte er sich durch die Jahrhunderte lächerlich – bei allen, die ihn nicht entziffern konnten. Ovid, Catull und Martial führte er als obszöne Autoren vor. Die Buchdruckerkunst verurteilte er, weil sie »die verderblichen Reflektionen« des Hobbes und Spinoza verbreitete. Über den Brand der Bibliothek zu Alexandrien verfaßte er eine jubelnde Fußnote. Ägypten, Athen, Byzanz und China wurden verdammt zugunsten von Persern, Skythen, Spartanern und der sagenhaften Bauern des Dörfchens Rom... unter dem Motto: rauh, aber sauber. So simpel sagte es schon der erste Simplicius: »Die Kunst betreffend, was sind's anders als lauter Vanitäten und Torheiten.«

Dann legte Rousseau das Gewand des Beschwörers an und intonierte: »Allmächtiger Gott, der Du den Geist des Menschen regierst, befreie uns von den tödlichen Künsten und Wissenschaften unserer Vorfahren; gib uns zurück die Ahnungslosigkeit, Unschuld und Armut, die uns allein glücklich machen.« Lebte er heute, so würde er vielleicht die Primitiven unserer Tage, die noch in der Steinzeit leben, die australischen Bindibu, preisen; sie trinken, auf allen vieren kriechend, aus Wasserlöchern. In seiner Phantasie vom makellosen Beginn geisterte das biblische Paradies, wie später noch in Marx' Urkommunismus und Freuds seliger Zeit vor der ersten Vatertötung. In der Halluzination, welche die unschuldige Menschen-Natur spiegelte, sollte vor allem getroffen werden: die schuldige Gegenwart. Rousseaus Pro war nichts als die Instrumentierung seines Contra.

Man hat den Polemiker wörtlich genommen und seinem (vermeintlichen) Zelotentum ein wirkliches entgegengesetzt; der Eiferer Egon Friedell brandmarkte Rousseaus Diskurs als Einbruch des Plebejers in die Welt-Literatur. Es sieht nur so aus. Der scheinbare Catonismus war motiviert von der schönsten Vorstellung des achtzehnten Jahrhunderts, deren Name so unmodern geworden ist: vom »Glück«. Rousseaus gefährliche Prägung »glückliches Nicht-wissen« war nur ein trotziger Ausdruck seines Abscheus vor den Gebildeten, deren hohe Bildung zusammengeht mit niedrigster Art. Der Anti-Intellektualismus hat mehr als eine Wurzel – und auch eine gute. Das ist zu unterstreichen gegen die plumpe Gleichung: Anti-Intellektualismus ist immer die Ideologie der Vertierung und Reaktion. Dies ununtersuchteste Dogma des herrschenden Zeitgeistes ist, abgesehen davon, daß es auch richtig ist, eine Protektion elender Talente.

Es kann der Finger auf eine Stelle gelegt werden, die deutlich Zeugnis ablegt für Rousseaus verschleierte, maskierte Wahrheit. Hinter der lauten Heilslehre von der verruchten (immer verruchter werdenden) Kultur, die nur von der guten Natur radikal weggeheilt werden kann, findet sich das unscheinbar auftretende Geständnis: eigentlich war der Mensch nie besser, aber in einfachen Verhältnissen weniger raffiniert schlecht. Rousseaus Feindschaft gegen die Intellektuellen, die sich bis zu dem Satz verstieg: daß »ein Mensch, der denkt, ein entartetes Tier« ist... enthält, verdeckt von offenbarem Unsinn, die gewaltige Entdeckung, daß Begabung das Leere leuchtend, daß geistige Beweglichkeit das Böse fürstlich machen kann. Der trügerische Glanz, den das Widermenschliche haben kann, brachte ihn auf gegen allen Glanz. Die Blumen des Bösen machten ihn zum Blumen-Feind.

Wie dann bei Nietzsche war das mißverständliche, in groteske Symbole gekleidete Für kaum mehr als eine Expression des Gegen. Seine Heils-Lehre »Retournons à la nature« war der traditionelle Trick, wie ihn schon Montaignes Verherrlichung der amerikanischen Indianer gezeigt hatte: es sollte eine Gegenwart getroffen werden. Rousseau schuf ein überlebensgroßes Gemälde vom herrschenden Kultur-Betrieb, das noch heute gültig ist. Nicht das Ancien Régime meinte er, sondern die Anfänge der Massen-Kultur, wenn er lamentierte: es herrsche »une vile et trompeuse uniformité«; Diderot nannte dasselbe Uniforme »fastidieuse«. Man möchte meinen, fuhr Rousseau fort, »jeder wäre in derselben Münze geprägt«. Vor Hegel – bestritt Rousseau ihm schon leidenschaftlich, daß der Gang der Kultur die Geschichte der zunehmenden Freiheit ist. Sein Nein wurde das große Thema des Kultur-Pessimismus.

Die Wucht dieser Verdammung ist nie wieder erreicht worden, weil sie nie wieder so überraschend kam. Auch ist allein in solch knalligem Auftragen ein so mächtiges, anhaltendes Echo zu erreichen. Nur Nietzsche malte dann noch einmal so grell; aber illusionsloser, also weniger wirksam. Rousseau begann die Rebellion gegen die Unterdrückung dessen, den Kierkegaard den Einzelnen nannte, Stirner den Einzigen; Burckhardt sprach vom Spontanen, Georg Simmel vom Personalen, Nietzsche von der Unschuld des Tiers und Freud von der Freiheit vor jeder Kultur.

Viele Wendungen und eine einzige Klage. Dies Aufbegehren ist der Inhalt der Geschichte des Kultur-Pessimismus bis zu diesem Tag.

Der Hymnus auf die Kultur – am prächtigsten gesungen in Schillers Gedicht »Wie schön, o Mensch, mit deinem Palmenzweige / stehst Du an des Jahrhunderts Neige« – war nie so sehr ein Preislied auf den bedürftigen Menschen, der so gewaltig versucht hat, mit sich fertig zu werden; war immer mehr, wie es bei Hegel herauskam, die Huldigung an einen fernen Schöpfer. Die überlebensgroße Kultur stellt in den Schatten den kleinen Einzelnen, der gerade gut genug ist, an ihr zu bauen. Die Kultur ist nicht zum Genuß da, sondern zur

Erhöhung eines Allmächtigen, der zum Beispiel auch Menschheit heißen kann.

Freud hingegen brachte die prangende Weltausstellung Kultur in Zusammenhang mit denen, die sie aus Not produziert hatten. Der kürzeste Name, den er dem lebenden Nutznießer gab, lautete »Prothesengott«. In »Gott« sollte ironisch der Kultur-Größenwahn getroffen, in »Prothese« der Nutzen bezeichnet werden. In dieser Sicht ist Kultur nicht mehr eine Theophanie, sondern die Summe jener großartigen Auswege, die ein Triebwesen teils aus schwierigen, teils aus hoffnungslosen Situationen gefunden hat. In dieser Sicht wird ausdrücklich kein feiner Unterschied hergestellt zwischen der wassertechnischen Anlage, der Sawah, die Ernst Fuhrmann für einen Ursprung der Kultur hält, und: Büchern, Bildern, Symphonien. Eins war so dringlich wie das andere. Der Mensch hat den Boden bezwungen – und sein Inneres; beides, weil er mußte.

Wie er mit sich selbst fertig geworden ist, kann noch spezifischer bezeichnet werden. Man könnte Freud sagen lassen: den Menschen unterscheidet vom Tier das Vermögen, auszuweichen. Diese Technik trat dem Wiener Arzt zuerst in den Symptomen der Neurotiker entgegen. An ihnen studierte er die Flucht in eine Ersatz-Befriedigung. Sie stöberte er dann auch in nicht-pathologischen Bezirken auf. Und entdeckte: der Mensch ist ein Wesen, das in seiner Kultur Auswege baut: mit Werkzeugen und auf subtilere Weise.

Diese Auslegung der Kultur erhielt ihr zentrales Wort in der »Sublimation«. Was geschieht im Sublimieren? Die eigensüchtigen Triebe werden sozial (nichtschädlich) erfüllt oder sozial (nützlich) umgeleitet. Werden aber nur quasi-befriedigt. Hier wurzelt sein Kultur-Pessimismus: die Ersatz-Sättigung (zum Beispiel in der Kunst) ist eine Resignation vor der vollen Erfüllung. Unter allen Freud-Sätzen zeichnet vielleicht dieser eine am hinreißendsten den Verzicht, welcher in der »Sublimation« enthalten ist: »Wir heißen den Prozeß ›Sublimierung‹, wobei wir uns der allgemeinen Schätzung fügen, welche soziale Ziele höherstellt als die im Grunde selbstsüchtigen sexuellen.« Fügen! Er fügte sich dem Gebot, daß Othello allein im Drama seine Eifersucht bis zum schlimmen Ende ausleben darf. Freud war heimlich für das Es gegen das Kulturschaffende Über-Ich... und hielt ein strenges Plädoyer: für das

Über-Ich, für den kulturell entmannten Trieb, gegen das Es. Er war vom Stamme Rousseau: kulturfeindlich und für die »Natur« (das Trieb-Es); propagierte aber die Kultur, weil er, im Gegensatz zu Rousseau, die Welt nicht mehr als potentielle Rokoko-Idylle sah. Das änderte nichts daran, daß er, wie Rousseau, im Prozeß der Kultivierung nicht so sehr Veredelung als Unterjochung sah. In schönster Knappheit in dieser Sentenz: »Die individuelle Freiheit ist kein Kulturgut. Sie war am größten vor jeder Kultur.« Dies ist die schärfste Prägung, die gegen die Deutung der Weltgeschichte als einer Bewegung zu immer größerer Freiheit gesetzt worden ist.

Im Gegensatz zu Rousseau akzeptierte er die Kultur, trotz ihrem Hin zu immer größerer Unfreiheit. Denn Freud wußte nichts von einer »Guten Natur«, an deren Busen man, nach dem »Retournons«, selig niedersinken kann. Stärker noch als sein Kultur- war sein Natur-Pessimismus. Gegen das Trieb-Chaos ist die Kultur ein Schutz, erkauft mit immer rücksichtsloserer Vergewaltigung und Selbst-Vergewaltigung.

Freud war sehr zurückhaltend, als er die Reaktion auf diese Versklavung nur »Unbehagen« nannte. Er war ein leiser Schriftsteller.

Von Nietzsche war, eine Generation zuvor, greller ausgemalt worden, was ihn mit Freud verbindet. Nietzsches »Kultur ist nur ein dünnes Apfelhäutchen über einem glühenden Chaos« haben wir am eigenen Leibe erfahren. Er hatte, schon vor Freud, Rousseaus »Gute Natur« in etwas Gefährlich-Amorphes umgewandelt. Er pries die großen Männer als Dompteure der Bestie Mensch mit Gewalt und mit Illusionen, und haßte zugleich die Domestizierung als Schwächung des Lebens; vor allem, wenn man so gründlich vorgeht wie im Christentum. Sein Preis auf den »Wilden Menschen«, auf das Böse, ist ein neues »Retournons à la nature«; doch ist diese nature nicht mehr eine liebliche Schäfer-Szene. Nietzsches Retournons ist eine Doktor Eisenbarth-»Heilung von der Kultur«, die er (nicht ganz ohne Recht) der Entvitalisierung gleichsetzt; vital ist in seinem Vokabular immer auch mehr als eine biologische Kategorie – was immer noch übersehen wird.

Nietzsches Kultur-Pessimismus (farbenprächtiger, sprachlich

ungehemmter als die verwandte Einsicht Freuds) ist in Ost und West, von Christen und Marxisten verabscheut worden: auf der Ebene des Versimpelns. Schält man aus den sprachlichen Provokationen die Erkenntnis heraus, die sie artikulierten, so sieht man: es ist dieselbe Revolution, welche die verschiedensten Temperamente eint: Rousseau und Thoreau (der über den »mangelnden Glauben an das Primat des Individuums« klagte) und Burckhardt und Simmel und Freud. Es ist dieselbe schlimme Funktion der Kultur, die von verschiedenen Sprachen getroffen wird: die Verkrüppelung des Lebenden. Was wird verkrüppelt? Einmal hieß es: die Unschuld der Natur, dann die Ursprünglichkeit, dann das personale Dasein, dann die polymorphe Sexualität, dann das »Leben«. In solcher Vielfalt leugnete der Kultur-Pessimismus den Fortschritt, wo er nicht einen Fortschritt in der Entmenschlichung feststellte.

Bisweilen verschleiert eine abweichende Terminologie die gemeinsame Aussage. Jacob Burckhardt definierte »Kultur«: »Die Summe derjenigen Entwicklungen des Geistes, welche spontan geschehen und keine universale oder Zwangshaltung in Anspruch nehmen« – wie die Mächte »Staat« und »Religion«. Er gebrauchte das Wort »Kultur« für alles, was in der Sicht aller Rousseauisten von der Kultur unterdrückt wird. Das erweckt den falschen Eindruck, als stände Burckhardt im Gegensatz zu ihnen. Auch er sah in eine schlimme Zukunft. »Der Staat wird wieder sehr die Oberherrschaft über die Kultur zu Händen nehmen«, schrieb er 1871, nach Preußens Sieg. Er sah nicht nur die vielzitierten »Simplifikateure« voraus, auch die »kräftigen Ruinierer«, den »Brüllradikalismus« – vor allem den universalen Zwang. Man hat ihn »die leidende Kassandra des untergehenden westeuropäischen Bürgertums« genannt, weil es jetzt üblich ist, alle Pessimismen soziologisch aus der Welt zu eskamotieren. Tatsächlich sah er nur für die nächste Zukunft schwarz. Er gehört nicht zu den unerbittlichen Kultur-Pessimisten wie Freud und Georg Simmel, deren unpathetische Hoffnungslosigkeit ihre Resignation unauffällig macht. Im Stadt-Staat Basel lebend, sah Burckhardt in der Herrschaft der »Kultur« zwar nur ein Zwischenspiel, wie es einst im perikleischen Athen und im Florenz des Michelangelo Ereignis wurde; hatte aber das bescheidene Vertrauen, daß es immer wieder zu einer goldenen Zeit kommen wird –

für eine Weile. In einem zeitlichen und örtlich begrenzten Paradies wird in den glücklichen Stunden der Geschichte die Spontaneität nicht niedergehalten werden von Staat und Kirche. Heinrich Mann sagte dasselbe, im letzten Jahrzehnt seines Lebens, mit einem Voltaire-Zitat: »Wenn die Welt aus einer Schlammgrube sich aufgerafft hat, fällt sie wieder in eine andere; gesitteten Jahrhunderten folgen Jahrhunderte der Barbarei. Die Barbarei wird bald verjagt, bald erscheint sie wieder; beständig wechseln Tag und Nacht.«

Beweisen läßt sich nichts. Neben der Zuversicht, daß man sich herauskrabbeln und menschlich werden wird, neben der andern, daß man längst vor dem Kälte-Tod der Erde erfroren sein wird – und daß wir nicht weit entfernt sind, ist die mittlere Stimmung: es wird so sein, wie es immer war: manchmal ganz erträglich, manchmal fast unerträglich. Dies ist wohl die herrschende Stimmung, wenn auch nicht unter Kultur-Propheten, die mit einer so unheroischen Weisheit nicht viel anfangen können.

Die alten trüben Ausdeutungen werden kaum noch erwogen. Rousseau und Burckhardt sind Klassiker; sie werden registriert, nicht diskutiert. Spengler, ein klassischer Outsider, wird kritisiert, nicht diskutiert; gegen ihn ist eine frommere Abart als Gegengift erfunden worden: Toynbee. Nietzsche wird verfratzt oder verniedlicht, nicht umstritten. Und es sind mindestens zwei Freud-Schulen am Werk, die Lehre »positiv« umzudeuten: eine konservative und eine marxistische; gegen beide hat er sich schon vor Jahrzehnten prophylaktisch, aber vergeblich gewehrt. Gegen die Rechts-Freudianer: »Wenn man von den Mängeln unserer gegenwärtigen sozialen Einrichtungen überzeugt ist, kann man es nicht rechtfertigen, die psychoanalytisch gerichtete Erziehung noch in ihren Dienst zu stellen.« Gegen die Links-Freudianer: »Die soziale Leidquelle wollen wir überhaupt nicht gelten lassen, können nicht einsehen, warum die von uns selbst geschaffenen Einrichtungen nicht viel mehr Schutz und Wohltat für uns sein sollten. Allerdings, wenn wir bedenken, wie schlecht uns gerade dieses Stück der Leidverhütung gelungen ist, erwacht der Verdacht, es könnte auch hier ein Stück der unbesiegbaren Natur dahinterstecken, diesmal unserer eigenen psychischen Beschaffenheit.«

Freuds »Unbehagen« wird eher zitiert als ernst genommen.

Kultur-Pessimismus liegt heute nur wie ein leichtes Parfüm über der üppigen westlichen und östlichen kulturkritischen Literatur. Sie droht mit Weltuntergang; hat aber doch eine gute Welt zu versprechen: falls der Sünder des zwanzigsten Jahrhunderts die Gottlosigkeit, den Materialismus, den Monopol-Kapitalismus, die Diktatur, den Krieg, die Atombombe... aufgeben würde. Diese Unterhändler sind keine Kultur-Pessimisten; ihre Aufzeigung des Irrwegs der Kultur ist nicht gegen sie. Die Therapien sind: Aufforderung an das Individuum, sich zu bessern; an die Gesellschaft, sich zu ändern. Von hieratischen, atonalen Traktaten über das beschädigte Leben bis zur Organisation des Umsturzes gibt es hier viele Dazwischen. Vorsichtig militante Wissenschaftler glauben als rettendes Heil: an die Entlarvung der Weisen von Stahl und Öl durch Analyse ihrer Sprech-Gewohnheiten. Wie man überhaupt die Sprache sehr energisch aufs Korn nimmt – und, ehrfürchtig, die unzugänglichsten Sprecher, die sich hinter den Wall einer unangreifbaren, weil ungreifbaren Sprache verschanzt haben, ihr Unwesen treiben läßt.

Man zerstört den Kultur-Pessimismus nicht mit Illusionen; aber er hat einige zerstörbare Wurzeln. Vielleicht sind gerade die zu vertrauensvollen Medizinmänner, mit einem verstorbenen Wort »Optimisten« genannt, die unfreiwilligen Produzenten der Untergangsstimmung; die überschwengliche Hoffnung ist eine ebenso starke Quelle der Verdüsterung wie fatalistische Kleinmütigkeit. Die Geschichte der Prediger lehrt, daß heute nicht weniger Anlaß zum Predigen ist, als in irgendeiner vergangenen Zeit Anlaß war... daß also die Predigt nicht sehr wirksam gewesen ist. Die Geschichte der Aufklärung lehrt, daß heute nicht weniger aufzuklären ist, als in irgendeiner Vergangenheit aufzuklären war... daß man also wohl nicht vorangekommen ist; die Oster- und Pfingst-Leitartikel unserer großen liberalen Blätter ersetzen den substantiellen Aberglauben durch den verdünnten.

Der Aberglaube und das Böse haben sich in immer neuen Wandlungen in alter Stärke erhalten: diese Erfahrung ist eine der stärksten Wurzeln des lebenden Kultur-Pessimismus. Um so stärker, je mehr man von den unwirksam gebliebenen Heilmitteln (zum Beispiel: der Erziehung) eine sagenhafte Gesundheit erwartet hatte. Die Resignation, die den bürgerlichen Revolutionen folgte, ist nur ein Geringes gewesen vor dem Katzenjammer heute, im Gefolge der proletarischen. Der Kultur-Pessimismus lebt fürstlich von den zu großen Versprechungen. Sie sind seine erste Quelle.

Der Kater nach chiliastischen Exzessen kann kuriert werden: durch Herabsetzung der Ziele – und Erfüllung der herabgesetzten. Unendlich viel muß auf sein Maß zurückgebracht werden. Die sogenannten »ewigen« Werke der Künste und der Philosophie sollte man bescheidener nur als recht haltbare nehmen; dann wird man nicht fronen und nicht rebellieren. Im Fortschritt sollte man bescheidener eine begrenzte Serie von Fortschritten sehen; dann wird man nicht mehr pauschquantum jammern. Man sollte sich weniger um die Menschheit kümmern und mehr um seinen Wirkungskreis, weniger um das Jahrtausend und mehr um die Jahre, in denen man etwas vollbringen kann. Die Kultur ist nicht der Mantel Gottes, in dem man sich bergen kann. Wer das erwartet, wird viel Grund haben, ihr zu fluchen. Der Kultur-Pessimismus ist zu entkräften durch Herabminderung der Ansprüche. Der gängige Idealismus (auch in seiner raffiniertesten Form, der plump materialistischen, und in seiner noch gängigeren, der materialistisch-schwärmenden) ist billig und ruinös.

Es müssen Zusammenhänge aufgedeckt werden, die sich nicht weg-operieren lassen. Die erlauchtesten Werke der Kultur sind auch als Vernichtungsarsenal verwendbar. Mit einer zauberhaften Statue kann man einen Kopf spalten, mit gezielter Interpretation der Bibel jemand unterwerfen, mit der hilfreichsten Droge jemand vergiften oder gefügig machen, mit der Einsicht in den seelischen Mechanismus wirksam zerstören, einen Einzelnen und Völker.

Jener vertrackteste, zäheste Kultur-Pessimismus, der die Buchdruckerkunst verurteilt, weil mit ihr *Mein Kampf* so weit verbreitet werden konnte, müßte das ganze Leben – nicht nur die Kultur verurteilen, weil es viele Kreaturen hervorbringt, die Leben vernichten. Daß die Kultur dem Teufel dienen kann (was zuzugeben ist), sagt ebensowenig etwas gegen sie – wie es gegen das Leben spricht, daß es Leben vernichtet (was zuzugeben ist). Daß der »Geist« zu fingern ist, kann nur von einer Illusion her als Argument gegen ihn gerichtet werden. Damit wäre der zweiten großen Quelle des Jammerns das Wasser abgegraben.

Die dritte: die Perfektionierung der Mittel zur Kultivierung von Mensch und Natur ist zugleich die Perfektionierung der Mittel zu Zerstörung und Knechtung. Das Janus-Gesicht der Technik ist erkannt. Auch die Vervollkommnung des Gesellschaftlich-Organisatorischen im Zerstören und Knechten ist eine Folge der wachsenden Meisterung der Quantität; die glänzend administrierte Oligarchie der nackten Gewalt kann heute Millionen Menschen antun, was, in kleineren Verhältnissen, der eine Tyrann durch das Niederbrennen von Städtchen auch schon ganz ordentlich besorgte. Im siebzehnten Jahrhundert war der Krieg bereits total – nicht zu reden von der Zeit, als Cäsar den männlichen Bewohnern eroberter Städte die rechte Hand abhauen ließ.

Seien wir nicht zu eitel in der Verzweiflung über unsere superlative Macht, zu schaden! In der Drohung: entweder das Ende der Welt oder völlige Umkehr... liegt nichts als die Panik von professionellen Zungenrednern. Die Drohung mit dem Umfang an Zerstörung verdeckt, daß schon immer jeder nicht mehr als sein Leben zu verlieren hatte. Man sollte heute nicht panisch sein, die Zeiten waren wohl nie besser. Die »Unterseele« (wie sie der Arzt und Poet Ernst Weiß taufte) war schon immer da. Die »Entfremdung« gab es schon, als sie noch nicht so berühmt war.

Der echte, kaum zerstörbare Ursprung des Kultur-Pessimismus ist in der Klage: daß die Schöpfungen des Menschen ihn immer weniger aufkommen lassen, daß sie ihn weniger nähren als verdrängen. Rousseau und Kierkegaard und Thoreau und Emerson und Tolstoi rebellierten gegen diesen Prozeß. Dann wandelte sich das Pathos der ersten Generation bei den Späteren: zur Kultur-Gleichgültigkeit. Sie ist der schweigende, passive Kultur-Pessimismus des nach-bildungsbürgerlichen Zeitalters. Sie ist nicht kulturlos, wie es jene Schicht vor der Massen-Kultur war, die von den Kultur-Gütern getrennt lebte. Die Gleichgültigkeit der Massen gegen das Schatzhaus, das »Kultur« (ohne das Vor-Wort »Massen«) genannt wird, ist eher ein unpathetisches Aus-dem-Wege-Gehen als ein Nicht-zugelassen-Werden. Und die Avantgarde zeigt ihre Gleichgültigkeit in der Lautverstärkung des hohlen Klangs der geheiligten Namen. Was für Blasphemie gehalten wird, ist meist die Offenbarung, daß die großen Worte nur noch in Parodien eine Funktion haben.

Wahrscheinlich wird es nie mehr einen Hegel geben, der mit Enthusiasmus die aufgespeicherten Reichtümer – an seine Logik drückt. Was einmal Bildung für Bildsame war, ist Gepäck geworden, das belastet. Die Gleichgültigkeit darf also nicht als ein Negativum gedeutet werden, das weg-erzogen werden kann. Vielleicht ist eher zu sagen: je ursprünglicher einer ist, um so gleichgültiger gegen die Tradition; was nicht verdreht werden darf: Traditionslosigkeit sei Ursprünglichkeit. Die kulturellen Vergangenheiten (die heute in der Aufmachung als exotische Geschichten das Publikum faszinieren) binden diejenigen, die produzieren, kaum; in dem Sinn etwa, in dem Hellas Byzanz und die europäische Renaissance, in dem die europäische Früh-Zeit die Romantik mit-geformt hat.

Deshalb gibt es kaum noch begeisterte Mittler. Einst hieß einer Lessing und A. W. Schlegel; heute hat er keinen Eigennamen, weil nichts mehr vermittelt wird. An die Stelle der Vermittlung sind die »Sachbücher« getreten. Es fand ein Wandel statt, der studiert zu werden verdient. An die Stelle der Brückenschläger: zwischen dem Werk, das einer kleinen Schicht vorbehalten war und vielen mehr, die teilnehmen wollten, an die Stelle der großen Popularisatoren Carlyle und Brandes trat der Interpret, der, was zu vermitteln wäre, noch verschlüsselt. Das Schreiben über... war einmal ein Durchsetzen, ein Durchbringen, von der Ferne in die Nähe. Herrschende Hölderlin- und Kafka-Verwalter aber verbreiten solch ein Dunkel, daß man wünschte, die Dichter kehrten zurück, um ihre Erklärer zu erklären. Das ist möglich geworden, weil sie gar nicht aufhellen wollen: wie Schopenhauer, als er über Kant, wie Nietzsche, als er über Schopenhauer und Wagner schrieb.

Wer alte Briefwechsel liest (etwa von der Wende des achtzehnten und neunzehnten Jahrhunderts und noch aus manchem Jahrzehnt später) wird ein leidenschaftliches Teilhaben an den großen Werken und Taten der Vergangenheit und Gegenwart spüren. Heute kann die Gleichgültigkeit mit Hilfe der Statistik unsichtbar gemacht werden: es werden enorm Bücher gekauft und Museen besucht; und der Philosoph Wittgenstein wird propagiert, indem man mitteilt, wie viele tausend ihn begehrten. Es kommt aber nicht darauf an, was einer dem Buchhändler abnimmt, sondern was er liest; nicht einmal, was er liest, sondern was ihn nicht langweilt. Es kommt nicht darauf an, wieviel Millionen durch ein Museum geschleust werden, sondern in welchem Zustand sie herausfließen. Man kann ganz gewiß eine Statistik des Kultur-Verbrauchs anlegen, aber nur schwer die Unsumme von Gleichgültigkeit feststellen, die sich hinter jenen Zahlen verbirgt. Wer Seife kauft, benutzt sie auch. Wer ein Buch kauft, verschenkt es vielleicht nicht einmal.

Vielleicht ist das Einnehmen der Kulturgüter wie bittere Medizinen (in den Zwangsanstalten, den niederen und den höheren, auch Allgemein-Bildung genannt) schlimmer als der prinzipielle Verzicht, der dazu führen würde, daß eine Weile nur eine winzige Schar, die es will, mit der Tradition belastet wird. In Amerika, wo Allgemein-Bildung mit glühenden Zungen gepredigt wird, ist die Situation besonders eklatant; europäischer Größenwahn rede sich nicht ein, daß dieser Eklat nur ein amerikanischer Vorfall ist. Es gab drüben den Kampf zwischen den Anhängern der Allgemein-Bildung, die alles, was gut und teuer ist, in die Gedächtnis-Kammern armer junger Yankees zu stopfen suchten: das Pathos der großen Bücher, die eilig zerkleinert wurden, um schnell vertilgt zu werden – und dem großen Pädagogen John Dewey, der danach trachtete, die lebenden Kräfte von primitiven Tätigkeiten her langsam zu entwickeln; die angeborenen Kräfte nicht durch die Wucht der angesammelten Schätze erdrücken zu lassen. In der Karikatur, welche für Realität ausgegeben wurde, sah der Konflikt so aus: Dewey wolle, die Studenten sollen lernen, Schreibmaschine zu schreiben – die Gegner hingegen waren für Platon.

Dewey wurde besiegt. Das Erziehungs-System folgte auch in Amerika der gesellschaftlichen Pflicht, ein Kultur-Erbe auf sich zu nehmen, das sich in den Textbüchern der Universitäten ausnimmt wie ein »Wer ist wer in der Kultur?«. Das Schlimmste ist nicht, daß trotz des eingeflößten Wissen-Sie-schon? recht viele nicht wissen, in welchem Jahrhundert Napoleon gelebt hat; schlimmer ist, daß die, welche es wissen, nichts damit anfangen können. Die Gleichgültigkeit gegen die Kultur ist gleich groß, ob man die berühmten Daten parat hat oder nicht. Sie ist ein Fremdkörper, in arme Lebendige hineingezwungen. Sie wird im besten Fall verwendet zum Geldverdienen, öfters in kleinerer Münze: für Wettbewerbe im Rundfunk, zum Gesellschaftsspiel, zu Toasten, vor allem zum Protzen. Wichtig ist, daß beachtet wird, wie wenig, was Kultur genannt wird, den Lebenden nährt. Sie hat viele pompöse Kirchen, jeden Tag mehr – und sehr wenige, in denen einer getröstet, erhoben, angeregt, menschlicher wird. Man kann nicht einmal sagen, daß der schon schleppend gewordene Lippendienst, der den großen Schöpfern und Werken geleistet wird, Heuchelei ist. Es ist viel unpathetischer. Der Respekt vor Homer, Shakespeare und Beethoven gehört zu den guten Manieren... die übrigens von einer ähnlichen Gleichgültigkeit umwittert sind.

Aus dieser Einsicht stammt meine (bescheidene) Sympathie für die Massen-Kultur, die (negativ) definiert werden kann: völliges Offenbarwerden der Kultur-Gleichgültigkeit; und (positiv): Durchbruch dessen, was nicht gleichgültig ist.

Offenbar war die Massen-Kultur erst, als die Kultur zu jener Masse wurde, von der man bei Bankrotten spricht.

Man hat sich angewöhnt, dieses Neue entweder plump als Barbarei zu beschimpfen oder subtiler anzuprangern: als eine von Interessenten manipulierte Methode, die Menge zu schröpfen und gegen ihre Interessen zu mobilisieren. Das ist auch nicht falsch – und nur ein kleiner Teil der Geschichte. Man kann die Kultur nur manipulieren, weil die manipulierte auch echte Bedürfnisse, weil nur sie einige dringende Bedürfnisse befriedigt. Die sogenannte Unkultur leistet denen, die an ihr teilnehmen, mehr als die sogenannte Kultur. Es ist Zeit, diese positive Leistung der Circenses im Zeitalter der Millionen zu verstehen.

Hinter dem dicken Wort Massen-Kultur leben zwei Theorien, die kaum angezweifelt werden. Die harmlosere lautet: die Quantität der Konsumenten fordert die Qualitäts-Senkung der Ware, auf die Ebene des Anspruchslosesten. Dabei sind insgeheim »Konsument« und »Ware« und »Kultur-Industrie« böse gespitzt: kleine Giftpfeile. Von dem Käufer der Bibel wird kaum als »Konsument« gesprochen, obwohl sie ein bestseller ist; sie wird nicht als »Ware« bezeichnet, obwohl ein Massen-Verbrauch vorliegt. Die Anwendung von ökonomischen Kategorien auf den Bereich des Geistigen zeigt nicht selten an, daß der Autor schlecht gelaunt ist.

Bei der Publikation Homers und Goethes wird nie beachtet, daß auch sie Geld kosten und einbringen, ein Gewinn- oder Verlust-Geschäft sind. Zur Charakterisierung der Massen-Kultur hingegen wird der Verkäufer in den Vordergrund gerückt. Ihm wird vorgehalten: daß er die allgemeinsten Bedürfnisse befriedigt, welche die primitivsten, welche die niedrigsten sind. Der Konsument, an dem der listig spekulierende Lieferant gut verdient, ist der ausgehöhlte Zweibeiner, mit Nichts scheingefüllt.

Die klobige These erscheint in den kompliziertest gestrickten sprachlichen Geweben; verfertigt aus griechisch-lateinisch-fachlichen Wort-Fetzen, gelegentlich beflittert mit Amerikanisch-Modischem. »Aus Unaufrichtigkeit tief sein«, nannte Camus diese Tiefstapler. Wer ahnt, wie oberflächlich viele Tiefen sind. Das Können hat sich durch die Jahrhunderte akkumuliert und ist so außerordentlich geworden, daß es den Mangel an Substanz glänzend verdeckt. Das Hokus-Pokus der Begabten macht sowohl das Gedicht als auch die Partitur immer undurchsichtiger; das Talent ist auf den Thron gesetzt worden, auf den gehört, was wert ist, vom Talent offenbar gemacht zu werden. Das Machen wird (aus berechtigtem Widerwillen gegen das Gerede von der Inspiration) unberechtigt vergötzt. Zuviel Nicht-Inspirierte haben die Fingerfertigkeit in den Himmel gehoben. Aber fesche Formulierungen sind noch nicht bedeutende Einsichten.

Es kann nicht genug beachtet werden, wie in weiten Bezirken der Kultur smarte Aufmachung die Ärmlichkeit eines herrschenden Köhlerglaubens prächtig erscheinen läßt: das Ganze sieht dann geradezu christlich-marxistisch aus. Verhüllt wird die Antiquiertheit dieser modernsten soziologischen Mystik und des Bildungs-Inhabers, der zuviel ins Training investiert hat, um auf diesen Schmock-Schmuck verzichten zu können. Verhüllt wird vor allem seine Menschen-Feindlichkeit. Es ist billig, die Hilflosen vor diesem Spektakel »leer« zu nennen; leer ist sein Hersteller. Es ist arrogant, den Hörer des Musicals *My Fair Lady* einen Konsumenten zu nennen – und zu übersehen, daß auch der Proust-Leser konsumiert, falls er nicht nur kommentiert. Es ist eine Fälschung, Quantität und

Qualität in einen Wert-Gegensatz zu bringen; man setzt vielleicht von einem Buch der akzeptierten hohen Literatur mehr ab als von einem Massen-Produkt, wenn die Werbung stärker ist. Reklame kann auch etwas, das nur wenige aufnehmen können, vielen aufdrängen; jonglierende Artisten am Begriffs-Trapez sind ebenso durchzusetzen, wie ebenso unnütze und weniger schädliche Pillen.

Vor allem aber ist es schlechteste Tradition, die allgemeinsten Bedürfnisse die niedrigsten zu nennen; man muß dann auch den Hunger verachten. Vielleicht sind die Bildungs-Inhaber die unvitalste Schicht einer Gesellschaft, weil ihre Sinne weniger verlangen; so verfemen sie eine Kultur, die stärkere Impulse befriedigt, als unfein... feiner: »ungeistig« genannt, noch feiner: »unreflektiert«.

Als solches gilt ganz besonders die nackte Darbietung des Fein-Verhüllten. Eine Versicherungs-Gesellschaft veröffentlichte folgende Annonce: »Buddha, der als Prinz geboren war, gab seinen Namen, den Thron und seine Erbschaft auf, um die Ruhe des Gemüts zu finden. Wir aber haben nicht nötig, die Welt aufzugeben. Wir haben nur einen Lebensversicherungsagenten zu sehen.« Ein Pracht-Stück für hämische Massenkultur-Verächter. Doch ist hier die Unsicherheit, die alle Religionsstifter beunruhigte, zwar eingeengt, aber in diesem schmalen Bezirk auch weitgehend aufgehoben; während die religiös-philosophischen Lösungen heute umfassend – nichts umfassen, gebildet-bedeutungslos sind. Daß der Priester auf den Versicherungsagenten gekommen ist, verhüllt dem Hochmütigen, welche mächtigen Stränge die Massen-Kultur mit der verstorbenen, aber hochgeehrten verbinden: daß der sakrale Versicherungs-Agent im säkularisierten weiterlebt.

Die Massen-Kultur, eine Säkularisierung zweiten Grades, begann mit der Ablösung des Lateinischen durch die nationale Sprache. Aber gewaltig verbilligt wurde die Kultur erst, als die ganze Nation an ihr teilnahm. Es war vorher eine Höhe erklommen worden, die keine Wurzeln tief unten hatte. Die Entvitalisierung der Kultur mündete in die Unkultiviertheit der Vitalität. Das Nase-Rümpfen der Feinen ist schuld daran, daß soviel köstliche Vergangenheit (und auch Gegenwart) nicht gegenwärtig wird.

In der Massen-Kultur kam manches zum Durchbruch, was nichts mit der Masse zu tun hat – eher mit dem, was die Gebildeten-Kultur nicht mehr recht leistete: die Feier der Sinne, der Leidenschaften, der Sehnsüchte. Camus notierte in seinem *Tagebuch*: »Die allgemeinen Begriffe haben mir am meisten geschadet.« Es war die Tendenz zur Verflüchtigung der Einzelheit, die so weit von den Augen und Ohren und Erfahrungen wegführte. Hier hatte die Sowjet-Union eine große Chance: nachbürgerlich wäre das Prinzip Kultur-Genuß gewesen; und ganz gewiß steckt in dem (phrasenhaft gewordenen) Kampf gegen den »Formalismus« noch eine Ahnung von dieser Mission. Das neue Rußland aber war (zuerst mit Recht, dann aus Macht-Wahn) auf Krieg eingestellt; Krieg und Genießen sind die unerbittlichsten Gegner. Ist die Kultur des Westens immer noch, in alter Tradition, vorwiegend eine Theophanie, ein Himmel zum Anhimmeln (und wenn einem das Knien noch so sauer wird), ein artifizielles Gebilde aus Symbol, Mythos, Archetypen, Dialektik und ähnlich ätherischem Material – so ist sie im Sowjet-Bereich ein Dienst-Reglement; und weder im Osten noch Westen etwas, was man mit Freuden verzehrt.

Vor den Genuß haben die westlichen und östlichen Götter das Pädagogische gesetzt: die Kultur muß erziehen. Ist das Erzogenwerden alles, was vergönnt wird? Es darf nicht die Anstrengung unterbewertet werden, die zu einer größeren Breite der Erfahrung führt, zu einer Differenzierung des oberflächlich Wahrgenommenen. Aber Künste und Philosophien haben noch eine andere Aufgabe als die erzieherische: steile Wege hinaufzuführen. Sie haben auch abzulenken, zu beruhigen, zu ergötzen; es ist reaktionär, diesen Imperativ als »reaktionär« zu verdächtigen. Sie haben das Leben leichter und genußreicher zu machen. Hier hat die Massen-Kultur ihren Erfolg. Ebenbürtig neben der Schulungs-Funktion der Kultur ist ihre Samariter-Funktion. Sie wird von strengen Kultur-Wächtern nicht anerkannt. So vielfältig verschlüsselt ihre Gebote und Verbote sind: es kommt immer wieder darauf hinaus, daß die ergötzende Massen-Kultur ein mit Schokolade überzogenes Gift ist, die Spekulation von Geld-Verdienern und ihren geistigen Lakaien, zusätzlich noch politische Verführung der Verwalteten (um eins der schicken Modewörter zu gebrauchen). Massen-Kultur ist Opium fürs Volk: so geht der alte Singsang der erlauchtesten Leute im Lande.

Hat jemand schon einmal versucht, exakt herauszubringen: wie man mit dem *Dreimäderlhaus* und Kalmans *Die Herzogin von Chicago* exploitiert? Wie tief Illustrierten-Romane, Operetten, Filme eindringen, Gedanken und Gefühle verderben? Jeder lebt zunächst einmal in einer sehr schmalen, nichtöffentlichen Welt, die in der Regel beim Ordinarius auch nicht weiter ist als beim Universitäts-Pedell. Die Wände, in denen der Private ziemlich fest eingeschlossen ist, bestehen aus seinen dringendsten Bedürfnissen, den täglichen Zufällen, auch aus Freunden und Feinden unter Familien-Mitgliedern und Kollegen. Schon die täglich aufdringliche Morgen-Zeitung mit der penetrant-fetten Mitteilung vom Sturz der Regierung, der United-Nations-Krise, dem Bürgerkrieg in Südamerika... ist wenig zudringlich im Verhältnis zum Ärger über den unerträglichen Nachbar. Innerhalb von vierundzwanzig Stunden nach dem Mord an Kennedy feierte München in Frack und Abendkleid sein neues uraltes Nationaltheater. Und die sprechendste Überschrift eines Journalisten lautete: »Das Tragische und Tröstliche im Opfertod John F. Kennedys«. Jeder tröstet sich leicht über das Unglück im Nachbarhaus. Die Freude über eine Figur Balzacs oder ein paar Takte der *Lustigen Witwe* (je nach Training) beflügelt höchstens eine entrückte Stunde. Wie wäre es sonst möglich, daß oft die feinsinnigst-verstiegenen Kunst-Andächtigen, Kunst-Interpreten die rohsten Patrone sein können.

Die Massen-Kultur ist nicht gefährlich, und die sublimste Kultur veredelt nur die Edlen; beide dringen nur ein bißchen in die innerste Zelle ein, die fast so undurchdringlich ist wie ein Safe. Das Laden-Mädchen, angeblich vom Film-Happy-End schwer gefährdet, kennt die Facts of life; gerade deshalb läuft sie ins Kino, sie will dem Druck für zwei Stunden entgehen. Ein Betrug ist nicht möglich. Schon am nächsten Morgen hat der Chef eine so kompakte Dreidimensionalität, daß kein Film-Prinz dagegen aufkommt. Die Film-Phantastereien (die gezielten und die nur schwachsinnigen) verführen nicht, weil sie den Patienten nur kurze Zeit und sehr an der Oberfläche anästhesieren – und das Erwachen hört nimmer auf.

Es gibt solche Anästhetica auf verschiedenen Ebenen. Die scharfsinnigsten Essays, welche klassenideologische Bazillen ebenso sauber wie vergeblich herauspräparieren, befrieden ganz gewiß ebenso scharfsinnige Leser. Wer dies Schrifttum nicht genießen kann, braucht auf der Flimmerwand das Schloß an der Riviera. Wird in ihm nur das (recht unzulängliche) Werkzeug der Ausbeutung gesehen, so wird übersehen, weshalb dieser »Betrug« überhaupt möglich ist: weil er nicht nur denen, die von ihm leben, etwas leistet. Das Film-Happy-End ist der amor dei intellectualis, die Serenitas, die Utopia der Primitiven; diese Beglückungen wären nicht entstanden, wenn mit ihnen nicht Nöte besänftigt würden, die immer wieder neu und immer wieder anders (in andern Zeiten, in anderen Schichten) weg-getröstet wurden. Die Religionen waren das Happy-End von einst. Das Trösten ist eine der gesegnetsten Quellen – sowohl der erlauchteren als auch der derberen Kulturen.

Gegen diese Erfahrung philosophiert man von hoch oben mit lauter verstorbenen Vokabeln über den leeren Verbraucher, der finanziell und politisch ausgebeutet wird; während der Hochfahrende seinem »Konsumenten«, der vor dieser hämischen Bezeichnung beschützt wird, mit exquisiten Wendungen eine heile Welt verspricht, welche die Fresser seiner Ankündigung genießen: nicht weil sie daran glauben, sondern weil sich die privilegierten Käufer als Höhere zu etablieren meinen. Wer hingegen das Prinzip der Massen-Kultur bejaht: jedem das zu geben, was ihn nährt, nicht Ausgetüfteltes statt Brot... bejaht nur die Wirkung, die sie ganz offenbar ausübt: jene Hilfe, welche die Gebildeten-Kultur nur wenigen und nur ein bißchen bietet. Die Produkte, welche, zusammengefaßt, als Massen-Kultur bezeichnet werden, sind nicht gut an sich, sondern in dem, was sie leisten. Die Wirkung einer Musik kann nicht befohlen werden. Man kann nicht diktieren, wie Beethoven gehört und wie Shakespeare aufgeführt werden soll; und wem sie nichts geben, soll sie gar nicht hören. Es kommt nicht darauf an, daß Beethoven »richtig« aufgenommen wird (nach dem Ukas irgendeines Musikologen), sondern daß er genossen wird. Man wird nicht den Snobismus überwinden, solange man das Kulinarische als ungeistig denunziert.

Es ist nicht die Masse, welche die Kultur geschaffen hat, die nach ihr benannt wird, sondern die von der Gebildeten-Kultur erzeugte Langeweile und die Fülle der nicht berücksichtigten Dringlichkeiten. Die Gleichgültigkeit trifft alles, was der Zeit, dem Ort oder der Art nach jenseits des durchschnittlichen Erfahrungsbereichs liegt.

Einst wurde eine Schicht aufgezogen, die in jahrelanger Übung mit der Vergangenheit, der Ferne, dem Nicht-durchschnittlichen vertraut gemacht wurde. Ein kleiner Kreis wurde systematisch kultiviert. Ohne eine lange Vorbereitung ist die Überlieferung nicht zu assimilieren. In einer Gesellschaft, in der kaum noch eine Minderheit das Privileg der Muße zur Aneignung des herrlichen Schatzes, aufgehäuft in Jahrtausenden, genießt, ist Gleichgültigkeit gegen das, was nicht aufgenommen werden kann, selbstverständlich.

Die alte (inzwischen längst bewältigte) Sorge war: wie macht man, was im Feudalismus und frühen Bürgertum Besitz der privilegierten Klassen war, allen zugänglich? Die Frage ist gelöst worden: mit Radio, Museen, fahrenden Bibliotheken, Taschenbüchern – so viele Taschen gibt es gar nicht. Die Frage ist schein-gelöst worden; nachdem Platons Dialoge für fast nichts zu kaufen sind, entstand die Schwierigkeit, daß man die Kosten nicht aufbringen kann, ihn auch noch zu verstehen. Dieser Preis kann nicht durch eine dirigierte Ökonomie niedrig gehalten werden.

Massenkultur bezieht ungeniert das Erbe ein, auf ihre Weise. Es kommt nicht darauf an, wieviel dabei verlorengeht, sondern wieviel gerettet wird. Zimperlichkeiten der Feinen sind menschenfeindlich. Das böse Wort vom »Ausverkauf« hat die erlesensten Ladenhüter geschaffen. Das Kostbare mußte entweder herabgesetzt werden oder liegenbleiben. Die Vergangenheit ist ein Steinbruch für die Gebäude der Gegenwart. Sie müssen roh gezimmert sein. Die aufgehäuften Schätze werden nicht so sehr assimiliert wie als Roh-Material verwertet. Nicht daß *Die Zehn Gebote, Le rouge et le noir, Die Gebrüder Karamasow* verfilmt werden – wie es geschieht, ist aufklärend. Hinter dem Wie stehen nicht nur kommerzielle Interessen (was allein gesehen und mit Pathos immer noch einmal entdeckt wird), auch Kenner der Möglichkeiten des Zuschauers; es ist zu billig, ihm zu schmeicheln, indem man ihn mit der halben Wahrheit erhöht: er werde von Ausbeutern geplündert. Es ist zu billig, die Produkte der Massen-Kultur zu verlachen oder zu verdammen (was dasselbe ist). Die Unkultiviertesten heute sind die hämischen Esoteriker, die sich selbst als Garanten einer noblen Zukunft anbieten und weite Schichten zu terrorisieren trachten.

Die Weisheiten, die heute in tausend Bändchen blühen – unter den

Titeln: wie werde ich glücklich?, wie komme ich zum Seelen-Frieden? sind (vergleichsweise) die Platon- und Spinoza-Filme der Massen-Kultur. Die Bedürfnisse, welche die klassischen Denker befriedigten – für eine schmale Schicht, werden hier zu befriedigen versucht: auf der Ebene jener Leser, welche Probleme und Lösungen nur so aufnehmen können. Wenn diese Versuche so dürftig sind, sind alle Gecken anzuklagen, welche es vorziehen, geistige Aristokratie zu spielen für die, welche sich einreden, daß sie durch Teilhabe an diesem Spektakel Auserwählte werden.

Es gab große Schriftsteller, welche zugleich die (sogenannten) ordinärsten Wünsche und die (sogenannten) erlesensten erfüllten: zum Beispiel die stärksten Realisten des französischen und russischen neunzehnten Jahrhunderts. In der Gegenwart ist die Kluft zwischen Elite- und Massen-Kultur enorm; und kann nicht dadurch geschlossen werden, daß irgendein kleiner Diktator ungeniert behauptet, die Massen würden Hölderlin dem Novellen-Band *Küßchen Küßchen* vorziehen, wenn sie nicht manipuliert würden. Wer hier manipuliert, ist der Kultur-Polizist, der durch seinen Kommentar den Dichter nur noch unzugänglicher macht. Die Kluft gähnt mit Recht: nicht nur wegen der Gebildeten-, auch wegen der Massen-Kultur. Sie lebt zum Teil elend von dem, was sich die Produzenten unter »Massen« vorstellen. Die feinere wiederum lebt zum guten Teil vom Sozial-Prestige, das sie denen gibt, die sie erzeugen, propagieren und sichtbar verzehren; die Langeweile, das schlimme Neben-Produkt, zahlt sich nur für die Wenigen aus, die von der regierenden Kultur-Hundertschaft leben.

Es gilt, jedes Jahrfünft die Kultur-Oligarchie neu zu zeichnen, so sehr wechseln hier Sitten und Phrasen; die Stefan George von heute sehen ganz anders aus, kleiden sich schlicht in den Sacco, so daß sie sich über den sakralen Vorgänger lustig machen können, ohne daß jemand die Komödie bemerkt. Es gilt auch, von Zeit zu Zeit eine neue Bilanz zu machen, was zur Kultur gehört. In der berühmtesten Enzyklopädie erhielt der Artikel »Theologie« nicht mehr Platz als der Artikel »Manufaktur und Gebrauch des Eisens«.

Wer diesen Versuch einer Aufwertung der Massen-Kultur für besonders demokratisch im gängigen Wort-Sinn hält, irrt; sie ist eher menschenfreundlich. Sie will nicht, daß mit Hilfe der Künste zur Höhe der Kultur hinaufgeprügelt wird ... und auch noch ohne Resultat. Gewiß, das Publikum will nichts, weil es nicht existiert. Der Einzelne aber, der existiert, hat seine Grenzen – sogar nach unten; ihm darf nicht vorgeschrieben werden, was dienlich ist. Er wäre auch gegen die Massen-Kultur zu verteidigen, wenn das notwendig wäre. Es ist nicht; die Tyrannis geht nur von den Gebildeten aus. Nichts ist gegen die Hochzüchtung zu sagen und alles gegen die drakonischen Maßnahmen der Hochgezüchteten, wie sie in ihren Verlautbarungen hörbar werden. Bei ihnen wird Volkserziehung zur Volksknechtung. Man könnte manchen dieser Erzieher sagen lassen: wollen denn die Kerle immer nur verstehen und genießen! Sie sollen dem, was sie nicht verstehen und nicht genießen, Beifall klatschen: zur Ehre des von der Hundertschaft modellierten authentischen Menschen.

Man sieht vor den grelleren östlichen Kultur-Diktatoren nicht die farbloseren westlichen. Sie versuchen – und nicht immer ohne Erfolg, eine Kultur zu oktroyieren, welche die Opfer so ausbeutet, wie sie es von der (dreimal bekreuzigten) Massen-Kultur behaupten. Die Überredung, eine Musik zu hören, für die der Hörer keine Ohren hat, ist eine Unterdrückung, welche die Massen-Kultur nicht kennt; hier gibt es nicht den Zwang, der auf Ehrgeizige (oder auch nur Untertanen) ausgeübt wird. Die erfolgreichen Schlager-Komponisten, die sich die prächtigsten Luxus-Villen kaufen, haben nicht ausgebeutet; die Kultur-Faktoren, die dazu geworden sind, weil andere Kultur-Faktoren sie inthronisierten, beuten mit jedem Stück aus, das von ihrer Leserschaft und Hörerschaft nicht aufgenommen werden kann. In der für den Betrachter unverständlichen Malerei kann eine mächtige Zukunft sein, in dem geliebten, kopiertesten Abgedroschenen nur noch die schwächlichste Vergangenheit. Aber Vergangenheit und Zukunft sind nicht so wichtig wie der Tag: lieber ein sterbendes Gestern, dessen Nachhall nur noch matt ist, als ein Morgen, der überhaupt nicht hält. Es muß das Primat des Menschen dieser Stunde verkündet werden.

Die Schriftsteller, die von der Höhe ihrer verfremdeten Sätze auf diese Niederungen herabschauen, leisten sich den Luxus, auf vertrackte Weise nicht zu sagen, was aus dem »entfremdeten« Menschen in Zukunft werden kann; anstatt darüber nachzudenken, wie dem, der in dieser Stunde lebt, das Leben leichter zu machen ist. Vor lauter (ehrlicher oder landesüblicher) Sorge um ein Irgendeinmal, die Charakter-Rolle des aktivistisch kostümierten Ästheten, wird die Gegenwart preisgegeben. Das ist in diesen Tagen die große Unmenschlichkeit derjenigen, die sich als Hüter des Gottes im Menschen aufspielen. Die sehr problematische Massen-Kultur tut immerhin mehr für die Lebenden als ihr unerbittlicher Kritiker. Die Kultur der Massen ist nicht eine, die so breit geworden ist wie die Masse. Sie ist die, gegen welche Millionen nicht gleichgültig sind.

Das ist nicht in den Slogan zu übersetzen: Sport statt Lyrik. Oder: vertraute Repetition statt des Unvorhergesehenen. Auch wenn diese Alternative noch so elegant-polemisch ziseliert wird, sie verfehlt, was gemeint ist. Immer werden Menschen geboren, in denen Neues durch will; und Anhänger, die es erkennen und ergriffen werden. Damals, als unterhalb dieser Schicht die Massen lebten, deren Vergnügungen nichts zu tun hatten mit dem, was in der Ober-Welt vor sich ging, gab es noch nicht die Vergewaltigung zur Kultur; man lebte kulturlos-frei. Dann wurden die Circenses von einst zur Massen-Kultur... einer Mischung, die nicht nur Kultur für den common man ist – wenn auch dies zuerst; und kommen wird der Tag, an dem die *Kritik der reinen Vernunft* von allen Fernseh-Sendern ausgestrahlt wird, obwohl sie so gar nicht strahlt.

Es gibt nun, Seite an Seite, zwei Kulturen, bisweilen aus denselben Bausteinen errichtet: die eine macht den Herrschafts-Anspruch, die andere wehrt sich dagegen mit Gleichgültigkeit – und versucht (wenn auch unzulänglich genug), die brachliegenden Schätze nutzbar zu machen. Nicht selten sogar für den gelernten Abseitler. Er, der alles an seinen zehn Fingern hat, hat es deshalb immer noch nicht in seinem Leben.

Er lehrt unter einem pseudo-demokratischen Axiom (die fragwürdig aristokratische Haltung Schopenhauers war viel aufrichtiger): alles für alle. Das sieht praktisch dann so aus: auch der Esoteriker möchte ein bestseller werden und stilisiert sich deshalb als einen Mann, der den geheimen Wunsch aller formt. Selbst die Kaufleute, die Esoterisches handeln, möchten soviel wie möglich verdienen. Die Ideologie dazu: das Publikum will es, nur wird es verführt. Das Beste für die Massen! Mit dieser Parole will man dem

Volk den Kaviar in den Rachen jagen – und zu oft nur Kaviar-Imitation.

Erstens ist das Beste durchaus nicht immer das Beste, oft nur das raffiniertest Zurechtgemachte. Und dann: das Beste kann für den, der es aufnehmen soll, nicht zu assimilieren sein – also das Schlechteste. Mit groben und subtileren Mitteln der Werbung kann man fast alles erzwingen: auch daß die Konsumenten erledigt werden mit den edelsten Hervorbringungen. Das ist kein edler Untergang. Der Philosoph Ludwig Wittgenstein wird mißbraucht, wenn er jemand eingeredet wird, der ihm nicht gewachsen ist. Es kommt nicht darauf an, wie gut die geistige Nahrung ist, sondern wie gut sie nährt. Derjenige, der aufnimmt, ist der Maßstab alles Guten und Schlechten – für sich. Die Massen-Kultur hat sehr ohne Tamtam eine Mission übernommen, welche die Missionare von einst nicht mehr erfüllten, als die »Barbaren« in die Kultur-Oasen einbrachen.

Böswilligen Lesern soll die böswillige Moral von der Geschicht' weggenommen werden: also sei die Kultur der Unkultivierten der neue Stern. Der neue Stern ist: jedem das Seine ... und nicht: jedem das Meine – meine Gedanken und meine Töne. Auch ist zu bekennen, daß, was Kultur und Unkultur genannt wird, in jedem Leben eng verschwistert lebt. Da träumt einer in den ausgeklügeltsten Reflexionen von einer Gesellschaft ohne artifizielle Ränge – und ist kindisch hinter Grafen und Baronessen her. Da entdeckt einer noch die hauchdünnsten Hüllen häßlicher Wirklichkeiten – und hüllt sich selbst in eine Privat-Ideologie, die selbst der Analphabet beim ersten Blick schaudernd durchschaut. Und wie hausbacken-unkultiviert haben Nobelpreisträger der Physik und Chemie über Gott und seine Welt geplaudert. Und wie schäbig haben sich die erlauchtesten Dichter und Denker 1933 präsentiert. Gebildeten-, Massen- und Pöbel-Kultur regieren gemeinsam die Exklusivsten.

Sollte hier aber, um der Verteidigung willen, die Massen-Kultur einen Glorienschein erhalten haben, so muß er zum Schluß noch zerstört werden. Sie ist preiswert nur in dem Willen zu Mehr-als-Bildung. Wie oft erreicht sie leider nur: daß sie nicht bildet – und auch sonst nichts leistet. Es gibt Lernen, Lachen und Weinen auf vielen Ebenen. Schlecht ist nur, was auf keiner einen Menschen erreicht.

Will man die Impulse beider Kulturen in gute und schlechte einteilen, so genügt dies: gut ist die Toleranz (außer gegen die Intoleranten); und: mehr Erfahrungen sind besser als weniger. Vor allem aber ist gut: nicht über seine geistigen Verhältnisse zu leben, nicht von den Angesehensten und »Angesehensten« sich aufzwingen zu lassen, was man eigentlich denkt, fühlt und will. Die »Angesehensten« werden hergestellt in einem Kräfte-Feld, das die oppositionellen Konformisten, die revolutionär aufgemachten Harmlosen, die talentierten Belanglosen zu Kräften macht. Die »Angesehensten« rebellieren gegen den Staat, der ihnen ungefährlich ist, im Bunde mit den mächtigsten Institutionen im Bezirk des Kultur-Betriebs, die ihnen sehr gefährlich werden können. Die »Angesehensten« stürzen nur das Herrschende, das nicht in ihrem Bereich herrscht – und auch dieser Sturz ist nur der Gefolgschaft vernehmbar.

Aber selbst, wenn dem nicht so wäre, wenn nicht Begabungen, sondern die Erlauchtesten auf dem Thron des Ansehens säßen... das Einzige, was einen Menschen zu einem Menschen macht, ist: daß er auf sich mehr hört als auf die priesterlichen Stimmen der Zeit. Er kann von ihnen lernen, aber die allein menschenwürdige Frage lautet immer: ist das meine Lehre? Es ist nicht genug, wenn die schreiende Tyrannei abgelehnt wird... obwohl es das erste ist; es ist nur der Anfang. Daß einer zu sich steht – nicht vor der Burg des Fronvogts (das ist nicht mehr möglich), sondern zum Beispiel vor den geeichten Kultur-Faktoren der Zeit (und das ist möglich): diesen Impuls zu kräftigen ist der Weg zu einer Demokratie, die man besser eine lebensfähige Anarchie nennen sollte.

Sie kann nicht entanarchisiert werden von einem Über-Menschen im Himmel, einem obersten Begriff, einem summum bonum. Sergius Bulgakow fand in den Philosophien der Jahrtausende die »unausbleiblich sich wiederholenden Stürze des Ikarus«; er brachte es, wie die Wenigsten wissen, nie zur Himmelfahrt, nur zum Piloten, der uns von der Postkutsche erlöste, was ihm zu danken ist.

Und Philosoph Ikarus kam nie weiter als zur Belichtung des alten Dunkels in der hellsten Sprache einer Gegenwart. Auch Gesetzgeber Ikarus muß auf seine imposanten Flüge verzichten. Sie führen zu weit; wichtig aber ist nur der nächste Schritt. Den leitet Caritas besser als Utopia. Es ist notwendiger, einem Hungrigen heute Essen zu geben, als die Menschheit vom Übel zu erlösen. Jesus hat die Armen gespeist und Maria Magdalena die Füße gewaschen; er hätte bestimmt nicht triumphierend verkündet, daß Maria Magdalena Keeler im Gefängnis nun schmutzige Wäsche waschen muß. Was Christus dann zur Rechten von Gottes Thron getan oder nicht getan hat, sollten wir ihm überlassen.

Marx lehrte auch: jeder leiste nach seinem Vermögen! Der Himmel gehört nicht zu unserem Ressort: aber der Bettler vor der Tür; der Arzt, der sich um einige Mitmenschen verdient gemacht hat und deshalb angeklagt wird; der Richter, der mit Prunkworten ihn ins Gefängnis bringt. Diese Details des Alltags rufen uns, da ist genug zu tun. Was geht uns das Höchste Gut an, das irgendein Schöpfer oder ein ebenso allmächtiges Naturrecht angeordnet haben soll? Diesen Majestäten sind wir nicht gewachsen. Der Mensch ist nicht geschaffen, um auf Zehen zu gehen.

Ein großer Herr über Worte, Sartre, beginnt jetzt, *Les Mots* neu zu sehen: »Lange Zeit habe ich meine Feder für einen Degen gehalten, jetzt weiß ich über unsere Ohnmacht Bescheid.« Über die Ohnmacht der herrschsüchtigen Worte, nicht über die Macht des Bescheidenen, der jeden Tag Gelegenheit hat, mit einem minimum bonum zu zeigen, daß er unter vielem sehr anderen auch ein Engel ist.

Register

Adams, Henry 68, 110
Aenesidem 125
Aeschylus 41
Agrippa v. Nettesheim 127f., 134
    Declamatio de vanitate et incertitudine scientiarum 127
Alba, Herzog v. 224
Albertus Magnus 90f.
Alexander der Große 50f., 83
Alkibiades 38, 41
Ambrosius, hl. 74
Amyntas 50
Anaxagoras 25, 28f., 32, 35, 38, 41, 45
Anaximander 25, 27, 32, 36
Anaximenes 24, 26f.
Angelus Silesius 70, 93
Annunzio, Gabriele d' 223
Antonius, Marcus 61
Antonius, Pius 64
Anytos 39, 41
Archimedes 192
Aretino, Pietro 269
Aristophanes 39, 46, 267
Aristoteles 15, 17, 19ff., 25, 37f., 50 bis 54, 56, 61, 65f., 76f., 90, 109, 112f., 122, 125, 192, 266
    Erste Philosophie (Metaphysik) 51
    Nikomachische Ethik 52
    Organon (Formale Logik) 51, 113
    Politik (Politik der Athener) 53
    Poetik 53
    Über den Himmel (Physik) 50
    Über Meteorologie (Physik) 50
    Über vergleichende Anatomie und Physiologie (Physik) 50
    Über die Zeugung der Tiere (Physik) 50
    Über die Pflanzen (Physik) 50
Arius v. Alexandrien 69
Aspasia 45
Astray, Millan 224

Atticus, Titus Pomponius 58
Augustinus, hl. 20, 53, 72ff., 80, 83, 90, 120, 126, 129, 131, 133, 136, 180, 192, 227
    Bekenntnisse 74, 76
    Der Gottesstaat 75, 77
    Selbstgespräche 74, 76
    Wie lebe ich glücklich 74
Augustus 73
Avenarius, Richard 258
Azana y Diez, Manuel 224

Baader, Franz Xaver v. 93
Bacon, Francis 48, 110–117, 249
    Nova Atlantis 114
    Novum Organon 113
    Vom Wert und Wachstum der Wissenschaften 113
Bacon, Roger 111
Bahnsen, Julius 184, 291
    Der Widerspruch im Wissen und Wesen der Welt 184
    Prinzip und Einzelbewährung der Real-Dialektik 184
Bahr, Hermann 262
Balzac, Honoré de 312
Baudelaire, Charles 113, 289, 295
Becher, Johannes R. 289
Beer, Johann 283
Beethoven, Ludwig van 308, 313
Benda, Julien 206
    La trahison des clercs 206
Benn, Gottfried 206, 216, 247, 286
    Probleme der Lyrik 247
Bergson, Henri 53, 110, 179, 191, 199ff., 233, 240, 245, 267, 292
Berkeley, George 245
Bernhard von Clairvaux 93f., 98
Berté, Heinrich 312
    Das Dreimäderlhaus 312

Besant, Annie 101
Bloch, Ernst 92, 129, 166, 287
Bloy, Leon 179
   Blumengarten 119
Böhme, Jakob 57, 93, 111
Böll, Heinrich 230
Bohr, Niels 260
Boole, George 252
Borgia, Cesare 189
Brandes, Georg 306
Brecht, Bertolt 114, 228 ff.
Brentano, Franz 17, 266
Brockdorff, Baron Kay v. 200
Brod, Max 61
   Armer Cicero 61
Brown, Norman O. 59
Bruno, Giordano 110
Buddha 71, 74, 102, 310
Büchner, Georg 58, 136, 226, 290, 292
   Der Hessische Landbote 181, 226, 290
   Leonce und Lena 214
   Woyzeck 95, 290
Bulgakow, Sergius 319
Burckhardt, Jacob 144, 170, 173, 175, 184, 238, 298, 301 f.
Burke, Edmund 53
Burke, R. M. 94

Caesar, Gaius Julius 61, 203 f., 305
   De Bello Gallico 203
Caligula, Gaius Julius Caesar Germanicus 63, 280
Camus, Albert 130, 250, 276, 290, 292, 309, 311
   L'Homme Révolté 290
   Tagebuch 311
Carlyle, Thomas 11, 195, 306
Carnap, Rudolf 259
Cassirer, Ernst 237, 261 f.
   Philosophie der symbolischen Formen 262
   Was ist der Mensch? (Essay on Man) 261
Castro, Fidel 222 ff.
Catilina, Lucius Sergius 61
Cato, Marcus Porcius 66
Catull, Gajus Valerius 296
Channing, William Ellery 69

Cicero, Marcus Tullius 58, 61 f., 73 f.
   De senectute 61
   De amicitia 61
   De officiis 61
   Hortensius 73
Claudius, Tiberius C. Nero Germanicus 63
Clemens, hl. 131
Cohen, Hermann 237, 262
Comte, Auguste 113, 192, 231 ff., 249, 280
   Cours de la philosophie positive 231 f.
Constant, Benjamin 281 f., 289
   Adolphe 281
   Journal intime 281
Crane, C. B. 141
Cusanus, Nicolaus, hl. 93, 127 f.
   De docta ignorantia 93, 127

D'Alembert, Jean le Rond 138
Danton, Georges 290
Darío Rubén 278
   Portico 278
Darius 32
Darwin, Charles Robert 178, 204, 233 f., 245
   Abstammung der Arten 245
Degas, Edgar 247
Demokrit 27 f., 59, 122, 192
Descartes, René 100, 111, 115–118, 124, 131, 137, 192, 217, 240, 247
   Discours de la méthode 116
   Meditationes de prima philosophia 116
Dewey, John 113 f., 246, 249 f., 254 f., 307
   Vom Absolutismus zum Glauben ans Experiment 225
Diderot, Denis 130, 137 f., 147, 298
   Promenade eines Skeptikers 130
Diels, Hermann 25
   Die Fragmente der Vorsokratiker, griechisch und deutsch 25
Dilthey, Wilhelm 191 ff., 199
   Die Typen der Weltanschauung und ihre Ausbildung in den metaphysischen Systemen 192
Diogenes 274

Diogenes Laertius 12, 18, 24f., 30, 50, 126
Leben und Meinungen berühmter Philosophen Griechenlands 25
Dion 44, 48
Dionys I. 32, 45 f., 48
Dionys II. 44, 48
Dionysios Areopagita 92
Döblin, Alfred 283
Dreiser, Theodore 204
Driesch, Hans 17
Dschuang Tsi 103

Eckhart, (Meister) 17, 69 ff., 92 ff., 104 f., 107, 122, 127, 131, 222, 229
Einstein, Albert 258, 260
Elisabeth I. 111
Ellis, Havelock 266
Emerson, Ralph Waldo 194 f., 305
Empedokles 28, 31, 35, 37, 238, 267
Engels, Friedrich 165 f., 188, 284, 291
Anti-Dühring (Herrn Eugen Dührings Umwälzung der Wissenschaften) 166
Epikur 17, 20, 57 ff., 61, 63, 66, 75, 102, 180, 209
Die Natur 57
Erasmus von Rotterdam 72
Essex, Robert Devereux Earl of 111
Eucken, Rudolf 200
Eudokia 80
Euhemeros 46
Heilige Chronik 46
Euripides 46

Fechner, Gustav Theodor 233 ff.
Vergleichende Anatomie der Engel 234
Warum wird die Wurst schief durchgeschnitten? 234
Feuerbach, Ludwig 60, 96, 104
Fichte, Johann Gottlieb 21, 113, 124, 148 f., 155 ff., 159, 162, 165, 175 f., 192, 229 f., 237, 239, 255
Der geschlossene Handelsstaat 157
Die Entwicklung der Idee der Religion 155
Die Bestimmung des Menschen 162
Philosophisches Journal 155

Fichte *(Fortsetzung)*
Reden an die deutsche Nation 156
Über die Gründe unseres Glaubens an eine göttliche Regierung des Universums 155
Versuch einer Kritik aller Offenbarung 155
Wissenschaftslehre 157
Fiske, John 245
Einführung in eine Philosophie des Kosmos 245
Flaubert, Gustave 187, 214, 286, 289
Franco, Francisco 223 f., 227
Franklin, Benjamin 58
Franziskus, hl. 69
Freud, Sigmund 17, 28, 59, 74, 121, 138, 141, 144, 168, 172, 178 f., 182, 184, 190, 198 f., 204, 231, 265 ff., 282 f., 288, 295, 297-303
Selbstdarstellung 267
Friedell, Egon 297
Friedrich II., König v. Preußen 140, 143
Fries, Jakob Friedrich 237
Fuhrmann, Ernst 271, 299

Gassendi, Pierre 58
Gaultier, Jules de 279
Gautier, Théophile 282 f.
Mademoiselle Maupin 282
Geibel, Emanuel 288 f.
Gellert, Christian Fürchtegott 282
Die Biene und die Henne 282
Goethe, Johann Wolfgang v. 12, 53, 88, 95, 148, 154, 195, 203, 229, 231, 239, 274, 309
Faust 12, 187
Gogh, Vincent van 107
Gorgias 36
Graham, Billy 69, 229
Groethuysen, Bernhard 139
Gryphius, Andreas 295
Guardini, Romano 133

Hadrian, Publius Aelius 64
Haeckel, Ernst 233 f.
Die Welträtsel 234
Haecker, Theodor 69
Hamsun, Knut 216
Harden, Maximilian 197

Harnack, Adolf v. 69f.
  Das Wesen des Christentums 70
Hartmann, Eduard v. 173, 182–185
  Mein Entwicklungsgang 183
  Ist der Pessimismus trostlos? 183
  Die Philosophie des Unbewußten 184
Hartmann, Nicolai 237, 242f.
  Grundzüge einer Metaphysik der Erkenntnis 242
Harun el Raschid 275
Hasenclever, Walter 241
  Der Sohn 241
Hauptmann, Carl 234
Hauptmann, Gerhart 206, 234
Hebbel, Friedrich 173, 187, 289, 291
Hegel, Georg Wilhelm Friedrich 15, 19, 21, 30f., 56, 77, 90, 95, 97, 100, 115, 125, 143, 148, 157–166, 170, 172, 175f., 178, 180, 182ff., 191, 193, 212, 217, 229f., 233, 238, 241, 255f., 263, 268, 285, 291, 295, 298, 306
  Phänomenologie des Geistes 158f., 241
  Tagebuch 158
  Vorlesungen über die Philosophie der Geschichte 159
Heidegger, Martin 50, 143, 215–219, 221ff., 241, 263, 265
  Sein und Zeit 215f., 263
  Was ist das – die Philosophie? 216
Heine, Heinrich 154, 170, 181, 189f., 202, 253, 276, 287
  Zur Geschichte der Religion und Philosophie in Deutschland 154
Heisenberg, Werner 295
Helmholtz, Hermann 192, 237
Helvétius, Claude Adrien 146
Hemingway, Ernest 287
Heraklit 17, 25f., 30ff., 35, 37, 40, 238
  Von der Natur 31
Herder, Johann Gottfried 148, 153, 155, 159, 295
  Briefe zur Förderung der Humanität 149
Hermodorus 30
Hesiod 294
Hieron 45

Hildegard von Bingen, hl. 93, 95, 104, 106
Hiob 20, 175, 294f.
Hippokrates 46
Hitler, Adolf 189, 216, 218, 220, 222f., 239, 256
  Mein Kampf 203, 304
Hobbes, Thomas 177, 245, 296
Hölderlin, Friedrich 64, 102, 136, 148, 206, 216, 306, 315
  Der Tod des Empedokles 102, 136
Hofmannsthal, Hugo von 292
Holmes, Oliver Wendell 194, 245
Homer 30, 83, 229, 308f.
  Ilias 83
  Odyssee 83
Horaz, Quintus Flacus 58, 141
Horkheimer, Max 54
Hugo, Victor 277f.
Hühnerfeld, Paul 50
Hume, David 21, 37, 53, 127, 151f., 155, 231, 245, 256
Husserl, Edmund 105, 117, 217, 239ff., 247f., 264
  Ideen zu einer reinen Phänomenologie und phänomenologischen Philosophie 241
  Philosophie als strenge Wissenschaft 239
Hutten, Ulrich von 181
Huxley, Aldous 11ff., 92, 94, 100., 104ff., 135,
  Glaubensbekenntnisse des Lebensanbeters 11
  Grey Eminence 106
  The Devils of Loudun 106

Ibsen, Henrik 185, 226f.
  Die Wildente 185
  Wenn wir Toten erwachen 226
Innozenz II. 294
Innozenz III. 69
Innozenz IV. 175

Jagemann, Karoline 179
Jakob I. 112
Jambulos 46
  Sonnen-Insel 46
James, Henry 195, 278
  The Ivory Tower 278

James, William 93, 105, 110, 179, 181, 191, 193–197, 199, 201, 244ff., 248ff., 256f., 292
Die Mannigfaltigkeit der religiösen Erfahrung 245
Pragmatismus 197
Jaspers, Karl 93, 219ff., 223
Die geistige Situation der Zeit 219f.
Psychologie der Weltanschauungen 219
Philosophie 220
Von der Wahrheit 220
Jerusalem, Wilhelm 197, 246, 253ff.
Der kritische Idealismus und die reine Logik 197
Jesaja 46
Jesus Christus 65, 68, 70, 72, 83, 85, 87f., 110, 131ff., 136, 165, 187f., 207, 228, 230, 274, 289, 320
Joel, Karl 184
Jung, Carl Gustav 206

Kafka, Franz 306
Kálmán, Emmerich
Die Herzogin von Chicago 312
Kant, Immanuel 18, 21f., 32, 37, 46, 51, 75, 96, 100, 103, 117, 123–127, 129, 131, 138–146, 148–161, 165f., 175f., 178, 180, 192, 198, 229ff., 236f., 239, 241, 243, 247ff., 255, 260, 263, 272, 281, 306
Anthropologie 139, 148
Die Beantwortung der Frage »Was ist Aufklärung?« 138
Kritik der reinen Vernunft 17, 124, 149, 151, 236f., 317
Kritik der praktischen Vernunft 153
Über Schwärmerei und die Mittel dagegen 103
Was heißt: Sich im Denken orientieren? 138
Karl der Große 274
Keeler, Christine 320
Kekaumenos 86f.
Kennedy, John F. 312
Keroularios 84

Kierkegaard, Søren Aabye 17f., 20, 57, 69f., 76, 90, 95, 97, 106, 113, 131, 133, 136, 156, 162, 172f., 182, 210ff., 213–219, 222f., 226–231, 247, 262, 298, 305
Der Augenblick 212
Der Begriff der Angst 213
Entweder-Oder 211
Kirchhoff, Gustav Robert 258
Klages, Ludwig 184
Der Geist als Widersacher der Seele 184
Kleist, Heinrich von 127, 136, 153
Kohelet 175
Konstantin I. 78
Konstantin X. 82
Kopernikus, Nikolaus 178, 204
Kornfeld, Paul 241
Krishnamurti 92, 100ff.
Kritias 40, 45

Lask, Emil 243
Lassalle, Ferdinand 30, 291
Franz von Sickingen 291
Die tragische Idee 291
Lautréamont, (Isidore Lucien Ducasse) 120, 295
Die Gesänge des Maldoror 120

Lawrence, David Herbert 59
Lehár, Franz
Die lustige Witwe 312
Leibniz, Gottfried Wihelm 17, 100, 122ff., 130f., 137, 150, 171, 196, 259, 295
Leo IX. 84
Leo X. 69
Leo XIII. 90
Aeterni patris 90
Leonardo da Vinci 111
Das Buch von der Malerei 111
Leopardi, Giacomo Graf 57, 294
Lessing, Gotthold Ephraim 53, 124, 154, 181, 306
Lessing, Theodor 184
Geschichte als Sinngebung des Sinnlosen 185
Leverrier, Urbain Jean Joseph 252
Lewin, Ludwig 105
Lichtenberg, Georg Christoph 268

Likhoudis 82
Locke, John 151f., 231, 245, 257
  Essay concerning human understanding 151
Loewe, Frederick
  My Fair Lady 309
Löwith, Karl 167, 190
Lotze, Rudolf Hermann 233, 235
  Mikrokosmos, Ideen der Naturgeschichte und Geschichte der Menschheit 235
Louys le Roys 278
  Exhortations aux François 278
Loyola, Ignatius von 69, 94, 225, 289
Lukács, Georg 168f.
Lukrez, Titus Carus 58
  De rerum natura 58
Luther, Martin 69, 72, 93, 98, 154, 181, 213, 274
Lyell, Charles 245
  Geologie 245

Mach, Ernst 248, 258
Malebranche, Nicole 69
Mann, Heinrich 44, 207, 274, 302
  Macht und Geist 44
Mann, Klaus 52
  Alexander 52
Mann, Thomas 173, 190, 229, 275
  Betrachtungen eines Unpolitischen 190
  Doktor Faustus 190
Marc Aurel 62, 64, 180
  Selbstbetrachtungen 64f.
Maria, Jungfrau 234
Martensen, Hans Lassen 212
Martial, Marcus Valerius 296
Marx, Karl 17, 21f., 43, 55, 59, 90, 113, 127, 143, 145, 157, 159-165, 170, 172, 178, 182, 188, 190, 199, 217, 226, 255, 263, 276, 284, 288, 291, 297, 320
  Das Kommunistische Manifest 170, 187, 233
  Deutsche Ideologie 163
  Zur Kritik der Hegelschen Rechtsphilosophie 164
Mauriac, François 74, 133, 270
Mawropous 82f., 86
Mechthild von Magdeburg 93, 104

Meletos 41f.
Mencken, Henry Louis 195, 204
Mendelssohn, Moses 139, 151
  Morgenstunden oder Vorlesungen über das Dasein Gottes 151
Michelangelo Buonarotti 195, 301
Milhaud, Darius 245
Mill, John Stuart 247
Miller, Henry 59
Misch, Georg 193
Mohammed 85
Montaigne, Michel Eyquem Seigneur de 63, 127f., 134, 195, 262, 274, 277, 298
  Philosophieren ist: sterben lernen... (Essays) 63
Montesquieu, Charles de Secondat, Baron de la Brède et de M. 159
Moses 271
Mosley, Sir Oswald Ernald 256
Müntzer, Thomas 181
Musil, Robert 288
  Der Mann ohne Eigenschaften 288
Mynster, Jakob Pier 69, 212

Napoleon I. 289, 307
Natorp, Paul 236f., 262
Nero, Claudius Caesar 63
Newton, Isaac 150
Nicolai, Friedrich 142
Niethammer, Friedrich Immanuel 161
Nietzsche, Friedrich 12, 17f., 20f., 30, 53, 57, 72, 97, 100, 110, 118, 125, 135f., 138, 143, 156, 162, 172f., 181f., 185-191, 193-206, 208ff., 214f., 217, 226, 231, 233, 253-256, 261f., 265ff., 276, 282, 288, 292, 294, 296, 298, 300, 302, 306
  Der Wille zur Macht 156
  Die Geburt der Tragödie aus dem Geiste der Musik 186
  Richard Wagner in Bayreuth (Unzeitgemäße Betrachtungen) 187
  Theorie und Praxis 195
  Umwertung aller Werte 72
Noah 273
Novalis (Friedrich Freiherr v. Hardenberg) 12, 71, 110, 206, 225, 243
  Die Christenheit oder Europa 110

Occam, William v. 256f.
Offenbach, Jacques 234, 256
Olsen, Regine 210
Origines 274
Ortega y Gasset, José 15, 204–208, 225
  Der Aufstand der Massen 204f.
  Reform der Intelligenz 207
Ostwald, Wilhelm 246, 248
Ovid, Publius Naso 63, 296
Owen, Robert 55

Papini, Giovanni 245
Paracelsus (Theophrastus Bombastus v. Hohenheim) 93
Pascal, Blaise 11, 17, 20, 57, 76, 93, 130ff., 134ff., 167, 185, 191, 218, 222, 226f., 229ff., 262, 264
  Memorial 133
Pawlowa, Anna 19
Peirce, Charles Sanders 116f., 195, 197, 244–247, 251
  Wie können wir unsere Vorstellungen klären? 117
  Wie wir unsere Ideen klar machen können 244
Perikles 38f., 41, 45, 108, 186
  Perlen pessimistischer Weltanschauung 36
Perry, R. B. 253
Pessimisten-Gesangbuch 36
Petersen, Michael 210
Petzold, Josef 258
Phidias 41, 45
Philipp, König von Makedonien 50, 83
Picasso, Pablo 107, 170
Planck, Max 36, 152, 206
Platon 17f., 21, 32, 35, 37f., 43 bis 51, 53ff., 57ff., 61, 65f., 76f., 79f., 83, 89, 92, 95, 108, 134, 161f., 175, 192, 195, 198, 207f., 230, 237f., 240, 256, 261f., 266f., 269, 307, 314f.
  Apologie 38
  Der Staat 44, 46, 207, 256
  Gastmahl 38, 267
  Gorgias 45
  Kriton 38

Pleßner, Helmut 167f.
  Das Problem der Öffentlichkeit und die Idee der Entfremdung 167
Plotin 49, 95
Plutarch 62, 83
Poincaré, Henri 245
Porphyrios 95
Primo de Rivera, José Antonio 223f., 227
Protagoras 36, 41
Proust, Marcel 309
Psellus, Konstantin 15, 18, 72, 78–90, 229
Ptolemäus 192
Putnam, James J. 267
Pyrrhon v. Elis 125, 129
Pythagoras 28, 32

Raffael (Raffaelo Santi) 193
Reichenbach, Hans 259f.
  The Rise of Scientific Philosophy 259
Rembrandt, Harmensz van Rijn 119
Rickert, Heinrich 238f., 255
  Die Grenzen der naturwissenschaftlichen Begriffsbildung 238
  Die Heidelberger Tradition 239
Robbe-Grillet, Alain 279
Robinson, Henry Crabb 281
Rolland, Romain 223
Rosenberg, Alfred 203
Rousseau, Jean-Jacques 64, 296ff., 300ff., 305
Russell, Bertrand 17, 48, 96, 138, 152, 201, 256ff.
  Der Weg zum Weltstaat 257
  Principia Mathematica 257

Sainte-Beuve, Charles-Augustin 277f., 281
  Pensées d'août 277
Salomon 57, 273, 294
  Canticum Canticorum (Das Hohe Lied) 273f.
Sarraute, Nathalie 147
Sartre, Jean-Paul 221ff., 224, 275f., 290, 294, 320
  Les Mots 320

Scheler, Max 241f., 245, 254f., 262ff.
  Der Formalismus in der Ethik und die materiale Wert-Ethik 263
  Der Genius des Krieges und der deutsche Krieg 264
  Der Held 264
  Die Ursachen des Deutschen-Hasses 264
  Erkenntnis und Arbeit 254
  Vorbild und Führer 265
Schelling, Friedrich Wilhelm 53, 157f., 200, 281
Schiller, Charlotte v. 153
Schiller, Ferdinand Canning Scott 197, 245f., 254
Schiller, Friedrich 53, 95, 133, 136, 148, 154, 192, 255, 281ff., 298
  Die Räuber 136
  Über den Grund unseres Vergnügens an tragischen Gegenständen 53, 281
Schlegel, August Wilhelm 306
Schlegel, Friedrich v. 93, 127, 141, 156, 277
Schleiermacher, Friedrich Daniel Ernst 156
Schlick, Moritz 258
Schopenhauer, Arthur 14, 17, 20f., 29, 32, 40, 46, 49, 54, 57, 65, 95, 97, 116, 118, 125, 143, 146f., 155, 157, 162, 164, 172-185, 187ff., 195, 199ff., 206, 217, 222, 238, 240f., 255, 261, 266ff., 288, 294f., 306, 317
  Zur Rechtslehre und Politik 173
  Die Welt als Wille und Vorstellung 171, 183, 295
Schopenhauer, Johanna 173
Schweitzer, Albert 189
Scotus Erigena (Johannes Duns Scottus) 91
Sedlmayr, Hans 110
  Verlust der Mitte 110
Seghers, Anna 168
Seneca, Lucius Annaeus 62ff., 192
  Über das glückliche Leben 62f.
Seurat, Georges 107
Seuse (Suso), Heinrich 93, 98
Sextus 64

Shakespeare, William 136, 195, 229, 308, 313
  Der Kaufmann von Venedig 208
Shaw, Bernard 201
  Zurück zu Methusalem 201
Sickingen, Franz v. 291
Sigwart, Christoph 255
Simmel, Georg 179, 191, 197ff., 219, 246, 254f., 292, 298, 301
  Der Begriff und die Tragödie der Kultur 198
  Goethe 254
  Hauptprobleme der Philosophie 219
  Philosophie des Geldes 198
  Soziologie 198
Sokrates 20, 37-46, 50, 54, 57, 66, 103, 108, 189, 192, 199, 233, 245, 293
Sophokles 53, 133
Sorel, Georges 200f.
  Reflexionen über die Gewalt 200
Spencer, Herbert 245
  Grundsätze der synthetischen Auffassung der Dinge 245
Spengler, Oswald 191, 202ff., 302
  Der Untergang des Abendlandes 202
  Pessimismus? 202
  Spiel von den klugen und törichten Jungfrauen 169
Spinoza, Baruch de 18f., 22, 32, 57, 92, 95, 103, 117-122, 124, 131, 137, 149, 193, 206, 230, 259, 269, 280, 296, 315
  Ethik 18, 118, 120f.
  Kurzgefaßter Traktat 119
  Politischer Traktat 121
  Renati Descartes Principia Philosophiae 118
  Theologisch-politischer Traktat 119
  Traktat über die Verbesserung des Menschenverstandes 120
Spranger, Eduard 193, 239
Stalin, Jossif Wissarionowitsch 223f., 252
Steiner, Rudolf 102
Stirner, Max 36, 156, 226, 269, 298
Strauß, David Friedrich 206
Strauss, Richard 206

Strindberg, August 74, 106, 113, 133f., 247
  Inferno 133
  Legenden 133
Stumpf, Karl 249
Szczesny, Gerhard 230

Tauler, Johannes 93, 98
Tecchi, Bonaventura 270
Teilhard de Chardin, Pierre 235
Tempier, Etienne 95
Thales 14, 16, 21, 24, 26f., 32, 37, 51, 65, 173
Theodora 81f., 88f.
Theophrast 25
Theologia deutsch 93
Thomas von Aquino, hl. 17, 21, 68, 73, 90ff., 124
  Summa de veritate fidei catholicae contra gentiles 90
  Summa theologica 90
Thomas a Kempis, hl. 93
Thoreau, Henry David 301, 305
Thukydides 39
Tieck, Ludwig 145, 156
  Der gestiefelte Kater 145
Timon v. Phlius 125
Tocqueville, Alexis Clérel de 287
Tolstoi, Leo Nikolajewitsch Graf 69, 136, 173, 179, 305
Toynbee, Arnold J. 68, 160, 302
Trakl, Georg 216
Treitschke, Heinrich v. 265

Unamuno, Miguel de 57, 223-227
  Das tragische Lebensgefühl 223
  Die Agonie des Christentums 223
  En torno al Casticismo 225
  Ibsen und Kierkegaard 227
Unger, Erich 41, 251
  Gegen die Dichtung 41
Urban IV. 90

Vaihinger, Hans 191, 196f., 199, 255
  Philosophie des Als Ob 196f.
Valéry, Paul 123, 202, 247
Vergil, Publius Maro 58
Vico, Giambattista 159, 237f.
Vigny, Alfred de 277f.
Voltaire (Arouet, François-Marie) 137, 159, 171, 187, 189, 302
  Candide oder der Optimismus 171

Wagner, Richard 18, 30, 173, 175, 186-190, 195, 293, 306
  Der Ring des Nibelungen 30, 187
  Jesus von Nazareth 187
  Das Kunstwerk der Zukunft 187
  Das Judentum in der Musik 187
  Die Kunst und die Revolution 187f.
  Oper und Drama 187
Wahl, Jean 201
Walther von der Vogelweide 283
Weber, Max 199
Wegelin, Jacob 159
Weigel, Valentin 93
Wein, Hermann 190
Weininger, Otto 184
Weiß, Ernst 305
Weyrauch, Wolfgang 286
Whitman, Walt 256
Whitehead, Alfred North 50
Wieland, Christoph Martin 150
Wilde, Oscar 278, 284
Wildenbruch, Ernst v. 289
Wilhelm, Georg 157
Windelband, Wilhelm 236, 255
Wittgenstein, Ludwig 17, 92, 95, 130, 306, 318
Wolff, Christian 137
Wundt, Wilhelm 233, 235

Xanthippe 41
Xenophanes 45
Xenophon 39
Xiphilinos 82, 86

York v. Wartenburg, Paul Graf 193

Zoe 80ff.
Zola, Emile 247
Zoroaster 73

Ludwig Marcuse im Diogenes Verlag

Wie alt kann Aktuelles sein?
Kritische Aufsätze. Herausgegeben von Dieter Lamping. Mit einem Nachwort des Herausgebers und einer Bibliographie der literaturkritischen Arbeiten Marcuses. Leinen

Philosophie des Glücks
Von Hiob bis Freud. Vom Autor revidierter und erweiterter Text nach der Erstausgabe von 1948. Mit Register. detebe 20021

Sigmund Freud
Sein Bild vom Menschen. detebe 20035

Argumente und Rezepte
Ein Wörterbuch für Zeitgenossen
detebe 20064

Ignatius von Loyola
Ein Soldat der Kirche. detebe 20078

Das denkwürdige Leben des Richard Wagner
Eine böse Biographie. detebe 21085

Mein zwanzigstes Jahrhundert
Auf dem Weg zu einer Autobiographie. Mit Personenregister. detebe 20192

Nachruf auf Ludwig Marcuse
Autobiographie II. detebe 20193

Philosophie des Un-Glücks
Pessimismus – ein Stadium der Reife
detebe 20219

Ludwig Börne
Aus der Frühzeit der deutschen Demokratie
detebe 20259

Heinrich Heine
Melancholiker, Streiter in Marx, Epikureer
detebe 20258

Meine Geschichte der Philosophie
Aus den Papieren eines bejahrten Philosophiestudenten. detebe 20301

Das Märchen von der Sicherheit
Das Testament eines illusionslosen Optimisten. detebe 20302

Der Philosoph und der Diktator
Plato und Dionys. Geschichte einer Demokratie und einer Diktatur. detebe 21159

Obszön
Geschichte einer Entrüstung. detebe 21158

Essays, Porträts, Polemiken
aus vier Jahrzehnten. Herausgegeben und eingeleitet von Harold von Hofe
detebe 21675

Strindberg
Das Leben der tragischen Seele. detebe 21780

Briefe von und an Ludwig Marcuse
an und von Max Brod, Alfred Döblin, Bruno Frank, Hermann Kesten, Erika, Klaus, Heinrich und Thomas Mann, Henry Miller, Robert Neumann, Joseph Roth, Alma Mahler-Werfel, Stefan Zweig u.v.a. Mit Chronik, Bibliographie und Register. Herausgegeben und eingeleitet von Harold von Hofe. Leinen

Herausgegeben von Ludwig Marcuse:
Ein Panorama europäischen Geistes
Texte aus drei Jahrtausenden, ausgewählt und vorgestellt von Ludwig Marcuse. Mit einem Vorwort von Gerhard Szczesny
I. Von Diogenes bis Plotin
II. Von Augustinus bis Hegel
III. Von Karl Marx bis Thomas Mann
detebe 21168

Ludwig Marcuse
Wie alt kann Aktuelles sein?
Literarische Porträts und Kritiken

Herausgegeben, mit einem Nachwort
und einer Auswahlbibliographie
von Dieter Lamping

Wie vieles über (und von) Ludwig Marcuse hat man heutzutage auch vergessen, daß er ein großer Kritiker war. Er hat Hunderte von Rezensionen geschrieben: über philosophische und psychologische Bücher (von Bloch und Jaspers bis zu Wilhelm Reich und Anna Freud), besonders aber über literarische Neuerscheinungen. Marcuse hat als einer der ersten Musils *Mann ohne Eigenschaften* besprochen, mit Brecht über das epische Theater gestritten, gegen George polemisiert; er hat jedes Buch von Joseph Roth besprochen, nach dem Krieg hat er sich unermüdlich für Exil-Autoren wie Heinrich Mann und Alfred Döblin eingesetzt; gleichzeitig beobachtete Marcuse auch immer die neueste Literatur, in den sechziger Jahren rezensierte er Bücher u. a. von Böll, Dürrenmatt und Grass, Henry Miller und Simone de Beauvoir.

»Er war keiner Gruppe, keiner Clique zugehörig, war nie als Claqueur zu mißbrauchen. Dieser intensiv gläubige Ungläubige vollzog immer wieder in seiner Philosophie, in seinen Artikeln und Büchern etwas, was man Kulturrevolution am eigenen Leibe nennen könnte.« *Heinrich Böll*

Arthur Schopenhauer
Zürcher Ausgabe

Vollständige Neuedition, die als Volks- und Studienausgabe angelegt ist: Jeder Band bringt nach dem letzten Stand der Forschung den integralen Text in der originalen Orthographie und Interpunktion Schopenhauers; Übersetzungen fremdsprachiger Zitate und seltener Fremdwörter sind in eckigen Klammern eingearbeitet; ein Glossar wissenschaftlicher Fachausdrücke ist als Anhang jeweils dem letzten Band der *Welt als Wille und Vorstellung* (detebe 20424), der *Kleineren Schriften* (detebe 20426) und der *Parerga und Paralipomena* (detebe 20430) beigegeben. Die Textfassung geht auf die historisch-kritische Gesamtausgabe von Arthur Hübscher zurück; das editorische Material besorgte Angelika Hübscher.

Die Welt als Wille und Vorstellung I
in zwei Teilbänden. detebe 20421 + 20422

Die Welt als Wille und Vorstellung II
in zwei Teilbänden. detebe 20423 + 20424

Über die vierfache Wurzel des Satzes vom zureichenden Grunde
Über den Willen in der Natur
Kleinere Schriften I. detebe 20425

Die beiden Grundprobleme der Ethik:
Über die Freiheit des menschlichen Willens
Über die Grundlagen der Moral
Kleinere Schriften II. detebe 20426

Parerga und Paralipomena I
in zwei Teilbänden, von denen der zweite die
›Aphorismen zur Lebensweisheit‹ enthält. detebe 20427 + 20428

Parerga und Paralipomena II
in zwei Teilbänden, von denen der letzte ein Gesamtregister
zur Zürcher Ausgabe enthält. detebe 20429 + 20430

Außerdem erschien:

Aphorismen zur Lebensweisheit
Textidentisch mit Band 8 der ›Zürcher Ausgabe,
Werke in zehn Bänden‹. Herausgegeben von
Arthur Hübscher. Mit einem Nachwort von
Egon Friedell. detebe 21555

Über Arthur Schopenhauer
Essays von Friedrich Nietzsche, Thomas Mann,
Ludwig Marcuse, Max Horkheimer und Jean Améry.
Zeugnisse von Jean Paul bis Arno Schmidt.
Chronik und Bibliographie.
Herausgegeben von Gerd Haffmans. detebe 20431

Luciano De Crescenzo
Geschichte der griechischen Philosophie
Band 1: Die Vorsokratiker
Band 2: Von Sokrates bis Plotin

Diese Bücher beweisen, daß nicht die Philosophie langweilig ist, sondern höchstens die, die darüber schreiben.

»Philosophen wie du und ich – De Crescenzo hat die *Geschichte der griechischen Philosophie* so unterhaltsam aufbereitet, daß sie ein Bestseller wurde – weil er verständlich schreibt.«
stern, Hamburg

»Immer noch gilt vornehmlich im deutschsprachigen akademischen Bereich Schwerfälligkeit und Schwerverständlichkeit als höchstes Indiz für Qualität. De Crescenzo zeigt, wie lebendig und anschaulich Philosophie sein kann.«
Die Furche, Wien

»Ich bin kein Lästerer, sondern Übersetzer: ich übersetze die Sprache der Intellektuellen in eine normale Sprache.« *Luciano De Crescenzo*

»Wahrhaftig: mal ein Stück fröhlicher Wissenschaft. Bringen Sie mehr von ihm heraus!«
Günther Anders